高等院校财政金融专业应用型教材

金融营销学
(第3版)

陆剑清　编著

清华大学出版社
北京

内 容 简 介

本书以金融消费行为与金融营销策略为主线,通过介绍金融营销基本概念与相关原理,提炼出金融营销的观念、特点及规律。本书共十章,主要内容包括金融营销导论,金融营销环境分析,金融营销中的客户行为,金融市场细分与定位,金融营销计划、组织与战略,金融市场调查与营销预测,金融产品与营销策略,金融营销与风险管理,互联网金融与营销创新以及移动金融与营销新趋势。

本书既可作为高等院校的金融学专业教材,又可供金融理论与实务工作者阅读、品鉴。同时,本书理论阐述深入浅出,案例分析生动鲜活,亦是广大金融企业与机构开展金融营销实务培训的良好教材。

本书封面贴有清华大学出版社防伪标签,无标签者不得销售。
版权所有,侵权必究。举报: 010-62782989, beiqinquan@tup.tsinghua.edu.cn。

图书在版编目(CIP)数据

金融营销学/陆剑清编著. —3 版. 北京: 清华大学出版社,2021.1(2024.8重印)
高等院校财政金融专业应用型教材
ISBN 978-7-302-57032-5

Ⅰ.①金… Ⅱ.①陆… Ⅲ.①金融市场—市场营销学—高等学校—教材 Ⅳ.①F830.9

中国版本图书馆 CIP 数据核字(2020)第 238158 号

责任编辑: 孟　攀
装帧设计: 杨玉兰
责任校对: 周剑云
责任印制: 刘海龙

出版发行: 清华大学出版社
网　　址: https://www.tup.com.cn, https://www.wqxuetang.com
地　　址: 北京清华大学学研大厦 A 座　　邮　编: 100084
社 总 机: 010-83470000　　邮　购: 010-62786544
投稿与读者服务: 010-62776969, c-service@tup.tsinghua.edu.cn
质量反馈: 010-62772015, zhiliang@tup.tsinghua.edu.cn
课件下载: https://www.tup.com.cn, 010-62791865

印 装 者: 小森印刷霸州有限公司
经　　销: 全国新华书店
开　　本: 185mm×260mm　　印　张: 17.25　　字　数: 430 千字
版　　次: 2013 年 4 月第 1 版　2021 年 3 月第 3 版　印　次: 2024 年 8 月第 7 次印刷
定　　价: 49.80 元

产品编号: 087882-01

第3版前言

当前,新冠疫情突袭全球,"宅经济"盛行,促使近年来兴起的移动支付、微信支付、手机银行等移动金融业务快速进入了人们的视野,并在很大程度上改变了人们传统的消费方式和消费理念,互联网、人工智能和大数据等科学技术发展和社会消费主力人群的变更,更是引发了客户行为和消费习惯的转变。伴随着物理网点的逐渐消亡,绝大多数金融业务向手机等智能终端转移,业务办理则由"全天化"向"全面线上化"转变,而物理网点独有的存、取款业务也终因"去现金化"的移动支付兴起而逐渐淡出客户视野。金融业务的核心亦从能提供什么功能向客户需要什么功能转变,这种转变不仅需要金融服务便捷化和网络化的提升,更反映出金融营销已进入"再定位""再转型"的新阶段。

自2013年中国互联网金融元年伊始,多家互联网公司推出的金融产品受到了广泛的关注,各大互联网公司纷纷布局,抢占移动端的市场,移动金融所包含的服务内容也逐渐变得宽泛起来。移动互联网的迅速发展使得许多传统行业的企业逐渐重视移动端的作用,它们开始在移动端上为客户提供服务。最初的移动金融主要是指金融机构借助移动通信技术为客户提供有关金融服务,它将金融服务与4G通信技术相结合,使人们享受金融服务时不再受到时间、空间的约束。具体业务包括移动银行、移动证券、移动保险、移动商务、移动增值业务等。因此,初期的移动金融即传统金融服务的移动化。如今的移动互联网金融则是指在移动端上实现金融服务的基础功能,包括账户管理、支付结算、投融资理财等。参与到移动金融中的不仅是传统的银行、证券等金融企业,还包括电信运营商、第三方支付平台、移动平台制造商等。如今的移动金融正吸引着更多行业、更多用户参与其中,未来前景也更被市场看好。

可见,移动金融时代的来临是社会经济发展的必然趋势,移动互联网技术与金融服务的迅速融合正对互联网金融领域产生着深刻的影响,并带来巨大的变化和商机。互联网金融在持续发展的同时,伴随着5G通信技术的成熟,迅速进入随时、随地、随身的移动金融服务新阶段。各个金融机构、银行卡转接清算机构、第三方支付机构以及运营商都属于移动金融中的重要组成部分,它们发挥着自身的优势,彼此之间相互联结合作,促进我国金融市场稳定健康发展,并给人们带来更趋多元化的金融选择和更便捷的金融服务,进而促使金融营销呈现出向"移动金融"发展的新趋势。

为此,笔者在本书第2版内容的基础上新增加了第十章"移动金融与营销新趋势",充分体现金融营销学科与时代发展紧密结合、与时俱进的特点。岁月如风,回首本书于2013年4月出版至今,七年时光荏苒,转瞬即逝,由于笔者以"凝练实用"为写作原则,充分体现了"经世致用,精益求精"的鲜明特色,因而本书一经面世,即受到广大读者的欢迎与喜爱。

总之,本书既可作为大专以上高等院校的金融经济、工商管理专业课程教材,又可作为金融营销实务操作的指导与培训手册,以供广大经济、管理工作者阅读参考;更可作为新兴学科知识的普及读本，进而有效满足社会各层次读者的学习需求。同时，由于本书理论阐述深入浅出，案例分析生动鲜活，亦是广大金融机构开展营销实务培训的合适教材。

  由于作者水平学识有限，在本书的编写过程中难免存在诸多缺点与不足，敬请广大读者批评指正！

编　者

第1版前言

随着中国经济日益融入全球市场，金融市场的竞争态势日益加剧，金融消费者的需求成为各类金融企业与机构发展的动力之源。因此，深入研究金融消费者的需求，采取切实有效的营销策略，已成为推动我国金融业可持续发展的重要课题。

金融营销学作为金融学与市场营销学的交叉学科，亦是近年来金融学科中最为活跃的新兴分支之一。本书以金融消费行为与金融营销策略的系统阐述为主线，通过全面介绍金融营销的基本概念与相关原理，提炼出金融营销的观念、特点及规律，使读者可对金融营销学科的知识体系与理论架构有清晰的理解和掌握。

本书以"凝练实用"为写作原则，形成了基本概念、理论研究与案例分析"三位一体、相辅相成、圆融互补"的理论架构，凸显了"结构严谨、逻辑清晰、视角前沿、案例经典"的写作特色，以期达到"好学、好懂、好用"的阅读效果，充分体现了金融营销学科与时代发展紧密结合、与时俱进的特点。

为了便于读者深入理解与掌握相关内容，本书在各章开始前设置了"本章精粹""章前导读"与"关键词"等栏目，对于各章内容进行了简明扼要的介绍，以引领读者迅速了解和掌握各章内容的逻辑框架以及基本知识点；并在各章中不断穿插"营销前沿"这一特色专栏，其具体内容包括前沿研究、启示案例、理念创新等，从而起到了"引经据典、旁征博引、承上启下、触类旁通"的效果，以进一步拓展广大读者的理论思维与实务视野。

同时，本书在各章结尾附以"经典案例评析"，以供读者思考与回顾，进而强化相关概念与理论知识的学习。此外，本书还在各章最后设有"本章小结"与"复习思考题"，通过对相关内容进行归纳与梳理，以便读者回顾与掌握基本概念和理论知识，因而具有极强的学习指导性。

本书既可作为大专以上高等院校的金融经济、工商管理专业课程教材，又可作为金融营销实务操作的指导与培训手册，以供广大经济、管理工作者阅读参考；更可作为新兴学科知识的普及读本，进而有效满足社会各层次读者的学习需求。同时，由于本书理论阐述深入浅出，案例分析生动鲜活，亦是广大金融机构开展营销实务培训的合适教材。

由于作者水平学识有限，在本书的编写过程中难免存在诸多缺点与不足，敬请广大读者批评指正！

编　者

目 录

第一章 金融营销导论 1
第一节 金融营销概述 2
一、金融营销的基本概念 2
二、金融营销的核心概念 4
三、金融营销的主要特征 9
第二节 金融营销的基本任务与作用 11
一、金融营销的基本任务 11
二、金融营销的主要作用 13
第三节 金融营销的演变历程 14
一、市场营销的观念演变 14
二、金融营销的发展过程 19
三、金融营销的动因分析 24
第四节 金融营销在我国的兴起 32
本章小结 35
复习思考题 35

第二章 金融营销环境分析 37
第一节 金融营销环境分析概述 38
一、金融营销环境的定义 38
二、金融营销环境分析的特征 38
三、金融营销环境分析的过程 39
第二节 金融营销的宏观环境分析 39
一、金融营销的政治法律环境分析 39
二、金融营销的经济技术环境分析 41
三、金融营销的科学技术环境分析 42
四、金融营销的社会文化环境分析 43
第三节 金融营销的微观环境分析 46
一、市场环境分析 46
二、客户环境分析 47
三、竞争环境分析 47
第四节 金融营销环境变化的影响分析 47
第五节 金融企业对环境机会和威胁的评估与对策 48
一、环境机会和威胁的评估 48
二、环境威胁的应对策略 49
本章小结 55
复习思考题 55

第三章 金融营销中的客户行为 57
第一节 金融客户的含义与分类 58
一、金融客户的含义 58
二、金融客户的分类 58
第二节 金融客户行为的影响因素 60
一、需求与动机 61
二、认知 62
三、职业 65
四、年龄 65
五、文化与亚文化 65
六、社会阶层 65
七、参照群体 66
八、社会角色 66
九、家庭 67
第三节 金融客户行为的决策过程 67
一、金融决策及其参与者 67
二、金融决策过程分析 68
三、金融客户的行为模式 71
本章小结 74
复习思考题 74

第四章 金融市场细分与定位 75
第一节 金融市场概述 76
一、金融市场的基本含义 76
二、金融市场的产生和演变 76
三、金融市场的构成要素 77
四、金融市场的作用与功能 78
五、金融市场的健全与分类 79
第二节 金融市场细分 82
一、金融市场细分的含义 82
二、金融市场细分的作用 82
三、金融市场细分的条件 85
四、金融市场细分的方法 85
五、金融市场细分的标准 86

第三节　金融市场定位 92
　　　　一、金融市场定位的基本含义 92
　　　　二、金融市场定位的原则与方法 93
　　　　三、金融市场定位的层次与程序 94
　　　　四、我国商业银行的市场定位分析 95
　　本章小结 97
　　复习思考题 97

第五章　金融营销计划、组织与战略 99

　　第一节　金融营销计划的编制与执行 100
　　　　一、金融营销计划概述 100
　　　　二、金融营销计划的编制 105
　　　　三、金融营销计划的执行 108
　　第二节　金融营销组织的发展与控制 109
　　　　一、金融营销组织的历史演进 109
　　　　二、金融营销组织的模式分类 113
　　　　三、金融营销组织的协调 116
　　　　四、金融营销组织的发展 119
　　　　五、金融营销组织的控制 121
　　第三节　金融营销战略的分类与实施 124
　　　　一、目标市场战略 125
　　　　二、市场竞争战略 128
　　　　三、营销组合战略 133
　　　　四、经营发展战略 136
　　本章小结 140
　　复习思考题 140

第六章　金融市场调查与营销预测 141

　　第一节　金融市场调查概述 142
　　　　一、金融市场调查的基本含义 142
　　　　二、金融市场调查的任务 143
　　　　三、金融市场调查的重要意义 143
　　第二节　金融市场调查内容 145
　　　　一、金融市场调查的对象 145
　　　　二、金融市场调查的程序 146
　　　　三、金融市场调查的方法与手段 147
　　第三节　金融市场营销预测 148
　　　　一、营销预测的分类 149

　　　　二、营销预测的内容 149
　　　　三、营销预测的方法 149
　　本章小结 158
　　复习思考题 159

第七章　金融产品与营销策略 161

　　第一节　金融产品概述 162
　　　　一、金融产品的含义 162
　　　　二、金融产品的特征 162
　　　　三、金融产品的层次 164
　　第二节　金融产品开发策略 166
　　　　一、金融产品开发的含义 166
　　　　二、金融产品开发的目标 167
　　　　三、金融产品开发的过程 168
　　　　四、金融产品生命周期与营销策略 171
　　第三节　金融产品定价策略 176
　　　　一、金融产品定价的基本含义 177
　　　　二、金融产品定价的具体方法 179
　　　　三、金融产品定价的营销策略 182
　　第四节　金融产品分销策略 187
　　　　一、金融产品分销渠道的基本含义 187
　　　　二、金融产品分销渠道的选择与拓展 190
　　第五节　金融产品促销策略 194
　　　　一、金融产品促销的基本含义 194
　　　　二、人员推销 196
　　　　三、广告促销 198
　　　　四、营业推广 203
　　　　五、公关促销 204
　　本章小结 206
　　复习思考题 207

第八章　金融营销与风险管理 209

　　第一节　金融产品风险和金融企业风险 210
　　　　一、金融产品风险的概念特征及分类 210

二、金融企业风险及其主要类型 212
第二节　金融企业营销风险管理的
　　　　目标与内容 214
　　一、风险管理的目标与任务 214
　　二、金融营销风险管理决策的
　　　　主要内容 214
第三节　金融产品风险的危害、评估及
　　　　处理 217
　　一、金融产品风险的危害 217
　　二、金融产品风险的评估 218
　　三、金融产品风险的预防、
　　　　控制和财务处理工具 219
本章小结 223
复习思考题 223

第九章　互联网金融与营销创新 225

第一节　互联网金融营销概述 226
　　一、互联网金融的基本概念 226
　　二、互联网金融的主要特征 227
第二节　互联网金融的六大模式 230
　　一、第三方支付 230
　　二、P2P 网贷 235
　　三、大数据金融 236
　　四、众筹金融 237
　　五、信息化金融机构 237
　　六、互联网金融门户 239

第三节　互联网金融营销创新 239
　　一、互联网金融营销的定义 239
　　二、互联网金融营销的方略 239
本章小结 245
复习思考题 245

第十章　移动金融与营销新趋势 247

第一节　移动金融与营销新理念 248
　　一、移动金融的定义 248
　　二、移动金融的特点与形态 248
　　三、移动金融的先导样态 249
第二节　移动金融与营销新环境 252
　　一、移动金融发展背景分析 252
　　二、移动金融进入全面加速成
　　　　长期 253
　　三、移动金融迈向标准竞争
　　　　新阶段 253
第三节　移动金融与营销新模式 255
　　一、移动金融营销的发展概述 255
　　二、移动金融营销 4I 模式 258
　　三、移动金融营销的趋势 258
本章小结 262
复习思考题 262

参考文献 263

第一章 金融营销导论

【本章精粹】

- ◆ 金融营销的基本含义。
- ◆ 金融营销的基本任务和作用。
- ◆ 金融营销的演变历程。

【章前导读】

营销管理是社会经济生活中的一项重要活动，它是商品经济发展的产物，对于企业的生存与发展有着举足轻重的作用。金融企业在经营中也应该自觉运用营销管理的理论与方法。进入20世纪90年代后，金融业务范围不断扩大，金融机构数量大大增加，竞争日益激烈，客观上要求我国金融业必须不断调整经营策略，增强创新能力，为客户提供多样化的服务以满足不同的金融消费需求，力求在金融市场竞争中占据一席之地。因此，树立营销观念、加强营销管理已成为我国金融企业拓展业务、改善经营、提高效益的重要一环。

【关键词】

市场营销　金融营销　金融企业

第一节　金融营销概述

一、金融营销的基本概念

1. 市场营销的概念界定

"市场营销"这一概念最初是从英文"marketing"翻译而来的，关于"市场营销"的定义，国内外不同的学者有不同的释义，其中最具代表性的有以下三种。

(1) 美国市场营销学会(American Marketing Association，AMA)于1960年所下的定义是："市场营销是指产品和服务由生产者流向消费者或用户的一场商务活动。"

(2) 美国著名市场营销学家菲利普·科特勒(P. Kotler)所下的定义是："市场营销是个人和群体通过创造，并同他人交换产品和价值以获得其所需所欲之物的一种社会和管理过程。"[1]

(3) 美国市场营销学者里查德·黑斯(R. T. Hise)等人所下的定义是："市场营销是确定市场需求并使提供的产品和服务能满足这些需求。"[2]

上述三种定义具有以下五个方面的共同特点与丰富内涵：一是强调任何现代企业所进行的市场营销活动必须以"顾客和市场"为导向，而非以产品、技术或者生产为导向；二是市场营销活动以最大限度地满足消费者的各种需求和欲望为目的，而非以赚取最大利润为目的，赚取利润仅仅是满足消费者需求的副产品，而非营销活动的唯一目的；三是强调通过整合市场营销以实现其目的，即市场营销活动不仅是企业中营销职能部门的职责，还是整个组织内部上下一致的自觉行为，企业在面向消费者进行促销活动之前，必须首先做好企业内部营销工作，通过雇用和培训员工向顾客提供优质服务；四是强调交换是市场营销的核心，只有通过交换才能实现双方的目的；五是强调市场营销不仅仅局限于营利性组织的经营管理活动，也包括非营利性组织的经营管理活动，诸如政府机构、医院、学校等。

---

[1] 菲利普·科特勒. 营销管理：分析、计划、执行和控制[M]. 上海：上海人民出版社，1997：21.

[2] 里查德·黑斯，等. 市场营销原理与决策[M]. 北京：机械工业出版社，1983：1.

总之，产品推销仅仅是市场营销的一项职能，而非市场营销最主要的职能。这正如美国著名管理学家彼特·德鲁克(Peter Drucker)所言："市场营销的目的在于使推销成为多余。"可见，市场营销绝不等同于营利性组织的产品推销活动。然而，上述定义的不足之处在于：其仅涉及了组织与消费者之间的关系，而没有考虑"社会"这一很重要的因素，因为市场营销活动的过程与结果不仅涉及和影响组织与消费者本身，对于整个社会也会产生非常重要的影响。例如，快餐业的发展在迎合消费者的生活节奏日益加快的同时，也造成了严重的环境污染。换言之，如何正确处理好组织、消费者与社会这三者之间的关系是营销理论与实践中必须认真考虑的一个基本问题。此外，上述定义缺乏辩证的动态发展观，因为市场营销活动是在动态的经营环境中产生和发展的，而非在静态的经营环境中进行的。

基于上述考虑，笔者认为市场营销是以促进和保护消费者与社会的整体利益为目的，在动态的经营环境中所进行的最大限度地满足顾客需求的社会交换过程。①

2. 金融营销的概念界定

金融营销出现在工商企业市场营销之后，是市场营销在金融领域的发展。传统的金融营销关注金融企业(机构)提供金融产品及服务的过程；广义的金融营销则是以金融的视角去关注一切市场(包含实体产品与服务市场、虚拟的金融经济市场等)运行的内在规律。由于实体经济与虚拟经济的边界日趋模糊，两者之间相互融合，因而传统的金融营销正在逐渐消解。可见，金融营销是市场营销的终极形态。尽管传统的市场营销与金融营销皆为"低阶营销"，两者之间并无交集，但广义的市场营销与金融营销作为"高阶营销"，两者之间彼此交融、殊途同归。所以，广义的市场营销与金融营销的主体不仅由工商企业扩展至金融机构以及相关领域，更以金融思维逻辑来审视、分析市场现象及其内在的运行规律、盈利模式与心理机制。

基本的市场营销活动通常由市场调查、产品开发、信息沟通、定价分销和售后服务等组成。贯穿于基本营销活动之中的是以顾客的需要和欲望为导向的经营哲学，它要求企业必须以顾客为中心，以满足顾客的需要和欲望为己任，以整体营销为手段来获得顾客对其产品和服务的认同、接纳和消费，通过优质服务赢得顾客的满意，从而实现企业的长远利益。

在市场经济体系中，金融企业是一组专门为客户提供金融性服务以满足客户对金融产品消费需要的服务性企业(商业银行是这组服务性企业的主体)，它的营销既与生产消费品、工业品等企业的营销有相似之处，同时有其自身的特点和规律。金融企业的营销目的为借助精心设计的金融工具以及相关金融服务以促销某种金融运作理念并获取一定收益。为了实现这样的营销目的，金融企业在其经营过程中所采取的营销行为可以是多种多样的，一般可以概括为以下四个方面。

(1) 产品，主要是开发和提供市场所需要的各种金融产品。
(2) 价格，包括价格设定与调整。
(3) 渠道，包括营销路径设计、网点设置和中间商选择等。
(4) 促销，包括形象定位、广告宣传、公共关系等。

---

① 陆剑清. 市场营销理论与实务[M]. 上海：立信会计出版社，2001：3.

上述营销行为并不是随意的，而是金融企业在所处经营环境下的自觉选择，故而企业应主动适应其所处的政治法律环境、经济技术环境、社会文化环境、国际市场环境、行业竞争环境以及自身资源与发展目标等要求，充分体现把握机会、应对挑战、扬长避短、趋利避害、适应环境的经营取向。

不论营销者是否有清醒的认识，也不管其营销行为是否科学合理，其营销活动一般都有明确的指向，因为金融营销的核心是客户、产品、价格、渠道和促销等，营销活动的最终目标是能够满足客户的需要，正如德鲁克所言：企业的成功不是取决于生产者，而是取决于消费者。金融营销的主要任务是将客户的社会需要转化为赢利的机会，即金融营销是以适当的产品价格、适当的促销方式，通过适当的路径和网点，适时地把适当的产品和服务提供给适当的客户，并在适度地满足顾客需要的同时，使企业自身获得赢利和发展。

可见，除了所经营的对象特殊之外，金融企业的运营与工商企业一样，既要面向社会广泛地分销其产品，又要应对激烈的市场竞争，并且都是以营利为目的。因此，在市场经济条件下，金融企业必须充分运用市场营销原理和方法，积极开展金融营销活动，其经营理念和营销手段应该与一般的工商企业营销相同。据此，我们认为，金融营销是指金融企业以市场需求为核心，通过采取整体营销行为，以金融产品和服务来满足客户的消费需要和欲望，从而为实现金融企业利益目标所进行的经营管理活动。

二、金融营销的核心概念

在以客户需要为中心的金融营销概念的指导下，金融营销管理必须从客户的需要出发，科学、系统地安排金融企业的营销活动。而以下这些概念则是现代金融企业实施营销管理的基础。

1. 需要、欲望与需求

需要是由于个体缺乏而期望获得某种满足时所产生的一种主观状态，是客观需求的反映。人类的需要是多方面的，其客观对象既有物质的，也有精神的，既包括显在的，也可能是潜在的。需要可以被刺激、诱发、引导和抑制，但不能被创造、出让、交易或消灭。

欲望是个体对满足需要的目标事物的心理渴求状态，即个体的内在需要在一定环境条件下因目标事物的刺激而形成的一种心理紧张与焦虑状态。需要转化为具体的欲望，必须满足两个基本条件：一是个体内心存有不足之感；二是个体有求足之愿。即当个体处于既感到缺乏又期待满足的状态时，我们便称该个体具有欲望。需要是原始的、自然的、本能的、一般的，而欲望则是有条件的、有指向的、主观的、具体的。一般来说，欲望具有以下四个特征：①无限性，如荀子所言"欲不可尽""欲求不满"；②差异性，不同的个体对于满足相同的需要会有不同的欲望；③反复性，欲望不是一次性满足，而是可以重复再生；④竞争性，同一时间内不同欲望所具有的强弱程度不同，优势性欲望往往主导着人们的动机和行为。

需求是个体有能力满足的欲望。欲望是形成个体需求的前提，但个体仅有欲望还不能形成现实的需求，还必须具备满足这种欲望相应的能力。企业既要研究人们的需要与欲望，更要关心人们的需求，因为只有需求才具有现实意义，也才是企业获得盈利的商机。可见，企业不仅要关心有多少人需要其产品与服务，更要了解有多少人既需要且有能力消费。

金融企业的经营同样应以客户的需要、欲望和需求为基础。人类拥有财富的欲望自古有之，而通过金融运作获取更多财富(或使财富保值)的欲望则是随着社会经济货币化进程的推进而日益增强的。金融运作方式的多样性和金融市场的风险性，又使人们的财富增值保值欲望呈现出极大的差异性，因而使金融企业拥有巨大的市场开发潜力。同样，金融企业更加关心具有金融运作欲望的金融客户所拥有的货币财富量，尤其是其可任意支配的收入量和闲置资金量。

2. 投资与融资

投资是以获取一定的利润为目的的资本运作行为。狭义的投资概念强调资金必须转化为资本，才会有一定的预期回报，这种传统的投资观念把储蓄、借贷行为排除在外，仅限于入股(购买股票)或购买企业债券。而在发达的金融市场条件下，投资的概念则远远超出了这种区分方式的局限。事实上，所有以一定报偿为前提的资金投入方式都属于投资行为，主要原因如下。

(1) 在市场经济条件下，对于投资者而言，所有闲置资金的运作都有一个共同的本质特征，就是以获取收益为前提，所不同的是收益率不同、风险大小不同、有直接与间接之分。

(2) 无论是直接方式还是间接方式，投入金融市场中的资金都将运用于生产或流通领域。

(3) 与金融客户的需求相吻合。

(4) 在发达的金融市场中，各种不同的资金运作方式可以极方便地相互转换，例如股票可以在证券市场出售而转化为银行存款，银行存款亦可以用于购买股票和债券。

(5) 广义的投资概念有利于对不同的资金运作方式进行对比分析，便于金融企业摆脱观念束缚，优化营销方案。

(6) 在金融自由化浪潮的推动下，各国纷纷放松金融管制，鼓励金融企业依法竞争，金融企业相互渗透与混业经营现已成为一个重要的发展趋势(尽管我国由于市场经济起步较晚，金融市场尚不发达，还需要经历一个加强管制、分业经营的发展过程，但这并不影响金融市场的总体发展趋势)。

融资通常是指资金使用者或融资中介商通过某种可信的方式和一定的回报承诺而受让资金使用权以筹集资金的行为。同样，广义的融资概念也包括传统的各种资金集中方式。投资与融资是一个事物的两个方面，是分别相对于金融市场上资金的供应者和需求者而言的。金融客户既可以是投资者，也可以是融资者，而金融企业则发挥着投融资中介服务的作用。

3. 金融产品

产品通常是指企业针对消费者需求所提供的满足物。产品既可以是有形的，也可以是无形的，或者是有形与无形的某种组合。金融产品是金融运作理念、金融工具以及相关金融服务的有机体，是金融企业针对不同客户的不同金融需要而提供的。金融产品的形式多种多样，它既可以是某种财务安排或投资契约，也可以是某种承诺或信用保证，还可以是某种专门服务或市场运作的委托代理。

金融产品的两个最基本的属性是收益性和风险性。收益性是指一种金融产品可以向客户提供的预期收益大小；而风险性则指该产品所蕴含的风险高低。在市场经济条件下，金融产品的收益性与其风险性总是相对应的，收益高则风险高，风险低则收益亦低。现代金融市场发展迅猛，金融营销者总是不断地开发出不同收益与风险相组合的金融新产品，以满足金融客户的不同需求，尤其是各种金融衍生工具的出现，使得金融客户面临着更多的选择。

根据收益的特征，金融产品具体可以划分为承诺收益的金融产品与不承诺收益的金融产品两大类。承诺收益的金融产品，诸如存款、债券等，是金融营销者为了在一定时期内获得对客户资金的使用权而以某种形式作为信用保证并事先明确单位收益所提供的金融产品。其风险主要由金融产品提供者(或相关营销者)承担。不承诺收益的金融产品，诸如股票、期货合约、黄金等，营销者只在这类金融产品的营销过程中提供一定的服务并收取一定的佣金，风险主要由客户自身承担。

4. 机会、成本、风险与效用

金融营销既有赖于金融企业所提供的金融产品和服务，更取决于金融客户的决策方式。机会、成本、风险、效用，是与金融客户决策相关的几个重要因素。

(1) 机会是指金融市场的可选择性。一个发达的金融市场使得金融客户具有较大的选择权和较多的选择对象。由于客户资金的有限性，客户一般会根据自己的需要而做出有限的选择，或者以某种组合形式把有限的资金分散投资于多种金融产品，客户在履行这种选择权的同时，也必然会因此而放弃其他投资机会。

(2) 成本是指金融客户为所做决策而耗费的相关资源。金融客户的成本不仅包括机会成本，还包括在选购不同金融产品过程中所发生的各种费用，诸如信息收集费用、时间耗费、交通费用、所付佣金等。客户最终做出何种选择，不仅涉及机会损失和交易费用，还涉及不同金融产品的风险与效用大小。

(3) 风险是指金融市场的不确定性。在市场经济条件下，任何金融产品的实际收益都存在不同程度的不确定性，即使是作为传统保值工具的黄金，其未来的收益也具有一定的风险，这不仅包括黄金购买者的机会成本，还包括受市场供求影响而发生黄金贬值的可能性。

(4) 效用是指某种产品满足消费者需求的能力，是消费者对产品所做的价值判断。金融产品的效用是指该产品所提供的预期收益及其风险对客户需求的满足程度。金融客户需求的满足取决于现实结果与预期需求目标之间相吻合的程度。

金融营销者应当了解金融客户是如何做出投资选择的。假定某金融客户有一笔闲置资金需要运作，他可能要求增值，也可能要求保值，或者兼而有之。金融市场所提供的金融产品有银行储蓄、股票、国债和黄金四种，该金融客户究竟选择哪一种产品，完全取决于这些产品对于该客户的效用大小，或者说取决于金融客户对不同产品所做的价值判断。注重尽可能大收益的客户会选择投资股票，注重风险防范的客户则倾向于选择购买黄金或国债，而既怕承担较大风险又期望有较稳定收益的客户有可能把资金投向银行定期储蓄或购买国债。根据边际效用理论，客户的选择应使在每一种金融产品上最后一个单位的损失(机会成本和交易费用之和)所产生的效用相等。

5. 金融交易

货币经济的高度发达，不仅使人类的剩余产品可以运用货币这种一般等价物来表示，也使得人类的各种市场交易简便易行，更使得以货币符号表示的资金作为一种资源要素可以极其方便地投入生产与流通过程而产生增值。金融业是伴随着货币经济的发展而发展的，当货币增值日益成为社会性需求时，金融业也就日益发挥着经济中枢的重要作用。像产品买卖一样，金融业的运行仍然是以交换为基础，当然，与物质产品交换相比，金融交易更复杂。因为物质产品的交易是对等的所有权交易，而在金融交易中，除股票是一种所有权凭证之外，金融产品本身的所有权并不重要，作为一种金融运作方式或者债权债务关系凭证，金融产品的购买者并不是为了获得该产品的所有权，所以金融交易大多是产品使用权交易。在金融企业作为资金供应者的金融交易中，金融企业以出让资金的使用权而向客户索取一定的回报；在金融企业作为资金需求者的金融交易中，金融企业以某种资金运作理念、信用和一定的回报而受让客户的资金使用权；而仅作为金融交易中介的金融企业，则以一定的服务换取一定的佣金，对于资金的所有权与使用权都不涉及。

金融交易同样是等价交换，是自由、互利和公平的，需求者和供应者可以通过任何一种互信的形式进行若干次具体的交易而达成等价交换的目的。有交换的需要，且可以通过不同的交易形式和过程来实现交换的需要，正是金融营销能发挥作用的重要原因。金融营销的目的也就是要通过各种努力来不断促进金融交易的达成。

6. 金融市场

市场是人们进行交易的场所，如柜台、集市、商场、交易网络等。我国古代就有"日中为市，致天下之民，聚天下之货，交易而退，各得其所"的记载。在营销学中，市场被直接地表述为消费者的需要。金融市场是指具有特定金融需要和欲望以及金融交易能力并愿意通过交易以满足其需要与欲望的一切可能的金融客户群。这一概念涉及客户量、金融交易能力、交易愿望和金融市场效率四个变量，它们是金融市场的四个基本要素。这一概念用公式可以直观地表述为：

$$金融市场 = \sum 客户量 \times 金融交易能力 \times 交易愿望 \times 金融市场效率$$

式中，客户量是指期望获得某种金融产品与服务的客户数量，对于公众可以用人数来表示，对于企业、机构等则可以用户数来表示；金融交易能力是指可以用作金融交易的金融财富平均拥有量，金融财富包括可以任意支配的货币收入、闲置资金，各种有价证券，可以被出售抵押的各种不动产、黄金、珠宝、文物等；交易愿望是指金融客户愿意通过金融市场交易实现其金融需要；金融市场效率是指特定的金融市场存在着放大或抑制金融交易的特征，金融交易既可以因扩张而被若干倍地放大，也可以因限制而被收缩到一定程度，影响金融市场效率的主要因素包括金融管制状况、宏观经济增长水平、金融市场价格水平、通货膨胀率、金融企业的运作能力、交易参与者的信心等。

其中，客户量、金融交易能力、交易愿望是金融市场大小的基础，决定着金融市场的静态水平。不同的客户群因经济地位的差异、收入水平的不同而在金融财富的拥有量上存在着很大的差距。金融市场效率决定着金融市场交易的实际规模，也反映了金融市场的发达程度以及波动状况，不成熟的金融市场可以极大地推动泡沫的形成，并对金融市场的稳定和社会经济的发展产生明显的负面影响。

金融市场可以根据四个基本要素的差异而划分为不同的类型,这对于金融企业决定营销方案、选择服务对象有着现实的指导意义。

7. 金融消费、金融消费者与营销者

经济的发展和活跃离不开人们的金融消费。如果你获得了申请的贷款,或者购买了一家上市公司的股票,那么不管金额大小、数量多少,事实上,你已经在进行金融消费了。然而,金融企业在描述金融服务对象时,很少提出"消费者"这个概念,即使是在金融报刊上,对此也鲜有涉及,似乎金融企业的服务对象不是消费者。按照我国现行立法与原理及国际惯例来看,消费者是指为生活需要而购买、使用商品或接受服务的个人或单位。既然金融客户接受的是金融企业的各类金融服务,那么,他们当然就是不折不扣的消费者,并享有消费者应有的权利。但涉及储蓄、信贷、中间业务、投资和保险的金融消费者,又不同于普通消费者,金融消费的特殊性决定了其除了享有消费者的一般权利外,还享有与金融业特点相适应的一些特殊权利。根据我国有关法律、法规的规定,并结合实践中已经出现的诉讼纠纷情况来看,金融消费者主要有以下七种权利。

(1) 金融信息知情权。金融消费者在接受一系列金融服务中获得与金融相关的必要的知识,包括金融服务以及其他相关信息的权利,金融单位负有为金融消费者提供真实知识或信息的义务。例如,银行要及时将国家法定利率标准和利息税税率等告知储户或贷户;金融单位不得擅自隐瞒或降低、提高存贷款利率;遇到对转账、开户、汇票等结算和票据业务不懂的客户,金融单位有主动提供信息咨询的义务,金融消费者有权知道这些相关内容。

(2) 金融消费选择权。金融消费者在不违反法律规定的前提下,可以根据其意愿自主选择金融单位、证券营业部和保险公司等。其消费方式、消费时间和消费地点均不受任何单位和个人的不合理干预。

(3) 金融公平交易权。金融单位、证券营业部和保险公司等在与消费者签订合同或形成法律关系时,应当遵循公正、平等、诚实、信用的原则,不得强行向消费者提供服务,不得在合同或法律关系中制定规避义务和违反公平的条款。金融单位或机构在收取工本费、服务费等费用时,必须严格遵守价格政策和收费标准。

(4) 金融资产保密权。在金融交易过程中,确保存款、信用卡和股票等资产的安全保密尤为重要。诸如储户存款被冒领、信用卡保密信息被泄露、贷款被挪用、股票被低价卖出等都是对金融消费者私人资产保密权的侵犯。在金融消费活动中,资产保密权不受侵犯是消费者最基本的一项权利。银行单位、证券机构和保险公司等有义务采取一切有效措施,包括按规章制度和操作程序办事,严防泄密事故发生,以保证提供安全、高效、优质的金融服务环境。

(5) 金融消费求助权。金融消费者在消费活动中,如果发生私人财产被不法侵犯等事件,有权请求法律援助,有权聘请律师为自己代理诉讼,以维护消费者的合法权益。

(6) 金融消费赔偿权。金融消费者在其合法权利受到侵犯时,有权依据合同规定事项(无合同的可依据有关法律)向对方要求赔偿,如果得不到满足,则可向当地人民法院提起诉讼。

(7) 金融服务享受权。金融消费者有权享受银行和信用社对破(损)币的无条件兑换服务,

有权享受银行、证券和保险机构提供的休息、降温、保暖、茶水和咨询等文明优质服务。

金融消费者的概念在国内金融业之所以鲜有提及，有以下三方面原因：其一，金融企业的官商意识尚未完全摆脱，商业化进程尚未完全到位；其二，金融从业人员的服务意识和服务水准都还未达到一个相当高的水平；其三，金融消费者本身的自我保护意识未能明显增强，对目前金融服务中存在的种种不足之处还没有形成强大的监督作用。

金融消费者在接受金融服务时没有被视作消费者，这对金融行业的自身发展极其不利。另外，在银行业和保险业都普遍把金融零售作为新的效益增长点的情况下，金融企业所接触的客户中个人消费者的比例必将上升，这也需要国内金融业为金融消费者重新定位，真正站在消费者与营销者的关系上，构筑和谐的信任与合作关系。

三、金融营销的主要特征

在市场经济条件下，金融企业是一组独特的服务性组织，通过提供金融产品作为基本交换手段，以满足各类客户对金融服务的需求，并在这一服务过程中，谋求合理的利润和长远的发展。

广义的金融企业是指提供金融产品(服务)的一切企业，是金融业中以经营为手段、以营利为目的的所有组织和机构，主要包括商业银行、保险公司、证券公司、投资银行、信托投资公司、企业财务公司、基金组织、金融期货公司、融资租赁公司、外汇经营企业以及与之相关的各种金融中介机构等。

从提供产品、通过交换而谋求企业的生存与发展这一过程来看，金融企业与其他工商企业一样，需要面对市场、参与竞争，确定明确的经营目标，寻求营销机会，通过提供适销对路的产品和服务来满足金融客户的不同需求，并获得良好的经济和社会效益。与其他商品生产企业不同，金融企业具有自身独特的产品和服务提供方式。由于金融业属于服务性行业，是专门为满足人们的各种金融服务需求而设立的，因而金融企业所经营的产品，既不同于一般的消费品和工业品，也不同于其他服务行业所提供的服务，它既可以通过某种金融工具提供相应的服务，诸如存单、债券等，也可以仅提供无形的金融服务，例如证券经纪、金融咨询等。因此，金融营销具有以下几项基本特征。

(1) 无形性。由于金融服务多是无形的，因而金融客户在获取金融企业所提供的服务之前，对其服务是难以用视觉、触觉、听觉、味觉和嗅觉进行感知的。例如，金融企业经常向客户提供某种投资建议、某种财务安排方案或灌输某种理财观念，这些服务一般难以通过形象、直观、逼真的方式向客户展示，而只能运用抽象的数字、计算、分析和推测以表明其益处和功能，从而招揽客户。由于金融营销的无形性，金融企业的营销方式和渠道安排一般与消费品和工业品有着很大的不同，因而尽可能多设营销网点或者上门推销便成为金融企业主要的营销方式。尽管如此，金融客户仍然可以依据地点、人员、设备、标识、符号、宣传材料等要素来了解和判别一个金融企业的营销质量。所以，金融企业要想将营销的无形性转变为有形性，就应当不断地提供各种有说服力的证据，以使金融营销有形化。

(2) 非歧视性。除金融需求差异外，金融客户对于金融营销并没有特殊的要求。所以，金融营销可以一视同仁地提供给各类金融客户，而不会因客户的种族、肤色、性别、长幼或宗教信仰等不同而有所不同，这使得金融企业可以面向社会大众提供广泛的无差异性服务。

(3) 不可分性。金融产品与服务的供应和消费是同时进行且难以截然分开的。由于金融产品与服务不能贮存，因而必须在一定的时间、场合下进行消费，并且会随着需求和供给状况的不同而发生变化。例如，对于需求者，错过一定的时间就可能不再需要；而对于供给者，错过一定的时间和场合就可能无法提供。因此，金融产品与服务提供的时间和场所是金融营销人员以及金融客户所共同关心的。当然，近年来获得广泛应用的信用卡则突破了这一约束，由于信用卡的提供与服务的分配出现了分离，因而金融客户就有了更多的消费选择。

(4) 易模仿性。经营相同业务的不同金融企业，尽管可以有不同的金融服务方式和程序，但由于内容大同小异，因而很难形成自身的特色。更由于金融业务无专利可言，新业务以及金融工具的开发，极易被其他金融企业所模仿，这就使得金融企业在广大客户心目中往往仅有规模和信用之别，而无业务实质之分。以前，我国四大国有银行的主营业务有一定的专业分工，例如工商银行主要为工商企业以及城镇居民提供金融服务，中国银行主要经营国际金融业务，农业银行的业务范围主要集中在广大农村，建设银行则主要负责国家基建项目的投融资。然而改革开放后，金融业出现了"工行下乡，农行进城，中行上岸"的可喜变化，20世纪90年代更是提出了专业银行商业化的改革思路，打破了银行之间业务范围的界限，各银行都可经营不同的金融业务。这对于客户而言就有了较大的选择余地，对于银行而言，则对营销管理提出了更高要求。因为较之其他企业，金融业务的易模仿性导致了产品的功能和特点不突出，所以就更需要通过营销管理树立金融企业的整体形象。可见，易模仿性的存在使得金融业的竞争更趋激烈，并在一定程度上决定了金融产品的趋同性，因而要求金融企业在向顾客推销金融产品的过程中具有自身鲜明的特色，以差异营销来吸引顾客，开拓市场；以优质服务来维系顾客，占领市场。即金融企业必须注重提高从业人员素质，不断改进服务质量，并配以必要的形象宣传，以赢得更多客户的信赖。

(5) 专业性。金融客户的需求往往在具有多样性的同时，更强调专业性。即要求金融营销人员具有广泛的专业知识，在营销服务过程中能够熟练处理各种问题，使客户满意，诸如解答客户的各种疑问，消除客户的种种顾虑，甚至充当客户的投资顾问，帮助客户分析、计算和谋划理财方案等。为了提高服务质量、增强竞争能力，金融企业需要大量雇用各种专家型人才。从一定意义上来说，金融企业的竞争就是金融人才的竞争。

(6) 风险性。金融市场的风险无时不在，不论是对金融企业，还是对金融客户而言，防范和化解金融市场风险，保持收益与风险的均衡是金融企业独具特色的重要任务之一。对于主要由金融企业承担风险的业务，金融企业应加强风险控制，以确保自身经营的安全性；对于主要由金融客户承担风险的业务，金融企业也应加强营销服务，以使客户所承担的风险与其所获得的收益相称。

由于金融营销具有上述基本特征，它比一般工商企业营销更显复杂。金融营销人员既要以市场营销理论为指导，又要根据金融业自身的特点，积极开展营销管理活动。

第二节　金融营销的基本任务与作用

一、金融营销的基本任务

根据现代市场营销观念，金融企业不仅应当高度重视市场营销，而且应当系统地设计并安排好企业的营销职能，明确金融营销的任务。

产品供应者和产品需求者是市场营销活动的重要两端，因为交换活动主要是在这两者之间进行的。从产品交换过程来看，产品供应者以一定的产品和服务换取一定的经济收益，即供应者提供产品与服务，需求者提供货币进行交换，双方的需求可以在一次或者若干次交易中获得满足，双方一旦达成交易，营销活动似乎也宣告结束。但是，供应方所提供的产品与服务是否一定能够在市场上得以交换？营销活动是否始于交易也终于交易？对于这些问题的回答正是体现了现代营销观念与传统销售观念的根本差异。

现代营销观念认为，企业的营销活动在产品开发之前就已开始，交易达成并不是营销活动的最终目的。这就使得营销活动从开展销售向前延伸到了生产过程、生产前准备过程，甚至消费者的需求调查与分析等，同时，也从交易达成向后伸展到了对消费者的售后服务、用户信息反馈等。这样，市场营销就成为从研究消费者需求开始到以满足消费者需求为终结的一个循环往复的过程，这一循环过程被称为"营销循环"(见图 1-1)。这样，营销活动就不仅限于产品销售和交易达成，还包括市场信息搜集、消费者需求分析、产品开发设计、渠道选择、价格制定、宣传沟通、售后服务、信息反馈等各项活动。总之，消费者的需求既是营销管理的起始，也是营销管理的归宿。

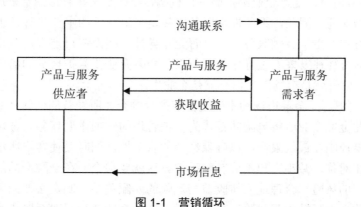

图 1-1　营销循环

从营销循环过程来看，市场营销的根本任务在于使经济合理地满足消费者的需要。金融企业营销也不例外，金融营销也应当在发现市场、满足市场的同时，使金融企业获得赢利和发展。总体而言，金融营销管理的基本任务包括以下八个方面。

(1) 金融信息管理。这是金融企业的一项基础工作。信息管理应为金融营销活动提供各种所需信息，包括客户信息、宏观经济信息、经济政策信息、法律信息、消费信息、产业发展信息、竞争者信息、国际金融市场信息、内部监管信息以及其他各种信息等。金融企业作为提供公众服务的组织，应重视信息的收集和管理，不断采用科学的手段，为营销工作提供快捷便利的服务。当今社会已步入信息时代，计算机管理、网络化服务已在各国的金融界得到了广泛应用，这对于改进金融服务质量、提高金融营销效率发挥着极其重要的作用。我国金融企业也应适应时代发展的要求，加快金融信息管理现代化的步伐，不断提高企业的竞争能力。

(2) 客户需求分析。金融企业要不断研究各类客户的金融服务需要及其动态变化情况，从中把握商机，寻求企业赢利和发展的机会。这就要求金融企业不仅要掌握老客户的需求，而且要善于掌握大量潜在客户的金融需求。为了及时把握商机，金融企业必须随时了解不同客户群的收入状况、可支配资金的数量、闲置资金状况、消费特征、金融服务偏好、投资倾向、风险意识，并结合宏观经济状况的变化，分析其金融需求的动态变化情况。同时，也应关注同业竞争者的经营行为，了解其目标市场的定位信息。当然，了解和掌握客户的金融需求并非易事，必须有大量的金融专业人士从事专门研究。

(3) 开发金融产品。金融企业应在客户分析的基础上，针对不同目标市场的客户需求特征，开发出相应的金融产品以满足其需要。金融企业的产品多种多样，有些产品是长期提供的，有些产品是后继开发的。金融企业既要不断地提高服务质量、拓展老产品的使用深度，也要根据市场需求的变化，适时开发新产品，发现新市场，开拓新业务。

(4) 制定营销方略。为了确保金融营销的成功，金融企业必须根据自身的业务许可范围、自身资源状况以及所处的经营环境，系统制定营销方略，以达到扬长避短、趋利避害的目的。金融企业的营销方略具体包括目标定位战略、市场进入战略、形象战略、竞争战略以及产品组合策略、价格策略、促销策略、渠道与分销策略等，但对于不同类型的金融企业，则可以根据其业务的性质和特征，制定相应的营销方略，例如某些银行通常采取存款导向战略、大企业服务战略、批发业务战略等。

(5) 提高服务质量。金融企业都是服务性机构，即使是某些有形的金融产品，也必须以大量的服务作为保证，因此，不断提高服务质量是金融营销的重要任务，也是维护金融企业信誉的基本方式。由于金融服务大多具有无差异性，因而在决定客户对某家金融企业认可的因素中，信誉往往发挥着主导作用。所以，金融企业要爱护自身的信誉和形象，树立"信誉至上""信誉就是市场""信誉就是企业生命"的观念。

(6) 防范金融风险。金融市场的不确定性使得金融企业所经营的任何产品都存在不同程度的风险，因此金融企业应将风险防范作为营销管理的一项重要任务。金融企业不仅要将自身的经营风险控制在最低限度，以确保经营的安全性，同时要使客户所承担的风险与其所获得的收益相对称，减小客户不应有的损失。这就要求企业在金融产品的开发环节就明确产品可能存在的风险，合理地安排收益与风险的匹配关系，制定必要的风险防范预案，并在营销过程的各个环节加强风险管理。同时，金融企业要加强对金融市场的风险预测，科学评估投资风险，扩展业务时必须量力而行，遵循金融市场的运行规律，防止因膨胀过快而形成资产泡沫，导致企业倒闭。对于开办离岸业务、从事跨国经营的金融企业，还必须密切防范汇率风险以及境外投资风险。

(7) 提高经营效益。金融企业在向金融客户提供服务的过程中，还必须注重自身的赢利与发展，正确处理好社会效益与经济效益的关系。具体而言，包括以下几个方面：①充分发挥自身的资源优势，提高资源利用效率，减少浪费；②合理设计产品的价格体系，确保适度的价格梯度；③注意降低营销成本，对于长期提供的一贯产品可以实行目标成本管理，增加收益;④正确处理价量关系,以确保企业在保本点以上经营;⑤科学安排短期亏损和长期赢利的业务组合,提升企业的整体经济效益;⑥依法建立呆坏账准备金,及时化解风险隐患。

(8) 确保社会稳定。金融业是高风险性的特殊行业,其对国民经济影响的广度和深度是其他行业所无法比拟的,因而也是市场准入条件较高的行业。通常在市场经济国家中,金融业都扮演着极其重要的角色,发挥着特殊的作用,尤其表现在执行国家金融政策、发挥宏观调控作用方面。由于金融业影响面广,风险性强,因而各国政府普遍对金融业的监管十分重视。所以,金融企业必须认真执行国家的法律法规,接受金融监管机构的监督管理,同时应加强与金融同业公会的合作,开展健康有序的市场竞争,本着对社会负责、对国家负责、对股东负责、对企业发展负责的精神,尊重金融市场的运行规律,共同维护社会经济的繁荣和稳定。

二、金融营销的主要作用

市场营销是市场经济条件下以满足市场需求为前提、以经营获利为目的的各类经济组织共同的社会行为,也是市场经济条件下社会经济运行和资源配置的重要环节和手段。市场营销作为企业管理的一项重要职能,其主要目的在于促进产品销售,是为了适应社会化大生产的需要而发展起来的,是社会分工和规模经济的必然产物,是市场经济条件下企业的基本行为之一。现代市场营销学科是在总结企业营销经验、吸收相关学科理论的基础上逐步形成并日臻完善的。尤其是近年来,在以市场为导向、以消费者为中心的营销观念的指导下,市场营销学不断吸收经济学、心理学、行为学、传播学以及管理学等学科的理论,成为一门综合性的应用学科,并对金融企业的经营发挥着越来越重要的作用。其具体表现为以下四个方面。

(1) 金融企业重视营销管理既是金融市场发展的客观要求,也是金融企业面对竞争环境提高自身生存和发展能力的实际需要。金融业开始树立营销观念、运用营销管理的时间晚于制造企业,直至20世纪50年代末60年代初,随着零售银行业务的拓展,营销管理在金融业才开始受到重视。自20世纪70年代以来,在金融自由化浪潮的推动下,金融业内部相互渗透、竞争加剧,各金融企业纷纷把工作的重点转向市场,注重发挥优势、拓展业务、争夺客户,市场营销作为金融企业的一项管理职能也有了越来越重要的地位。与生产企业和其他服务性企业一样,金融企业也是以营利为目的的经济组织,它也必须以满足消费者的需求为导向。尽管金融企业的营销方式与其他类型的企业有很大的差异,但是两者在面对市场竞争、寻找目标市场、满足消费者需求、扩大市场占有率以及获取赢利的营销观念、过程和模式上几乎完全相同。此外,金融业大多数产品的供给和消费几乎是同时进行的,这就要求金融企业具有更高的营销效能。

(2) 营销管理是金融企业管理的核心职能之一。相对于人事、财务、组织、会计、监控与综合管理等内部管理职能而言,营销更是现代金融企业管理的一项核心职能。一方面,随着金融业竞争的加剧,争取客户是金融企业开展业务的关键,因为不论是从事传统金融业务的企业,还是那些新兴的金融企业(如投资银行等),其绝大部分工作都是直接面向市场而展开的;另一方面,效益是企业经营的根本目的,金融企业最终能否取得好的经济效益,也主要取决于能否赢得客户、提供市场所需要的产品和服务。因此,市场既是金融营销管理的起始,也是其归宿。营销职能的发挥就是要在正确观念的引导下,合理运用企业的有限资源,采用科学的营销手段,在服务于市场的同时为企业赢得良好的经济效益。金融企业的营销管理职能主要包括市场调查分析、方案评估、产品开发与设计、营销网点与渠道选择、价格制定、广告宣传与沟通、柜台服务、公共关系、客户咨询、信息管理、市场开发与营销方略制定等。

(3) 金融企业加强营销管理也是防范金融风险的需要。由于金融业是高风险性的特殊行业,易受经济政策、宏观经济波动、客户心理预期、国际收支状况、金融产品供求以及各种天灾人祸的影响,因而金融活动具有较大的不确定性。为了防范市场风险,金融企业必须强化营销管理职能,通过加强对市场的分析和研究,适时调整经营战略和营销策略,不断开发出能够规避风险的各种新的金融产品,以实现企业经营的安全性和稳定性。

(4) 我国金融业面对新的国际形势必须重视营销管理。目前,国际经济形势包括以下三个方面。一是经济全球化进程加快,国际资本流动作为全球资源配置的重要形式,无论是在少数发达国家还是在广大发展中国家都受到了高度重视,而要想充分利用国内和国际两个市场、两种资源发展我国经济,国内金融业就必须抓住机遇,充分发挥中介作用,为我国经济建设服务。二是随着国际投资与贸易自由化的迅速发展,西方发达国家对我国加快开放金融市场、放松金融管制的呼声也越来越高,我国金融业正面临着越来越大的压力。三是国际资本尤其是国际短期资本的大规模流动,使得发展中国家脆弱的金融市场不可避免地会受到不同程度的影响甚至冲击,如果这些国家缺乏健全的金融体系以抵御风险,就有可能发生金融动荡或者爆发金融危机,严重的甚至波及全球金融市场,从而影响世界经济与贸易的稳定增长。1997年发生的亚洲金融危机以及2008年发生的次贷危机便是典型的例证。国内经济形势包括以下三个方面。一是国民经济已经持续多年高速增长,这就要求国内金融业能够适应形势发展的需要,不断提供高效稳健的金融服务。二是随着改革的进一步深化,以公有制为主体、多种所有制形式并存的经济格局已基本形成,经济主体与投资主体正趋多元化,资金的供给与需求状况已经发生了根本性转变,这对投融资体制、金融企业的运作方式以及金融业的监管模式等都提出了新的要求。三是金融业内部结构的变化,使得传统金融业的垄断地位受到挑战,在效益机制的引导下,金融行业的内部竞争将日趋激烈。

综上所述,我国金融业正面临着与以往任何时候相比更大的机遇和挑战,这也增强了国内金融企业强化营销功能、提高管理水平的必要性和紧迫感。

第三节　金融营销的演变历程

一、市场营销的观念演变

市场营销是企业的一种有意识的行为过程,不同的营销方式以不同的营销思想为指导,而营销思想以不同的经营哲学和行为逻辑为基础,集中体现为不同的营销观念,且具有明显的时代特征,并随着社会经济的发展而发展,市场营销观念正是在不断的营销实践探索的过程中逐步形成并日臻完善的。[①]

1. 生产观念

生产观念也称生产导向，是一种传统的、原始的经营理念。20世纪20年代以前其在发达的市场经济国家中占据着统治地位，这种观念强调以生产和效率为中心，其实质就是"以产定销"。它认为生产可以创造消费，消费者喜欢那些随处可以得到的价格低廉的产品，企业的主要任务是大量生产和广泛分销。它通常存在于以下两种情况。

(1) 市场供不应求。

(2) 产品市场广阔，但生产成本过高，需要通过提高效率、降低成本以扩展市场。生产观念反映了供给不足的社会经济现实，而随着科学技术以及社会生产力的发展、市场供求形势的变化，尤其是市场竞争的加剧和买方市场的形成，其适用的范围则越来越小。

2. 产品观念

产品观念也称产品导向，是一种与生产观念相似的经营理念。它认为消费者总是喜欢优质的、有特色的产品，只要产品好，就不愁销不出去，即所谓"酒香不怕巷子深"。持有这种观念的经营者往往忽视了消费者需求的多样性、变化性以及产品的可替代性，狭义片面地理解"产品"的含义，把主要精力都用在产品质量的提高上，盲目追求产品的改进与完美。产品观念一旦成为经营教条，必然会使企业陷入"营销近视症"(marketing myopia)的困境。例如，美国的铁路运输业曾盛极一时，但由于铁路公司仅看到自己所从事的是"铁路运输"，忽视了顾客所需要的是"运输服务"这一实质差异，将自己的经营业务局限于铁路运输这一特定的运输形式上，过于注重争夺在铁路运输上的优势，而当运输市场情况发生变化，汽车、卡车、大型货车、飞机、管道等运输形式快速发展起来后，铁路公司就只能"束手待毙"了。

3. 推销观念

推销观念是一种注重销售尤其是推销的经营理念，它是生产观念的发展和延续。自20世纪20年代至40年代，这种观念在西方发达国家比较盛行，反映了这些国家中企业由"卖方市场"向"买方市场"过渡的经营特征，即当生产过剩时，市场竞争加剧，产品的销售便成为市场的突出问题。推销观念认为，当消费者面对大量的产品供应时往往会产生一定的购买惰性，从而不会主动地购买某一企业的产品，因此，销售业绩的优劣将主要取决于经营者如何进行产品推销，企业需要运用强力推销(hard selling)的方法，通过大量的促销活动积极推销产品，即要相信铺天盖地的广告、口若悬河的宣传竞销以及灵活多样促销方式的特殊作用。这一时期也是推销员备受青睐的时代，各种促销法、推销术获得了很大的发展。在现代市场中，尽管推销导向的营销观念已然过时，但诸多促销手段在当今的企业营销和人员推销中仍有用武之地，特别是对一些非渴求性产品，如保险、百科全书等，仍需要发挥强力推销的说服作用。

推销观念的主要不足之处在于，营销者只注重"推销企业所制造的产品"，而不是"制

[①] 唐汉良，等. 现代金融企业营销管理[M]. 北京：企业管理出版社，1998：17.

造市场所需要的产品"。强力推销并非灵丹妙药,因为这种营销方式存在如下风险。

(1) 并非所有的消费者都会被说服。
(2) 被暂时说服的购买者可能会后悔。
(3) 当时被说服的购买者事后会因不满而做出一些对所推销的产品和企业不利的宣传。

4. 市场营销观念

彼特·德鲁克认为,市场营销的目的就是要使推销成为多余,营销的目的在于深刻地认识和了解顾客,使得产品或服务完全适合其需要,从而形成自我推销。理想的营销过程就是如何便于顾客获得所需要的产品和服务。

以市场为导向的现代营销观念对上述以生产者为中心的传统营销观念提出了挑战。第二次世界大战后,特别是20世纪50年代中期以来,随着市场竞争的进一步加剧,这种全新的以消费者需求为中心的经营理念逐步形成,并为现代营销理论的发展奠定了重要基础。市场营销观念认为,实现组织目标的关键在于准确地把握目标市场的需要和欲望,并且比竞争对手更有效、更便利地满足目标市场的消费需求。营销观念强调企业应注重选择目标市场,发现目标市场中顾客的内在需要,并能运用整体营销手段在满足顾客需要的同时使企业赢利,因而目标市场、顾客需要、整体营销以及赢利是市场营销观念的四大支柱。由于受到资源、经营能力以及市场竞争环境所限,企业必须集中力量服务于某一个或若干个特定的需求市场,即企业应当明确自己的目标市场,这样才能确保企业的生存和发展,并不断地提高自身的竞争能力。市场营销的主要目的在于满足目标市场的消费者需要,并以顾客的所需所欲为中心,因而企业必须通过认真科学的调查分析,准确掌握所选择的特定目标市场上顾客的实际需要。满足消费者的需要,做好营销管理,绝不仅仅是企业中营销部门的事情,企业中的各个职能部门及其员工都应以市场和顾客需要作为自身工作的导向。为了克服各种阻碍和抵触情绪,应当增强企业内部其他部门员工为顾客服务的意识,加强各项工作以及各个环节的协调,实行整体营销,从而让公司全体员工都为使消费者满意而工作。这样,企业的赢利才能建立在可靠的基础之上。因此,营销人员在选定目标市场之前,必须分析所有潜在的营销机会可能带来的利润前景。

图1-2直观地表述了市场营销观念与推销观念的本质区别。可见,市场营销观念的实质是"以需定销,以销定产"。因此,"用户至上""消费者是上帝"等广告宣传用语,都是市场营销观念的真实写照。

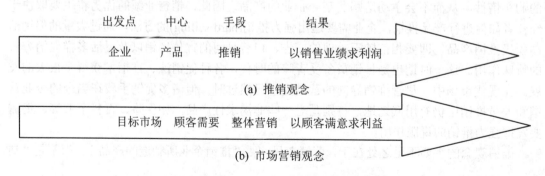

图1-2 市场营销观念与推销观念的本质区别

5. 社会营销观念

20世纪70年代以来，国际市场营销环境发生了剧烈变化，尤其是对能源短缺、人口膨胀、环境污染以及消费者权益保护运动等问题的日益重视，使得市场营销观念也开始受到怀疑和指责，这主要表现在满足消费者个人需要与社会长远利益之间的矛盾性，诸如忽视社会伦理道德、资源浪费、环境污染等各种弊端。在这一时代背景下，某些学者提出了一些修正传统市场营销观念的思想，例如绿色消费观念、社会经济可持续发展观念等，社会营销观念则是这些思想和观念在营销领域的综合反映。

社会营销观念要求企业将长期的社会福利问题放在重要的位置上加以考虑，正确处理好消费者利益、企业利益和社会利益三者之间的关系，做到统筹兼顾、和谐均衡。企业的营销业务是确定目标市场的需要、欲望和利益，并以保护消费者和增加社会福利为方式，比竞争者更有效、更便利地满足目标市场的期望。

从市场营销观念的演变过程可见，不同营销观念之间的差异主要源于对企业、消费者与社会三方利益重视程度的不同，生产观念、产品观念和推销观念都是以生产者的需要和利益为中心，其本质是相同的。而市场营销观念是以消费者的需求为中心，它把生产者的利益与消费者的利益结合起来，但对社会利益未给予充分考虑。社会营销观念则是把生产者、消费者和社会公众三方的利益都结合起来，注重整体协调，是一种全新的综合营销理念。

从我国的实际情况来看，目前金融营销还处在较为初级的阶段，基本上是以金融企业的利益为中心，其局限性十分明显。我国金融企业的营销者应当认真总结上述市场营销观念的哲学内涵，认真处理好企业、客户和社会三者之间的利益关系，从而使金融营销立于不败之地。

【营销前沿】

精准营销与理念创新[①]

市场营销是现代经济生活中的一项重要活动，它是社会经济发展的产物，对于我国企业的生存与发展有着举足轻重的作用。进入21世纪的中国，市场日趋成熟，竞争日益激烈，这在客观上要求广大企业必须直面市场变化，不断调整经营策略，实现营销理念创新。因此，如何顺应市场发展变化，成功地实现由传统营销理念向现代营销理念的跨越已成为我国企业拓展业务、改善经营、提高效益的重要课题。

一、市场发展呼唤营销理念创新

以市场营销为导向的传统营销理念形成于20世纪50年代，这一营销理念认为，由于营销资源、经营能力以及市场环境所限，企业必须集中力量专注于某一个或若干个特定的目标市场，即实现企业经营目标的关键在于比竞争对手更有效、更准确地把握和满足目标市场的客户需求，这样才能确保企业的生存和发展，并不断地提高自身的竞争能力。由于传统营销理念强调企业应当明确自身的目标市场，及时发现目标市场中的客户需求，并能有效运用整合营销手段，在充分满足客户需求的同时使企业赢利，因而目标市场、客户需

---

① 陆剑清. 营销：创新与变革[J]. 上海商业，2003(5).

求、整合营销以及企业赢利是构成传统营销理念的四大要素。可见,传统营销理念是从目标市场出发,以满足客户需求为中心,以整合营销为手段来获得客户对其产品与服务的认同和接纳,最终赢得客户的满意消费,实现企业赢利,即传统营销理念的终极目标是发现并满足客户的现实需求。

然而进入21世纪以后,首先,随着产品与服务的日趋丰富、市场竞争的日益激烈,企业仅仅依靠有限的目标市场细分,已不足以保证其产品与服务的独特性,无法避免产品与服务的雷同以及低水平的重复竞争,这也就是恶性价格战无休无止、此起彼伏的根源所在。其次,随着消费者个性需求的日益提高,其对于产品与服务的创新性要求也不断提高,企业仅仅从发现并满足客户的现实需求着眼,已无法适应消费市场呼唤产品创新的新趋势。最后,随着现代信息技术的不断发展,成千上万的各种广告信息充斥着人们的生活,大大降低了广告信息的有效传播性,这使得广大企业仅仅依靠当前的营销手段,已不足以真正建立起牢固的客户关系,为企业发展奠定长久坚实的赢利基础。因此,伴随着市场的发展与成熟,一个呼唤营销理念创新的全新时代已然到来。

二、精准营销理念的悄然兴起

首先,从客户需求层面来看,随着消费者主体意识的日益成熟,其对于个性化产品的需求不断提高,企业已无法通过目标市场细分来精确涵盖其中每一个消费者的个性需求。因此,广大企业不仅要从目标市场出发,更应从不同消费者的个性差异以及同一消费者各个阶段的需求差异着手,从讲究规模化的面形整体市场营销向凸显个性化的锥形立体营销转变,才能更好地满足目标客户需求。

其次,从产品创新层面来看,随着人民生活水平的不断提高,消费需求层次的不断跃升,广大消费者对于产品与服务的创新性要求也在不断提高。因此,企业不能仅停留在发现并满足消费者的现实需求这一初级阶段,而应着眼于激发并满足客户的潜在需求,并以此不断推动产品与服务创新,最终赢得自己的市场。

最后,从企业赢利层面来看,一方面,随着市场逐渐成熟,竞争程度加剧,市场中的广告信息日趋饱和,其对于广大消费者的影响力迅速下降,广告衰减效应日益显著;另一方面,非理性的"广告冲动"促使企业无节制地追加营销费用,而同业之间非合作性博弈所引发的竞争压力则进一步加剧了这一增长趋势,从而极大地压缩了企业的赢利空间。这就迫使企业必须从以"求同"为主的大众营销思维中转变出来,通过形式多样的营销手段来更有效地培育企业的目标受众,从而为企业摆脱困境、实现赢利创造机遇。

综上所述,正是在消费者、市场以及企业不断成熟与发展的内在冲动和外在压力下,更为注重个性化与创新性的精准营销理念已悄然兴起。

三、精准营销理念的本质透析

被业界称颂为"营销传奇"的美国戴尔电脑公司大胆地放弃了规模化批量生产电脑的传统经营模式,而在全球范围内率先推出了其独有的个人电脑定制模式。即根据客户的个体需求为其度身定制个性化的电脑产品,并据此建立起客户的数据信息,为其提供终身化的营销服务,从而在电脑产品竞争异常激烈的今天,创造了骄人的业绩和独树一帜的企业品牌。这种企业通过有组织地搜集客户的综合数据以建立详尽的客户资料库,并在数据库管理的基础上准确及时地分析客户特征及其产品需求,从而更好地完善自身的产品与营销策略,以赢得客户重复消费的营销过程就是精准营销理念的充分体现。由此可见,精准营销理念与传统营销理念相比,其直接关注客户的个体需求,并以此作为企业经营活动的根本依据;以人性化的个案营销贯穿客户需求的各个阶段;以建立稳固的客户关系作为企业赢利的中心;以创造性地激发并满足客户的潜在需求为终极目标(见图 1-3)。因此,精准营销理念并不是现代商业利润观的变革,而是在激烈的市场竞争中,企业经营理念由产品本位向客户本位的彻底转变。然而,传统营销理念与精准营销理念并无优劣之分,只是市场发展到各个阶段的产物,营销理念只有与市场发展相契合时才是最有效的。具体而言,低成熟度的市场适用于传统营销理念,而高成熟度的市场则更适用于精准营销理念。

总之,伴随着我国社会经济的飞速发展以及营销实践的不断深入,以客户关系为导向的精准营销理念作为市场营销变革与创新的一个时代里程碑,突出了市场营销的可持续性,真正体现出满足客户潜在需求的现代营销宗旨,必将有力地推动我国企业营销水平迈上一个新的台阶。

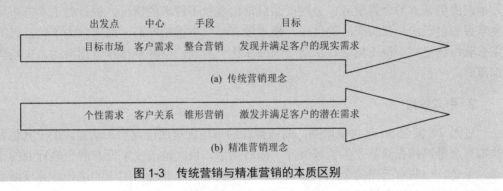

图 1-3 传统营销与精准营销的本质区别

二、金融营销的发展过程

市场营销观念的产生有其深刻的历史背景,买方市场是营销观念产生和存在的必要条件之一,只有当产品供大于求时,企业才会以满足顾客需要作为自身经营活动的出发点。这就决定了市场营销活动首先产生于一般工商企业(尤其是生产消费品的制造商),而金融业的主要经营对象——资金,即使在西方发达国家,也始终是最稀缺的资源之一。这一情况使得金融业长期处于卖方市场,因而与一般工商企业相比,金融企业对于营销的认识是比较晚的,银行等金融企业长期以来一直处于"皇帝女儿不愁嫁"的市场优势地位。市场营销学家科特勒曾这样描述早年银行的经营活动:"主管贷款的银行高级职员面色呆板地把客户安排在大写字台前比自己低得多的凳子上,居高临下,颐指气使。阳光透过窗户照在孤立无援的贷款申请者身上,他正努力地诉说着自己借款的理由,而冰冷的银行大楼则宛如希腊神殿般让人不寒而栗。"直至 20 世纪 50 年代初期,营销观念还未能进入金融业。因为银行长期处于卖方市场,人们需要它们提供金融产品和服务,即使银行不主动去促销其存贷款与保管箱业务,顾客也会主动上门。这时金融业给人以冷峻的形象,从业人员很少微笑,直到 20 世纪 50 年代末期,随着银行之间吸收储蓄的竞争加剧,营销观念才开始进入金融领域。

迄今为止,金融营销的发展过程可以分为七个阶段。

(1) 排斥阶段。

(2) 引入阶段。
(3) 广告与促销阶段。
(4) 友好服务阶段。
(5) 金融创新阶段。
(6) 服务定位阶段。
(7) 系统营销阶段。

在各个阶段，人们对于金融营销管理的理解、评价以及运用等都存在着明显的认识差异。

1. 排斥阶段

20世纪50年代中期以前，营销对于金融业而言还是相当陌生的。当时，客户需要银行为他们提供基本的金融服务，金融产品经常出现供不应求的情况，银行处于卖方市场，完全掌握着自己的经营与产品的供应，根本没有必要去推销产品，而客户为了使自己的融资需求获得满足则不得不向银行求助。因而在这一阶段，金融业排斥营销活动，市场营销意识薄弱。

2. 引入阶段

进入20世纪50年代中后期，商业银行的市场优势地位发生了动摇，由于其他银行与非银行金融机构在储蓄业务领域展开了激烈竞争，极大地改变了原有的金融行业的垄断格局，于是，一些有远见的金融从业人员开始寻找解决企业经营困境的途径，并逐渐意识到金融业也需要开展营销管理。许多金融企业便开始借鉴工商企业的做法，使用广告和促销手段，而竞争对手也紧随其后纷纷仿效，从而开始了金融企业注重广告和销售促进的新阶段。

1958年举行的全美银行协会(American Bankers Association，ABA)会议第一次公开提出了金融业应该树立市场营销观念。此次会议对金融业的发展具有非常重要的历史意义，它对当时的银行经营进行了客观分析，扭转了金融从业人员原先对营销观念的排斥态度，从而正式揭开了金融营销管理理论与实践的序幕。

3. 广告与促销阶段

20世纪50年代末，以商业银行为代表的金融企业开始注意在日常工作中运用营销管理改善经营业绩。但当时人们对于金融营销的认识还十分肤浅，在大多数人眼中，金融营销只不过是广告和促销而已。随着20世纪60年代西方各国金融零售业务的迅速发展，储蓄客户竞争的不断加剧，一些银行吸取了消费品市场的营销经验，广泛应用广告与促销手段，并以此为营销活动的主要内容。有关人员的头衔也从"公共关系"改为"营销管理"，但他们的主要任务只不过是做好广告宣传，吸引更多的客户到银行里来，以促进金融产品的销售。这种观念在当时具有很大的影响力，直到20世纪90年代仍有部分商业银行将金融营销等同于广告与促销。

广告与促销阶段是金融营销管理的起始阶段，这表明人们已开始将营销管理与企业经营相结合，但还没有充分认识到营销管理在金融活动中的重要作用。

4. 友好服务阶段

金融企业发现广告与促销所带来的优势并不长久,为了吸引忠诚的顾客,银行开始注意提高服务质量。例如,从业人员的职业培训获得了加强,银行柜台后出现了微笑,甚至银行内外部的装修设计也受到了重视,从而形成了一种令顾客感到温馨的友善气氛,于是,银行进入了友好服务阶段。然而,此时银行对于"友好服务"的理解是比较片面的,仅仅认为职员的微笑与友善的气氛就是"友好服务"。

率先实施以上措施的银行在吸引顾客方面捷足先登,但很快便被竞争者所觉察,于是金融业兴起了友好服务培训和人性空间装饰的热潮,结果家家银行都开始变得亲切友好,客户则很难依据服务态度进行选择。即服务态度失去了原有的特殊性,不再成为客户选择时的首要考虑因素。当然,这一阶段整个金融行业的服务水平比以前有了大幅度的提升。

5. 金融创新阶段

由于金融行业服务态度普遍改善,互相之间的差别又难以区分,于是一些银行开始意识到必须寻找一种新的方法以区分自己和竞争者。由于认识到金融业务经营的本质是满足客户的需要,于是金融企业开始从创新的角度考虑向顾客提供新的、有价值的产品和服务。西方国家金融管制的放松以及各国间金融业发展水平的不平衡,使得商业银行绕过金融管制,提供新的金融产品和服务成为可能。为了获得差别优势、规避风险、寻求利润,金融企业开始在金融工具、金融市场以及金融服务项目方面进行创新,这就是所谓的金融创新(financial innovation)。

新的金融产品的出现改善了金融业内部的运作效率和经营成本。例如,保险公司推出了五花八门的险种;商业银行则提供信用卡服务、上门贷款、共同基金、国际保理、包买票据等。在这一阶段,大额可转让定期存单(CD)、可转让支付命令(NOWS)、自动转账服务(ATS)、超级可转让支付命令(Super-NOWS)、共同基金(MF)及透支便利等各种新型金融工具纷纷出现,吸引了众多个人储户与企业客户,扩大了银行的资金来源,增强了资金运作的灵活性。同时,商业银行还大量运用各种金融衍生工具(如期货、期权、远期、互换等)为客户服务,以提高客户资产收益率,增强流动性,降低风险。

此外,在金融保值创新的手段方面,货币互换和利息互换是典型的例子。这一金融创新工具的核心思想是利用两个债务人在国际金融市场上的相对优势,通过金融中介服务,相互交换所借债务的货币种类和债务利率的种类。货币互换和利率互换以及其他互换方式组成了新的国际金融互换市场。许多商业银行通过金融创新,拓展其金融产品的深度和广度,以满足客户更深层次的金融服务需求。

6. 服务定位阶段

金融创新增强了商业银行的竞争力,扩大了银行的影响,并增加了银行的赢利。但金融产品不同于其他商品,它没有专利权。一项新型金融工具推出之后,很快就会被其他银行模仿,开发新产品的银行便会失去原创优势。据西方银行界研究证实,一种新的金融产品推出后,竞争对手在六个月内就可以模仿,因而金融产品缺乏专利性。于是,银行开始认识到必须发展属于自己的独特优势,即提供有竞争力的、有别于他人的差异化服务。研究发现,没有一家银行会成为所有顾客心目中的最佳银行,能向全体顾客提供所需的金融服务；同样，也没有一家投资基金公司能满足所有投资者的赢利需求。因此，各金融企业应该有所取舍，在本领域中寻找属于自己的最佳市场定位，将自己与竞争对手区别开来。

在这一阶段，许多银行纷纷确定自己的企业形象和服务对象。例如，有的银行选择大公司为重点客户，有的银行服务对象则仅限于中小企业；有的银行着重吸引有钱人，有的银行则以25~45岁的顾客群体为营销目标；有的银行偏重于稳健地投资银行业务，强调自己精通多种业务；有的银行则定位为大胆创新者，投资于风险大且收益高的产品；还有的银行利用高科技专门发展家庭银行(home banking)。也有银行把自己定位为"金融超级市场"(financial supermarket)，这是因为所在国政府允许银行开展全面业务，这种银行除了可以向企业、商家和个人提供商业银行的传统业务之外，还可以提供保险业务、旅游业务、所得税安排业务、投资业务、遗产托管、国际贸易、财产代理等各种金融业务，因此被称作"金融超市"。服务定位的目的在于帮助顾客了解相互竞争的各金融企业之间的差异，便于客户选择对他们最适宜的、能最大限度地满足其需求的金融企业。

7. 系统营销阶段

进入20世纪80年代以后，西方金融业的迅速发展，进一步推动了金融营销管理的发展与变革。随着金融行业竞争的加剧，人们逐渐认识到营销管理不再是单个的广告、促销、创新或定位，而必须把它们视为一个整体来看待。要使本企业的经营业务保持优势地位，获得持久的良好业绩，就必须加强对金融营销环境的调研和分析，制定适合本企业的战略目标和经营策略，制订中长期和短期的营销计划，也就是通过分析、计划、执行和控制，谋求建立和保持金融企业与目标客户之间互利的交换，以达到本企业的经营目标。换言之，为了充分了解市场并掌握客户需求，商业银行应对营销环境进行认真分析和有效预测；为使金融营销工作有条不紊地开展，银行应适时地制定营销目标与营销战略，并编制出合理的营销计划，包括短期计划与中长期计划；有了营销战略与计划之后，银行应灵活运用产品、价格、促销与分销等组合策略来实施该计划。

同时，由于市场的不确定性及营销工作人员的能力所限，在营销计划的执行过程中难免会出现一些失误或差错，为了确保营销目标的实现，银行还必须对营销工作实施全面的控制。因为银行的规范管理对其生存与发展是生死攸关的，尤其是对一些历史悠久、资产雄厚的大银行而言，加强业务控制、保持管理的连续性尤为重要。例如，全球知名的花旗银行于1812年创立于美国，目前在全世界100多个国家和地区设有3400多家分行或办事处，为全球逾1亿客户提供金融服务。1993年，花旗银行重新回到中国大陆市场，并于1996年成为第一家获准在上海浦东新区经营人民币业务的美资银行。

综上所述，金融营销管理经历了一个由低到高、由浅入深、由零碎到系统的发展过程，如表1-1所示。

当前，我国的金融营销还停留在第三、第四阶段，仅有少数金融企业达到第五、第六阶段。而若想在变幻莫测、竞争激烈的营销环境中获得成功，就必须达到第七阶段，这就需要金融企业建立起一整套完善的营销系统，进行分析、计划、执行与控制。面对新的营销环境，金融管理部门必须采用系统思考的新方法、新观念。

表 1-1　金融营销管理的发展过程

所处阶段	主要观点
排斥阶段	处于卖方市场，商业银行不需要开展营销活动
引入阶段	全美银行业协会第一次将营销观念公开引入金融领域
广告与促销阶段	片面地将金融营销等同于广告与促销
友好服务阶段	偏重于营造一种友好、和谐的服务氛围
金融创新阶段	不断地开发金融新品种以满足客户需求
服务定位阶段	把主要精力集中于某一细分市场
系统营销阶段	营销是由分析、计划、执行、控制等各个环节构成的系统

【营销前沿】

成功营销是一种持续创新的思维模式

什么是营销？"营销"这一概念最初是从英文"Marketing"翻译而来，关于"营销"的定义，国内外不同的学者有不同的释义，其中最具有代表性的是现代营销学之父菲利普·科特勒(P.Kotler)于20世纪70年代所做的定义："营销是个人和群体通过创造，并同他人交换产品和价值以获得其所需所欲之物的一种社会和管理过程。"科特勒指出营销的出发点是人类的需要，并强调营销必须"以人为本"，而近乎所有的知名企业都将科特勒的"人本主义"营销观奉为圭臬。

然而，你还记得那句"科技以人为本"的广告词吗？还记得那个大手拉小手的开机画面吗？为什么当年高调践行科特勒"人本主义"营销观的手机巨无霸企业诺基亚却最终黯然逝去，一代传奇不可避免地走向了落幕呢？诺基亚的衰落是因为质量问题吗？当然不是！因为世人皆知，诺基亚绝对是品质的保证。时至今日，但凡提及诺基亚，依然是稳定性和耐用性上当仁不让的口碑之王。诺基亚的衰落是因为技术问题吗？同样不是！因为业内尽知，诺基亚曾是智能手机市场的领头羊，从2002年诺基亚推出早期智能手机之后，其智能手机曾经轻松占据市场领军地位达五年之久。

其实，诺基亚既不是输在产品，也不是输在技术，而是输在了眼光。作为一家高唱着"沟通你我"的宣传口号、关注点却还滞留在手机最基本的打电话、发短信功能的手机厂商，诺基亚没有及时看清时代的变革，故步自封地认为触屏和网络是没有市场的。如今瞬息万变的市场，早已不是掌握住产品质量一个要素即能称霸的时代了，没有跟上变化就等于自动退出了市场，没有抓住市场的脉动，就只能等着被别人超越。

显然，诺基亚只是口头上高唱着"科技以人为本"这一营销口号，行动上却是教条式地践行着"人本主义"的营销观，并未真正理解"以人为本"营销理念的实质，未能把握到成功营销的精髓。那么，什么才是"人本主义"营销观的真谛呢？科特勒所倡导的"人本主义"营销观具有以下三个特征，分别为：动态发展性、系统全面性以及辩证深化性。现具体分析如下。

一、成功营销是一种"动态发展"的思维模式

科特勒在其代表作《营销管理》一书中明确指出："企业在经营活动中，需要处理企业、消费者与社会三者之间的利益关系，这三者之间通常存在着矛盾和冲突，如何对待这三者之间的利益关系，便涉及企业的营销导向。"并提出了"营销导向五阶段论"，将欧

美企业营销导向的发展历程概括为五个阶段，分别为：①生产理念；②产品理念；③推销理念；④营销理念；⑤社会营销理念。可见，科特勒关于"营销导向五阶段"的论述表明，所谓营销导向是指一定时期内支配企业行为的经营哲学。因此，成功营销本质上是企业经营者如何看待市场的一种思维模式，是特定时代的社会产物，它在一定的社会经济大背景下形成，并随着市场环境的发展变化而逐步演进。所谓"思维决定行为"，因而"人本主义"营销观具有"动态发展"的特征，所以，成功营销是一种动态发展的思维模式。

二、成功营销是一种"系统全面"的思维模式

20世纪80年代，科特勒在《营销管理》一书率先提出了顾客价值概念，所谓顾客价值(customer value)是指顾客期望从某一特定产品或服务中获取的一系列利益所构成的总价值。科特勒认为，顾客购买产品的过程，是一个运用其知识、能力与经验进行判断的过程，顾客会按照自己认为最具有价值、最令其满意的方式以购买产品或服务。

科特勒认为，顾客购买产品或服务时的选择过程是其寻求最大顾客价值的过程，企业只有能够提供比竞争对手更大的顾客价值，才能吸引顾客并留住顾客。显然，科特勒所提出的顾客价值概念，相较之前"只见物，未见人"的传统销售概念而言，其在营销发展史上是一个巨大的进步。顾客价值概念的提出表明，"人本主义"营销观具有"系统全面"的特征，因此，成功营销是一种"系统全面"的思维模式。

三、成功营销是一种"辩证深化"的思维模式

迈入21世纪以后，伴随着互联网浪潮，社会经济形态迅速进入体验经济新阶段，"体验"也日益成为顾客价值演进中的全新元素。伴随着经济形态的更新以及消费水准的跃升，消费者不仅重视购物的结果，更重视消费的过程。因此，体验经济的快速发展促使越来越多的商家开始注重体验营销，因为与仅提供传统单一经济价值的企业相比而言，那些除了关注产品之外还注重营造情感体验的公司自然会在同业竞争中处于更加有利的市场竞争地位。

可见，将感性的"情绪"这一变量引入了顾客价值判断的研究范畴，进而对体验经济进行合理有效的分析，这既为体验式营销提供科学有力的理论解释，亦能更好地契合体验经济的时代发展诉求。显然，这一理论演化过程本身生动体现了营销导向具有"辩证深化"的特点，充分表明了"人本主义"营销观具有"辩证深化"的特征，因此，成功营销是一种"辩证深化"的思维模式。

总之，进入21世纪的今天，产品的生命周期已进入"快进"年代，产品的辉煌期大大缩短。对企业而言，由产品积累到品牌的时限日益缩短，就像彗星一样一划而过。记得比尔·盖茨在20世纪就曾指出，微软离破产永远只有18个月。今天，比尔·盖茨则说："要么电子商务，要么无商可务！"他这样说并非完全是作秀，因为互联网使得几乎所有的行业都难逃"快速迭代"的命运，竞争优势和品牌优势都进入一个"速朽的年代"，传统的营销律条已不复存在！

三、金融营销的动因分析

任何事物的产生、发展、兴盛都有其深刻的内在动因。那么是什么因素为金融营销管理的发展提供了强大的动力呢？我们认为主要有以下几个方面的因素：作为主体和卖方的

银行；作为客体和买方的顾客；作为主客体联系纽带的物质技术媒介。即商业银行作为金融市场的主体，它们之间的竞争日趋激烈；顾客作为金融市场的客体，他们的需求日益多样化；而科技进步则为金融营销提供了物质条件。上述三个基本因素推动了金融营销管理的蓬勃发展。

1. 金融市场出现的激烈竞争成为金融企业推行营销管理的内部动力

(1) 银行同业之间的业务竞争。商业银行、专业银行、合作银行等各类银行机构的原有专业分工界限被打破，导致彼此业务交叉，新的综合性多功能银行的出现，以及原有银行竞相扩张经营规模，导致银行同业之间在吸收存款、发放贷款、争夺市场份额、扩展经营地域范围、开发金融产品和服务种类以及提高服务质量等方面的竞争不断加剧。

(2) 银行与非银行金融机构之间的竞争。20世纪70年代之前，美国银行业、证券业、保险业基本上各行其是、各谋其利。进入20世纪70年代以后，证券公司和保险公司等非银行金融机构不再受金融法规的限制，利用无须缴纳准备金、可以跨州经营业务等有利条件，竞相推出了一些新的金融产品，诸如货币共同基金(MMMF)、现金管理账户(CMA)等。这些金融创新产品的出现，促使广大储户把资金从银行定息账户中提出，重新投资于以市场浮动利率计息的金融新产品，从而使银行存款大量流失，信用收缩，赢利减少。同时，其他各种非银行金融机构纷纷涌现，它们直接或间接地夺走了不少银行业务。从表1-2~表1-4中可见，第二次世界大战后美国商业银行的市场份额不断下降，增速放缓。

表1-2 美国存款接受机构存款份额比例

年 份	商业银行	储蓄银行、信用组合、储蓄贷款协会
1949	79.6%	20.4%
1964	63.0%	37.0%
1979	59.4%	40.6%
1984	58.1%	41.9%

表1-3 美国金融机构金融资产持有比例

年 份	商业银行	储蓄银行、信用组合、储蓄贷款协会	其他金融机构
1970	37.3%	20.6%	42.1%
1979	34.8%	23.8%	41.3%
1984	31.5%	22.7%	45.8%

表1-4 美国金融机构1979—1984年金融资产增长率

金融机构	增长率
商业银行	57%
储蓄银行、信用组合、储蓄贷款协会	65%
非银行金融机构	92%

(资料来源：Mary Ann Pezzullo. Marketing for Bankers，P14)

(3) 银行还受到非金融企业附属金融机构的挑战。以美国为例，美国三大汽车公司(通用、福特、克莱斯勒)涉足金融业，分别成立了附属财务公司，为汽车消费者提供融资服务。又如美国最大的百货零售商之一希尔斯公司，把业务扩展到投资银行业、保险业等领域，建立了自己的金融营销网络,使之与其所属的零售商店连接起来,向零售顾客提供多样化的金融服务,具体包括融资、保险、抵押以及各种经纪业务,因此希尔斯公司又有了"零售金融集团"之称。

(4) 金融业务的全球化趋势。20 世纪 70 年代以后,随着西方各国经济发展、生产社会化程度的提高,各国之间在经济、技术、资金和人员上的联系不断加强,生产、经营和资本的全球化趋势显著。跨国公司开始兴盛,它们在全球范围内统一组织生产和销售,在投融资上也充分利用跨国经营的区位优势,哪个国家利率高就把资金投到哪里,哪个国家利率低就从哪里融资。这样一方面使得跨国大企业逐渐摆脱了对本国金融业的依赖,另一方面也促进了本国金融业向海外发展。外国银行或金融机构的进入,导致双向、交叉经营金融业务,从而有效地促进了金融业务的全球化。例如,1957—1982 年在英国伦敦开设分支机构的外国银行及其存款数量增长情况如表 1-5 所示。

表 1-5　在英国伦敦开设分支机构的外国银行及其存款数量

年　份	外国银行数量/家	存款总量/百万英镑
1957	80	130
1965	100	2215
1970	150	9759
1976	200	30 000
1982	400	

(资料来源:Arthur Meidan. Bank Marketing Management, P12)

可见,竞争的加剧、非银行金融机构的介入,对于银行的经营方式、经营技术以及经营作风都产生了深刻的影响,金融营销观念随之应运而生。那么,为什么金融业的经营模式会发生如此大的转变呢?与一般工商业一样,其根本原因在于市场竞争导致利润下降或者停滞。例如,20 世纪 40 年代以来,美国银行销售份额逐年减少,市场占有率下降。20 世纪 40 年代末,商业银行存款业务占金融总储蓄业务的 80%,20 世纪 70 年代末这一比例下降为 59%,如表 1-6 所示。

表 1-6　美国金融机构的市场占有率状况

金融机构的存款总量		市场占有率/%		
年　份	存款总量/亿美元	商业银行	储蓄银行、储蓄贷款协会	放款联盟
1949	1595	79.6	19.9	0.5
1964	4299	63.0	35.1	1.9
1979	16 534	59.6	37.2	3.2

从表 1-6 可见,尽管商业银行业务稳定发展,但市场占有率一直在下降。为了夺回失去的顾客,银行必须从顾客需求出发,进行金融创新,开发新的业务品种,不断完善服务。这就要求金融企业积极推进营销管理,以保持利润收入的不断增长。

2. 顾客需求的多样化趋势是金融企业推行营销管理的外在动力

金融客户主要分为组织客户(如工商企业、事业机关、社会团体等)和个人客户两类,不同客户的需求存在着差异性。组织客户一般有行业、规模与所有制之分；而个人客户则有收入水平、职业身份、受教育程度和地区习俗之分。虽然所有客户对于金融产品都有相同的基本要求(如安全、方便、收益等)，但不同类型客户的行为方式往往是不同的，他们对于金融产品的种类、服务形式以及手段的需求也往往存在着显著差异。

20世纪70年代以来，金融客户的需求出现了多样化的趋势，个人客户日趋成熟和理性。据统计，美国商业银行的个人客户中，受过大学教育的中青年所占的比重逐年增加，现在约占40%以上，他们文化水平较高，经济比较富裕，更善于精算利率高低、收益多少，对于通货膨胀和投资风险极其敏感，选择金融伙伴更谨慎，通常要求银行提供兼具安全性、流动性和营利性的金融产品以及形式多样的优质服务。对组织客户而言，在融资渠道宽、有多种筹资方式可供选择以及安全性和便利性等同的条件下，工商企业和事业团体在选择金融伙伴时，更倾向于选择能提供一揽子、高质量金融服务的金融企业。例如，美国大型工商企业选择银行时，会依次考虑以下条件。

(1) 是否有全球性的金融服务分支机构。
(2) 对金融服务是否熟练。
(3) 能否提供较全面且有深度的金融服务。
(4) 金融产品和服务的定价是否合理。
(5) 是否熟悉世界各国的金融管制以及业务运用情况。
(6) 该金融企业在国内外的声誉如何。

另据统计，美国在1950年仅有23%的人年收入在5000美元以上，至1965年则有20%的美国人年收入超过10 000美元(数据引自 Leonard L. Berry, James H. Donnelly, Jr. Marketing for Bankers, P244)，因而人们在满足消费需求之外出现了大量"可储蓄个人收入"(disposable personal income)，这为银行吸收更多资金提供了可能。

随着金融知识教育的不断普及，人们的文化素质日益提高，客户的金融意识日趋成熟，他们要求银行为其提供形式多样、灵活方便且能融安全性、流动性与营利性为一体的金融产品与服务。这种变化对金融企业的经营提出了更高的要求，企业必须掌握客户需求的变化，及时开发出适合的金融产品以满足客户需要，并要努力拓展分销渠道，加强促销工作，以实现企业的经营目标。

可见，客户的需求与购买行为的多样化趋势已成为金融营销管理发展的外在动力。因为随着金融市场消费需求的多样化，客户对于金融产品与服务的要求越来越高，这使得金融企业不仅面对挑战，更面临机遇，促使它们不得不积极开展竞争，大力推进以满足客户需求为中心的营销工作。

3. 科技手段的进步为金融企业推行营销管理提供了物质条件

电子商务技术的迅速发展和广泛应用，为金融创新提供了物质保证，使得金融企业能够不断推出各种新的金融业务。现代科技极大地改变了金融企业传统的业务手段，增强了它们处理日常业务的能力，从而突破了原有的业务范围，实现业务创新。

美国一些大型银行和证券公司从20世纪60年代开始装备电子计算机，用于企业内部财务管理、市场分析以及行情预测等；1969年开始应用自动取款机；1971年具有存取双重功能的自动柜员机出现。同时，少数大型银行更是率先实现了计算机联网，即在总行与分行之间、分行与分行之间实行计算机联网,对全行的存款、取款、买卖证券业务进行综合业务处理。至 20 世纪 70 年代,银行计算机联网又前进了一步,美国建立了"全美银行清算系统"(Clearing House Interbank Payment System,CHIPS),各主要银行都通过该系统进行资金划拨、汇款和清算。而环球同业银行金融电讯协会(SWIFT)的诞生则实现了全球银行自动收发电报、联机处理业务,继而银行与客户联机,使客户能在所有参加联机的银行之间实现通存通兑。部分银行还向客户提供计算机终端服务。进入 20 世纪 90 年代,商业银行开始在国际互联网上操作业务,网上虚拟银行纷纷建立,电子商务技术的广泛应用,使得银行业务手段发生了划时代的变革,通过创造出更多更新的金融产品和服务工具来满足客户的需求。例如,为个人客户带来便利的电子设备有电子借贷系统(信用卡)、智能卡(IC Card)、自动柜员机(ATM)、电话通知支付机(DTBP)、售货支付机(OST)、销售终端(POS)等。针对工商企业、机关团体,商业银行推出以下业务项目:电脑账务处理(如工资账单、填发账单、支票存款调整、应收应付账款处理)、交易服务(如为客户处理电子转账业务、信用证业务、证券交易业务)以及决策咨询(如市场预测、风险分析)等。

综上所述,市场竞争的加剧、消费需求的多样化以及科技手段的进步成为推动金融营销管理发展的三大动因。总之,金融业发展到今天以满足顾客需要作为经营宗旨,这一变革是由多方面因素合力造成的。尽管中国的金融业目前尚处于卖方市场,但随着时代的变化、经济的发展,在不久的将来,中国的市场环境将迫使金融业开展营销管理活动,这是因为市场的力量是不以个人意志为转移的。金融企业作为一种特殊的企业,为了在市场中求生存并实现自身利润的最大化,终有一天必须具备营销观念,以顾客为上帝。所以,有远见的中国金融企业应走在时代的前列,从现在开始积极推进营销管理,从而在现在及未来的商战中立于不败之地。

此外,我们分析金融企业经营观念的转变,目光不能仅局限于金融企业自身,而应运用系统思维进行综合考虑,因为金融企业的发展受制于整个宏观经济环境。研究表明,西方国家宏观经济环境的变化是金融企业推行营销管理的重要因素,其中最重要的有以下两点。

(1) 经济不景气,增长速度减缓。第二次世界大战结束之后,许多西方国家的经济出现了一段时间的高速增长,当时年均增长率达到 7%~10%,而日本等少数国家的国民生产总值年增长速度更是高达 14%。但从 20 世纪 60 年代末开始,这种高速增长的势头减弱,从 1970 年到 1980 年间,西方主要资本主义国家的经济年平均增长率为美国 3.1%、英国 1.8%、联邦德国 2.5%、日本 4.7%,能源危机更是造成了各国经济的大幅衰退与产品的大量积压,这一不景气状况降低了工商企业对于金融资金的需求。另外,由于许多企业经营不善而纷纷出现亏损或倒闭,使得银行贷款中呆账、坏账的比例不断上升,这对于银行的经营产生了巨大的压力,迫使银行转变"朝南坐"的传统观念,改"坐商"为"行商",不坐等客户上门,而是主动拓展市场,并针对客户的行为积极开展调查研究以满足其需求,在不利的经营环境中谋求生存与发展。

(2) 金融管制放松,活动空间增大。20 世纪 60 年代之前,许多国家制定了严格的法律对金融业实行监管。例如,美国于 1933 年颁布的《格拉斯-斯蒂格尔法》(*Glass-Steagall Act*)将商业银行与投资银行的业务分离,并且商业银行的投资业务仅限于投资代理,经营指定的政府债券以及运用自有资金有限制地购买股票与债券等。此外,各国政府还规定了银行的存贷款利率、最低准备金比率、资产负债比率等，并对商业银行分支机构的设置进行限制。金融管制固然有利于保持金融业的稳定，但同时使得金融机构的业务经营受到了极大的约束。20 世纪 70 年代之后，在西方国家爆发了一场"金融革命"，各国纷纷放松了对金融业的管制。例如，英国于 1971 年废除了对银行利率及信用的管制，商业银行开始有权自定利率；美国于 1983 年废除了限制存款利率的《Q 字条例》，实现了存款利率自由化，并于 1984 年允许银行涉足保险业；日本于 1982 年开始实施新的《银行法》，允许银行从事证券业务……这一切都为金融企业广泛开设分支机构，拓宽业务经营范围，开发灵活多样的金融产品以及全方位开展营销管理奠定了法制基础。

尽管从长远看，中国经济不可能长久保持 10%的高速增长，经济增速会趋缓，国内的金融管制也会逐渐有所松动，但就短期而言，我国经济增长没有减缓的迹象，金融管制虽会有所松动，但步伐亦不会很大。因此，近期我国宏观经济环境与西方金融业所处的宏观经济环境不具有可比性，即在短期内宏观经济因素不会成为我国推进金融营销管理的主要动因。另外，经过多年的经济体制改革，目前我国已形成了以中央银行为领导、国有商业银行为主体、国家政策性银行和其他商业银行分工协作的金融体系。信贷管理计划手段比重降低，开始实行资产负债比例管理，中央银行开始利用准备金率调节信贷规模，各商业银行信贷自主权增大；同时，银行扩大了金融产品种类和业务项目，存款种类增多，相继推出了金融债券、本票和信用卡等新的金融产品；开展咨询、评估和租赁等业务项目。1981 年，恢复商业汇票承兑贴现业务，贴现市场开始形成；1984 年，北京天桥商场公开向社会募股；1986 年，银行同业拆借市场建立；1986 年，沈阳信托投资公司开办债券买卖转让业务。此后，深圳、上海证券交易所相继建立，股票市场正式形成。1985 年，深圳开办了我国第一家外汇调剂中心，建立了有限度的外汇市场；1994 年，外汇体制改革成功，全国外汇市场建立并按照国际惯例运作；1997 年，国际收支经营项目实现了自由兑换。1998 年，债券发行系统启用，当年支持国家开发银行以招标方式发行金融债券 410 亿元，政策性银行金融债券由此从派购发行向市场化发行转变。2002 年，人民银行开始使用央行票据充实公开市场操作工具。2003 年，中国境内第一只通过招标发行的外币债券发行成功。2007 年，上海银行间同业拆放利率正式发布。2013 年 8 月，中国(上海)自由贸易试验区正式被批准设立。

由此可见，中国金融市场竞争将会逐渐加剧，具体表现为：银行之间、银行与非银行金融机构之间在吸收存款、发放贷款等一系列业务上展开竞争，同时，部分金融业务对外开放，外国金融企业逐步加入中国市场的竞争，而我国金融客户则日趋成熟和理性，差异化需求越来越显著，对金融产品与服务的要求越来越高。伴随着电子商务技术的日趋成熟和完善，中国的信用卡、自动柜员机等业务也一定会迅速发展。因此，西方发达国家中推动金融营销管理发展的动因在我国同样存在。诸如金融市场竞争的加剧、客户需求的多样化以及连接买卖双方的科技媒介手段的进步等因素终将形成一股强大的动力，推动我国金融业经营观念的转变。因此，认清发展形势，顺应历史潮流，及时转变经营观念和思路，以消费者需求为出发点，以顾客满意为经营目标，实施具有前瞻性的金融营销管理，是中国金融界不可回避的战略任务之一。

【营销前沿】

金融营销的发展路径及其演化逻辑

一、引言

美国未来学家凯文·凯利在《失控》一书中曾预言："二十年内，传统银行会消失。"现在看来无须二十年，就在这几年间预言将变为现实。因为你是否发现，我们身边的银行物理网点正逐渐消失，新冠疫情出现则加速了这一发展趋势！目前，互联网金融的快速兴起正颠覆着传统金融业的游戏规则，并催生出新的营销模式，所谓"哪里有流量哪里就有卖点"，这一互联网金融的营销新打法既令传统金融市场格局重新洗牌，更是颠覆了以往金融行业线性刻板的营销思维，进而开启了全新的金融营销之门。那么，为何互联网金融会成为金融营销的新趋势？这一发展路径背后又隐含着怎样的演化逻辑？本文将对此展开解析。

二、顾客价值新论的提出

通常，关于市场现象的营销分析是以顾客价值概念为原点而展开的。20世纪80年代，营销大师科特勒在其代表作《营销管理》一书中率先提出了顾客价值概念及理论，所谓顾客价值(customer value)是指顾客期望从某一特定产品或服务中获取的一系列利益所构成的总价值。科特勒认为，顾客购买产品的过程，是一个运用其知识、能力与经验进行判断的过程；顾客会按照自己认为最具有价值、最令其满意的方式以购买产品或服务。

当迈入21世纪之后，伴随着互联网兴起，"体验"已成为顾客价值理论中的核心要素，顾客价值理论迅速进入了以体验价值为主轴的新阶段。率先提出"体验"这一概念的美国营销学者诺瑞思认为：体验的重点是在于物品的服务，而非物品本身。美国康奈尔大学心理学教授卡特和季洛维奇经过研究发现：购买体验比购买产品本身更令人高兴，它能让人产生更大的满足感。英国《经济学人》杂志基于对"快乐"的经济学研究结果认为："体验的快乐远远大于商品本身。"可见，营造快乐体验的企业，不仅能够赢得消费者的心，更能够赢得他们的时间和金钱。派恩和吉摩尔在《体验经济》一书中提出：每一次体验为顾客所制造的正面回忆越多，持续时间越久，那么它所创造的价值也就越大。可见，尽管体验是无形的，但是顾客却期待体验，因为体验价值可以长久地存在于消费者的内心深处。可见，在顾客价值理论的视野中，企业生产产品或提供服务是一个体验价值的创造过程，体验价值是满足消费者需求的核心载体，顾客价值理论所遵循的是满足顾客需求的消费逻辑。

然而，当面对早年的荷兰郁金香狂潮、20世纪末的云南普洱茶之殇、如今的平价茅台酒一瓶难求等诸多"市场异象"时，顾客价值这一经典理论却难以给出合理有力的解释，究其原因在于：上述商品在其销售中所遵循的并不是以满足顾客体验价值为核心的消费逻辑，而是以满足顾客投资价值为核心的金融逻辑。可见，分析逻辑的单一性是造成传统顾客价值理论失效的症结所在。

据此，"顾客价值的双维度矩阵模型"这一新理论被提出，以弥补传统顾客价值理论"分析逻辑单一性"这一内生性缺陷。该理论认为传统顾客价值理论是基于"顾客体验价值"这一变量而构建的单一维度理论模型，由于其仅对商品中已有效用的消费属性加以关注，而忽视了可能涉及未来收益的投资属性，致使其无法有效解读上述"市场异象"。针对这一理论缺陷，"顾客价值的双维度矩阵模型"这一顾客价值新论指出，顾客价值在其构成上不仅受到"体验价值"这一消费变量的影响，同时还受到"投资价值"这一金融变量的影响。即总体顾客价值既包含"体验价值"，也包含了"投资价值"，其是"体验价值"与"投资价值"双维度协同作用下的结果。

基于"体验价值"与"投资价值"的高低，"顾客价值的双维度矩阵模型"将商品分为四类，分别为：①低体验价值、低投资价值的"白水品"(诸如日用消费品等)；②高体验价值、低投资价值的"可乐品"(诸如可口可乐等品牌消费品)；③低体验价值、高投资价值的"流水品"(诸如银行理财等金融产品)；④高体验价值、高投资价值的"钻石品"(诸如珠宝、名表、名酒等奢侈品、房产及古董艺术品等)。以"钻石品"为例，德比尔斯钻石之所以能够"钻石恒久远，一颗永流传"，究其原因在于：钻石因地质属性所形成的生产总量稀缺性，使其在顾客价值属性上兼具高的体验价值与高的投资价值，致使市场所关注的不仅是其闪光炫目的体验价值，更是其恒久流传的投资价值，因此，钻石市场所遵循的不仅是消费逻辑，更是金融逻辑。即人们购买钻石的需求动机已由"婚庆消费"升级为"保值增值"。

三、顾客价值矩阵模型分析

互联网金融是指利用互联网技术和移动通信技术等一系列现代科学技术实现资金融通的一种新型金融服务模式。不同于传统的以物理形态存在的金融活动，互联网金融存在于电子空间中，其形态虚拟化，运行方式网络化。因此，互联网金融可以为客户提供更为便捷、高效的金融产品和服务，并通过这种方式实现金融脱媒，提高了资源配置效率。这样，既提升了投资价值，更增进了体验价值。

科特勒认为，顾客购买产品或服务时的选择过程是其寻求最大顾客价值的过程，企业只有提供比竞争对手更大的顾客价值，才能吸引顾客并留住顾客。基于顾客价值新论的双维度矩阵模型分析，金融产品作为低体验价值、高投资价值的"流水品"，显然，增进其体验价值是提升其总体顾客价值的有效路径，互联网金融的演化逻辑则契合了这一发展路径。相较于传统金融业务，互联网金融正是通过提升顾客体验价值，进而表现出以下四个方面的竞争优势。

第一，产品优势。互联网金融业务依托网络进行着线上产品创新，如第三方支付、电子货币、网络信用产品、网络客户关系、互联网金融信息产品等。由于互联网的产生势必会创造新的需求，因而其开发方式也不再局限于原有的线下金融产品的组合，而是基于这种新的需求来开发、推出新的线上金融产品，例如互联网保险产品等。

第二，价格优势。互联网金融业务通过网络进行交易，既方便又快捷，人们不需要到实体网点柜台去进行交易，这可以节省大量时间成本；同时，互联网金融实行电子化交易，亦可减少交易成本。此外，相较于传统的金融业务，互联网金融可有效降低信息不对称，致使互联网金融产品定价水平会比较低，也较公平合理。

第三，渠道优势。传统金融业务的网点设置无非是线下固定的若干个营业地点，固定的营业网点限制了其营销范围的扩展，然而互联网金融业务从固定走向了移动，移动终端可以随时满足人们的金融需求。

第四，促销优势。传统金融业务的营销方式有广告投放、打折促销、品牌代言、公益营销、事件营销、创意活动等，在当前"移动互联网"时代，尽管传统金融业务仍在使用上述促销方式，但其促销效果和影响深度远比过去要好得多，因为互联网极大地提高了一个消息、一个广告、一个事件的传播速度和推送范围，使得更多的潜在客户了解到金融产品和服务，并迅速转化成为现实客户。与此同时，诸如微信营销、微博营销、直播营销、网红营销等新兴的互联网营销方式也应运而生，并取得了不错的效果。

四、结语

显然，相较于以"人际沟通、网点交易"为特征的传统金融业务，以"人机互动、一键交易"为特征的互联网金融具有压倒性的竞争优势，其之所以能够在产品、价格、渠道、促销等领域全方位碾压传统金融业务，成功的关键不仅在于互联网金融凭借着"技术代差"的科技优势在交易效率、运营成本上吊打传统金融业务，更源于其通过增进顾客的体验价值以提升总体顾客价值，进而逐步实现由低体验价值、高投资价值的"流水品"向高体验价值、高投资价值的"钻石品"的定位迁移，这既是金融营销发展的有效路径，更是其必然选择。

总之，当前互联网金融的兴起正深刻地影响着金融营销的面貌，因为这绝不仅是简单的金融渠道或媒介革命，它正颠覆性地重塑着现代金融业态，而在金融营销发展路径的背后则遵循着"双维度矩阵模型"这一顾客价值新论所揭示的内在逻辑。

第四节 金融营销在我国的兴起

我国金融营销管理是随着金融体制改革的深入以及市场化的推进而逐步确立和发展起来的。在 1979 年以前，我国金融业有三个基本特点：一是金融企业缺乏独立的市场地位，例如，银行隶属于财政，仅发挥着金库、货币发行局以及资金调拨机构的作用；二是金融需求受到高度抑制，根本没有金融市场可言；三是人民银行一统天下，没有真正意义上的金融企业。1979 年以后，随着社会主义市场经济体制改革的深入，这种状况才逐步得以改变。各类金融机构从无到有，蓬勃发展；社会经济的货币化进程加快，金融市场不断扩大；各类金融中介机构迅速成长，金融法治意识不断增强，金融监管也日显重要。就金融机构的设置而言，人民银行获得了相对独立的地位，并逐渐发展成为中央银行，发挥着制定货币政策以及实施金融监管的重要作用；工商银行、农业银行、中国银行、中国建设银行四大专业银行的建立，股份制银行和一些地方银行的设立以及邮政储蓄业务的开展，打破了人民银行一统天下的传统格局，也使得国内银行的商业化架构初具规模。

具体而言，金融营销管理大约是在 20 世纪 90 年代中期进入国内银行领域的。当时，国有专业银行开始向国有商业银行转轨，各银行争夺储户，致使存款市场份额竞争不断升级。一些银行开始在营业网点门前拉横幅广告，在营业大厅摆放印刷精美的金融产品宣传折页，设置大堂导储员、大堂经理等；随后，又陆续在广播、报刊、电视等大众传媒上进行广告宣传；部分银行的分支行则开始设置与市场营销相关的机构，诸如市场拓展部、客户公关部、市场发展部等，各商业银行开展的市场营销活动日渐增多。现如今，工商银行、农业银行、中国银行、建设银行、交通银行、民生银行、中信银行、招商银行等，都已先后在中央电视台第一套节目黄金档时段播出过各种广告。

此外，保险公司、信托投资公司、金融租赁公司、证券公司、企业财务公司等机构的建立，促使各类金融企业分业经营的市场格局逐步形成，为满足不同客户的金融需求创造了有利条件。从我国金融市场的发展趋势来看，市场需求不断扩大，各种融资方式相继产生，在坚持间接融资为主的同时，直接融资方式也获得了较快的发展。1981年，我国政府开始发行国库券；1983年，少数企业开始发行债券，而具有股票特征的证券也开始出现；1985年，工商银行、农业银行开始发行金融债券；1986年，各类证券的流通与转让获得允许，同时，银行同业拆借市场逐步发展起来；1989年银行的票据承兑和贴现市场亦获得迅速发展，政府在实施外汇留成制度的同时，又适时开放了外汇调剂市场；1990年11月和1991年4月，深圳、上海两地先后成立了证券交易所，股票、债券的发行量和交易量迅速增长；1994年外汇体制并轨，成立了全国外汇交易中心，实现了单一的管理浮动汇率制。2005年5月，股权分置改革开始试点，促进了我国股票市场的发展，揭开了证券市场发展的新篇章。从现有的各类金融中介机构来看，诸如证券经纪人、证券承销人、外汇经纪人、金融证券律师事务所、会计师事务所、审计师事务所、专业报刊、专栏节目、咨询节目、咨询公司、评估公司、担保公司等，这些以获取佣金为目的，为金融交易提供中介服务、信息咨询或相关综合服务的各类机构，也获得了迅猛发展。从我国金融市场的规范运作来看，各种金融法规相继出台，中国人民银行、中国证监会、中国保监会的金融监管职能不断加强，国家宏观金融政策调控方式也日益改进并趋科学化。上述情况表明，我国金融业正全面摆脱计划经济的桎梏，向着市场经济所要求的现代金融体系方向稳步迈进，这一发展态势也使得各类金融企业具有了市场意识，树立了营销观念。目前，诸如企业宣传、公共关系、价格竞争、产品组合等营销手段已被相当多的金融企业所熟练掌握和运用。

我们应当看到，由于传统计划经济的长期影响，中国特色的社会主义市场经济体制还未形成，各种体制性的约束大量存在，国民经济的货币化程度不高，传统金融行业具有高度垄断性等，使得我国金融营销管理的水平参差不齐，总体上尚处于初级阶段。这主要表现在以下六个方面。

(1) 营销服务观念不强。尤其是一些大型金融企业，受传统卖方市场观念的影响，不注意及时转变观念、摆正自己的位置，官商意识浓厚，经营方式消极被动。

(2) 风险防范意识薄弱。许多金融企业好大喜功，忽视资本金约束和成本因素，脱离资金和管理能力，盲目拓展业务，乱铺摊子，资产增长过快，不良资产比例过高，风险加大。

(3) 不重视市场研发。金融营销应以市场为中心，不断分析和研究客户的消费心理和行为，掌握营销管理的主动权，不断开发新的金融产品，更新金融服务以满足市场的需求。目前，市场研究与开发尚未成为我国大多数金融企业的自觉行为。一些金融企业既不善于发现市场，也不注重发挥自身的特色和优势，而是盲目地模仿竞争对手，致使金融营销行为趋同。

(4) 缺乏整体营销理念。现代营销观念应以整体营销思维为核心，充分发挥各职能部门在产品、价格、渠道和促销等方面的整体协调功能，以取得综合经济效益。尽管我国有不少金融企业重视营销观念，但各部门之间条块分割、相互竞争的情况十分普遍。例如，银行内部的储蓄部门与信用卡部门之间相互竞争吸储现象就较为典型。

(5) 管理决策简单化。一些金融企业运用单一指标或不科学的业绩考核办法开展经营，甚至把营销策略简单地等同于价格竞争，致使恶性竞争事件时有发生。例如，高息揽储现象在金融系统中就尤为突出，在某一时期甚至愈演愈烈，最终自食其果。

(6) 投机意识浓重。在金融领域中，投资和投机往往难以从行为本身加以界定，同时，我国金融体制和金融市场还不完善，一些金融企业有法不依、有规不循，不注重扎实经营，只关心政策动向，把经营的主要精力放在搜寻投机炒作题材上，违规拆借炒作现象时有发生，严重地扰乱了正常的市场秩序。

经典案例评析一　　　经典案例评析二

【情境案例解析】

中信银行的香卡营销

晓君是一位大二女生。她追逐时尚，家里的经济条件也能够支持她的光鲜衣着和生活品质，同时，与她同寝室的三个姑娘也"臭味相投"，并没有谁看不惯谁的问题。所以，大学生活就变成了四个青春少女的时尚岁月。

作为时尚女孩，每月的"血拼"成了寝室几个人的"必修课"，她们都办了信用卡，以免去在购物中使用现金的麻烦。一开始，她们只是选择了能够提供较多优惠的信用卡，不过，有一天，这样的情况却悄然发生了改变。

一天，同寝室的欣怡告诉大家："我换了信用卡，很好很好的哦。"

"哎哟，瞧你得瑟的。换成什么样的了？"别的女孩子问她。

"先不告诉你们，反正你们见到也会很想要的。我爸说最近就能拿到了。"欣怡的父亲在某银行工作，看样子应该是最近有新款信用卡推出，她提前尝鲜了。

"这么神秘，我倒要看看是什么东西这么好。"晓君说。

几天后，欣怡把她的信用卡带过来了。"大家快过来看，我就是换了这种信用卡。"一到寝室，她就开始呼朋唤友。

晓君她们围了上来，顿时闻到一股馨香。"这是信用卡么，怎么这么香啊？"

"这就是我爸他们银行最近推出的香卡，是专门针对时尚女性客户的。"欣怡得意道："怎么样，很不错吧？"

"真的哎，真的好香啊。"大家对于这一点倒是十分认同。

"不过……"有人提出了异议，"我看优惠条款倒没有我们以前用的信用卡来得多哎！"

"真的吗？我看看。"于是大家又来研究其优惠条款，可惜的是，优惠条款确实不如以前的那款信用卡多。大家都踌躇了，尽管这个卡这么香，但却不是很优惠。

"可是这卡毕竟很香哎！"终于，有人忍不住说了一句。"对对对，就算是没有优惠，但是很香啊，这就很好了。"又有人帮腔。

于是，大家都下了决心，换成这款香卡。

不久，校园里又多了一道馨香的时尚风景。

(资料来源：根据百度百科改编)

【案例讨论】
1. 针对年轻女性推出香卡，体现了什么样的营销思维？
2. 据你了解，市场上还有其他针对女性的信用卡吗？和中信香卡有哪些区别？
3. 查阅资料，中信香卡在推广过程中，针对老客户和新客户有什么区别？
4. 对于案例中提到的中信香卡的不足之处，你有什么建议？

本 章 小 结

(1) 金融营销是以适当的产品价格、适当的促销方式，通过适当的路径和网点，适时地把适当的产品和服务提供给适当的客户，并在适度地满足顾客需要的同时，使企业自身获得赢利和发展。

(2) 金融营销具有无形性、非歧视性、不可分性、易模仿性、专业性、风险性等特征。

(3) 金融营销管理的基本任务是：金融信息管理，客户需求分析，开发金融产品，制定营销方略，提高服务质量，防范金融风险，提高经营效益，确保社会稳定。

(4) 迄今为止，金融营销的发展过程可以分为七个阶段：①排斥阶段；②引入阶段；③广告与促销阶段；④友好服务阶段；⑤金融创新阶段；⑥服务定位阶段；⑦系统营销阶段。

复习思考题

1. 什么是金融营销？
2. 现代金融企业实施营销管理的基础有哪些？
3. 金融消费者主要具有哪些权利？
4. 金融营销的主要特征有哪些？
5. 金融营销管理包括哪些基本任务？
6. 金融营销的主要作用有哪些？
7. 金融营销的发展过程可以分为哪几个阶段？
8. 金融营销的动因有哪些？

第二章 金融营销环境分析

【本章精粹】

◆ 金融营销环境的定义及金融营销环境分析的特征和过程。

◆ 金融营销的宏观环境分析、中观环境分析和微观环境分析。

◆ 金融企业对环境机会和威胁的评估与对策。

【章前导读】

金融企业与其他企业一样,都是在一定的营销环境下开展营销活动,以求得企业生存和发展。金融营销环境影响着金融企业的经营决策、营销方略及其结果。它既会给企业的营销活动带来制约和威胁,也能为企业的发展创造机会。金融企业的营销计划能否适应客观环境的要求,以成功地避开威胁,有效地把握和利用商机,对其发展而言是至关重要的。因此,认真分析研究金融营销环境,既是金融企业制定营销方略的前提条件,也是金融营销管理的基础性工作。本章将从宏观、中观与微观三个层面对金融营销环境进行具体分析。

【关键词】

金融营销环境　宏观环境　中观环境　微观环境　环境机会　环境威胁

第一节　金融营销环境分析概述

一、金融营销环境的定义

金融营销环境广义上是指所有能影响金融企业实现其经营目标的一切因素的总和。美国著名营销学家菲利普·科特勒(Philip Kotler)将营销环境定义为:"企业的营销环境是由企业营销管理职能外部的因素和力量组成的,这些因素和力量影响营销管理者成功地保持与其目标市场顾客交换的能力。"即营销环境是指与企业营销活动相关的所有外部因素与力量之和。这一定义对于金融企业也同样适用,因此,金融营销环境是指金融企业生存和发展所需的、独立于企业之外的、对企业营销绩效有着潜在影响并约束其行为的各种外部因素或力量的总和。

金融营销环境是极为复杂的,政治、法律、经济、科技、人口、文化、风俗习惯等都可以直接或间接地影响金融企业的营销活动,因此都是金融营销环境的构成要素。金融企业的营销活动就是在多种环境因素联系互动的条件下运行的,人们在分析研究时从不同的角度出发对金融营销环境进行划分,其目的是分析这些环境因素对金融企业营销活动的影响,以及金融企业如何谋求其营销方略与客观环境之间的动态平衡。金融企业对营销环境的分析,应在全面了解的基础上把握重点,抓住那些对企业营销活动影响大且直接的环境因素,进行重点深入的分析,从而增强营销环境分析的科学性、经济性和实用性。

由于影响金融企业营销环境的各种因素是不断发展变化的,而这些变化会对企业的营销活动产生不同程度的影响,因此金融企业应当高度重视对营销环境的研究,并且组建精干的专业机构,对金融营销环境及其变化进行有效监测和动态分析,以便顺应市场环境的变化,及时制定和调整营销方略,变不利因素为有利因素,以实现自己的经营目标。

二、金融营销环境分析的特征

金融营销环境分析的基本内容涉及金融企业经营与管理的各个方面,它具有以下几个特征。

(1) 层次性。依据与营销方略的相关程度，金融营销环境从层次上可以划分为宏观环境、中观环境和微观环境三大类。

(2) 整体性。尽管金融营销环境可以划分为不同的层次，但事实上不同层次的营销环境是相互影响、相互制约而难以彻底分开的。

(3) 变化性。金融营销环境永远处于动态变化之中，尤其是宏观环境的变化更是频繁。金融营销环境一方面具有变异性、随机性、不可控制性，另一方面也具有一定的规律性。

(4) 复杂性。金融企业营销环境不同于工商企业营销环境，其宏观环境的涉及面广泛，既受国民经济宏观因素的制约，也受地方经济发展水平的限制，还受到各种经济、行政法规的约束，因而其经营条件的限制是十分严格的。

三、金融营销环境分析的过程

金融营销环境分析是一个动态过程，包括环境因素调查、环境因素评价和环境因素预测三个循序渐进的阶段。

(1) 环境因素调查。环境因素调查就是指了解金融营销环境的宏观因素、中观因素和微观因素的过去与现实状况，它是金融营销环境分析的起始点。

(2) 环境因素评价。环境因素评价是对所收集的有关环境因素资料进行归纳、整理和分析，以判断哪些因素对金融营销具有影响以及影响的程度如何，这是金融营销环境分析的关键。

(3) 环境因素预测。环境因素预测是对营销方略实施期间营销环境因素可能发生的变化和发展趋势作出估计，它是金融企业制定营销方略的主要依据之一。

金融营销环境因素调查、评价和预测的过程，也就是金融企业对营销环境由浅入深、由表及里、逐步深化的认识过程。

第二节　金融营销的宏观环境分析

一、金融营销的政治法律环境分析

政治法律环境对于金融企业的营销活动具有重要影响。政治法律环境主要包括社会安定程度、政府对经济的干预状况、政府的施政纲领以及相关政策、各级政府的运行情况、政府部门的办事作风、社会团体利益的协调方式、法制建设状况、各种法律法规体系以及司法程序等。政治法律环境既包括国内的，也包括国外的。国外政治法律环境既包括国际政治法律状况，诸如国际形势及其发展趋势、国际通用的法律法规或国际惯例等，又包括各个不同国家和地区以及国家集团的政治法律状况。上述国内外政治法律因素，都会不同程度地影响金融企业的经营活动，其中有些因素对于金融营销的影响会更直接、更频繁，影响程度也更大，例如有关金融业的政策、法律、法规等。安定的政治形势和健全的法律制度是金融营销成功的保障因素。例如，银行所遭受的违约风险和挤兑风险，一般总是与政治动乱或突发事件等法律秩序受到破坏的情况相关。因此，金融企业开展营销活动时，应细心观察分析国内外政治法律环境的状况及其变化,以便及时采取相应的经营防范措施。

1. 国内政治法律环境

我国金融企业的营销活动主要是在国内开展,现在也开始逐渐迈入国际市场,因此首先应对国内政治法律环境进行细致的分析。

近年来,我国在改革开放和现代化建设方面取得了举世瞩目的巨大成就,社会政治稳定,经济持续快速地健康发展,人民生活水平有了很大的提高,法制建设也在逐步健全和完善。这些发展变化对于我国金融企业的营销活动产生了重大影响。

当前,随着我国由计划经济体制向社会主义市场经济体制转轨以及现代企业制度的构建,金融企业正逐步转为面向市场、独立营销、自负盈亏的经济实体。自1994年起,我国金融机构除中央银行外开始实行商业化管理,从而使金融机构拥有经营自主权,能面向市场独立开展经营活动,使得金融产品和服务趋于市场化。在这种形势下,金融企业要想获得营销成功,使自身得以生存和发展,除了要认真分析市场动态以外,还必须密切关注国家宏观调控政策及其对金融营销活动的影响。国家宏观调控政策主要包括人口政策、产业政策、外贸政策、物价政策、财政税收政策、金融货币政策等。这些政策会直接或间接、短期或长期地对金融市场产生影响,因此,金融企业必须对上述政策及其影响进行深入细致的分析和研究,并据此制定或调整自己的营销方略。

近年来,随着经济体制改革的不断深入和现代化建设的迅速发展,我国政府已经相继颁布实施了一系列用以规范市场,保护生产者、经营者与消费者权益的法律法规,例如《企业法》《劳动法》《专利法》《商标法》《广告法》《反不正当竞争法》《投资基金管理办法》《物价管理条例》等。这些法律法规一方面规范了企业的营销活动,另一方面也为企业的正常营销提供了法律保障,帮助企业赢得了商机。随着金融体制改革的发展,近年来国家也陆续颁布实施了一些有关金融方面的法律法规,其中以银行、债券以及保险方面的法律法规为主,如《中国人民银行法》《商业银行法》《证券法》《票据法》《担保法》《贷款通则》等,尽管金融法律法规体系尚不够健全,但随着改革的深入和经济的发展,终将逐步趋于完善。

由于国家的法律法规对于金融营销活动会有重大影响,因此金融企业应当对法律法规进行研究和分析,以便凭借法律武器维护自己的正当权益,积极开展营销活动。例如,证券公司在开展股票发行业务时,就应聘请法律顾问进行咨询,或由本公司的法律人员对有关股票发行、上市、销售等法律法规进行深入细致的分析和研究,以确保其业务活动符合法律程序的要求。

2. 国际政治法律环境

金融企业无论是在国内市场从事营销活动,还是进入国际市场开展跨国营销,都需要既了解国内政治法律环境,又了解国际政治法律环境,因为两者相互联系、相互作用,并且都影响和制约着金融企业的市场营销活动。金融企业对于国际政治法律环境的了解应着眼于以下两个方面。

首先是整个国际政治形势及其变化趋势。如果国际政治形势动荡不安,或者发生世界性或局部性战争,将会给金融企业的国际市场营销带来严重影响;反之,如果国际政治形势和平稳定，国际经济交流与合作顺利发展，则会给金融企业的国际市场营销提供有利条件。在前一种情况下，金融企业的国际市场营销虽然也会有一定的机会，但无疑也会存在较大风险。在后一种情况下，尽管对金融企业开展国际市场营销业务较为有利，但也需要根据实际情况审慎做出营销战略与策略的选择。因此，在上述两种情况下金融企业都应对国际政治形势及其变化趋势进行认真分析。

其次是国际法以及国际经济惯例。在金融业务的国际市场营销中，虽然没有一个统一的法律来规范，也没有一个国际机构来强制执行，但是已存在着一些公认的国际经济惯例以及由某些国家相互签订的多边协定，例如关税及贸易总协定(现为世界贸易组织)制定了许多有关贸易和金融方面的运行规则，为其成员国所共同遵守；北美自由贸易区、东盟各国也都制定了一些国际经贸准则，这些规则部分已成为国际上普遍遵循的惯例。除了多边协定外，还有两国之间的双边协定，它规定了双方在经贸往来中所应共同遵循的原则以及权利和义务。上述协定和惯例，对于国际金融活动都有着直接或间接的影响，因此，所有已经进入或准备进入国际市场开展营销活动的金融企业，都应对此进行认真分析和仔细研究。

随着我国改革开放和经济建设的进一步发展，国内金融企业也将逐步进入国际市场开展营销活动。由于我国企业在这方面缺乏经验，更应及早着手对国际政治法律环境进行全面深入的研究，以便为开展金融营销活动创造有利条件。

二、金融营销的经济技术环境分析

经济技术环境是指影响金融企业营销活动的各种经济技术条件的总和。由于经济技术环境是在不断发展变化的，因而不同的经济技术环境因素在不同时期对于金融企业营销活动的影响也不相同。

1. 国内经济技术环境分析

当前，我国金融企业的目标市场主要立足于国内，因而首先应分析国内经济技术环境。国内经济技术环境分析主要包括以下三个方面。

(1) 产业经济结构分析。产业经济结构是指国民经济各部门之间的比例关系。多年来，我国产业经济结构在行业和地区分布上长期处于不平衡状态，主要表现为：与轻工业、机械业等行业相比，农业、交通运输、能源、原材料、通信等基础产业和基础设施相对落后，甚至成为国民经济发展的"瓶颈"；与东部沿海地区相比，我国中西部以及老、少、边、贫地区经济相对落后；在行业和地区内部也存在着产业经济结构失衡的问题。产业经济结构失衡必然使得政府实行产业扶持政策，通过增加资金投入来促进薄弱产业和落后地区的发展，这就会影响政府投资和银行贷款的资金流向。因此，金融企业必须在这方面进行市场研究和分析，并作出相应的营销计划安排。

(2) 经济发展速度分析。经济发展速度对于金融企业的营销活动也有着直接影响。在经济高速增长阶段，企业生产和商品流通规模扩大，对于货币资金的需求量增加，金融业务量随之增加，利息率会上扬；反之，当经济增长速度趋缓或处于停滞状态时，企业生产和商品流通规模缩小，对于货币资金的需求量减少，则金融业务量亦随之减少，利息率会下降。因此，金融企业面对经济增长速度不同的情况时，应在冷静分析客观环境的基础上采取适当的营销方略。

(3) 经济发展水平分析。经济发展水平也是金融企业在营销活动中应当考虑的重要因素之一。经济发展水平高、市场繁荣，则社会购买力会大大增强，银行贷款和储蓄都会增加，金融业务量也会不断扩大；反之，经济发展水平低、市场萧条、社会购买力不足，则会导致金融业务量萎缩。此外，不同产业的发展周期有很大差异，这对于资金需求会有很大影响，从而影响金融企业的营销状况，因而对此必须加以认真分析。

2. 国际经济技术环境分析

当今世界各国经济联系既广泛又密切，国际经济环境对于本国的金融市场营销有着重要影响，尤其是当金融企业开展跨国营销时情况更是如此。目前国际经济环境十分复杂，金融营销中所涉及的因素多且不断变化，主要的因素有各国的经济结构和经济发展阶段、人口结构与收入水平、国际资本流动、国际债券市场以及国际经济组织等。这些因素对于金融营销决策具有不同程度的影响。

具体而言，一方面，不同国家和地区的产业经济结构不同，对于进出口商品的结构和资金性质的需求就不同，对于金融企业所提供的金融产品与服务的需求也就不同。另一方面，不同国家和地区所处的经济发展阶段不同，对于进出口商品的结构、档次、数量的需求就会不同，对于金融产品与服务的结构、档次、数量的需求也会不同。例如，发展中国家的主要经济部门是农业，因而对于生产资料的需求相对较少，但它们需要发展工业，而本身又缺乏机械设备，所以需要进口一些技术性能较低、档次不高但具有耐用性的工业品，金融企业应针对这种情况向其提供生产所需的资金和各种进出口金融业务；广大发展中国家对于投资品和消费品的需求正在不断增加，因而其对资金的需求也日益增长，资金流动也在增加，这必然导致其对金融业务需求的增加；部分发展中国家也有一些发展程度较高的工业部门或地区，对于金融产品和服务的需求很大，具有发达国家的经济特征；而发达国家城市人口多、农业人口少，国民文化程度、工资收入和消费水平普遍较高，金融服务业发达，金融产品种类繁多，金融机构之间竞争激烈，对于金融营销质量要求也越来越高。因此，金融企业对这些情况应进行全面的研究和分析，并据此制定相应的营销方略，以保持和扩大市场占有率，尤其是通过金融产品的不断创新来开辟新的市场。总之，金融企业应当认真分析不同国家和地区的经济结构和经济发展阶段的情况，制定相应的营销战略和策略。

此外，国际资本流动也是影响金融企业营销活动的重要因素之一。所谓国际资本流动，是指资本在各国、各地区以及各金融组织之间的转移。国际资本通过各种形式(如投资、贸易、贷款、援助等)在各国、各地区、各金融组织之间流动，必然会影响各国的经济结构、发展水平和收入水平等，而这些因素的变化又会对金融营销产生不同程度的影响，因此，金融营销人员必须对此加以密切关注和认真分析。

三、金融营销的科学技术环境分析

近几十年来，科学技术突飞猛进，科技革命对于社会经济的发展产生了巨大而深刻的影响，新的科学技术一旦与社会生产密切结合起来，就将直接或间接地促成各产业之间的变化交替。新兴产业会不断出现，传统产业将被改造，落后产业则被淘汰，产业结构内部也会发生重大变化。新技术的出现、新装备的采用以及新行业的兴起，极大地改变了企业生产经营的内部因素和外部环境，这就为企业既带来了竞争压力，也提供了市场机会，迫使企业经营决策发生改变，并对金融市场产生深刻影响，从而促使金融企业不断调整其营销方略。其具体表现为以下四个方面。

(1) 科学技术的迅速发展对金融产品和服务不断提出新的要求。随着科学技术的飞速进步，市场竞争日益加剧，人们的需求也在不断发生变化，这就迫使企业必须不断地增加对新产品研究开发的投入，以保证其在市场竞争中立于不败之地。我国在今后较长一段时期内，有大批老企业需要进行技术改造和产品更新，为此急需加紧研究开发新技术，引进先进的技术设备，这就会导致对资金需求的增长以及对金融产品和服务需求的变化。金融机构必须筹集足够的资金，提供适当的金融产品和服务，以满足企业的发展需要。

(2) 科学技术的迅速发展使得人们的消费观念和生活方式也发生了变化，从而对金融产品和服务也不断提出新的要求。例如电子商务技术的迅速采用、信用卡的日益普及等，对于金融产品和服务都会产生直接的影响。

(3) 科学技术的迅速发展促使金融企业降低营销成本，提高工作效率。由于采用新技术、新材料、新工具等，金融企业在建筑、设备、通信、信息等方面的成本大大降低，并且促使办公自动化，从而节省大量的人力、物力，改善企业营销管理，提高工作效率和服务质量，以取得更好的经济效益。

(4) 科学技术的迅速发展迫使金融企业不断调整促销策略，转变服务方式。随着传播媒体的多样化，广告宣传方式也日益复杂，广告促销的作用大大增强，而人员促销的作用则相对弱化，从而迫使金融企业充分利用高新科技成果，注重信息沟通的效率、促销组合的效果，并及时采用新的广告手段等。同时，由于高新技术的开发应用，消费者也不断追求新的金融产品，从而促使金融企业的服务方式发生变革。

可见，金融企业必须认真学习、研究和掌握科技发展的动态，抓住科技革命所带来的各种商机，充分利用高新科技成果，搞好市场营销，促进自身发展。

总之，科学技术环境是影响金融营销管理的重要外部因素，它会影响金融企业的发展方略、营销规模、资产结构、技术装备、网点布局、业务种类、人力资源等许多方面，因而需要金融企业主动进行营销环境预测，分析科学技术环境变量。

四、金融营销的社会文化环境分析

社会文化环境对金融企业营销活动也具有重要影响。社会文化环境主要包括人口分布和构成、社会阶层和相关群体的结构以及文化传统、教育水平、价值观念、社会思潮、风俗习惯、道德信仰、语言文字、生活方式等因素，这些因素对于金融产品和服务的需求特点和消费模式均具有不同程度的影响。因此，金融营销人员也需要对社会文化环境进行研究和分析，以提供金融企业营销决策的依据。

1. 人口分布和构成分析

在分析金融企业营销环境时，不能不考虑人口因素，因为市场是由有购买欲望且有购买能力的个体构成。人口的数量决定着市场的规模和潜力,一般而言,人口愈多,购买力愈强,市场规模就愈大。人口的年龄结构、地理分布、婚姻家庭状况、出生率、死亡率、增长率、人口密度、流动性、文化教育程度、种族、职业等特征,都会对市场需求格局产生深刻的影响。不同人口特征的群体具有不同的金融意识,其内在需求、购买能力、储蓄观念、对投资风险的心理承受力各不相同,因而对金融企业所提供的金融产品和服务的需求偏好也有差别。这些差别会直接影响金融企业所提供的金融产品和服务的数量结构、网点设置、服务方式、分销特点等。因此,金融企业应注意了解分析上述人口特征及其发展动向,以便制定或调整营销方略,以有效利用因人口特征及其变动所提供的市场机会,避免其可能导致的不利影响,从而更好地实现营销目标。当金融企业进行跨国营销时,同样应注意研究分析所在国家或地区乃至世界范围内的人口特征及其变化趋势,所不同的是它更具有多样性和复杂性。

2. 社会阶层和参照群体分析

社会阶层是指按照一定的标准(如经济、文化、职业等)将社会成员划分为若干等级层次。不同的社会阶层会因社会传统、经济水平以及文化程度等差别而具有不同的特征。在我国,一般可按职业分成工人、农民和知识分子三大社会阶层,此外,还有近年来逐渐形成的企业家阶层。各社会阶层在对金融产品和服务的需求、兴趣、偏好和购买行为上均有各自的特征。

(1) 工人阶层包括产业工人、国家公务员、公司职员等,是我国城镇中的一个最大的阶层,其生活水平在全社会中居中等,是中档消费品的主要购买群体。由于其经济来源主要依靠固定的工资收入,因而与金融相关的活动主要是将闲置资金用于银行储蓄或购买债券,以备今后生活中的不时之需。近年来,部分国有企业实行股份制改造,其中少数企业实行内部职工持股,但总体上数量较少,并且其性质与股票交易有着根本不同。

(2) 农民阶层占我国总人口的70%以上,其经济收入普遍不高且购买力低下,除少数经济发达地区和城镇郊区外,大多数农民刚刚解决温饱问题,尚有部分贫困落后地区农民的温饱问题还未解决。农民阶层的有限购买力主要用于购买基本的日用消费品、建筑材料、农用生产资料等方面。其金融意识淡薄,与金融机构的联系很少,平时仅限于小额储蓄,最多是少量的生活和农副业生产贷款。然而,近年来党和政府一再强调大力发展农业,扩大对农业的投入,必然要求金融机构对农业发展和农村建设承担越来越多的任务。

(3) 知识分子阶层的收入水平一般属于中等,他们较注重精神生活,对于物质生活的要求不太高,是文化用品、图书报刊等体现职业特点的商品的主要市场。近年来随着宏观经济环境的变化,知识分子的需求动机、生活方式与购买行为等与工人阶层有日益接近的趋势。其金融活动与工人阶层大致相同,仅有极少数文化知识界的名人,诸如影视明星、科技专利发明者等有很高收入,因此不仅享有优越的物质文化生活,而且或多或少地从事股票债券买卖等金融交易活动,以谋取更丰厚的收益,但这对于整个金融市场而言,其影响是微不足道的。

(4) 企业家阶层是随着社会主义市场经济的迅速发展和改革开放的不断深化而日益成长壮大起来的,该社会阶层对于社会经济生活的影响和作用正愈来愈大。他们多以法人代表的身份与金融机构保持密切联系,既是金融资金的需求者,又是金融资金的供给者,其中有些人还参与投融资活动，并且代表本企业参与各种保险；他们本人的经济收入较高，享有较高的生活水平，并大多从事证券投资活动。对新兴企业家阶层的情况进行分析研究，对于金融企业搞好市场营销具有重要意义。

参照群体是指与购买者具有社会联系的个人或团体。参照群体一般分为主要群体与次要群体两种类型。主要群体是指对消费者有直接联系，对其购买行为有直接影响的群体，如家人、亲戚、朋友、同事、邻居等。这种群体对消费者的生活消费行为及其金融消费行为都有着直接影响，例如参加某种保险，购买某种股票、债券等。次要群体是指与消费者相关的各种群众团体和组织，如社会团体、学术团体等。消费者作为该群体中的一员，其金融消费行为受该群体的间接影响。参照群体影响着消费者的道德规范、消费意识和生活方式，进而影响其对金融产品和服务的购买行为。金融企业必须注意研究参照群体对于消费者的多种影响，以便做出相应的营销决策，提供适当的金融产品和服务，卓有成效地开展金融营销活动。金融企业实施跨国营销、拓展金融业务时，也应考察分析国外不同社会阶层和参照群体的状况及其对于金融产品和服务购买行为的影响。

3. 文化环境分析

文化是指在一定社会结构中人们所共有的价值观念和社会规范的综合体，即人们生活方式的总和。文化环境通常包括文化传统、受教育程度、价值观念、道德伦理、风俗习惯、宗教信仰、语言文字、生活方式等多方面内容。尽管文化环境表面上似乎对金融企业营销没有直接影响，但实际上对于金融企业的战略规划、经营策略和工作方式有着深刻的潜在影响。另外，文化环境直接影响着金融从业人员的思想观念和服务态度，因而间接影响着金融企业的经营绩效。金融企业必须对文化环境有广泛而深刻的了解，才能做出适当的决策，以避免在营销中陷入困境。

在不同的文化环境中，人们的价值观念、风俗习惯等有着很大差别。价值观念是指人们对社会生活中各种事物所持的态度和看法，不同的价值观念会影响消费者对于金融产品和服务的认知和需求，因而其购买行为也就不同。例如，有的消费者追求变革，喜欢猎奇，富有冒险精神，会对新的金融产品和服务产生偏好；而有的消费者思想保守，对风险较高的金融产品则不敢问津。风俗习惯也是影响金融营销的重要因素。例如，在崇尚节俭的地区，储蓄存款容易增加；而在崇尚奢华的地区，储蓄存款自然减少。另外，价值观念和风俗习惯的不同使得人们在对金融产品的需求种类和迫切程度上也形成很大差异。例如，我国证券市场刚开始发行股票时，由于人们对股票不了解，甚至把它看成是资本主义的产物，因此很少有人购买，市场一片沉寂；但当少数人因购买股票而大发横财、股票成为社会舆论热点时，人们又对股票产生了过度需求，致使证券市场一派兴旺，甚至出现了"股疯"现象。

此外，语言文字对金融营销活动也有影响。在一个国家内的不同地区、不同民族往往使用不同的语言文字，而在世界范围内不同国家和地区，使用的语言文字更是多种多样，同时伴有语言文字的禁忌、歧义等，这些都会对金融市场营销提出不同的要求。因此，金融企业要想在国内或国际金融市场上顺利开展营销业务，必须对各种语言文字环境进行分析和研究。即要研究目标市场上各种语言文字的使用范围以及可能产生的禁忌或歧视对金融营销的影响和对营销双方所造成的沟通障碍，从而在金融营销活动中选用消费者乐于接受的语言文字，慎重对待语言禁忌和语言歧义等，以避免可能造成的不良后果和经济损失。

第三节　金融营销的微观环境分析

一、市场环境分析

金融市场环境和金融企业营销活动具有更直接、更紧密的关联。

首先是资金供求和利率状况。资金供求双方，在总体和局部、时间和空间上，都经常存在着矛盾冲突。工商企业对资金的需求会有周期性高潮、季节性起伏以及临时性追加，而构成资金供给主要来源的公众储蓄，也经常波动起伏，并且与资金需求的波动往往不同步。资金供求的矛盾会导致银行利率的涨落升降。通货膨胀率、物价水平的变动对于银行利率也有直接影响，金融企业更注重的是扣除通货膨胀率之后的实际利率。因此，既要分析工商企业资金需求的变化，又要分析居民储蓄和消费信贷以及物价与利率的变化。

其次是各级政府、中央银行和上级银行的计划以及政策干预状况。在不同的宏观经济环境下，计划的规模、银根的松紧和管制的宽严程度通常是交替变化的。即在不同的政策导向下，金融营销的政策环境条件会迥然不同。即使同一种政策导向，对于不同的金融企业也会意味着不同的政策环境条件。同时，政府、央行和总行之间，在政策的具体执行上也会产生分歧，并可能因领导人变更而在决策程序、执行风格和政策导向上发生变化，这些都会对金融企业营销产生不同的影响。因此，必须注意分析研究，采取积极的应对策略。

近年来，我国金融体制经过一系列的改革，已初步建立起了较为完善的金融体系，国内金融市场环境呈现出以下特点。

(1) 金融结构处于调整过程之中。这主要表现为：①在以金融机构为中介的间接融资方式居主导地位的同时，以金融市场为中介的直接融资方式有了长足发展；②经过金融秩序整顿，商业银行超额贷款以及违章拆借资金的情况有所好转；③不少企业依赖银行贷款维持经营，个别企业拆借严重甚至资不抵债，致使银行信贷资金运转迟滞，出现了大量呆账、坏账；④金融资产结构性失衡，即一方面生产建设部门投资不足，另一方面银行储蓄部门有大量储蓄资金没有适时地转化为投资，同时，各部门之间、各地区之间金融资产结构性失衡状况也较严重。

(2) 金融工具日益多样化。除了传统的银行业务以外，近年来出现了不少新的存贷款形式，开办了信用卡、消费信贷等业务，还发行了多种股票、债券、投资基金等。

(3) 初步建成由政府、企业、金融机构以及个人参与的金融市场。如同业拆借市场、有价证券发行转让市场、外汇市场等，同时，上海、深圳两地证券交易所正迅速发展并趋于规范。

(4) 完善了金融架构。目前初步形成了以人民银行为领导，国家政策性银行、国有商业银行为主体，各类金融机构并存的金融体系。此外，国外金融机构已开始在我国一些大中城市设立办事处或分支机构，与我国金融机构展开竞争。

(5) 金融管理政策发生了新的变化。人民银行由过去通过信贷计划管理国民经济转变为通过金融市场对国民经济实行宏观调控等。

综上所述，我国金融市场环境的新变化为金融企业营销提出了新的要求和新的任务。

二、客户环境分析

金融企业面对的客户主要是工商企业和城乡居民,他们既是资金的主要供应者,也是资金的主要需求者。企业客户有不同行业、不同规模、不同所有制、不同营销状况的差异,居民客户则有不同的收入水平、不同职业、不同消费观念之分。金融企业是为了满足客户需求而存在的,不同客户对于金融企业所提供的金融产品和服务的需求既有一致性,也有差异性。差异性反映了金融营销所面临的客户环境因素的不确定性,同时为金融企业改善经营、重视营销、提高竞争力、推动自身发展提供了原动力。随着改革的深化、经济的发展、人们生活水平的提高,工商企业和居民客户对金融产品和服务都提出了新的要求。

三、竞争环境分析

随着社会主义市场经济的发展,金融企业之间的竞争是不可避免的。竞争是一种压力,更是一种动力,要促使压力转化为动力,关键在于全面深入地了解和掌握竞争对手的情况,尤其是其经营目标和发展方向。这样才能更好地发挥自身的优势,及时抓住市场空隙,获得更多的市场机会。具体可以采取以下三种方式开展竞争环境分析。

(1) 竞争者总体数量分析。目前,我国已形成一个开放度大、竞争性强、多种金融机构并存的多元化金融市场格局。外资金融机构的进入,既带来了资金,也带来了先进的营销技术、融资工具和管理手段,同时强化了金融行业竞争,这就要求国内金融企业积极参与竞争,通过加强营销管理、改善服务质量、降低经营成本来促进国内金融业的国际化进程。

(2) 竞争者市场份额分析。衡量市场份额多少的主要指标是市场占有率,目前大型商业银行和中小型商业银行业务量及市场占有率发生了较大变化。

(3) 竞争者营销方略分析。这主要是对竞争者的营销方略进行分析,即具体研究竞争对手的产品策略、定价策略、促销策略以及网点布局策略。诸如竞争对手采用何种价格竞争方式,所提供产品或服务的数量与种类,具体运用何种促销手段、通过何种渠道与网点设置方法进入市场以及竞争者在客户中的形象和信誉等。总之,只有在对竞争者的营销活动进行全面分析的基础上,根据企业自身的特点和优势,选择和实施营销方略,才能获得经营成功。

第四节 金融营销环境变化的影响分析

金融营销环境变化给每个金融企业提供了各种各样的营销机会,同时给它们带来了各种各样的环境威胁。对金融企业而言,抓住机会、积极进取、规避威胁、减少损失是金融企业营销成功的关键,而要真正做到这一点,则有赖于对金融企业市场营销的宏观环境和微观环境做出综合深入的科学分析,并在此基础上准确了解和把握微观环境中的机会和威胁。金融企业要想准确地把握微观环境中的机会和威胁,就必须重视收集市场信息,了解各种环境因素的发展变化及其相互关系。

金融企业要把营销机会转变为对本企业有利的商机,首先应了解现有的营销机会是否符合本企业的经营目标,一旦符合本企业的经营目标,还要考虑本企业是否有足够的条件(如资金、人员、技术等)来利用这个营销机会。如果条件不具备,就应放弃这个机会或者创造条件后再加以利用。例如,广大城镇居民对于购房贷款有很大的需求,这一市场正日渐广阔,对于金融企业而言是一个很好的营销机会,但并非所有的金融机构都能胜任,只有少数有条件的金融企业可以开展该项业务规模较小、实力较弱的金融企业,则因条件所限(如资金缺乏、人员不足或政策不允许等),目前尚不能经营该项业务。

此外,并非所有的营销机会对不同的金融企业都具有同样的吸引力,也并非所有的环境威胁对不同企业的破坏力都相同。企业还需要进一步分析哪些机会最具有吸引力、哪些威胁的破坏力最大,以便作为营销决策的依据。如果把机会和威胁的不同情况与企业的实际状况结合起来展开分析,则会出现四种不同的情况:①高机会和低威胁,这是理想的市场环境状态;②高机会和高威胁,市场具有较高的风险性;③低机会和低威胁,市场比较稳定、成熟;④低机会和高威胁,营销处境艰难。金融企业应根据上述不同情况,采取相应的营销对策,对于环境威胁应适时地采取营销对策。金融企业对于环境威胁一般可选择的营销对策主要有以下三种。

① 干预策略,即试图限制或扭转不利因素的发展势头。
② 改变策略,即通过金融企业改变营销方略,以减轻环境威胁的程度。
③ 转移策略,即将金融产品和服务转移到其他市场或盈利更多的金融部门,开展多元化经营。

具体内容将在第五节详细介绍。

第五节　金融企业对环境机会和威胁的评估与对策

金融企业对环境机会和威胁的分析是一个动态过程,包括环境因素调查、评价和预测三个循序渐进的阶段。环境因素调查是了解金融营销环境的宏观因素和微观因素的过去与现实状况,它是金融营销环境分析的起始点。环境因素评价是对所收集的有关环境因素资料进行归纳、整理和分析,以判断哪些因素是金融营销的机会,哪些因素是对金融营销的威胁,它们分别对金融营销的影响程度如何等,这是金融营销环境分析的关键。环境因素预测是对营销方略实施期间营销环境因素可能发生的有利和不利变化与发展的各种趋势做出估计,它是金融企业制定营销方略的主要依据之一。金融营销环境因素调查、评价和预测的过程,也就是金融企业对营销环境由浅入深、由表及里、逐步深化的认识过程。由于金融营销环境中存在着的机会和威胁多种多样,有大有小,有急有缓,因而必须进行具体分析和评价,然后制定相应的营销对策。

一、环境机会和威胁的评估

环境是金融企业营销活动的约束条件,市场营销环境的发展变化,既可以给金融企业带来市场机会,也可能给企业造成威胁。随着生产力水平的不断提高以及科技水平的不断发展,当代金融企业的外部环境变化速度远远超过了企业内部因素的变化。金融企业的生存和发展越来越取决于其适应外部环境变化的能力。虽然营销的宏观环境具有不可抗性,但这并不意味着金融企业对环境无能为力或束手无策,只能消极被动地适应。金融企业可以通过各种办法,如公共关系手段、广告手段等影响和改变环境中的某些因素,使其向有利于企业营销的方向转化,从而创造一个良好的外部环境条件。在改变环境和分析环境中,金融企业可以寻找新的机会,以避免来自环境的威胁。

所谓环境机会,是指企业能取得竞争优势和差别利益的营销机会,例如人们收入水平的提高、现有市场缺口、未满足的市场需求等。环境威胁是指在营销环境中对金融企业不利的趋势,如一些外国保险公司进军中国市场、国内保险公司竞争激烈、人们的保险意识较薄弱、市场竞争不规范等。值得注意的是,在金融营销实践中,威胁有时可以转化为机会。在一定的时期内,威胁只是伪装下的机会。例如,人们的保险意识目前还比较弱,这对保险公司来说,是一个很大的威胁。然而,一旦人们的保险意识增强,这一巨大的潜在市场将变成非常吸引人的现实市场。金融企业营销管理者必须善于辨别,抓住机会,化解威胁,把市场机会转化为企业机会。虽然市场机会对每个企业来说都是公平的,但是并不是每个企业都能将市场机会转化为企业机会。只有优秀的企业才善于抓住市场机会,开发企业机会。一般来说,金融企业在将市场机会转化为企业机会时,需要考虑两个条件:一是机会的大小,二是相对于这个机会企业有什么样的资源或技术优势。按照这两个条件,企业将有四种可能。第一种,市场机会很大,企业在此也有很大的优势。这是企业能够抓住市场机会并将其转化为企业机会的最佳领域。企业应不遗余力地抓住这一机会,努力争取获得最大的市场占有率。第二种,市场机会很大,但企业在此不存在优势,企业将面临如下选择:或者是忍痛放弃这一市场机会;或者是想办法变企业劣势为企业优势,争取利用已有的市场机会。第三种,市场机会很小,但企业在此有一定的优势,这时,企业可以采取两种方式:一种是积极的、主动的方式,即通过寻找、挖掘甚至是创造市场机会,来充分发挥自己的优势,变不利的市场环境为有利的市场环境;另一种是消极、被动的方式,即顺应市场环境,等待市场机会的到来。第四种,市场机会很小,企业在此也无优势,这时,企业最好的办法是回避。

二、环境威胁的应对策略

一般来说,金融企业对环境威胁可选择的对策主要有以下三种。

(1) 干预策略。即试图限制或扭转不利因素的发展势头。例如某企业经营不善,亏损日益严重,拖欠银行贷款无力偿还,面临破产危险,放款银行面对这一情况时,应尽快采取措施力争多索回一些贷款,或争取该企业破产时能多获得一些资产作为抵偿,从而减少银行的经济损失;或者放款银行经过慎重分析,再追加对该企业的贷款,使其能更新设备,开发新产品,改善经营管理,从而扭亏为盈,最终能如数偿还银行贷款本息,使银行获得更多的经济效益。金融企业在某种情况下,还可以通过各种方式督促政府颁布法令或达成某种协议或制定某项政策来改变环境威胁,这在国际金融营销中往往能发挥重大作用。

(2) 改变策略。即通过金融企业改变营销方略,以减轻环境威胁的程度。例如推出新的金融产品、调整目标市场、改善营销组合、变更营销渠道、加强广告宣传等。营销方略的改变,一般既可以减轻环境威胁的程度,又能将环境威胁转变为有利的商机,其关键在于方略运用是否及时恰当。例如,近几年,工商企业的效益普遍不好,行政事业单位的经费也较为紧张，受此影响，原来保险公司的人身险业务主要向企事业单位的"分散业务集中做"的方法已行不通了。于是保险公司把人身险业务拓展的重点转移到千千万万个家庭上来，结果，业务量不但没有减少，还使散户成为公司业务拓展的主战场，"蛋糕越做越大"。

(3) 转移策略。即将金融产品和服务转移到其他市场或盈利更多的金融部门，开展多元化经营。例如，将银行资金抽出一部分转移到保险、信托投资、证券交易等部门，这样就可以分散或转移风险，以得补失，变害为利。

可见，重视环境变化、善于进行环境分析、把握营销机会、减少环境威胁，是金融企业开展营销活动的基础性工作，也是其在竞争中取胜的关键。

经典案例评析

【情境案例解析】

"金字塔尖"的秘密

一、引子

中秋方过，虽已进入深秋时节，上海静安区的璀璨却依然如故。加班过后，赵金生走在梧桐分列的小道当中，深黑色的西服搭在左臂上，一阵秋风吹过，他下意识地把乳白色的衬衣领扣紧了一紧，却全然忘记穿上手里的外套。是啊，刚刚上任某银行上海静安支行私人银行部客户经理不久，他就有三重忧愁压在心头，以至于回家走路仍只顾埋头思索，完全忘记了时令天气。

天色渐暗，不知不觉中，赵金生来到了上海静安区最核心地带——静安寺。

众所周知，上海静安区也正是因这座古刹而得名。说到静安，不得不被它优越的地理区位所折服。静安区地处上海市中心，地段优势极为明显。区境大部分曾属上海公共租界西区。它是全上海唯一一个所有区境都位于内环内的市中心黄金城区。静安区属于目前上海市最中心区域，是高档的黄金地段。它也是上海市最重要的经济、文化、商业中心之一，静安区也是全市公认的"高品位的商务区和生活居住区"。繁华璀璨融汇典雅雍容，环境优美，闹中取静，因此，静安区一直备受知名人士、社会名流青睐。

然而，此时此刻，赵金生却无心欣赏眼前这一番繁华，他只是注视着前方不远处那座闹中取静、独具个性的古刹，对它感到从未有过的亲切，以至于不由自主地朝它走去，并在寺庙门旁的一节石凳上坐下来。已逾不惑的他，习惯性地从衣兜掏出一支香烟，点着，深吸，而后缓缓地将一缕烟雾吐出，继续陷入沉思。

烟过三分之一，赵金生竟自言自语道："得说啊。"他的眉头一皱。

又是一阵沉闷。烟吸到了一半，他"嗯"了一声，不住地点着头，眉间稍有些舒展。

很快一支烟吸完了，赵金生起身，熄灭烟头丢入垃圾桶，他像往常那样果断而迅捷地穿上手里的西服外套，而后阔步向着家的方向走去。此时他双眉舒展，昂首挺胸，因为一直以来压在他心头的一块石头或许在他明天踏入支行个人金融部主任王墨海的办公室时便会尘埃落定。不过，这一切都还要看领导的态度。

二、英雄所见略同

翌日，赵金生像往常一样提前半小时来到静安支行私人银行部自己的办公室。他打杯开水，启动电脑，左手轻抚下巴，右手执勺，缓缓地将刚刚放入杯中的一勺咖啡粉均匀地搅拌开来。他正在梳理着自己的思路，思考着如何向领导表达自己对本部门目前私人银行业务所存在的三大困境的一点看法。这三大块垒在他心中积聚已久，今天必须一吐为快啊。他这样思索着，思路渐渐打开了，眼光也变得开阔。

放眼全国商业银行的发展态势，随着转型压力愈发严重，国内商业银行纷纷加速发展占用资本金少的以及不占用资本金的业务，私人银行业务便成为首要选择。不断壮大的高净值群体占据着财富金字塔最顶端的位置，毋庸置疑，该群体必将成为各财富管理机构争相抢夺的战略性资源之一。各家商业银行纷纷成立私人银行部，各第三方财富管理机构也纷至沓来，以分享高端客户群这块大蛋糕。

"高净值群体，高净值群体……"赵金生又开始了自言自语。

私人银行虽然起步较晚，却是吸引顾客的一大亮点和优势。作为持牌机构，私人银行在管理模式上享有一定的经营管理自主权，可以直接对外开展合作。若能达到最终的独立事业部形态，则可做到完全的独立核算、自主经营。然而当前私人银行依然采取"大零售"模式，归在个人金融部之下。因此要达成前述目标还有许多方面需要不断修正改进，但不论怎么说，持牌经营是一个扎实的起点。

赵金生这样想着，同时也着手整理桌上秘书早已帮他准备好的数据材料，以便接下来和领导沟通时备用。

正在这时，一声清脆的电话铃声打断了赵金生的思绪。他拿起电话，"金生，你过来一下！"电话那头传来个金部主任王墨海铿锵有力的声音。赵金生本来就准备去找王主任，现在主任主动召唤，他便毫不迟疑，立刻带好文件走上楼去。

刚踏进王墨海在二楼的办公室，"坐吧，金生啊，静安区可谓是咱们上海的金融中心，我们静安支行应该多发挥方向引领的作用。"赵金生刚踏进办公室大门，王主任便直奔主题，"按照我行私人银行的'1+1+N'模式，总行也在我们这边派驻了财富顾问申雷，以便于在一线第一时间回应客户的需求。对于申雷顾问，经过近一段时间的接触，你们也相互熟悉了，除了做好私人银行业务相关工作，申顾问也会配合支行个金部做好私业务培训、贵宾客户维护活动等工作。静安区高净值客户群是座金矿，你们要互相配合好，多多开发这座'金矿'啊！"

"主任说得对。我也正准备向您汇报一下我支行私人银行业务的相关情况呢。"赵金生一边说一边从文件夹里掏出一份材料递了上去，"主任您过目。"

"嗯，数据很详尽。"王主任轻轻放下文件，对赵经理说，"你还有什么要补充的吗？听听你的想法。"赵金生整理下思路，挺挺身子，开口了："主任，我接手私人银行业务这一段时期，我部门业务开展总体顺利，但是客户开发这一块个人感觉还是差强人意。经再三考虑，我觉得主要有这三个问题存在。"

赵经理顿了顿，注视着王主任，清了清嗓子，继续道，"首先，私人银行的定位大部分为拥有600万元或800万元以上资产的客户，可是对于私人银行目标客户的定位远非设定一个资产金额那么容易。对于高净值客户群，很多私人银行都把重点放在扩大规模上，而不是根据自己的优势集中在定位细分目标客户群。国内私人银行更是'一刀切'的类型，未能做到根据不同客户的需求提供不同的解决方案。"

"其次呢，私人银行目前还处在相对早期的产品推动阶段，往往以销售产品为主，忽视了产品的复杂程度和丰富程度。大多数银行依然主要是提供传统的产品和增值服务，这一方面的创新产品仍处于起步阶段，定制的产品不是很多。"

"那我们现在已经推出来哪些服务呢？"王主任插了一句问道。

"我们目前所提供的增值服务一般有医疗健康顾问、机场贵宾通道、高尔夫俱乐部、艺术品鉴赏与收藏，以及针对客户个人或其子女的留学服务、移民服务等。但这种差异化并不能体现私人银行的核心价值，而且很多服务都不是由我们直接提供而是由第三方专业机构提供，银行只不过以合作共赢的模式取得资源并推介给客户罢了。"

"第三个呢，就我个人而言，外界可能称我们为私人银行家，但是说实话这美誉我们还受不起。我觉得要服务好私人银行级别的高净值客户，懂投资只是一方面，历史人文、天文地理知识以及收藏、品酒、养生等都非常重要。吸引高端客户有时只需要一款高收益产品或某项特色服务，但留住私人银行客户则需要体系化的服务。这对我们私人银行从业人员自身的综合素质提出了较高的要求。因此综合性的培训和传帮带工作显得尤为必要。"

"金生啊，你所讲的这三点其实我也心知肚明，今天找你来正是要讨论一下这个问题。现在可喜的是你已经很清楚明了、切中要害地找到了私人银行这块的病症所在，足见你对工作的认真和对银行负责的勇气啊！不过我还要帮你补充一点，可以算是第四点困境吧，那就是政策体制的限制。"

赵金生给王主任递上一杯茶，主任轻轻摆摆手，继续道，"现在还没有单独针对私人银行的管理规定，因此只能遵照商业银行管理条例，从而无法接触到资产管理和财富管理的核心业务，失去了核心业务就很难给客户带来资产的增值。国内私人银行发展面临的主要问题是分业经营和分业监管，此外还包括外汇管制、客户保密性以及客户财产来源合法性等。在私人银行被捆住手脚的时候，其他机构却在疯狂抢食这一领域的客户资源。目前我们的私人银行只能向客户推荐产品而不能接受委托代表客户直接配置投资组合，这使得私人银行变得徒有虚名。反观信托行业，凭借制度上绿色通道以及分业监管的红利，在近几年得以发展迅速。所以，我们私人银行的进一步发展仍有待于制度上的完善。"

赵金生定了定神仔细揣测着主任的话，顿了几秒钟。"主任，您说得对，不过请放心，关于上述几个问题的解决办法我已有初步的想法，我会继续斟酌一下，后续尽快制定出一套完整有效的解决方案。"赵金生自信满满地保证。

走出办公室，赵金生回想着刚才和王主任的对话，顿时心中释然了许多。政策体制不完善、目标客户群定位不明确、产品同质化严重、高素质人才匮乏，这些都是制约私人银行业务壮大发展的不可小觑的问题啊，如果不能坦诚地向领导讲出困境所在，自己怎能对得起私人银行经理这个职位呢？令人喜出望外的是原来领导也早已想到这些问题，这可真是"英雄所见略同"啊。赵经理心中稍有欢喜，问题接踵而至：找谁商讨切实有效解决这些问题的方案呢？——哎，对了，去找申雷申顾问啊，他可是这方面的专家，况且王主任刚才还在谈话中提到了他。这样想着，赵金生又忍不住自言自语道："车到山前必有路，船到桥头自然直！"

三、万事俱备，只待东风

透过静安支行顾问室锃光瓦亮的全落地玻璃窗，申雷正目不转睛地盯着办公桌上的电脑屏幕，仔细看着赵金生发过来的电子邮件，上面言简意赅地罗列着赵金生对于私人银行业务经营策略的看法。申雷是上海分行派驻在静安支行的财富顾问，近期他一直忙于根据系统内满足 800 万元可支配资产的准入要求邀约准私行客户签约成为正式客户。此外，他还要根据网点属地客户经理的反馈，共同拜访客户、分析客户的需求，并根据现有的投资与服务资源给予回应。另外，作为财富顾问，他也会配合支行个金部做好私行业务培训、贵宾客户维护活动等工作。

申雷轻轻端起桌上的咖啡，放在嘴边抿了一小口，对于赵金生提出的私人银行业务目前存在的几个问题，他其实也一直是看在眼里，急在心里。现在赵金生发来邮件寻求解决方案，身为资深财富顾问的他自认为责无旁贷，于是毫不迟疑，他来到了赵金生的办公室。

"赵经理，您好啊，我是顾问室申雷。"

"哦，申顾问啊，您好！"赵经理迎上前去，"请坐，请坐。"

"早上的邮件我看过了，您对私人银行目前存在的问题分析得很是透彻，可以说一语中的。其实我也被这些问题困扰许久了，目前为止我也有想过一些针对性的解决方法，我们不妨交流探讨一下。"

"那实在是太好了。您也知道，我们静安支行虽然坐拥多个顶级商圈及高端住宅区，但同时静安区也是一个银行林立，第三方金融公司项背相望的区域。在如此竞争激烈的市场环境中，我们私人银行部如何能够守住阵地同时开发客户潜力，从而扩大个人业务的市场份额，成了迫在眉睫的问题。而现在业务发展遇到了瓶颈，如能得到您这位专家的指导，一定会事半功倍啊。"赵经理激动地说。

"不敢当、不敢当，赵经理您言重了。那我就直奔主题了，我就根据您所列出的这四个问题，逐一谈谈我的一些看法吧。"

赵金生听到这里，赶忙笑着说道，"您继续！"

"好的。首先，关于目标客户的定位问题我想说的是，设定目标客户需要一套完整的标准，普遍的做法是，通过财富水准或可用于投资的金融资产额来考核；此外，零售银行是私人银行客户的重要来源，可定期将零售银行的客户进行分类评估；私人银行的客户也要定期进行评估，由此达到客户可以顺畅转移，同时还不会破坏两个部门的客户体验及客户关系。"

申雷顿了顿，继续道："其次，产品同质化确实是一个难题，也是重中之重。对于这一点我们可以借鉴成熟市场来丰富金融产品种类。从当下市场调研所反馈的情况及国内各银行的发展情况来看，未来中国的私人银行业务的价值，首当其冲，要从产品的深度及广度上先满足客户的最基本需求，然后再逐渐提高投资咨询服务的能力，来满足客户对专业意见的长期且不断增长的需求；而对于那些非金融类的服务，就要强调细节差异，提供定制化的解决方案，同时通过点对点的通道来有针对性地提高客户服务水平。"

"对，对，对。"听着申雷的分析，赵金生不住地点头赞同，同时他也按捺不住地问道："那对于目前我部相关高素质人才较为匮乏的现状，您又有何应对高招？"

"这个嘛，我当然会全力配合您做好私行业务培训，不断提升我们队伍的专业技能和综合素质。重点是要教会我们的业务人员帮助客户树立正确的财富观，进而增强客户对私人银行的黏性。"申雷应道。

说到兴奋处，申雷习惯性地扶了扶架在他高鼻梁上的大大的框架眼镜，而后继续道：

"在利率市场化和金融脱媒的背景下,各家银行均在努力寻求战略转型,应对这一趋势,我们私人银行可以通过以创新的产品和服务吸引客户、提高营业收入,避免过分依赖优惠利率竞争客户。比如,可以尝试提出新的考核机制,把一部分中间业务收入归入财富管理收入,扩大财富管理业务的收入来源。同时呢,作为私人银行,更重要的是帮助客户树立正确财富观,教会客户如何善待财富,将财富放在更佳位置上,而不仅仅是保值、增值。当然,要维护好客户,信任是最重要的基础。私人银行的客户经理需要先和客户建立良好的信任关系,成为客户的朋友,以朋友的身份来为客户提供建议。客户关系维系比的不是短期而是长期。所以一定要对客户很好地分类,进行差异细分,提供精细化服务,尝试开展'交叉营销'。"

申雷一口气说了这么多,赵金生听后禁不住拍手叫好。顿了顿,赵金生突然想起了些什么,向申雷询问道:"方才听您解析了三个问题,那这第四个问题是……?"

"当然就是政策体制的限制问题咯。" 申雷脱口而出,"这个问题我们现在——"此时二人四目相对,半晌,忽然会心地笑出声来。"这个问题我来说吧," 赵金生接过话茬,"政策问题是大问题,它不是个人或者某个部门能够左右的,国家某项政策的出台或者改变,必然是顾及多方面利益的综合考量和通盘考虑,我们目前做好自己的工作,解决好部门内的问题就好了。关于金融政策,我们力求做到万事俱备——""只待国家的'东风'咯!"

办公室回响着两位高管智慧碰撞出的爽朗笑声,久久没有散去……

送走了申雷,赵金生赶忙打开笔记本电脑,把刚才二人的谈话做了详尽而清晰的整理和记录。更令人感到欣喜的是,申雷不但对症下药般地将困扰了赵金生许久的几个问题分别做了剖析、阐述,还在后续的谈话中为赵金生提供了另外一个金点子:交叉营销。

有这些"法器"在手,赵金生更觉得自信满满,游刃有余。接下来他要做的就是尽快制定出一整套完整而切实的方案,然后彻底扫清制约静安支行私人银行业务进一步发展的障碍。大展身手的时刻终于要来了,赵金生已经有些迫不及待了!

四、翘首东望,朝霞已露金边

东方明珠、南京路、新天地,还有一个个镶嵌在上海滩的老街古镇:练塘古镇、七宝老街、朱家角、城隍庙,使得这座极具现代化魅力的时尚之都同时也氤氲着古典传统特色的气息。工作日的傍晚,静安寺少了平日里节假日烧香拜佛的人声鼎沸,更多的是一份宁静与平和,偶尔还未散去的一两个善男信女,在寺庙烟火的映衬下,显得格外动人。

透过一扇打开的小窗,王墨海与申雷正在品茶,注视着窗外小路上时不时悠闲散步的老人。

"不好意思,让二位久等了," 赵金生匆匆赶到,"客户经营策略的方案我已经做出来了,今天拿来给大家过个目。还有具体实施和风险控制的框架我也已经搭出,一些内容还需要进一步填充。在此,尤其是要感谢我们的申顾问啊,他针对我们私人银行所面临的问题以及进一步发展所提供的建议真是字字千金啊!"

"哪里哪里,我也不过是本职所在,赵经理过奖了。" 申顾问谦虚地说。

"依我看," 王墨海举起茶杯,"应该为我们每一个银行人干杯,今晚我们就不谈业务了,大家放松心情,合作愉快!"

这个秋天对于静安支行来说,注定不平凡。秋风或许萧瑟,却也让人清醒,它告诉我们不要忘记,秋天也是收获的季节。月落天明,翘首东望,朝霞已露金边,伴随着那一声铿锵悠远的静安寺的钟声，一轮旭日正徐徐升起。

【案例讨论】

1. 私人银行业务作为一种创新性的商业银行业务，究竟创新在何处？又有什么特点和优势？
2. 私人银行推出的目的在于专门为高净值人群提供私密性很强的银行服务，为什么在推出以后又遭遇了客户开发难的问题呢？
3. 静安支行私人银行业务的经营现状及所存在的问题有哪些？
4. 在私人银行业务竞争激烈的背景下,对静安支行私人银行目前的处境做SWOT分析，分析其优势、劣势、机会和威胁。
5. 静安支行私人银行针对其所面临的困境提出了哪些具有可行性的解决措施？

本 章 小 结

(1) 金融营销环境是指所有能影响金融企业实现其经营目标的一切因素的总和。
(2) 金融营销可以从宏观环境、中观环境和微观环境方面来具体分析。
(3) 金融企业对环境威胁可选择的对策主要有干预策略、改变策略和转移策略。

复习思考题

1. 什么是金融营销环境？其分析特征和过程是什么？
2. 对于金融营销的宏观环境，具体可以从哪些方面来分析？
3. 对于金融营销的微观环境，具体可以从哪些方面来分析？
4. 怎样对金融营销的环境机会和威胁进行评估？
5. 金融营销环境威胁的应对策略有哪些？具体各有哪些优势？

第三章　金融营销中的客户行为

【本章精粹】

- ◆ 金融客户的含义和分类。
- ◆ 金融客户行为的影响因素。
- ◆ 金融客户行为的决策过程。
- ◆ 金融客户行为的模式与特征。

【章前导读】

在现代市场经济条件下,金融企业要想有效地提供市场所需要的金融产品与服务,就必须研究金融市场中的客户,分析其消费行为,从而为金融企业开发金融产品、改进金融服务、发展客户关系、制定营销方略、决定营销渠道以及加强促销宣传提供基本的理论依据。

【关键词】

金融客户　金融购买行为　金融决策

第一节　金融客户的含义与分类

一、金融客户的含义

金融客户是指使用金融企业所提供的金融产品与服务的个人或组织,即金融企业的服务对象。无论是在货币市场还是在资本市场,参与各种金融交易的主体或中介,甚至某些金融机构本身,在不同的时间、不同的场合以及不同的交易过程中,都有可能会成为金融客户。

二、金融客户的分类

1. 按金融交易主体划分

(1) 个人或家庭。个人或家庭是金融市场中的基本客户。从整个社会各部门的资金供需状况来看,由于个人或家庭的收入一般大于支出,因而个人或家庭通常是社会资金的盈余部门。尽管个人或家庭也会成为金融市场的资金需求者,如购买住房、开办企业或因短期资金需求而在二级市场抛售证券等,但就总体而言,个人或家庭大多是金融市场的资金供给者和长期投资者。个人或家庭参与金融交易的动机是多种多样的,如准备学费、婚丧嫁娶、生老病死等,而其投资活动的领域也相当广泛,既有短期投资,也有长期投资,既涉足货币市场,也光顾资本市场。由于个人或家庭的可运作资金量较小,投资活动在金融市场上受到很大限制,如某些金融交易限制最低成交单位金额等,这就使得相当多的个人或家庭只能从事间接投资,因而便成为银行和机构投资者的资金供给者。

(2) 工商企业。工商企业主要包括生产性企业、流通性企业和非金融服务性企业。在现代市场经济中,工商企业是金融服务的主要对象,作为金融企业的客户,工商企业既可能是资金的供给者,也可能是资金的需求者。在资本市场上,除了极少数企业外,大多数企业以一定的方式筹集所需要的资本金,如股份有限公司的资本金可以通过资本市场以公募或私募等方式筹集,这时企业是资金的需求者。同时,企业也可以通过产权交易、投资或持有其他企业股票、债券等形式而成为资本市场的资金供给者。在货币市场上,企业的金融需要主要与以融通为目的的资金余缺密切相关。当企业有闲置资金时,为了充分利用资源,它可以通过存入银行或购买有价证券等形式成为资金的供给者;当企业缺乏周转资金时，则可以通过向金融企业短期借款等形式来融通资金，这时企业就成为资金的需求者。

(3) 政府。政府通常是金融市场的大宗客户，它虽然可以作为金融市场的资金供给者，但它更主要的是金融市场的资金需求者。作为资金供给者，政府部门的预算收入和各种经费在短期内所形成的闲置资金一般需要存入金融机构，从而成为金融机构进行短期运作的资金来源；作为资金需求者，中央或地方政府为了弥补财政赤字或开展基础建设，经常通过发行政府公债的方式募集所需资金。政府的资金募集活动主要在一级市场进行，而无论是在货币市场还是在资本市场，政府都是重要的发行主体。

在国内金融市场上，政府则一般具有双重身份，它不仅是金融市场的客户，而且是金融市场的调控者。为了规范金融市场交易，引导市场资金的流向，除了直接颁布某些限制性的政策法令外，政府可以通过一定的产业政策以及财税政策，尤其是通过发行政府公债的方式，影响资金分配结构，同时，还可通过中央银行的货币政策以及公开市场业务调节市场货币的供应量。在国际金融市场上，政府的金融交易身份有所不同，它既可能是主要的资金需求者，也可能是主要的资金供给者。一些国家的政府之间还通过相互合作、签订各种协定等方式制定国际金融市场的行为准则和权利义务关系，这也是政府双重身份的重要体现。

(4) 金融企业与机构投资者。由于金融企业大多在金融市场发挥着中介作用，而金融企业之间交易十分频繁，并且金融业务也相互联系，因而一些金融企业也常是另一些金融企业的客户。金融企业主要包括银行和非银行金融机构，诸如商业银行、专业银行(如储蓄银行、外汇银行等)、政策性银行、保险公司、信托投资公司、证券公司、投资银行、金融租赁公司、财务公司以及各种金融合作机构(如信用社)等。这些金融机构中有些是在间接融资领域从事经营，有些则是在直接融资领域开展业务，或者两者兼而有之。除了少量从事自营业务的金融机构以外，金融企业主要发挥中介作用，即既不是资金的初始供给者，也不是资金的最终需求者。金融企业的主要资金来源为实收资本和储蓄资金，此外，同业拆借、发行金融债券、向中央银行再贷款或再贴现等都是扩大资金来源的重要渠道。而从事间接融资业务的金融机构，则既是资金的供给者，也是资金的需求者，其主要发挥将储蓄转化为投资的传导作用，使社会资金从盈余部门转向短缺部门。当然，资金的这一转移也可以不通过金融机构，而以直接融资的方式进行，从事直接融资业务的金融机构通常是在资金余缺双方之间发挥牵线搭桥的作用，例如证券公司、投资银行等。

机构投资者主要是在资本市场从事大宗投资交易的金融机构，如保险公司、信托投资公司、财务公司、投资基金公司、养老基金以及其他各种允许在金融市场运作以实现保值增值目的的基金等。机构投资者参与金融交易的资金数额较大，对于金融市场的影响也较大，其投资对象主要是公司股票、企业债券和政府公债。

(5) 事业单位与社会团体。诸如研究机构、医院、学校、党群组织以及各种具有活动经费的社会团体等。由于上述组织一般是社会资金的盈余部门，因而会把闲置资金用于银行储蓄或在证券市场购买股票或委托信托投资公司参与中长期投资。

2. 按金融交易需求划分

(1) 头寸需求者：主要是指实行存款准备金制度的金融机构，如商业银行等。货币头寸是银行同业拆借市场的主要交易工具，当商业银行实际存款准备超过法定准备时，便形成"多准备金头寸"，可以借出其多余的头寸，以增加利息收入；反之，当其实际存款准备不足法定准备时,则出现"少准备金头寸",需要拆入头寸以补足法定准备额度,以避免受中央银行处罚。

(2) 筹资者:是指通过金融机构在金融市场筹资的资金使用者,主要包括生产与流通企业、其他非金融性服务企业、政府等,也包括某些机构投资者、急需资金的社团组织和个人等。

(3) 投资者:是指金融市场上以一定报偿为前提而出让资金使用权的资金供给者,包括各类存单持有人、政府公债持有人、企业债券持有人、信托或基金受益凭证持有人等。尽管投资回报率不同,所承担的风险程度也不同,但都是以获取一定收益为目的的出资人。

(4) 套利者:是指金融市场上的投机者,一级市场与二级市场都有,并以二级市场最为常见。在发达的金融市场尤其是二级市场上,投资者与投机者只是动机不同,其金融行为一般难以分辨,并且受各种因素的影响,相互之间还会转化。金融市场上的投机难以避免,但如果超过一定程度而出现过度投机则不利于市场的健康发展,金融监管部门应主要依靠完善法治、提高管理水平来达到抑制过度投机的目的。

(5) 保值者:是指因担心金融资产贬值而持有具有保值性质的金融产品的客户,如参与保值储蓄者、黄金珠宝购买者等。

(6) 信用中介者:是指在投资者与筹资者之间发挥信用保证作用的机构。投资者为了能够在约定期限内收回投资资金和获得收益,一般要求筹资者以有效可信的形式提供保证,于是第三者采取抵押担保便成为一种重要的信用保证方式。信用中介者往往是具有良好信誉或有较强担保偿付能力的机构,如银行、大企业、专业的担保公司等。

(7) 投保者:是指保险公司的客户或保险受益凭证的持有人。在与保险公司签订保险合约后,投保者通过承担依约缴纳保费的义务,有权要求保险公司按保险凭证约定对其保险标的(如财产、人寿等)履行保险责任。

(8) 经纪者:是指在金融交易中以获取佣金为目的的客户,主要是指发挥代表代理、承销、经纪、咨询等作用的金融中介机构,如货币经纪人、证券经纪人、证券承销商、外汇经纪商、金融咨询公司等。

3. 按金融交易量划分

(1) 大户:是指交易相对集中、交易量较大的客户,其既可能是大宗资金的需求者,也可能是大宗资金的供给者,诸如企业、政府、金融机构、机构投资者等。由于大户交易集中、交易量大,易于管理且收益可观,因而成为金融企业竞相争取的对象,但同时大户对于金融企业所提供的服务质量要求也较高。

(2) 散户:是指交易量小、交易相对分散、交易次数频繁的客户,主要为社会公众。尽管散户人群中既有资金供给者,也有资金需求者,但从总体而言,散户大多为资金供给者,是社会中的一般投资人。由于散户人群量大面广,需要金融企业广设网点,并且不断增加服务人员,因而营销成本较高,然而只要金融企业积极开发散户人群所需要的金融产品与服务,善于经营与管理,还是可以达到"薄利多销"、成功营销的。

第二节 金融客户行为的影响因素

金融客户行为的影响因素分析是金融营销管理的一项重要任务,是金融企业开发金融产品、改进金融服务的基础性工作。金融客户参与金融市场交易的行为具有一定的内在规律,并受到诸多外部因素的影响,以下为影响金融客户行为的主要因素。

一、需求与动机

1. 金融客户的需求模式

市场营销心理学认为,个体的消费行为是个体与其所处环境相互作用的结果,个体自身的某些内在心理特性(即内因)是其行为的主导力量,而环境因素则是外因。在一定的环境条件下,个体的行为受其动机的支配,这种动机体现着个体内心的某种紧张、焦虑状态,并形成欲望。由于欲望来源于个体未满足的需要,因而个体行为的最直接动力是个体的动机,而最原始的动力则是个体的需要,尤其是未满足且强烈期待满足的需要。在动机的支配下,个体的行为总是指向某一特定的目标,只有达到了该目标,需求得到了满足,个体内心的紧张和焦虑状态才会消失。图3-1所示为金融客户行为的需求模式,它反映了在一定条件下个体行为的因果关系。个体行为正是处于一个不断循环往复的过程之中,当一种需要得到满足,另一种需要就上升为主要需要,从而产生新的欲望和动机,并促使个体采取新的行为去追求新的目标,直至得到新的满足。

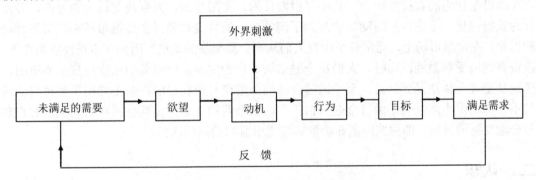

图 3-1 金融客户行为的需求模式

2. 金融客户的需求特征

金融客户的需求通常分为以下三种:一是作为资金供给者,期望投资获利、保值增值、保险、套利等;二是作为资金需求者,期望以低成本获取资金的使用权;三是作为交易中介人,期望促成交易、获取佣金等。金融客户的需求具有如下特征。

(1) 理智性。金融客户的需求并非是随意、感性、冲动的,而是具有理智性的。与生活消费品购买不同,金融客户决定参与某种金融交易是有明确目的的,并且是在进行认真对比分析计算的基础上选择最优方案,力求趋利避害。

(2) 衍生性。金融客户的需求一般是由其他各种复杂的需要衍生而来,或者是为了满足不同的需要。例如,投资者购买国债以求保值增值,其真实的需要可能是为了积攒孩子未来的教育费用;政府发行公债筹集资金可能是为了投资国家基础设施建设,也可能是为了弥补财政赤字。

(3) 诱导性。对于具有一定金融资产或具有开发潜力的客户,一方面,其金融需求可以被唤起;另一方面,在一定外界条件的刺激下,可以从一种需求转化为另一种需求。例如在高回报率的诱导下，客户会将银行存款提现以购买某种债券。

(4) 替代性。金融客户的需求多种多样，除了参与金融交易获利外，还存在其他需求，并且某些需求可以彼此替代。金融营销者应当看到，消费需求往往是金融需求的重要替代力量。当人们收入低时，消费支出通常占了他们收入的绝大部分，这时金融需要欲望和能力都会很低。即使人们的收入普遍增长较快，安排基本生活消费之后可支配的收入(闲置资金)较多，也不一定会投向金融市场，因为受消费品广告的影响，人们也可能会追求高档的生活消费，例如购买住房、汽车等物质消费或用于教育、旅游等精神消费。除消费因素外，直接融资与间接融资之间也存在着一定程度的替代关系。

(5) 波动性。受外界因素的影响，人们的金融需求既可以被成倍地放大，也可以被缩小。国家宏观经济金融政策的变动、人们对经济金融形势的预期、政局的演变、战争的爆发、自然灾害的出现等，都会对人们的金融需求有显著的影响。金融需求的波动性，使得金融交易呈现出较大的弹性，因而容易滋生泡沫，从而潜伏着极大的风险。由此所引发的金融动荡，不仅会影响一国经济的健康发展，还可能诱发金融危机甚至经济危机的爆发。

3. 金融客户的行为动机

动机是行为的直接推动力，其不仅引发行为、支配行为，而且决定行为的方向，并使行为获得强化。金融客户的动机就是为了满足自己的特定需要而在金融市场采取某种行动的思想。在金融市场上，通常较少探究人们从事金融交易的动机，因为在市场经济条件下，投资获利应受到鼓励，同时，人们在金融市场的行为主要是由相关的法律法规来界定的，违法乱纪者会依法受到惩处，至于通过合法的金融交易所获得的收益主要用于何种目的通常不予考虑。当然，为了做好金融营销工作，金融营销人员仍需要分析和研究金融客户参与金融交易的目的，即探究隐藏在金融客户需求背后的深层次需要。

二、认知

认知(perception)是指个体通过其感官对外界刺激和被认知对象形成整体印象的过程。个体对外部环境的反应取决于其对周围环境所形成的态度，而态度的形成又直接依赖于其对外部事物的认知。个体所认知的外部世界不一定就是真实的现实世界，即真实的现实世界往往被人的知觉所选择、折射甚至歪曲，因此，不同个体才会对同一事物有迥异的态度。

个体对客观事物的认知并非消极被动，而是积极能动的。这种积极性和能动性表现为在个体心理因素的主导下对外部事物的某些特征进行筛选、整理、综合与解释。在同一时刻，当许多客观事物共同作用于人的感觉器官时，个体不可能同时认知这些事物，而只是对其中的某部分有清晰的知觉，这表明了个体知觉的选择性。面对纷繁复杂的事物，个体会在已有经验与心理因素的作用下，运用格式塔心理学(Gestalt Psychology)所揭示的完形法则，对其所认知的信息进行某些逻辑性、结构性或系统性的整理，以助个体形成完整印象。此外，在分析人们的认知结果时，还要考虑认知者的性别、年龄、性格、兴趣、习惯等因素的影响，尤其不能忽视人类认知中共有的某些心理现象，诸如心理定式、晕轮效应、近因效应、投射效应等。

金融企业的营销者不仅应了解客户对于本企业营销状况的认知效果，而且应运用人类所掌握的认知规律做好营销工作。其中要注意以下几个方面。

(1) 形象认知：是指金融客户对金融企业形象的认知效果。金融企业的形象认知对于金融企业营销有着十分重要的作用，企业应根据其所从事的业务范围、发展战略、服务对象，认真设计和塑造自己的形象，努力做好广告宣传与交流沟通工作。同时，营销者应密切关注企业所期望的形象、实际塑造的形象与客户所认知的形象之间的差异，并采取措施，及时加以弥补与矫正。

(2) 信誉认知：是指客户对金融企业服务质量和交易信誉的认知效果。对于金融企业而言，信誉就是生命。我国金融业的总体信誉良好，例如银行系统等，但也有一些金融机构难以赢得公众的信任，如个别的信托投资公司、证券公司等。即使对于银行系统，我们也应清醒地认识到，客户之所以信任是因为我国的银行大多是国有银行。由于信誉是在长期的服务过程中建立起来的，因而为了维护信誉，金融企业应搞好每一项服务，履行好每一项承诺，处理好每一个客户的意见，解决好每一桩交易纠纷。

(3) 产品认知：是指客户对金融企业所提供产品的可投资性(或可交易性)的认知效果。产品认知通常建立在对提供者有关情况(如企业形象、历史、信誉等)的认知基础上，涉及金融产品的收益性、风险性、时间性以及成本等诸多因素。金融企业要提高客户对产品可投资性的认知，就必须对客户清楚地阐明他们所关心的问题，认真做好沟通、宣传、咨询和服务工作，消除客户的种种疑虑，以确保金融营销的成功。

(4) 风险认知：风险是客户参与金融交易过程中极其重要的认知对象。风险认知反映了金融客户对金融交易过程中不确定性的知觉。客户认知的风险类型包括：①信息风险，即有关交易获益信息的完整性、及时性、权威性和可靠性；②信用风险，主要体现为能否到期收回资金本息的风险；③市场风险，主要是指投资期限内因市场波动而造成损失的风险；④时间风险，是指对入市时机、运作期限把握的风险；⑤机会风险，是指因有限资源的运作而导致失去更好投资机会的风险；⑥结算风险，是指能否到期履行合约、无条件收回本息的风险；⑦设备风险，是指在交易过程中因设备故障而影响交易的风险；⑧汇率风险，是指在涉外投融资过程中因汇率波动而导致损失的风险。由于上述风险的存在，客户会主动寻求防范措施，以使风险降到最低限度，采取的具体措施包括：增加信息获取的渠道；采取跟风投资策略，如跟随大多数投资者尤其是跟随大户行动；要求提供可靠的信用保证；等待时机，伺机而动；改选其他投资品种；选择有良好信誉的交易对象等。对于金融企业而言，为了减少客户风险，也应当采取一些有效的防范措施，诸如明确承诺、提供担保、参与保险、改善服务、改进形象以及提供赔偿等。

【营销前沿】

金融决策中的"框定"偏差与情景效应

行为金融学研究表明，由于消费者普遍存在对于风险的认知偏差，在进行决策时会反映出许多决策失误的特征。例如，金融消费者对于保险成本，即保费的认知显著影响着其保险决策。行为金融学研究结果进一步表明，消费者对于成本费用的认知普遍存在偏差，主要是受到信息呈现方式的影响。同样的成本信息用不同的方式表述出来，就能让消费者产生不同的认知，这就是"框定偏差"。

"每天只要支付几分钱！"我们常常在一些保险的推介广告中看到诸如此类的广告语。

保险人通常认为，要让他们的保险产品更加具有吸引力，对于产品保费的描述方式是十分重要的一个环节。比如，对于消费者来说一个比较直观的感受是，诸如"每天支付几分钱"的广告语显然要比"每年支付几十美元"显得更具有冲击力和吸引力，即便两者在价值上是等效的。

认知心理学研究结果显示，消费者的行为和偏好并不是一成不变的，对于事物的描述方法的不同会导致消费者对事物本身的认知产生微妙的变化。认知心理学发现，环境因素能够影响人们对于刺激的反应。同一事物放在不同的环境下，人们对其认知会产生偏差，这种偏差的产生就被称为情景效应(context effect)。我们可以通过图 3-2 所示的简单图片识别案例来阐释情景效应。

THE CAT

图 3-2　单词图片

如果你将图 3-2 中的单词辨识为"THE CAT"，那么你的认知就受到了情景效应的影响。因为在前后两个单词中出现了同样的形如"H"的字母，但是由于情景的影响，我们在前一个单词中倾向于将其认知为字母"H"，而在后者中则倾向于将其认知为字母"A"。

情景效应在风险决策中的应用被 Kahneman 和 Tversky(1984)[①]命名为框定效应(framing effect)。他们在研究中发现，当同样的损失被描述为"为了保全(大局)而需要付出的代价"而不是"无法挽回的损失"时，人们的行为反应就会显得更加积极。

情景或者呈现和描述事物的方式是会影响我们的判断的，简单地说，这就是背景依赖(context dependence)，一幅画作放在不同的画框(frame)中，会让我们感觉它属于不同的地方。背景依赖认为，消费者并不是孤立地感知和记忆，他们往往会从事物的各个方面综合考量，依赖过去的经验以及素材发生的背景来解释信息。在一种背景下，一个刺激物以一种方式被感知，而在另一种背景下，同样的刺激物可能产生的感知会发生变化。具体来讲，背景包括不同方案的比较、事情发生前人们的想法、对问题的描述方式、信息的呈现顺序以及方式等。

Tversky 和 Kahneman(1991)[②]做出总结，框定的产生主要由以下两个因素导致。

(1) 对于参照点的依赖(reference dependence)。即人们对于事物的评价总是相对于一定的参照点(reference point)来进行的，参照点高低设置的不同会导致人们对同一事物的价值评判发生偏离。所以如果在对事物描述的过程中试图操纵参照点的高低，就可以改变人们对事物的评价。

(2) 损失厌恶(loss aversion)。即遭遇一定的损失给消费者所带来的痛苦感要比同等的利益获得所带来的快乐感更强烈，这也是 Kahneman 和 Tversky 在期望理论(prospect theory)中的核心论点之一。也就是说，如果对同样一个事件的描述是从"损失多少"的角度而不是从"获得多少"的角度出发，更容易激起人们的不舒适感。

[①] Kahneman, D. and A. Tversky. (1984). Choices, Values, and Frames[J]. *American Psychologist*, 1984(39): 341～350.

[②] Tversky, A. and D. Kahneman. (1991). Loss Aversion and Riskless Choices: A Reference Dependence Model. *Quarterly Journal of Economics*, 1991(106): 1039～1061.

三、职业

从事不同职业的人,由于在兴趣爱好、思维方式、生活方式、消费习惯等方面存在着一定的差异,因而对参与金融运作的愿望、产品信息的了解、经营风险的认知也有所不同。金融营销者应当明确自己的产品所主要针对的目标客户群的职业特点,掌握其职业习惯、生活方式、消费方式以及所接触的传媒类型等,以使营销工作有的放矢。

客户的收入水平与其职业相关,收入是金融需求的重要决定因素。金融营销者应详细了解所服务的目标客户群的收入水平和消费结构,研究其投资与储蓄倾向,特别是闲置资金量及其使用意向,从而充分挖掘营销潜力。

四、年龄

由于年龄的不同,个体参与金融交易的意向与能力也会发生变化,金融企业可以把金融营销与目标客户的年龄和收入状况相结合。由于个体在长大成人、正式就业之前,其生活和学习费用都需要依靠家庭或社会提供,缺乏金融投资能力,因而是消费品(如玩具、营养食品、服装鞋帽、学习用品等)营销的主要对象。金融企业中除保险公司、某些信贷机构(如提供教育信贷的机构)外,一般不把注意力集中在这一年龄段消费者上,金融企业主要关注有稳定收入来源且有一定闲置资金的成年人。退休或丧失劳动能力的老年人,由于固定收入较低,主要靠养老保险、社会救济、自身积蓄或子女提供的赡养费生活,经济承受能力不高,并且多医疗保健消费,因而参与金融交易的欲望和能力相对较低。

五、文化与亚文化

个体行为是建立在一定文化基础之上的,因为人的绝大部分行为是后天习得,金融行为亦不例外。文化是人类在社会历史实践过程中所创造的物质财富和精神财富的总和,也是人类不断创造的共有的生活方式。除了人类所创造的各种物质财富外,语言、文字、历史、哲学、艺术、信仰、风俗、习惯等都是精神文化的重要组成部分,这些因素对于人们的世界观、价值观、思维方式、认知方式、生活方式等都有着极其深刻的影响。在不同的文化氛围中,企业必须了解并适应这种文化。在同一文化中,还存在着亚文化。亚文化反映了同一社会中各种人群的不同特征,它以地理区域、血缘关系、社会交际、工作职业、宗教信仰、兴趣爱好等因素为基础,为群体成员提供更具体的认同感,是同一文化层面中较小的文化群落。例如,民族有民族文化,宗教有宗教文化,职业有职业文化,地域有地域文化,甚至家族、企业、社团等都有自己的文化。亚文化对于个体行为的影响更加深刻、具体和直接。金融企业营销者应重视文化与亚文化,因为文化因素对人们的生活方式、消费观念、储蓄倾向、投资行为都有着深刻的影响。

六、社会阶层

社会阶层是指由于价值观、信仰、学识、职业、收入、权力与地位等因素的差别所形成的社会等级。在不同的社会中，由于文化的差异，社会阶层的划分方法和标准也各不相同，社会阶层一般难以用单一的指标进行划分。在现代社会中，收入、职业和受教育程度是划分社会阶层的重要因素。金融营销者重视社会阶层因素，是因为人们的生活态度、消费行为、投资方式等与其所处的社会阶层密切相关，并表现为同一社会阶层的相似性和不同社会阶层的差异性。美国社会学者将社会阶层划分为七类，并分析了以下不同阶层的消费行为特征。

(1) 上上阶层(upper uppers)：不到 1%，往往出身豪门世家、名门望族，主要靠继承遗产过着奢华的生活，喜好社交应酬、珍宝古玩，多购置豪宅、游艇等。

(2) 次上阶层(lower uppers)：约 2%，靠专业知识和特殊才干获得高薪收入，主要是影视体育明星、高新技术企业主等，有仿效上上阶层生活方式的倾向。

(3) 中上阶层(upper middles)：约占 12%，主要是优秀的专业人才，如经理、律师、会计师、医生和学者等，重视文化生活，喜欢购买一些高档消费品。

(4) 中等阶层(middle class)：约占 32%，大多数为白领人士，如公司职员、小企业主等，重视子女教育，倾向于消费中档商品。

(5) 劳动阶层(working class)：约占 38%，主要为具有社会平均工资水平的蓝领工人，倾向于消费中低档商品。

(6) 次下阶层(upper lowers)：约占 9%，为较贫困阶层，文化教育水平低，倾向于消费低档商品。

(7) 下下阶层(lower lowers)：约占 7%，处于社会底层，一般是非熟练工人，所受文化教育少，收入水平低，经常面临失业，生活贫困而急需社会救助。

七、参照群体

个体是社会的基本组成单元，其归属于社会中的各种群体。其行为既受所属群体成员的直接影响，也受与其相关群体的间接影响，因此，那些对金融客户行为有直接或间接影响作用的群体统称为参照群体。参照群体或是与金融客户有着广泛联系，或是令金融客户心向神往，或是在社会生活中具有影响力。参照群体一般分为以下两种。

(1) 主要群体：是指与金融客户在生活和感情上联系比较密切的群体，如家庭、朋友、同事和邻居等。主要群体成员的态度、行为、习惯、准则往往对客户有着直接、深刻、强烈的影响，攀比、跟风、从众等心理现象通常发生在主要群体中。

(2) 次要群体：是指金融客户可能接触和参与的各种社会组织，如党派、学会、社会团体、工作单位等，一般属于正式团体。次要群体的凝聚力较小，感情联系不如主要群体密切，对金融客户行为的影响也比较间接，次要群体的影响力主要与地位、尊严、社交等因素相关。

对金融客户而言，主要群体成员通常是其金融交易决策的直接参与者或建议者，次要群体则会在金融信息方面发挥重要的作用。

八、社会角色

个体所处环境场合、参照群体不同，其所扮演的社会角色就不同，其所承担的社会责任也不同,因而其行为方式必须随之做相应的调整。正是因为人们在不同群体、不同场合中的社会角色不同,所以要求人们不断地进行"角色转换",以适应社会生活的变化。

金融营销者研究社会角色时主要应考虑角色的分工,即在金融交易决策过程中,有哪些主要参与者,他们都发挥何种作用,谁是最终决定者。研究发现,社会角色存在着分工现象。例如在家庭生活中,父亲通常给孩子购买工具性、手段性的产品,而母亲给孩子所购买的产品则多倾向于表达情感。金融营销者应把工作重点放在对参与金融交易有最终决定权的角色身上,同时不可忽视对金融交易行为有实际影响的角色。金融营销者要善于说服营销决策者,减少他们所面临的角色压力和冲突。

九、家庭

家庭是最基本的参照群体,个体一出生就生活在家庭环境中,家庭是个体在其社会化过程中最初、最基本且最重要的环节,其兴趣爱好、价值观、审美观和生活习惯都是最先在家庭生活中逐步形成的。同时,家庭也是社会中最基本的消费和投资单位,金融营销者应研究家庭金融消费与投资的倾向和特征。诸如家庭的人口、家庭的收入水平、家庭的消费结构、家庭的金融资产与投资意愿、家庭金融投资的动机、家庭消费和投资的决策者等,都是金融营销者应当分析研究的重要内容。

根据家庭结构的不同,家庭可以划分为传统家庭与现代家庭。传统家庭一般包括老人、夫妻和子女,三代同堂。随着社会的发展,现代家庭则由夫妻及其未成年自立的子女组成。不论是何种类型的家庭,通常具有较高经济收入的个体对于家庭的消费和投资就拥有较多的决策权。

西方学者研究发现,消费者的年龄、人生阶段与其消费能力和消费特征密切相关,因而提出了"家庭生命周期"的概念。家庭生命周期通常可以划分为以下几个阶段:单身期(单身独居阶段)、新婚期(新婚且无子女)、满巢期(与未成年子女同住)、空巢期(子女成年自立离开家庭)和鳏寡期(丧偶独居)。一般而言,新婚期和满巢前期家庭(子女尚幼小)消费支出所占比重较大,金融投资能力较低,而满巢后期和空巢期家庭则有较多可支配资金,有利于金融营销工作的开展。

此外,根据对金融投资决策影响力的大小,我们可以将家庭分为丈夫主导型、妻子主导型、共同决定型和各自决定型,而是否以及如何参与金融投资或信贷消费则是家庭中的重大决策事项,一般由夫妻共同做出决策。

第三节 金融客户行为的决策过程

一、金融决策及其参与者

1. 金融客户的决策类型

营销学者霍华德(Howard)和谢斯(Sheth)认为,消费者的购买行为可以分为以下三种类型。

(1) 常规习惯行为(RRB)。主要用于品牌差异不大、价格低廉、使用频繁的日常生活用品的购买,如食盐、牙膏、香烟等。这些购买行为并不需要消费者花费大量的时间和精力进行学习、比较和了解。

(2) 有限问题解决(LPS)。由于消费者对于产品品牌及其功能仅有有限的认识,因而期望在做出购买决策时学习和了解更多的相关知识,或者因长期使用某类产品感到厌倦而希望试用其他产品时,所表现出的寻求变化的消费行为状态。

(3) 复杂问题解决(EPS)。当消费者对于未知的产品或服务做出消费决策,即购买那些不常购买的产品或价值很高的需要慎重考虑的产品时,消费者就要通过学习以增进了解,从而使其购买行为趋于复杂化。

金融消费通常属于复杂问题解决,其原因如下。

(1) 金融交易涉及金融资产的安全性。金融客户必然要考虑能否收回投资或是否有足够的偿债能力。

(2) 金融资产运作方案的可选择性广泛。在发达的金融市场,可供选择的投融资方案会有很多,收益则很不一致,因而需要客户进行广泛的了解、仔细的评估和慎重的选择。

(3) 金融市场的风险性。在金融资产运作期间,由于金融市场存在着各种风险,就有可能会给客户带来损失。因此,金融客户在金融决策过程中,需要广泛地了解情况、收集信息,并进行认真的计算、分析和评估,仔细权衡收益与风险。

2. 金融决策参与者的类型

由于金融交易是复杂的决策行为,因而无论对家庭、企业还是政府而言,都会有许多个人或部门参与金融行为的决策过程,并以各种方式直接或间接地影响金融决策。通常根据所发挥作用的不同,金融决策参与者可以划分为以下五类角色。

(1) 倡议者。最初提议进行某项金融交易活动的人。

(2) 影响者。提供信息或对金融资产运作方案进行分析计算,从而直接或间接影响最终决策的人。

(3) 决定者。对金融交易做出最后决定的人,即决定是否交易、为何交易、交易什么、何时交易、在哪里交易、如何交易的人。

(4) 操作者。金融交易活动的实际操作者。

(5) 评价者。对金融交易后果进行评估比较的人。

金融企业必须认识到上述不同角色对于金融营销工作所产生的影响,认真做好金融产品与服务的研究开发、宣传促销、营销安排等。

二、金融决策过程分析

金融客户在参与金融交易的过程中有一系列的心理活动变化,这一过程可以概括为五个阶段:①注意,即意识到市场所存在的可操作性;②兴趣,通过初步了解而产生兴趣;③欲望,对某种方式产生采取行动以满足其需要的愿望;④行动,决定采取适当的行为来达到目标;⑤反应,对实际行为效果的感觉。与之相应,金融客户的决策过程亦可分为五个步骤,如图3-3所示。

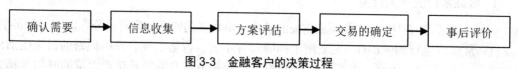

图3-3 金融客户的决策过程

上述行为模式表明,金融客户的决策过程早在交易行为发生之前就已经开始,并且影响着事后的感受和评价,所以金融营销者应当把注意力集中在金融营销的全过程,而不仅仅局限于金融客户所参与的交易环节。

(一)确认需要

客户需要是客观存在的,其强烈程度既取决于个体满足的缺乏程度,也取决于外界刺激的强烈程度。在一定的外界刺激影响作用下,个体的内在满足越是缺乏,其心理就越会紧张与焦虑,从而形成参与金融交易的强烈愿望,即受外界因素的刺激,使潜在的需要被激发唤醒,从而形成欲望。这说明金融营销者可以通过控制金融客户的外部环境因素,使其产生欲望和形成动机。因此,金融营销者在掌握客户心理状态的同时,还应主动采取一些有效措施以唤起其心理需求,诸如广告宣传、人际沟通、入户推销等。这就需要营销人员研究金融客户是如何从外界环境获得相关信息的,即何种环境能对客户的金融行为产生有效影响。通常唤起金融客户需求的有效因素包括家庭收入变化、国家金融政策调整、新的投资理财方案、对未来生活的规划或担忧等。

(二)信息收集

金融决策一般属于复杂问题解决(EPS),金融客户需要从各方面广泛收集信息,诸如宏观经济形势、国家金融政策,各类金融机构的主要产品类型,金融产品收益的可靠性和稳定性,金融企业的信誉、声望以及服务质量等。而缺乏可靠的信息,金融客户是不会轻易做出决策的,因此,信息收集是金融客户决策过程的重要阶段。为了顺利做好金融营销工作,实现企业经营目标,金融营销人员应充分了解以下两方面的信息:其一是金融客户的信息收集渠道,即金融信息的主要来源;其二是各种不同信息对于金融客户的决策过程将会产生怎样的影响。金融客户的信息来源主要有以下四个方面。

(1) 个人来源,信息源于家庭、朋友、邻居、同事或其他熟人。
(2) 商业来源,包括一切商业性传媒,如广告宣传、推销人员、金融机构的咨询服务等。
(3) 公共来源,主要是各种大众媒体、会议新闻、政府机构等。
(4) 经验来源,即源于客户参与金融交易运作的切身经验体会等。在现实生活中,金融客户接触最多的信息来源一般是商业来源。不同的信息来源对于金融客户决策的影响是不同的,一般而言,商业来源和公共来源起着信息传播的作用,而个人来源和经验来源则起着信息判断与评估的作用。

(三)方案评估

当收集了大量的金融信息之后,金融客户如何处理这些信息?即怎样从多种不同的金融品牌中做出自己的选择?金融客户的信息评价过程如何?即如何选择方案,这是一个十分复杂的问题。通常流行的是认知导向模式,即认为金融客户的判断是建立在自觉和理性的基础之上,其评估过程是一个理智的分析过程。以下五个方面既是金融客户评价的主要内容,也是其评价的基本过程。

1. 金融产品的属性

满足需要是金融客户选择的基本出发点,能否满足其需要则取决于金融产品自身的属性,诸如收益性、风险性、便利性、流通性(可转让性)等。这些属性会因金融产品的不同而不同,由此对于不同金融客户的需要,满足程度和吸引力也就不同,而收益性与风险性则是各类金融产品的共同属性。

2. 金融客户的认知

尽管金融产品的属性具有多样性,但是金融客户对各种属性的需求程度是不同的。有些客户较注重预期收益,有些客户则把可能的风险置于首要位置予以考虑。金融营销者应根据不同目标客户的偏好,有针对性地宣传其所期望的产品属性,从而强化其认知水平。

3. 金融品牌的形象

不同金融企业的产品在金融客户心目中具有不同的品牌形象,这种形象会对客户的认知评估产生重要影响。金融营销者必须认识到金融品牌形象的形成是一个长期的过程,应力求避免可能产生的偏差、扭曲和损害。

4. 效用与理想产品

金融产品的不同属性对于金融客户的效用函数是不同的,即给予金融客户的心理满足感是不同的。当金融产品的各种属性都达到理想效用时,就形成客户心目中的理想产品。然而,理想的金融产品几乎不存在,如理想的投资方案应是风险趋向于零,而收益趋向于无穷大。可见,理想的金融产品总是相对而言的。

5. 评估过程

由于理想产品与实际产品之间存在一定的差距,因而金融客户的选择过程便是寻求与其理想产品差距最小的实际产品。评估方法通常有以下两种。

(1) 综合期望值比较模式。即首先根据产品不同属性分别给予评分,然后依据不同属性的重要程度来计算不同产品品牌的期望值大小,择优选取。其计算公式为:

$$E = \sum W_i \times B_i$$

式中:W_i代表根据不同属性的重要性所赋予的权值;B_i是各属性的评分,E值越大越好。

(2) 差距水平值比较模式。即通过计算各种产品的差距水平值(即实际产品与理想产品之间属性的差异程度),依次淘汰最不理想的品牌。其计算公式为:

$$L = \sum W_i \times (I_i - B_i)$$

式中:W_i代表根据不同属性的重要性所赋予的权值;I_i为各属性的理想水平分值;B_i为各属性的实际水平分值,L值越小越好。

可见,上述两种评估方法能比较全面地衡量客户是否满意。事实上,评估方法还有很多,例如在基本相同的条件下,着重于某一项属性指标,只要该项属性指标符合要求便予以考虑;又如对每一项属性指标都规定标准,每一项指标都必须达到了理想水平才予以考虑等。

一旦金融客户的选择依照上述模式进行，那么处于劣势的金融产品又当如何应对呢？金融企业应从以下五个方面开展营销活动。①改进产品设计，以使产品接近或符合金融客户对理想产品的要求，力争"实际再定位"。②增加属性权值，具体方法是多宣传本产品所具有的优势属性，以达到说服客户的目的。③改变品牌信念。客户通常会信赖知名的金融品牌，因而金融企业可以采取一些改变客户品牌信念的方法，通过多宣传本企业及其产品的长处，以形成"心理再定位"；或者改变客户对竞争品牌的信念，可运用比较广告以实施"竞争反定位"。④提醒金融客户注意被忽视或被遗忘的重要属性。⑤降低金融客户心目中对于理想品牌的评判标准。

(四)交易的确定

方案评估仅使客户形成参与金融交易的意图，但最终是否参与某项金融交易，则具有很大的不确定性，金融客户有可能受多种因素的影响而放弃原先的选择，诸如受亲戚、朋友等态度的影响，或被竞争企业说服，或受偶然因素的干扰等。

(五)事后评价

金融客户对交易结果是否满意的评价也是影响其今后是否继续参与相关金融交易的重要因素。以金融投资为例，其事后评价的主要内容包括最终收益率、实际风险损失(收益)、金融企业的履约状况、金融营销的服务质量等。除短期套利交易外，大多数金融交易活动从交易达成到最后履约往往有一定的期限，短的以周、旬、月、季计，长的则达一年甚至十年或更长。对于交易品种的合同期限达一年以上的客户而言，还应包括在这一长期等待过程中对各种因素的关注和评估，因为这类产品所承担的风险更大。为了减少客户的顾虑，金融企业应通过定期沟通以增强其信心。同时，还应采取一些措施分散和化解风险，或者给客户以转换交易品种的选择权等。总之，在这一阶段，非常需要金融企业对客户多做相关的咨询和服务工作。

三、金融客户的行为模式

由于任何一种金融产品的开发都必须建立在金融客户的现实需求基础之上，因而金融企业必须全面研究其所开发的产品对金融客户的实际影响效果，并通过进一步分析客户的心理过程和影响因素来改进产品设计、修正营销方略。根据行为科学的刺激反应模式(S-R)，金融客户在一定外界刺激作用下，其行为反应的基本模式可以概括为如图3-4所示的模式。

图3-4显示了当金融营销与其他外界刺激作用于客户的心理黑箱而产生行为反应的过程。客户的心理黑箱通常包括两个部分，即金融客户的影响因素以及决策过程。图3-4中左边部分表示会对客户产生影响的两类刺激，即营销刺激与其他刺激。营销刺激主要包括金融企业的产品、价格、地点和促销四方面因素(4P)；其他刺激是指经济、政治、法律和文化等宏观环境因素的影响。在上述外界刺激的作用下，营销人员可以观察到客户的外显反应，诸如产品选择、品牌选择、机构选择、购买时机和购买数量等。金融营销人员的任务就是通过比较各种外界刺激与客户反应的状况，分析客户的心理黑箱内部所发生的各种变

化,以寻求改进产金融品与营销努力的途径和方法。表 3-1 所示为金融客户的购买行为类型。

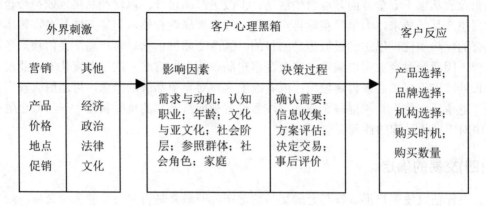

图 3-4 金融客户的行为模式

表 3-1 金融客户的购买行为类型

品牌差异程度 \ 决策介入程度	高	低
大	复杂型：对于金额大、风险高、差异大的金融产品(诸如证券基金、住房按揭贷款等)，客户会专心细致地进行学习，分析各个品牌之间的差异，从而产生金融品牌信念，明确态度，进行慎重的选择与决策。因此，金融机构要有针对性地制定品牌营销策略，根据客户需要提供个性化的金融产品与服务	多变型：对于金额小、风险低、差异大的金融产品(诸如国债等)，客户不会高度介入，而重在选择产品品类与品牌，因此，尝试性行为显著。所以，营销中要注意通过提醒性广告以鼓励客户的习惯性行为，并使用一些优惠策略来吸引其选择
小	寻求和谐型：客户对于涉及金额大、风险高、差异小的金融产品(诸如同一概念板块的股票等)，往往慎重选择，而后则又会产生后悔与烦恼感，因而需要调整心态，可以通过加强营销沟通来使客户对于自己的选择产生信心与满意感	习惯型：对于金额小、风险低、差异小的金融产品与服务，客户会不经过信念、态度以及行为等步骤，因为重在熟悉程度而非品牌忠诚，所以是习惯性行为(诸如个人储蓄存款业务、各类缴费等)，应针对客户需要，增加金融产品与服务的特色与功能

经典案例评析

【情境案例解析】

招商银行的客户体验

季江已经大学毕业8年，在上海陆家嘴一家证券公司上班，虽说是在写字楼里面过着衣着光鲜的白领生活，他的老家却是在苏北农村，所以每逢过年，都要带着老婆孩子回农村老家。

2012年，他也和往年一样回到了老家，吃着家乡的菜肴，享受着家乡的年味。不过，这次父母提出了一个请求——希望能够到季江上海的家里去住两天。

虽说季江的媳妇对于老两口要去上海这件事略有微词，但季江没有"屈服"，他以前就对她说过，牵扯到自己父母的事情没有商量的余地，外加老两口也说只是去住两天，季江媳妇也就答应了。

临行时，老两口带上了一个布包，季江以为里面装的是一些日常用品，也就没有多问。到了上海家里，季江无意中打开那包东西，竟被吓了一跳，原来那里面不是别的，是钱！各种各样的钱！有零碎的钱，也有一些整一百元的，不过都是一样的破旧不堪。季江粗略地估算了一下，大概有几万元。农村没有用银行自动存款机存款的习惯，所以大家都是把现金放在家里，估计都是些"历史遗留问题"。季江问这些钱是怎么回事，他们说老家的银行存不了，想在上海存进银行。

"银行就是存钱的，怎么会存不了呢？"季江觉得很奇怪。"他们不愿意给我们仔细地数清楚，我们自己说有多少他们又不相信。"听了二老的回答，季江明白了。

第二天，季江就带着父母跑了好几家大银行，结果都以不提供该项服务为由，拒收这笔存款。媳妇劝季江干脆算了，也就是几万元旧钱，不值得为此伤神。可季江并不打算放弃，心想如果大银行不行，那就试一试小一点的银行好了。恰好，离他家不远有一家招商银行，虽然招行的营业网点少，估计在老家没有招行的取款机可以使用，但那不过也就是多付一点跨行费而已，当务之急是先把钱存进去。

于是，他们来到了这家招商银行，说明来意后，工作人员并没有任何不满和诧异，而是说能够帮忙解决，并迅速把情况报告给了主管。主管知道这数钱的事需要增加人手，就临时加派了人员过来。不仅如此，由于等待时间长，主管还让他们到贵宾室休息，并热情地提供茶水，使得农村来的两位老人受宠若惊。

当时，季江媳妇也在场，看到几个陌生人对自己的公婆这样殷勤周到，不觉心里有些惭愧，觉得自己平时对于二老确实是太过冷淡了，应该好好转变一下自己的态度。季江也是相当诧异，没想到招商银行居然能够提供这么好的服务，不禁想今后家里的闲钱就都存招商银行吧！不为别的，就为了今天这种宾至如归的感觉。

【案例讨论】
1. 招商银行的客户体验式服务有哪些优点？
2. 招商银行的服务举措将在国内的银行市场竞争格局中发挥出怎样的作用？

本 章 小 结

(1) 金融客户是指使用金融企业所提供的金融产品与服务的个人或组织,即金融企业的服务对象。其可根据不同的标准分为不同的类型。

(2) 金融客户行为的影响因素分析是金融营销管理的一项重要任务,是金融企业开发金融产品、改进金融服务的基础性工作。

(3) 金融客户的决策过程可分为五步:确认需要、信息收集、方案评估、决定交易、事后评价。

复习思考题

1. 金融客户的含义是什么?其具体有哪些分类?
2. 金融客户行为的影响因素有哪些?
3. 消费者的购买行为可以分为几种类型,分别是什么?
4. 金融决策参与者可以划分为哪几类角色?
5. 金融客户在决策过程中的主要评价依据有哪些?

第四章 金融市场细分与定位

【本章精粹】

- ◆ 金融市场的含义、产生和演变、构成要素、作用与功能、健康与分类。
- ◆ 金融市场细分的含义、作用和方法。
- ◆ 金融市场细分的条件和标准。
- ◆ 金融市场定位的含义和方法。
- ◆ 金融市场定位的原则、层次和程序。

【章前导读】

金融市场是金融产品的交易场所，它是一个由多种要素构成的共同体。金融企业应根据金融客户不同的需求特点对金融市场进行细分，在市场细分的基础上选择目标市场，并对金融产品和服务进行市场定位。本章将对金融市场、市场细分以及市场定位进行系统阐述。

【关键词】

金融市场　　金融参与者　　金融产品　　金融市场细分　　金融市场定位

第一节　金融市场概述

一、金融市场的基本含义

金融市场是金融领域各种市场的总称。金融市场的存在是以金融的存在为前提的。何谓金融？金融是指货币资金的融通活动。金融市场就是通过各种交易方式，促使金融产品的供求双方达成交易的场所，即进行金融产品买卖的场所。金融市场既可以是某一特定的场所，具有空间特征，如某个商业银行的营业网点、证券公司的交易所、保险公司的业务经办点等；也可以是一个无形的市场，不具有空间特征，如电话银行、网上银行、网上证券交易等。

二、金融市场的产生和演变

金融市场的形成不是孤立的，它的产生是以商品贸易为基础的。在商品贸易形成和发展的早期，金融市场是作为商品市场的辅助手段(如国际贸易的结算)出现的，伴随着金融的投机性功能日益增强，金融市场脱离了商品市场的发展，并在一定程度上支配着商品市场。

金融产品的最初形式是商业信用，即两个企业因商品贸易而相互提供的信用，如商品赊销、货款预付、分期付款等，并且不与金融机构发生联系。在商业信用之后产生的是银行信用，它是指银行或其他金融机构通过合适的金融产品，以放款、贴现、抵押、担保等方式向资金需求者融通资金的信用活动。由于银行信用克服了商业信用在企业资本数量、期限长短、收益要求、供需时间和地点、附加条件以及信用提供对象等方面的诸多限制，因而可以广泛吸收社会闲置资金，向各种条件的资金需求者提供融通资金的服务。金融产品的最新形式是票据和证券信用，即所谓直接融资。资金需求者直接面向社会公众，通过发行股票、债券、大额可转让存款单等进行资金融通，而不必求助于银行贷款。然而在直接融资过程中，也需要金融机构作为金融中介参与其中，如没有中央银行或其授权的金融机构的认可，上述金融工具将是非法的，体现票据和证券信用的金融产品包括商业票据、国债、企业债券、公司股票、大额可转让存款单等。

信用的形式除了以上三种外，还有消费信用、合作信用、信托信用等，而每一种信用形式都是在前一种形式的基础上形成和发展起来的，但并不会完全取代前一种形式。例如，目前商业信用仍然存在，并且在金融市场尚不发达的国家和地区还起着相当大的作用，即使是在金融市场相当发达的国家和地区，商业信用也经常被采用，如在银根紧缩时，企业往往会通过商业信用进行直接筹资而不求助于银行等金融机构。

随着商品贸易由国内发展到国外，国际贸易和国际结算日益重要，从而导致金融市场国际化业务的出现，并形成了一些国际性金融中心，尤其是经过了二十世纪七八十年代如火如荼的金融创新以后，世界金融市场出现了以下三方面的变化。①形成了为数众多的全球性或区域性金融中心，并且金融交易能在所有地区 24 小时内连续进行。全球性的金融中心包括欧洲美元市场、亚洲美元市场、伦敦外汇交易市场、纽约外汇交易市场、中国香港黄金市场等；区域性的金融中心包括欧盟的统一货币和资本市场等。②金融交易工具种类繁多，金融创新层出不穷，既有针对风险规避的，也有针对收益提高的，还有针对流动性增强的。金融创新一方面繁荣了金融市场，另一方面也增加了市场风险的强度和市场监管的难度。③金融市场的融资证券化倾向增强，竞争加剧。

三、金融市场的构成要素

金融市场是一个由多种要素构成的共同体，主要由金融参与者、金融交易组织以及金融产品三个部分构成。

1. 金融参与者

金融参与者是指参加金融交易的双方，由资金供给者和资金需求者组成。

(1) 资金供给者。它是指金融工具(各类存款、证券、债券等)的购买者，具体包括居民个人、企业单位、政府部门、金融机构等。

① 居民个人。居民个人的货币收入除了用于消费外，会有一定的积余资金，这部分闲置货币是金融市场的重要资金来源，或者存款于银行，或者购买各种债券和股票。

② 企业单位。企业单位在生产经营中形成的闲置资金、利润留成以及盈余公积等，也是金融市场的重要资金来源。

③ 政府部门。政府部门在收支过程中所发生的闲置资金，如尚未使用的预算资金、预算外收入等，也是金融市场的重要资金来源

④ 金融机构。它具体包括银行与非银行金融机构，一方面从社会上吸纳闲置资金，另一方面则通过自身创造的利润和信用，形成资金来源。

(2) 资金需求者。它是指金融工具的发行人和售卖者、信贷资金的借款者，具体包括企业单位、政府部门、金融机构和居民个人。

① 企业单位。企业单位是最大的资金需求者，其通过向银行贷款、发行股票、发行企业债券等方式进行筹资。

② 政府部门。政府部门也是主要的资金需求者之一，其主要是通过发行政府债券的方式进行筹资。

③ 金融机构。金融机构为筹集资本金以及解决头寸不足而发行股票、长期债券，或者向同业拆借，或者向中央银行申请再贴现，再贷款。

④ 居民个人。居民个人主要是通过担保或质押方式向商业银行取得个人消费贷款。

2. 金融交易组织

金融交易组织是指在资金融通过程中，资金供求者之间起媒介作用的人和机构，具体包括金融机构、证券公司、经纪人和交易商。

(1) 金融机构。以银行为主体的金融机构既是金融市场上资金的供给者和需求者，又是金融市场上的交易中介人。由于金融机构筹集资金的目的是向市场供给资金，因而它在金融市场上始终发挥着桥梁作用。

(2) 证券公司。它包括证券发行公司和证券交易公司。证券发行公司是指在金融市场上专门从事新证券发行工作的机构。证券交易公司是指在金融市场上专门从事金融产品(股票、债券等)流通转让的机构。

(3) 经纪人和交易商。它是指代替资金供给者或资金需求者买卖金融产品的人。交易商也可以根据自身的财力状况自行买卖各种金融产品。

3. 金融产品

金融市场所经营的商品是金融产品。金融产品是指资金融通过程中的各种载体及与其相关的各种金融服务。前者如货币、黄金、外汇、有价证券、存款、贷款、信用卡等金融产品是金融市场的交易对象，供需双方遵循市场规律在供求杠杆的作用下形成金融产品价格，如利率、收益率等，通过最终完成交易达到融通资金的目的。可见，金融产品既可以是有形的，也可以是无形的，一般以无形的服务为主。金融产品也就是融通资金的工具，资金的需求者和供给者通过这一工具来达到各自不同的资金使用目的，从而达到资金融通的效果。因此，金融产品本身对供需双方并没有实际意义，而其真正的意义在于它带给资金供需双方的利益。

总之，金融产品是资金融通过程的载体，是企业筹集资金和投资者运用资金的工具，是在金融市场上交易的对象，也可称为金融工具或信用工具。目前，可以在金融市场上进行交易的金融产品主要有以下几种：①票据，如本票、汇票、支票等；②债券，如政府债券、公司债券、金融债券等；③股票，如普通股、优先股等；④可转让大额存款单；⑤合约，如各种期货、期权合约等；⑥权证，如股权证、债权证等；⑦协议，如回购协议、抵押协议、转让协议等；⑧基金券；⑨其他，如艺术品、房屋产权证等。

四、金融市场的作用与功能

金融市场的作用表现为以下三个方面。

(1) 融通社会资金。通过金融市场可以把社会闲置资金汇集起来，以满足企业单位或其他机构对不同额度、不同期限的资金需求，并能大大简化资金供给和需求之间的中间环节。

(2) 优化资源配置，扩大中介服务，分散市场风险，使社会资金获得最大的利用效率，为资金供需双方提供"三性"最佳组合的便利。由于每个人对任何一个金融工具的流动性、风险性和收益性都有不同的要求，因而金融工具对于当事人而言，在任何一个时间或在任何一种环境下，都存在一个"三性"的最佳组合(对于不同的当事人，最佳组合则各不相同)。当事人是通过金融交易来达到其最佳的"三性"组合的，具体可运用的转换工具有利率掉期、货币掉期、套期保值等。

(3) 调控国民经济，实施贯彻中央银行货币政策。调控金融市场是政府对宏观经济进行调节和控制的重要手段之一。例如，中央银行就是通过公开市场业务、改变商业银行法定储备金比率、改变再贴现利率等方式来调节货币供给，从而达到扩张或紧缩经济的目的。政府还可以运用行政手段直接干预金融市场，如限制外汇的黑市交易或不允许个人参与外汇交易等。

金融市场不仅是资金融通的场所，还具有以下功能。

(1) 提高资金使用效益。金融市场的存在扩大了资金供给者和需求者接触的机会，使得提供资金或筹集资金有了多种方式，既有助于交易双方降低交易成本，也有助于交易双方利益最大化，从而提高社会资金的使用效率与周转速度。

(2) 增强资产的流动性。金融市场的出现为金融资产持有者参与流通和交易提供了极大的便利和可能，金融资产持有者根据自己的需要，可以将金融资产在市场上抛售或重新取得金融资产。例如，商业银行可以动用存款准备金和多头寸在金融市场上购买短期债券和票据；当头寸不足时，则可抛售变现。此外，当购买长期债券者需要资金时，也可以在金融市场抛售变现。金融资产流动性的增强就能使短期资金接续成为长期资金。

(3) 引导储蓄转向生产领域。金融市场既是资金供求的中心，也是储蓄投资的桥梁，它把居民储蓄与企业所需资金连接起来，或进行直接投资，如用闲置资金购买股票和长期债券等；或进行间接投资，如将闲置资金存入银行，再通过银行信贷形式将资金贷给需要资金的企业等。金融市场是吸纳社会闲置资金的"蓄水池"，居民储蓄正是通过其流向生产经营领域的。

(4) 为经济活动提供信息。金融市场上的利率升降和股市涨跌在一定程度上反映了社会经济活动的变化，这既给生产经营者提供了相关的宏观经济信息，也为社会投资者提供了相关的投资决策信息。因此，利率与证券价格的变动是反映国民经济发展趋势的重要指标。

五、金融市场的健全与分类

(一)金融市场健全的标志

金融市场在一个国家的社会经济生活中起着举足轻重的作用，一个国家存在并已形成健全完善的金融市场，主要是通过以下标志体现的。

1. 资产货币化

国际会计准则委员会把资产定义为："资产是指企业由于过去的事项而控制的可望向企业流入未来经济利益的资源。"我国《企业会计准则》将资产定义为："资产是企业拥有或控制的能以货币计量的经济资源，包括各种财产、债权和其他权利。"经济资源能否货币化则是衡量金融市场是否成熟的重要标志之一。如果一个国家的经济资源大部分表现为货币资产而不是实物资产，这就说明货币的作用已渗透进社会经济生活的各个领域和各个层面。当资产的货币化总额是以股票和长期债券的市值来计量时，就意味着资本化已达到较高的程度，这从另一个侧面也反映了金融市场的发达程度。我国目前资产货币化的程度还较低，金融市场尚不发达，还需要通过较长时期的努力才能缩短与发达国家之间的差距。

2. 货币资金商品化

金融市场的交易对象是货币资金的使用权,即各种金融交易是货币资金使用权的让渡过程。资金需求者通过支付利息而取得一定数额的货币资金在一定时期内的使用权;而资金供给者为获得利息则要把一定数额的货币资金的使用权在一定时期内让渡给对方,在这一时期内,其无权支配这部分货币资金。可见,如果没有货币资金的商品化,货币就只能作为产品调拨时的核算工具,而不会有金融市场的产生。目前,我国货币资金的商品化形式还比较单一,主要表现为银行存款。

3. 资本证券化

为了适应和满足社会化大生产对巨额资金的需求,就必须通过发行股票和长期债券等将社会上分散闲置的货币资金转化为长期资本,提高直接融资的比重,使大多数货币资金持有人成为投资者。资本证券化程度是金融市场成熟与否的标志。近几年,虽然我国的资本市场获得了较快发展,但是间接融资仍然占据较大比重。

4. 信用票据化

信用票据化是市场经济制度下信用活动的客观要求。在市场经济制度下,需要更多的信用活动方式和更多的信用活动机会,而仅靠账面信用、契约信用、贷款信用难以适应信用制度发展的要求,难以满足社会经济生活的需要,因此,信用票据化的出现就成为一种必然趋势。我国目前的社会信用基础还比较脆弱,一些企业和个人的信用意识淡薄,这将大大延缓信用票据化的发展进程。

5. 金融产品多样化

通过提供多种多样的金融产品满足不同投资者的需要,这体现了金融市场的成熟与完善。尽管目前我国的金融产品较以前大大丰富,但是还不能完全满足社会发展的需要。

6. 金融资产流动化

拥有成熟完善的证券交易市场既是金融资产流动化的基础与保证,又是金融市场健全的重要标志。

7. 利率市场化

金融产品的价格——利率由金融市场的供求变化来决定,这是金融市场健全的又一标志。目前我国尚未实现利率市场化,而是由中央银行制定基准利率,并规定了商业银行围绕基准利率做上下调整的幅度。

8. 金融机构多元化

金融市场的繁荣程度取决于进入金融市场的金融机构的数量以及参与交易的频率,因此,多元化的金融机构是金融市场交易活跃的前提。

9. 金融行为规范化

一个国家或地区金融主体的行为是否规范是衡量金融市场成熟与否的一个重要标志，金融主体行为的合理有序需要一个较长的渐进过程加以规范。

(二)金融市场的分类

金融市场是因经常发生多边资金借贷关系而形成的资金供求市场，它是经济活动发展的"心脏"。随着金融创新工具的日新月异，金融市场已逐渐形成庞大复杂的多元化、多层次的市场体系。

关于金融市场的分类，出现了各种不同的分类方法。例如，按金融市场的区域范围可分为国内金融市场与国际金融市场。如果金融市场上的资金借贷关系发生在本国居民之间而不涉及其他国家的居民，就称为国内金融市场，国内金融市场中只能发生一种类型的交易，即国内借款人向国内贷款人借用资金。如果这一市场涉及其他国家，超越国境并以国际性规模进行资金的借贷，就称为国际金融市场，国际金融市场就是非本国居民可以参与的、从事国际借贷业务的信用市场。在一个国际金融市场中，可能发生以下三种类型的交易。

(1) 国内借款人和国外贷款人之间的交易。

(2) 国外借款人和国内贷款人之间的交易。

(3) 国外借款人和国外贷款人之间的交易，即境外交易。由于国际金融市场会涉及两个或更多个国家之间的信贷关系，因而具有跨国特性。例如，尽管纽约金融市场是美国国内金融市场，但由于非美国居民也可以在此自由参加交易活动，因而其有国际金融市场的特征；伦敦金融市场则是作为国际性金融市场逐步发展起来的。

当前世界上普遍采取的金融市场的分类方法是按金融工具到期日的长短把金融市场划分为货币市场和资本市场两类。货币市场是指短期资金交易的市场，也称为短期资金市场；资本市场则是指长期资金交易的市场，也称为长期资本市场。金融市场有广义和狭义之分，广义的金融市场包括货币市场与资本市场，狭义的金融市场仅指短期货币市场，而不涉及长期资本市场。

按照经营业务的种类来划分，金融市场包括资金市场、外汇市场、保险市场、证券市场、黄金市场。严格来讲，金融市场与外汇市场不同，外汇市场经营外币买卖，金融市场则主要进行外币的存放借贷业务，它是一种信用市场。但因为这种国际借贷活动往往是由多种外汇交易紧密地联系在一起的，所以广义而言，金融市场的业务活动就不仅包括资金的借贷，还包括外汇、证券、保险和黄金的交易等。

资本市场具体包括股票市场、债券市场、基金市场和中长期信贷市场等。资本市场融通的资金主要作为扩大再生产的资本使用，因此称为资本市场。作为资本市场重要组成部分的证券市场，具有通过发行股票和债券的形式吸收中长期资金的能力，公开发行的股票和债券还可以在二级市场自由买卖和流通，具有很强的灵活性。而货币市场是经营一年以内短期资金融通的金融市场，包括同业拆借市场、票据贴现市场、回购市场和短期信贷市场等。

资本市场和货币市场都是资金供求双方进行交易的场所，是经济体系中聚集、分配资金的"水库"和"分流站"。然而，两者的分工较明确，资金需求者通过资本市场筹集长期资金，通过货币市场筹集短期资金，国家经济部门则通过这两个市场来调控经济和金融活动。从历史上看，货币市场先于资本市场出现，货币市场是资本市场的基础，两者有时可以相互转化。当然，资本市场的风险要远远大于货币市场，这主要是因为中长期因素影响资金使用效果的不确定性增大、不确定性因素增多以及影响资本市场价格水平的因素较多。

资本市场和货币市场是我国社会主义市场经济的重要组成部分，统称为金融市场，受到了政府的高度重视，发展速度很快，目前已初具规模。改革开放以来的实践证明，金融市场的建立和发展，对于优化资源配置、搞活资金融通、提高运作效率、筹措建设资金以及建立现代企业制度具有十分重要的现实意义。

第二节　金融市场细分

一、金融市场细分的含义

市场细分是指根据消费者不同的需求特点将市场按不同的消费人群进行划分的过程。每个需求相类似的消费人群即为一个细分市场，而整个市场经过市场细分后便形成若干细分市场。因此，市场细分是一种求同存异的市场分类方法，它不是对产品进行分类，而是对产品需求各异的消费者进行分类，是识别具有不同需求的购买者，并把他们进行归类的过程。市场细分是由美国营销学者温德尔·斯密(Wendell Smith)于1956年提出的。市场细分这一理论的提出是第二次世界大战后市场营销思想的新发展，是企业在经营中贯彻市场导向这一营销观念的产物，它对市场营销理论的发展是一个重大突破。20世纪60年代以后，这一理论被金融界普遍接受和应用，从而出现了金融市场细分。

金融市场细分是指金融企业把整个金融市场的客户按一种或若干种因素加以区分，使得区分后的客户需求在一个或若干个方面具有相同或相近的特征，以便企业相应地采取特定的营销战略来满足这些客户群的需要，以期顺利地完成企业的经营目标。也就是指，企业经营者根据金融市场的某些细分变量(即与消费者需求相关的特征因素)把整个市场划分为若干个不同的子市场，以利于金融企业根据自身的资源和能力选择服务对象、确定目标经营市场的过程。一方面，由于金融市场细分是把金融市场划分为若干个客户市场，而无论是个人客户市场还是企业客户市场，客户对于金融产品和服务的需求总是呈现出一定的差异，即不同的细分市场表现出不同需求的客户群；另一方面，由于同类客户在居住环境、文化背景、年龄及其消费倾向上表现出对产品和服务需求的相似性，所以，金融市场细分不是细分金融产品和服务，而是细分客户，即在对客户需求差异性细分中，把需求相近的客户群体划分为若干个子市场。

二、金融市场细分的作用

金融市场细分是实施目标市场营销战略的前提，面对激烈的市场竞争，金融市场细分具有如下重要作用。

(1) 便于发现市场营销机会。市场营销机会是指金融市场上客观存在的未被满足或未被充分满足的消费需求。即通过市场细分,根据竞争者的市场占有状况来分析市场未被充分满足的程度,或者根据市场上现有的金融产品不能满足市场需求的情况,经比较发现那些尚未获得满足或未被充分满足的需求,从而寻找新的市场机会,并利用自身条件,开拓新的市场,夺取市场竞争优势。而市场竞争越是激烈,市场的差异(消费者需求的差异性)就越重要的市场营销机会,因为竞争者总是会针对市场差异提供相应的金融产品与服务,使自己立于不败之地。市场细分正是金融企业通过区分这种差异来发现市场营销机会的重要手段。

(2) 为制定营销组合战略提供依据。在金融营销过程中,为达到占领市场、增加盈利的目的,金融企业需要根据市场细分所提供的目标市场状况,对金融产品质量、价格、服务、风险分担方式等进行相应的调整,而建立在调查研究基础上的市场细分则会对营销决策产生重要影响。可见,不同的细分市场对金融产品的需求存在着差异,金融企业应针对特定的细分市场提供不同种类的金融产品,而对同一金融产品则采取灵活的产品定价、促销手段和分销渠道。

(3) 有利于发挥金融企业的竞争优势。由于金融企业在特定领域内具有某一方面优势,因而经市场细分后就应选择一个能充分发挥自身优势的细分市场来满足其需求,做到企业内部资源的优化配置,通过最小的投入获取最大的产出。即细分市场是企业为了扬长避短、充分发挥自身优势,把自身经营条件与市场需求结合起来,使得金融营销工作能够集中力量、有的放矢,增强市场竞争能力。

(4) 为金融新产品的开发提供线索。由于市场细分是建立在不同客户群体消费需求的异同分析的基础之上,因而市场细分可以为目标市场的新产品开发提供客户需求线索,为新产品营销奠定坚实的基础。

总之,不同的细分市场对金融产品的需求差异很大,金融企业可以针对特定的细分市场提供不同种类的产品,采用不同的产品定价、促销手段和分销渠道。同时,市场细分还有助于金融企业发现新的金融需求,不断创新,以品种繁多的金融工具和服务满足客户需要。例如,中国香港汇丰银行目前排名世界第七,拥有3150亿美元的资产和遍布全球的众多分支机构。该银行的最大利润增长点在亚洲,面对美国花旗银行等金融机构在亚洲市场的竞争压力,其对亚洲市场的潜力和前景进行了分析预测,并对亚洲客户进行了市场细分,以挖掘不同的市场需求。为了占领高端客户细分市场,汇丰银行推出了一系列旨在吸引这部分客户的金融产品和服务,如专门开设一种 ASSET VANTAGE 账户,开户最低金额为26000美元,为其提供贵宾服务以及有关投资、互助基金、货币掉期等方面的理财建议和方案,这部分客户享有较高的储蓄利率和宽松的信贷限额,有专门的接线员负责电话储蓄服务。

【营销前沿】

汇丰银行的"环球金融,地方智慧"[①]

汇丰银行希望人们熟知它的品牌形象是"环球金融,地方智慧"(World's local bank)。这一口号反映了汇丰银行是一家全球性的本土化银行,它定位于全球性的金融机构,而将

---

① Deborah Orr, "New Ledger," Forbes, March 1, 2004, 72~73; "HSBC's Global Marketing Head Explains Review Decision," Ad Week, January 19,2004.

服务本土市场作为独特的差异化专注点。汇丰银行的前身是成立于1865年的香港上海汇丰银行有限公司，为不断增长的中英贸易提供金融服务。汇丰集团在全球79个国家和地区设有约9500家分支机构，为1亿顾客提供服务。汇丰在《欧洲货币》Euromoney 杂志每年对提供国际现金管理服务的金融机构进行的排名中高居榜首。该项排名调查了全球1700家公司，汇丰在"全球现金管理银行"等八个大类中排名第一。汇丰同时在总共16个区域中的七个地区(包括北亚)排名第一。尽管业务遍布79个不同的国家，汇丰银行仍然努力在每一个地区保持本土化的意识和知识。汇丰银行的基本经营战略就是贴近顾客。正如其总裁约翰·邦德(John Bond)在2003年11月所说："我们的'环球金融，地方智慧'能够在每一个国家把本土化的知识与世界范围的操作平台独创性地结合起来。"

"环球金融，地方智慧"的广告活动描述了两种文化解读同一事物或事件的不同方式。其中一幅电视画面显示一个美国商人在日本与日本商业伙伴打高尔夫球时的一次进洞。之后，他惊讶地发现不像在美国的惯例是在俱乐部中请打球的伙伴们喝酒，按照日本的惯例，他必须为打球的伙伴们购买昂贵的礼品。广告显示在日本打球时，日本的打球伙伴们都穿戴上了看起来很贵的新运动衣和手表。广告的结尾是美国商人在开球时瞄准了树丛，目标是不要让球弹跳后直接入洞。该广告活动在不同的地区采用了不同的广告，广告代理商认为"每个国家在原创想法上都有所不同"。

汇丰银行为不同的地区而制定的不同营销方案证明了它的本土化能力。我们可以看一下汇丰银行在纽约市的本土化营销效果。2005年，为了向见惯了各种促销的纽约人证明这个以伦敦为基地的金融巨头是"环球金融，地方智慧"，汇丰银行举办了一次"纽约市最博学的出租车司机"竞赛，获胜者可以在当年任汇丰银行的全职司机。同时，汇丰银行的顾客也是赢家。每位持有汇丰银行卡、支票簿或银行对账单的顾客都能免费搭乘一次标有汇丰银行品牌的出租车。汇丰银行也通过这一次整合的活动来凸显纽约人的多样性，广告活动出现在地铁、出租车、公车站、电话亭、咖啡杯和时代广场的广告牌等不同的地方，也以印刷、广告和电视等不同方式开展。这次活动显示了汇丰银行的本土化知识。"为了使纽约人相信你是本土化的，你必须本土化运作。"Renegade 营销集团首席执行官德鲁·尼萨(Drew Neisser)说道。

在中国香港，汇丰银行发起了另一项不同的运动。当2003年这个地区遭受"非典"沉重打击时，汇丰银行提出了一项旨在重振当地经济活力的计划。首先，对那些受"非典"影响最严重的行业(影院、酒店、旅馆和旅行社)的顾客，推出了"利息再投资方案"以减轻顾客的财政负担。其次，对使用汇丰银行卡购物和就餐的顾客，提供折扣和返利以刺激香港的商业，来推动受衰退影响的经济。有超过1500家当地商家参加了这一促销活动。

除了本土化营销，汇丰银行还采取了补缺营销的方法，推出了独特的产品和服务。例如，汇丰银行发现一个鲜为人知的增长率达到125%的产品领域——宠物保险。2003年12月，汇丰银行宣布将通过汇丰保险代理处提供宠物保险，以确保这项服务能到达每一位储户。在马来西亚，汇丰银行为没有得到服务的学生细分市场提供"智能卡"，并且为高端顾客提供了独特的"超级中心"的银行分支机构。

汇丰银行通过全球同一品牌和"环球金融，地方智慧"的口号，把它的全球业务成功地整合成一体，其目标是将国际性的经营领域与其每一个开展业务的所在国家紧密联系起来。

三、金融市场细分的条件

金融企业对市场进行细分必须要切合实际,并且对金融营销工作有效。为此,金融市场细分应满足以下几个条件。

(1) 可测量性。可测量性是指所细分的金融市场可以通过具体的量化指标以反映其市场规模、购买潜力等,即各个细分市场的金融资产、需求大小和交易规模可以通过测量而被掌握。测量这些市场特征要素的具体数据则要通过市场调查、专业咨询等途径获取。

(2) 可盈利性。可盈利性是指细分市场应具有一定的规模性,其规模至少要足以让金融企业在开发和提供差别化服务后,除去新开发金融产品或服务项目的成本以及营销费用外,还能有一定的盈利。因此,金融市场不能划分过细,而必须要有足够的交易业务量,以确保企业基本的盈利水平。

(3) 可成长性。可成长性是指细分市场在今后若干年内具有较好的发展空间,市场规模会不断扩大,市场容量会稳步增长,并且可以衍生出其他金融产品。因此,细分市场的开发前提为:一是该细分市场最近阶段的规模与容量;二是该细分市场未来的规模与容量。例如,在大中学生助学贷款这一新的贷款品种投放市场初期,贷款客户并不太多,但随着人们教育消费观念的转变,教育产业化的普及,会有更多的人成为它的客户。

(4) 可进入性。可进入性是指金融企业有能力向某一细分市场提供其所需的金融产品与服务,即该细分市场的开发易于操作、便于实施。有些细分市场的开发,尽管在理论上可行,但在实践中却难以操作,金融企业无法为其提供差别化服务,因而这种金融市场细分就没有现实意义。

四、金融市场细分的方法

金融企业只有根据客户不同的需求偏好、消费习惯、消费水平及其所处的地理环境、活动空间等来深入探讨和划分其需求特性,才能制定切实可行的营销战略,采取富有成效的营销手段。可见,市场细分是一项具体细致的工作,需要金融企业在大量调查研究的基础上,对市场特征、客户需求等因素进行全面分析,并结合市场竞争状况以及企业资源优势等进行综合判断。

1. 市场细分变量

如何进行市场细分呢?通常是首先找到构成市场差异的细分变量,然后根据这些变量来划分细分市场的不同类型。市场细分变量有很多,主要有以下四种。

(1) 人口变量。即按照性别、种族、社会阶层、宗教信仰、受教育程度、收入、年龄、职业、民族、文化背景等因素划分市场。

(2) 地理变量。由于不同国家和地区的消费观念不同,人们对产品价格、促销手段和分销渠道会有不同的偏好,因而可以依据地理因素对整个市场进行细分,诸如地区、城市、农村、气候、交通等。

(3) 心理变量。即根据个人的生活理念,诸如对待人生、工作、家庭以及自身的态度来划分市场。

(4) 行为变量。它主要指行为的倾向性，如注重时机、注重获益、注重质量、注重风险、使用状况、使用频率、品牌忠诚度、对产品的态度等。

2. 市场偏好类型

客户对于金融产品的偏好会在总体上呈现出不同的特征，通常市场偏好的类型包括以下三种。

(1) 同质型偏好。某一市场中所有消费者的偏好大体相同，而现有的各种品牌没有多大差异，因此没有细分市场的必要。

(2) 扩散型偏好。消费者偏好没有集中趋势，呈广泛的离散分布，表明消费者对产品需求存在着很大差异，这时企业的最佳策略是不偏不倚地居中经营，以使该细分市场客户的不满意程度总和最小。由于新进入市场的品牌可能会在位置上接近原有品牌，从而引发大规模竞争，因而新进入者可以把产品定位为某个市场空隙以吸引不满意的客户。

(3) 集群型偏好。消费者偏好出现若干个比较集中的群落，这正是体现了市场细分效果。第一个进入该市场的企业有三种战略选择：①把产品定位于市场中心，实行无差异营销；②把产品定位于最大的细分市场，实行针对目标市场的集中营销；③推出多种品牌以满足不同细分市场的需要，实行差异性营销。在市场竞争激烈的情况下，第一种战略最容易招致竞争者的攻击，因而风险最大。

五、金融市场细分的标准

为了满足客户需求，金融企业需要对市场进行细分，由于市场类型不同，市场细分的标准也不同。从现代市场营销管理理论出发，在金融市场上按客户类别细分市场是最基本的做法。对金融企业而言，其客户可以分为两大类，即个人客户与企业客户。由于市场细分的标准是对整个市场进行细分的依据，而影响客户需求差异的因素众多，不同客户市场细分的标准各有不同。

(一)个人客户市场细分

个人客户是金融企业销售金融产品和零售业务的主要对象，满足个人客户的需求对于客户市场的开拓是极有利的。然而，影响个人客户需求差异的因素错综复杂，在不同时期、不同区域、不同社会经济环境下，区分的标准不尽相同，但究其共性而言，人口因素、地理因素、心理因素和行为因素为主要变量，是个人客户市场细分的重要依据，如表 4-1 所示。

1. 人口因素

按人口因素细分个人客户是指根据人口统计变量，以客户的年龄、性别、收入、职业、受教育程度、社会阶层、种族、宗教等为标准，将其划分为不同的细分市场。人口因素是区分个人客户最常用的标准。

第四章　金融市场细分与定位

表 4-1　个人客户市场细分标准

细分变量	特　点	具体因素
人口因素	相对稳定	年龄、性别、家庭人数、职业、收入、受教育程度、社会阶层、种族、宗教
地理因素	相对静态	区域、气候、人口密度、城市规模、交通及通信状况
心理因素	相对动态	外向与内向、独立与依赖、乐观与悲观、保守与冒险
行为因素	复杂多变	对金融产品的认知程度不同，有不同的利益追求。 对金融品牌的忠诚度不同，有坚定、不坚定、经常变化。 对金融产品的使用频率不同，有高、中、低。 对产品价格的态度不同，有高度重视、一般、无所谓。 对服务质量的敏感度不同，有高度重视、一般、无所谓

1）按年龄细分

(1) 18 岁以下的客户群。这部分客户在经济上不能独立，完全依赖父母，虽然他们还不能成为大部分金融产品的客户，但是金融企业应视他们为潜在客户，在营销过程中有意识地引导和培养他们对金融的认同感与亲近感，使得他们在成年后选择金融企业时具有较强的指向性。

(2) 18~23 岁的客户群。这部分客户受过较好的学校教育，文化程度比其他客户群要高，思想活跃，容易接受新事物，具有现代消费观念，因而是信用卡业务、网上银行业务以及个人消费信贷业务的准客户。

(3) 24~28 岁的客户群。这部分客户已参加工作若干年，具有一定的社会阅历，已结婚或将要结婚，因而是银行储蓄、个人消费信贷的主要客户群。

(4) 29~45 岁的客户群。这部分客户肩负着养育子女的重任，事业上已有一定的发展，对于各种金融产品都有一定的需要，如信用卡、储蓄、个人理财和消费信贷等。该客户群是金融企业开拓单位客户的中介之一。

(5) 46 岁至退休前的客户群。这部分客户会为子女深造而借贷助学贷款，也会因支付巨额医疗费用而借贷医疗贷款，并开始为晚年生活做准备，较以前更注重积蓄，更关注购买金融产品所能带来的经济利益。

(6) 退休后的客户群。这部分客户根据其财富和健康状况，对于金融产品的需求表现为两个极端：要么对金融产品的选择很挑剔；要么对金融产品的选择较随便。该客户群很注重金融企业的服务质量，尤其是临柜人员的服务态度，一旦其接受某个金融企业的服务，会长期稳定，忠诚度较高。

2）按职业细分

(1) 公务员客户群。在政府机关供职，有较稳定的经济收入，对金融企业及其产品和服务的选择较为严谨细致，不太喜欢冒险，有较多的出差机会，是信用卡消费的主要客户群。

(2) 自由职业客户群。它主要包括教师、律师、会计师、医生、编辑、记者等，一般具有较高的文化修养，对于企业形象和信誉较为关注，能理智地选择金融企业及其所提供的金融产品，尤其注重金融产品的文化品位，较其他客户群更具有广泛的传播力。

(3) 企业管理人员客户群。这个客户群的经济收入较企业生产人员要高，工作的流动性大，阅历较丰富，对各类金融产品的需求量大，易于接受新的金融产品，并能萌发新的金融需求，金融企业应重视该客户群。

(4) 企业生产人员客户群。这个客户群较为庞大，并以从事体力劳动为主，从众心理较强，易受暗示，有针对性的营销广告对他们选择金融企业以及金融产品具有较好的引导作用。

(5) 私营业主客户群。这个客户群的人数逐年增加，对于信用卡、个人支票、个人理财、结算业务、小额抵押贷款等金融产品的需求量较大，并且是储蓄存款的优质客户。

3) 按社会阶层细分

(1) 富裕阶层客户群。它主要是指具有较高经济收入和较多个人财产的社会成员的集合。该阶层人数占社会总人数的比重较小，但其所拥有的财富却占社会总财富的比重较大。

(2) 工薪阶层客户群。它主要是指依靠工资收入作为主要经济来源的社会成员集合。这个阶层较为庞大，其成员一般都有稳定的工资收入，收入略大于支出，其经济状况介于温饱与小康之间，而大部分成员都会将自己的积蓄存入银行，该社会阶层是个人消费信贷的主要客户群。

(3) 贫困阶层客户群。它主要是指缺乏稳定的经济来源、生活状况较差的社会成员的集合。这个阶层在农村和老少边贫地区占较大比重。

2. 地理因素

按地理因素细分个人客户市场是指按客户所处的地理位置来划分市场，从而将客户区分为不同地理区域的客户群。金融企业按照地理因素细分市场时需要注意市场密度，市场密度是指某个细分市场购买潜力的大小。如果市场密度高，则该细分市场购买潜力就大；如果市场密度低，则该细分市场购买潜力就小，即市场密度与市场购买潜力成正比。市场购买潜力与细分市场总人口中具有购买需求和购买能力的人数有关，而有购买能力的市场需求才是有效市场需求。细分市场的有效需求越大，则该市场就越具有吸引力，开发该市场获取盈利的可能性也就越大。

(1) 按国别细分为国内客户群与国外客户群。这两类客户群对于金融服务的需求有所不同，其需求分别为本币化金融产品与外币化金融产品；金融企业为其提供服务的方式与手段也有所差异，尤其是交流语言、金融产品载体上的文字以及办理有关业务所要履行的手续等。

(2) 按地理密度细分为城市客户群、市郊客户群与农村客户群。不同的客户群对金融服务的需求各有不同，城市客户需要多元化的金融产品和服务。由于经营网点在城市中比比皆是，因而客户在对金融企业的选择中的较关注金融产品的价格(利息率)、特色服务以及优质服务的程度。市郊客户群和农村客户群对于金融产品和服务的需求比较单一，其选择主要是出于便利性考虑，并对个人理财较为关注。

(3) 按地理位置细分为沿海客户群、内地客户群与边少地区客户群。研究发现，个人客户金融意识由东向西呈递减态势；而个人客户对金融产品的选择和金融服务的要求，则是由西向东呈递增态势。

3. 心理因素

按心理因素细分个人客户市场是指按客户的个性特点和生活方式等因素将客户划分为

不同的细分市场。

(1) 按个性特点细分为保守型客户群与冒险型客户群。个性是指个体特有的心理特征，它导致一个人对其所处环境或面对事物保持相对一致和连续不断的反应。保守型客户在购买时总是选择相对安全可靠、风险较小的金融产品，其积蓄大多会存入银行，而不愿投资于收益高、风险大的证券品种，其投资原则为"安全第一，收益第二"。而冒险型客户则比较关注新的金融产品和服务，尤其是关注自己的收益前景。

(2) 按生活方式细分为时尚型客户群与实惠型客户群。时尚型客户思维活跃，不肯安于现状，容易接受新生事物。这一客户群对新的金融产品比较感兴趣，容易接受新的金融产品和金融服务，他们往往对形式的重视甚于内容。而实惠型客户则不关注金融产品的外在形式，其更看重金融产品或金融服务的购买价格与未来收益，注重金融消费行为所能带来的经济利益。

4. 行为因素

按行为因素细分个人客户市场是指依据客户对特定的金融产品和服务的目的、态度以及使用程度等，将个人客户划分成不同的细分市场。

(1) 按行为目的细分为利益型客户群、方便型客户群、安全型客户群与身份型客户群。一般而言，利益型客户较看重金融产品所能带来的实际收益，诸如利息率的高低或者有无赠品等是这类客户选择金融产品的主要动机。方便型客户在购买金融产品时很看重服务态度和质量，即是否快捷方便很重要。安全型客户在购买金融产品时通常选择信誉好、实力强且经营稳健的金融企业，以减少潜在风险，确保其金融资产的安全。而身份型客户则会通过购买巨额寿险以彰显其身份和地位。

(2) 按忠诚度细分为忠实型客户群、不坚定型客户群与变化型客户群。忠实型客户会对某一或若干金融品牌很信任，对该金融企业所做的营销宣传、形象塑造以及营业网点的临柜人员具有较强的认同感和亲近感，一般不会"喜新厌旧"。不坚定型客户对于自己熟悉的金融企业有一定的感情，但当该金融企业出现困难并且面临其他利益诱惑时，其态度就会动摇。而变化型客户没有长期信任的金融企业，经常会受利益(提高利息或赠送礼品)诱惑和新产品的吸引，态度变化不定。

(3) 按使用程度细分为低度使用型客户群、中度使用型客户群与高度使用型客户群。使用程度是指客户在一定时期内对某种金融产品的使用频率。例如，许多客户很少使用信用卡，除了代领工资、缴纳相关费用外，极少持卡购物消费，信用卡成为"睡眠卡"，而有的客户则喜爱用信用卡购物消费。

(4) 按购买频率细分为少量购买型客户群、中量购买型客户群与大量购买型客户群。

(5) 按购买状况细分为潜在购买型客户群、首次购买型客户群与经常购买型客户群。此细分的目的在于实施不同的营销策略以保持经常购买者，变潜在购买者为首次购买者，变首次购买者为经常购买者。

总之，个人客户需求的差异性往往是以上诸多因素综合作用的结果，因此，在个人客户市场细分时应采取综合分析方法，对人口、地理、心理、行为因素进行综合分析后，将个人客户细分为不同的客户群。影响细分市场的各种因素如表4-2所示。

表 4-2 影响细分市场的各种因素

细分市场	年龄	生活方式	对金融产品的需求
未成年人	18 岁以下	主要依靠父母资助,经济来源非常有限	简便的储蓄账户
青年人	18~23 岁	接受高等教育或离开学校开始工作,收入水平较低	现金传递业务;旅行贷款;透支或信贷;简便的储蓄账户
年轻夫妇	24~28 岁	已结婚,双方都有工资收入,生活稳定,为家庭各项开支制订计划,准备积蓄	共同基金;保险;预算贷款;旅行贷款;储蓄账户;消费信贷
有子女家庭	29~45 岁	工资收入不断增加,已有子女或子女已长大成人,购买耐用品、住房和高价消费品	共同基金;抵押和住房贷款;为子女接受教育准备长期储蓄;保险;消费贷款;为子女设立储蓄账户
中老年人	46 岁至退休前	工资收入高,个人可支配收入增加	储蓄和投资;非经常性贷款;重置抵押或更换住房贷款;财务、投资咨询服务
退休老人	退休后	有可观的银行储蓄、稳定的养老金收入	现金收入管理;信托服务;财务咨询

(二) 单位客户市场细分

单位客户是金融企业所服务的企事业单位、政府机关、社会团体等的总称。单位客户是金融企业批发金融产品和批发金融业务的主要对象。就目前我国金融企业的现状而言,信贷业务、中间业务的主要客户为单位客户,其业务量占九成之多;而单位客户的存款对于金融企业而言,其筹资成本较储蓄成本低,因而优良的单位客户已成为金融企业竞相角逐的对象,市场竞争进入白热化状态。可见,重视单位客户市场细分的研究,为其提供所需要的特色服务,是维系单位客户、建立良好关系的基础。单位客户市场细分一般可以从以下几个方面着手。

(1) 按单位性质细分为企业单位客户群、事业单位客户群与中介单位客户群。企业单位客户群既是金融产品和金融服务的最大需求者,也是金融企业盈利收入的主要来源。然而,我国传统计划经济体制造成的许多弊端,诸如产业结构不合理、历史包袱沉重等原因,使得一方面企业单位迫切需要信贷资金,另一方面金融企业近年来不良信贷资产剧增而惜贷倾向日益显著。相对于企业单位客户群而言,事业单位客户群近年来受到金融企业的青睐,其主要原因:一是事业单位暂时闲置的预算内资金和预算外收入已成为金融企业对公存款的主要来源;二是事业单位的贷款资产质量较好;三是事业单位委托金融企业代收代缴各种费用的中间业务近年来发展较快。中介单位是介于事业单位和企业单位之间的一种新型的社会组织,它既具有企业单位独立核算、自负盈亏的经营性质,能为社会各界提供有偿的中介服务,又行使着事业单位的部分职能,诸如会计事务所、审计事务所等。中介单位客户群有着非常良好的发展前景,并已显露出较好的经济效益。金融企业应该重视这一客户群的发展,了解该客户群的金融市场需求,为其提供相宜的金融产品和金融服务。

(2) 按企业规模细分为小型企业客户群、中型企业客户群与大型企业客户群。企业的规模指标包括企业年度营业额或总产值、固定资产总值、资本总额、职工人数、资产规模等。根据这些具体指标中的一个或若干个，可将企业客户划分为若干个客户群。在我国，一些金融企业将目标市场主要定位于大中型企业，而很少顾及小型企业。例如对于大中型企业，商业银行在资金等方面经常给予倾斜，其所受的政府行政干预也比较多，而现在许多商业银行的贷款本息拖欠大户又往往是大中型企业，并且占了较大比重。事实上，小型企业更具优势，一是对市场反应灵敏，适应能力强；二是盘活时启动资金投入少；三是容易被其他企业所兼并，银行易于清盘。此外，有些小型企业在发展过程中，介入市场的行为较为规范，较注重无形资产的积累，并且历史包袱也较轻。表4-3所示为英国对其国内企业按年营业额为标准，把企业客户细分为三类市场及其对金融产品的不同需求。

表4-3 英国企业客户细分市场及其需求

企业客户细分市场	对金融产品和服务的需求
小型企业：年营业额在50万英镑以下的服务业、零售业、制造业、农业	个人金融服务； 开业贷款(包括小企业贷款担保)； 租赁信贷； 高级管理人员保险； 银行现金传递业务
中型企业：年营业额在50万～500万英镑的服务业、零售业、制造业、农业	结算支付服务； 代理业务或贷款保险； 为员工支出费用所使用的信用卡； 租赁信贷； 长期资金贷款
大型企业：年营业额在500万英镑以上的服务业、零售业、制造业、农业	结算支付服务； 股权融资； 企业咨询服务； 信用卡； 进出口服务； 长期资金贷款

(资料来源：JOHN MARSH. Financial Services Marketing, 1998, P338)

(3) 按产业因素细分为第一产业客户群、第二产业客户群与第三产业客户群。根据不同产业的特点，我们可以将企业划分为第一产业、第二产业、第三产业。第一产业与第二产业是以生产制造各种实物产品为主，前者生产农副产品，后者制造工业产品，目前这两大产业的企业客户群正呈现逐年下降态势。而第三产业是以提供各种服务为主，因此又称为服务业，第三产业的企业客户群近几年呈快速增长态势，尤其是知识密集型的第三产业表现突出。

各产业可以进一步细分为具体的行业。首先，按行业生命周期将不同的行业划分为朝阳行业与夕阳行业。朝阳行业的资金需求量大、产品需求量大、盈利能力强，需要金融企业提供便利快捷的资金周转服务；而夕阳行业的产品需求市场潜力小、盈利前景不乐观，需要金融企业提供大量资金以帮助其实现转产。其次，在朝阳行业中，还可将企业细分为进取型企业和稳健型企业。这两种企业对于金融产品和服务也有不同的要求，前者对于金融资金需求量大，后者对于金融资金需求量相对较小。

(4) 按经营范围细分为内贸企业客户群与外贸企业客户群。内贸企业主要是指所生产的产品主要在国内销售,其经营范围局限于国内。内贸企业客户群对金融企业的主要需求是国内结算业务。外贸企业主要从事进出口贸易,其生产与经营的产品主要销往国外。外贸企业对金融产品和服务的需求较内贸企业更加多元化,诸如国际信贷、融资租赁、信用证结算、银行保函、信息咨询等业务,这一客户群对金融产品和服务的要求较内贸企业客户群要高,如表4-4所示。

表4-4 按经营范围市场细分状况表

客户群	主要状况	现实需求	潜在需求
小型内贸企业	年产值或年营业额在500万元以下的小型制造修理厂,服务零售业,街道、乡村、个体经营企业	1. 存款及存款组合; 2. 担保贷款、抵押贷款等; 3. 国内结算业务、保管箱业务、信托业务、单位信用卡业务; 4. 公司理财、代理业务; 5. 代理企业财务	1. 自动金库; 2. 电子银行; 3. 财务监管; 4. 信息咨询
中型内贸企业	年产值或年营业额在500万~1亿元之间的中型制造厂、商厦、宾馆、民营企业、三资企业	1. 存款及存款组合; 2. 国内各种贷款、国际贷款; 3. 国内结算业务、国际结算业务、信托业务、租赁业务、信用卡业务; 4. 公司理财、代理业务、代理外汇买卖	1. 电子银行; 2. 投资策划与论证; 3. 国际市场调查; 4. 财务咨询; 5. 投资银行业务
大型内贸企业	年产值或年营业额在1亿元以上的大型工厂、商厦、宾馆、民营企业集团、三资企业集团、大型连锁超市等	1. 存款及存款组合; 2. 国内贷款、国际贷款、国内融资、国际融资、代理股票上市; 3. 信托业务、租赁业务、代理公司理财、信用卡业务; 4. 银行担保	1. 投资银行业务; 2. 企业银行; 3. 代理资产经营; 4. 被兼并企业清盘; 5. 电子银行; 6. 国外信息咨询
外贸企业	从事进出口贸易,生产经营的产品主要销往国外,主要包括外资企业、合资企业等	1. 国内存款,并通过国内银行海外分支机构取得当地货币的储蓄账户、保付支票等; 2. 进出口信贷、融资租赁、票据贴现; 3. 信用证结算、托收票据等; 4. 货币兑换、外汇买卖; 5. 国外担保、银行保函、国外信托业务	1. 国外票据贴现; 2. 资金调查报告; 3. 国际银行支票; 4. 国外信息咨询; 5. 表外业务

第三节 金融市场定位

一、金融市场定位的基本含义

金融企业一旦选择了目标市场,就要研究如何在目标市场上进行金融产品和服务的定位。所谓定位,是指企业根据竞争者的产品和服务在市场上所处的地位以及客户对于这种产品的重视与偏好程度，从而确定自己在目标市场上适当的营销方略。金融市场定位包括金融产品定位和金融企业形象定位。

金融产品定位是指根据客户的需要以及客户对于金融产品某种属性的重视程度，设计出有别于竞争对手的具有鲜明个性的金融产品，从而使金融产品能在客户的心目中找到一个适当的位置。金融产品的属性，有的可以从客户心理上折射出来，如追求气派、讲究实惠、推崇时尚、显示身份等；有的可以体现在金融产品的价格水平，如高价、低价等；有的表现为金融产品的质量优劣，如优良服务、友好态度等。例如，花旗银行面对日本政府较严格的金融管制，提出了以"全方位、高质量"的金融产品定位于日本政府客户市场。其具体做法是：组建客户服务集团来向客户推介最新的金融产品与服务项目；允许客户以电话方式建立账户等。

金融企业形象定位是指通过设计和塑造金融企业的经营理念、企业标志、产品商标、企业专用字体、标准色、企业建筑外观、象征图案、户外广告、陈列展示等在金融客户心目中留下与众不同、特色鲜明的良好印象，以引起客户的广泛重视和接受。

金融市场定位的本质内涵为，金融企业在客户重视的众多方面选择一个或若干个为客户所广泛重视的特性，并使自己具备这些特性以满足客户的需要。恰当的市场定位不仅会使金融产品为更多的客户所接受和认同，而且能使金融企业充分利用自身的优势资源，攻击竞争对手的弱点和不足，以确保自身在金融市场中的竞争优势。

可见，金融市场定位是金融企业根据其所选择的目标市场特点、客户需求特征以及市场竞争状况，确定所要提供的产品类型、价格、促销方式等，力求在广大客户心目中为自己的产品和企业树立起某种特定形象。而企业只有确立了自身的市场定位，才能推出营销组合，即市场定位是营销组合战略实施的前提。例如，如果某银行将自己定位为国际性商业银行，那么其金融产品的质量要高，并有广泛的海外分支机构以及代理行网络作为分销渠道，金融产品与服务的价格则可以相对偏高一些。又如瑞士的部分银行由于把世界级富翁列为目标客户，因而自身就定位为资信最佳、服务最好、大胆创新的跨国金融服务企业，具体是通过提供投资管理、税收咨询、保险、信用卡等金融业务以及加强广告宣传和公关促销活动，来树立银行形象，提高企业的知名度和美誉度。

二、金融市场定位的原则与方法

1. 金融市场定位的基本原则

金融市场定位是建立在对市场需求差异分析的基础之上的，为了确保金融企业的经营成功，应遵循金融市场定位的以下七项基本原则。

(1) 重要性。即市场需求差异能够体现，并给足够数量的客户提供重要利益。
(2) 显著性。即企业提供的产品与服务独特，较竞争企业有显著的不同。
(3) 优越性。即企业提供的产品与服务比其他方式更具有优越性。
(4) 易沟通性。即企业所提供的产品与服务易于被消费者所了解。
(5) 独占性。即产品与服务难以被竞争对手模仿。
(6) 支付性。客户具有支付能力。
(7) 盈利性。企业可以从市场定位中获取足够的利益。

为了在经营中体现市场需求差异性，金融市场定位可以从三项指标入手。①属性定位。即以企业或市场的某些属性确立自身定位，如经营规模、历史、范围和信誉等。②产品功能定位。即强调产品作用与功能的差异。③质量价格定位。即体现优质高价或优质低价特性等。

金融企业在目标市场中适当的定位，不仅会使金融产品和服务被更多的客户所接受和认同，而且能使金融企业充分利用和发挥自身的资源，针对竞争者的不足，做到扬长避短，在市场竞争中保持优势。

2. 金融市场定位的主要方法

金融市场定位的主要方法如下。

(1) 避强定位。即避开有力的竞争对手，选择新的金融产品和新的企业形象定位，这一方法的市场风险小且成功率较高。该方法要求：①市场足够大以确保企业的运作与盈利；②产品具有可供性，即企业能够提供市场所要求的金融产品。

(2) 迎强定位。即与市场上占据支配地位的竞争对手进行直接竞争，该定位方法具有一定风险，但若成功则会获得显著的竞争优势。其通常要求：①本企业提供更优的金融产品；②有充足的市场潜量；③本企业的资源和经营能力足以支持全面竞争。

(3) 重新定位。即对不受客户欢迎、市场反映较差的金融产品和服务重新进行调整。

三、金融市场定位的层次与程序

1. 金融市场定位的基本层次

金融企业的市场定位根据其内容和阶段可以分为不同的基本层次，现以保险公司为例进行说明。

(1) 行业定位。从社会若干行业中选择本企业准备从事的行业，如保险业。

(2) 组织定位。将企业组织视为一个整体进行定位，也就是建立一个什么样的保险公司，如主要从事非寿险业务的保险公司。

(3) 形象定位。对企业在社会上的具体形象进行设计，如行业内规模最大、服务质量最高的财产保险企业。

(4) 目标客户定位。对目标服务对象进行选择，如以各类企业为目标客户。

(5) 产品组合定位。确定企业所经营的产品组合内容，如各类财产险、责任险、担保险、农业险、信用险等。

(6) 个别定位。对具体的产品品种与品目定位，如财产险准备提供火灾险、企业财产险、机器损坏险、营业中断险、工程险、货物运输险等；而责任险准备提供产品责任险、公共责任险等。

2. 金融市场定位的主要程序

金融市场定位的程序步骤如下。

(1) 细分市场评价。在市场细分的基础上，对细分市场剖面进行评价。

(2) 目标市场选择。从细分市场剖面中选择一组重要性、显著性、独占性以及盈利性均强的细分市场作为企业经营的目标市场。

(3) 企业形象定位。主要确立企业形象。

(4) 金融产品定位。根据目标市场的客户需求特征以及产品的属性特点，确定所提供的金融产品类型和产品组合，具体包括产品的属性定位、功能定位、档次定位、组合定位等。

(5) 市场竞争定位。依据市场竞争状况来确定本企业的竞争地位和竞争战略。

(6) 营销组合定位。确定金融营销的变量组合，如产品价格、服务品牌、分销网点、促销方式等。

四、我国商业银行的市场定位分析

目前，我国金融市场尚处于初级阶段，市场规模、产品类型、技术手段都无法与西方发达国家相比。因此，我国商业银行的市场定位比较简单，大体可分为以下三种类型。

(1) 领导型商业银行。它是指在金融市场中占据主导地位的国有商业银行，被公认为市场领导者，占有较大的市场份额，并控制和影响着其他商业银行的金融行为。其在多方面体现出市场领导者的形象和地位，如资产规模大、经营品种多、金融产品迅速创新以及机构网点广泛分布等。中国银行、工商银行、农业银行、建设银行等均属于此列。例如，中国银行在国际金融界知名度很高、信誉颇佳，曾被评选为AAA级银行，并且在英国《银行家》杂志每次对全球1000家大银行的排名中均名列前茅。"中国银行"这一品牌的市场地位还表现在筹资成本低，其开具的信用证、保函被接受的比率高，别家的产品常被要求由中国银行证实或加保兑等。

(2) 追随型商业银行。诸如中信实业银行、浦东发展银行等区域性银行可归入此列。这类商业银行处于市场追随者地位，一般拥有中等资产规模，分支机构数量不多，无力向领导型国有商业银行发起强有力的冲击。由于金融产品与一般商品相比，前者更易于模仿，因而领导型大银行所运用的营销手法，如降低手续费、采用先进设备以及扩大营销费用支出等，极易被追随型银行所效仿。

(3) 补缺型商业银行。诸如北京银行、上海银行等一些地方性商业银行可列入此类。处于市场补缺者地位的商业银行一般资产规模较小，所能提供的金融产品或服务种类不多，往往集中于一个或数个细分市场开展经营。

经典案例评析一

经典案例评析二

【情境案例解析】

信用卡营销的神奇灵感

虽然窗外就是维多利亚湾的美丽景色，然而，坐在中环办公室里的程华却无心欣赏，他抽着刚刚在总裁办公室从老板手中接过来的雪茄，万千思绪如同那袅袅升起的烟雾一样，飘飘忽忽……

这是他升任市场部经理的第一周,银行对他委以重任是有所考虑的,毕竟他是近年来销售业绩最好的几个人之一,而在那些佼佼者中,他又是表现得最有营销天赋的一个,加上年龄等各方面的因素,被临危授命算是理所当然。

但只有程华心里明白,自己屁股底下这张市场部主管的椅子坐着并不舒服。他所辖的部门是中国香港某银行市场部,主要分管信用卡销售。说实话,销售这一行一向是职场高压之所在,更不要说是推销信用卡这种让客户心烦的苦差事了。

在中国香港,有"银行多过米铺"的说法,在自由的市场经济和金融氛围下,各家银行都使出浑身解数,用尽看家本领来维护自己的市场份额,尽管市场份额都小得可怜,再怎么想扩张,似乎也只是一个美好的梦想。"又不是在大陆开银行,哪会那么容易!"程华难免在心里小小地抱怨一下苛刻的老板。

不难想象,程华认为老板的预期目标不切实际,因为在竞争如此激烈的信用卡市场,要想再提高5%的市场份额,实在是太困难了。如今在中国香港,汇丰、花旗,还有多如牛毛的小银行,都在信用卡的市场上浴血奋战,群雄逐鹿,想要杀出一条血路绝不是一件容易的事情。比如,汇丰银行信用卡附带了三种额外服务。第一,30天购物保障。使用信用卡所购之物如有损坏、失窃,可获高至3000港元的赔偿。第二,全球旅游保险。持卡人在旅游期间享有高达200万港元的个人意外保险,包括行李遗失赔偿、法律支援、保障及意外医疗津贴。第三,全球紧急医疗支援。持卡人只要就近致电热线,可获医疗咨询和中介服务。同时,持有信用卡可享受租车优惠和多家名店消费的折扣优惠,还可通过积分计划换取香港多家名店和餐馆的现金礼券……

在银行里一筹莫展的程华下班回到家,晚饭也没怎么吃,就到房间里苦思冥想新的信用卡营销方案。碰巧,小舅子放假回家,这晚到姐姐家来蹭饭。程华并不喜欢这个小舅子,整天没事就来打秋风,虽说脑子好使,考取了香港大学,但总是一幅不务正业、吊儿郎当的样子。瞧!这小子又在玩游戏了。

程华似乎想不到什么更好的办法,走过客厅去上卫生间,眼睛瞄到那个吊儿郎当的小舅子把兜里的钱包手机什么的都放在了客厅的茶几上,一堆卡也不收好,全部散在钱包外面。

"真是个不爱整齐的家伙。"程华心里想着,从卫生间回到卧室,继续苦苦思考着他的营销方案:"信用卡、信用卡……那小子用信用卡么?我看大多数是学校内部的卡。"程华暗想,突然他脑子里灵光一闪:"咦!我要是把信用卡和学校内部通用的卡绑定在一起,在校园里面提供优惠,然后也可以当作校园卡来使用,还可以提前培养今后的客户群!"程华总算想出了一个好主意。于是,他兴奋地来到客厅,笑眯眯地对小舅子说道:"今天晚上我开车送你回去吧!"那小子听得莫名其妙,姐夫一向对自己很严肃,怎么今天忽然发起善心来了。

第二天,程华把自己的想法告诉了老板,老板喜出望外:"真的是一个不错的想法,阿华,你前途无量啊!"说完递给他一支雪茄:"尝尝!"

【案例讨论】
1. 银行在校园推行信用卡对开拓潜在客户有什么作用?
2. 给大学生提供信用卡服务应该注意些什么?

本章小结

(1) 金融市场就是通过各种交易方式，促使金融产品的供求双方达成交易的场所，即进行金融产品买卖的场所。

(2) 金融市场是一个由多种要素构成的共同体，主要由金融参与者、金融交易组织以及金融产品三个部分构成。

(3) 金融市场的作用表现为以下三个方面：①融通社会资金；②优化资源配置；③调控国民经济。

(4) 当前世界上普遍采取的金融市场分类方法是按金融工具到期日的长短把金融市场划分为货币市场和资本市场两类。

(5) 金融市场细分是指金融企业把整个金融市场的客户按一种或若干种因素加以区分，使得区分后的客户需求在一个或若干个方面具有相同或相近的特征，以便企业相应地采取特定的营销战略来满足这些客户群的需要，以期顺利完成企业的经营目标。

(6) 金融市场细分应满足可测量性、可盈利性、可成长性和可进入性。

(7) 对金融企业而言，其客户可以分为两大类，即个人客户与企业客户。故其市场细分也可以分为个人客户市场细分与企业客户市场细分。

(8) 金融市场定位是金融企业根据其所选择的目标市场特点、客户需求特征以及市场竞争状况，确定所要提供的产品类型、价格、促销方式等，力求在广大客户心目中为自己的产品和企业树立起某种特定形象。

(9) 金融市场定位应遵循重要性、显著性、优越性、易沟通性、独占性、支付性、盈利性七项基本原则；金融市场定位可采取避强定位、迎强定位、重新定位等方法。

复习思考题

1. 什么是金融市场？它是如何产生的？
2. 金融市场的构成要素有哪些？分别是怎样构成的？
3. 金融市场具有哪些作用及功能？
4. 一个国家存在并已形成了健全完善的金融市场，可以通过哪些标志体现？
5. 什么是金融市场细分？它有哪些作用？
6. 金融市场细分的条件是什么？它有哪些细分方法？
7. 金融市场细分的标准一般来说有哪两类？具体是怎么细分的？
8. 金融市场定位的含义是什么？其主要方法有哪些？
9. 列举我国的商业银行，它们分别可以定位为哪种类型的商业银行？

第五章　金融营销计划、组织与战略

【本章精粹】

◆ 金融营销计划的编制与执行。

◆ 金融营销组织的发展与控制。

◆ 金融营销战略的分类与实施。

【章前导读】

　　随着金融业竞争的不断加剧，金融营销活动正面临着激烈的挑战。为了能在不断变化的市场上谋求一席之地，金融部门必须努力提高营销活动的效益，使其与营销环境相适应。而连接企业营销活动与营销环境的纽带便是营销计划、组织与战略。通过营销计划的控制，可以确定营销活动的中心与重点，把握营销方向，增强应变能力，而营销组织的控制以及战略的实施，又能保证实现企业的经营目标，可以说，金融营销计划、组织与战略关系到整个营销活动的大局。

【关键词】

　　金融营销计划　　金融营销组织　　金融营销模式　　金融营销战略

第一节　金融营销计划的编制与执行

　　早期的企业经营处于一种无计划状态，人们只注重日常经营，很少有时间来考虑计划。人们为了改进对资金流量的控制，更好地达到某一特定目标，决定设计行动步骤，从而使自己在以后的工作中能按部就班，一步步朝着目标迈进，于是便出现了计划。而计划工作的演变先后经历了预算制度、年度计划、战略计划等几个阶段，从财务领域扩展到了生产领域。当人们认识到市场成为人们经营的一个重要对象时，营销计划得到了重视，通过营销计划可以将营销活动与市场联系起来，更好地实现企业的战略目标。对于竞争日益激烈的金融企业而言也同样如此，为了合理地组织营销活动，对经营工作进行全面控制，必须要有一个有效的营销计划。

一、金融营销计划概述

(一)金融营销计划的含义

　　金融企业所制定的营销战略要想转化为具体的行动措施并能够收到实效，就必须要有相应的营销工作计划予以明确。金融营销计划就是一定时期内(计划期)根据经营所应达到的目标而对营销的各项工作和企业的有限资源进行的综合安排与部署。金融营销计划是金融企业综合经营计划的重要组成部分，是企业营销工作的依据，也是协调企业有关各项工作，确保营销目标实现的重要方式。营销计划通常包括如下内容。

　　(1) 计划期所应达到的营销目标，指已经量化的具体目标。
　　(2) 为实现目标的资源分配方案。
　　(3) 各相关部门的营销工作安排。
　　(4) 对实现计划目标情况的考证、奖惩办法。
　　(5) 费用预算与控制方法。

　　由于金融营销计划是在调查研究和预测的基础上，在确定目标、方针、战略并进行综合平衡之后制订的，因而营销计划既是企业经营方针、经营目标的具体体现，也是实现经营目标的重要措施。企业的一切业务经营管理活动,都必须在计划的统一指导下进行。即营销计划是组织、指导、监督企业开展营销活动的一项管理内容,是企业战略管理的体现。从系统论的观点看,企业制订营销计划包括从营销前的准备工作直到编制、执行、控制营销计划全过程的一切内容,它作为一种行动方案,规定了在某个时期运用某种战略,以保证完成一定的营销目标。一个金融机构完整的市场营销计划,包括扎实的分析研究工作,利用分支机构网络搜集一系列信息资讯以及使用企业资源来支持计划的实施等。

(二) 金融营销计划的沿革

营销计划最早出现在美国,它在金融企业提高经营绩效方面发挥了重大作用。其发展过程大体可分为以下四个阶段。

(1) 无计划阶段。许多金融企业在经营管理过程中没有正式计划。因为其经理认为没有计划也能干得好,或者认为市场变化快,落后于实际的计划没有用,因而不打算建立正式的营销计划系统。有些银行后来虽然建立了预算制度,以加强对现金流量的控制,但总体上仍无计划。

(2) 制订年度计划阶段。企业高层管理者逐渐开始采用下列方法制订计划。

① 自上而下的计划,即由最高管理层制订经营计划,下达给各部门,各单位贯彻执行。

② 自下而上的计划,即由各基层单位制订计划,然后报上级批准后贯彻执行。

③ 自上而下与自下而上相结合的计划,最高管理层根据对客观形势的分析研究来确定年度目标,并下达给各个单位;各单位则根据上级下达的目标及其对形势的分析研究制订计划,上报给最高管理层批准,从而成为正式的年度计划,然后采取措施贯彻执行。

(3) 制订长期计划阶段。金融企业高层管理者逐渐认识到不仅应制订年度计划,而且应前瞻性地制订长期计划(诸如 5 年计划、10 年计划等)。而企业的年度计划是长期计划在每一年的具体化,实现各个年度计划就能保证长期计划的逐步实现。同时,由于企业的经营环境在不断变化,因而每年都要根据企业经营环境的变化和年度计划的执行情况对长期计划进行适当调整。

(4) 制订战略计划阶段。第一次世界大战前,西方金融企业开始实行"推测计划",即根据企业目前销售和经济环境发展变化,推测出今后 5 年至 10 年的数据,然后根据这些数据决策经营。虽然企业管理层在制订计划时认识到,将来会有经济波动和经济衰退的可能性,但是基本上仍假定未来的发展趋势是相当平稳的。

20 世纪 70 年代以来,世界经济动荡不安,企业经营环境变化很大。在这种情况下,许多金融企业为了求得长期生存和发展,逐步开始改变计划方法,把推测计划改为长期的战略计划。

(三) 金融营销计划的分类

1. 按计划期限划分

(1) 长期经营计划。这是一种具有指导性、纲领性的文件,反映企业的重大经营战略。一般计划期在 10 年或 10 年以上,起着规划未来的作用。

(2) 中期经营计划。一般计划期为 5 年,它主要解决企业业务经营结构的优化问题,起着协调、落实年度计划与长期计划的作用。

(3) 短期经营计划。一般以年度计划为代表，具体落实年度计划指标以及长期计划中规定的年度计划指标，是一种执行计划。短期经营计划一般要编制年度分季、季度分月的计划。

2. 按计划范围划分

(1) 专项营销计划。即为了解决某一特殊问题或销售某一特定金融产品的单项计划，一般具有灵活性大、针对性强等特点，故在某一特定时期成为金融营销活动的重要任务。当它一旦完成之后便不再继续执行下去，因而属于一种特殊的短期计划，可以作为综合计划的一种补充形式。目前，专项营销计划也得到了企业的重视，应用相当广泛，例如银行为了开发新产品而制订的新产品开发计划，为了开拓某一目标市场而编制的市场开拓计划等，均属于这种类型。

(2) 综合营销计划。即对金融企业所有产品的营销和各营销职能部门的工作所做的整体安排，为了满足目标市场的需求，综合运用各种可以控制的营销手段以实现营销目标而制订的计划，它是营销策略综合运用的产物。由于它要比专项营销计划复杂得多，因此需要决策者经过深入调查研究之后才能制订。金融企业的综合营销计划主要包括以下几方面。

① 业务计划。即各项金融业务在一定的计划期内所应达到的数量目标，如信用卡公司规定一年内发展多少新的用卡户且使信用卡储蓄余额达到多少；银行贷款部门在一定时期内的放贷金额和回收贷款数额；保险公司在一定时期内发展多少客户、销售多少保单、保险金额达到多少等。

② 渠道网点发展计划。金融企业对中间商、营业网点的发展计划，包括是否发展新的中间商网络，是否收缩放弃一些营销渠道，是否扩展或者收缩一些营销网点，入户推销人员的数量、招募和管理等。

③ 促销计划。即主要对计划期内金融产品的促销工作作出安排，如广告计划、价格调整计划、公共关系发展计划、人员推销计划、服务咨询计划等。

④ 风险控制计划。对计划期内市场和各产品存在的风险进行有效控制和防范的计划，包括对风险类型、风险表现形式、风险来源、风险大小、风险损失或收益大小、风险转移方式、风险自留比例、风险控制成本等都应有明确的表述和安排。

⑤ 市场调研计划。对影响金融企业营销的各种信息、客户意见和建议、市场竞争状况、新的产品与服务方式、新的营销方式、市场发展趋势等进行的调查、收集、预测等工作作出安排。

⑥ 产品发展计划。在对现有金融产品的利弊、价格、收益与风险、寿命周期等进行调查分析的基础上，对企业现有金融产品的改进、换代、淘汰以及新的金融工具开发等工作作出具体部署。

⑦ 人员培训计划。对计划期内的业务人员、营销管理人员等的培训内容、培训方式和所应达到的目标做出具体安排。

⑧ 费用预算计划。对计划期内的各项金融营销活动的费用做出预算规定，把营销成本控制在一定的标准之内，具体考核指标有营销费用占营业收入的比例、营销费用利润率等。

3. 按职能机构划分

(1) 整个企业的营销计划。这是从企业的整体出发制订的营销计划，它可以是年度的也可以是中长期的，规定了企业在一定时期内的总体目标、任务、营销战略及具体策略等内容。但它只是企业的一个宏观计划，并不包括各个下属职能单位需采取的具体活动细节。它对企业的其他计划起到了一个总体控制的作用，其他计划应该符合它的基本内容。

(2) 职能单位的营销计划。这是由企业营销部门内各职能单位所制订的计划，是整个企业营销计划的具体化。金融企业除了编制一个总计划之外，营销部门下层的广告、经营、调研、产品开发等职能单位也必须在总计划的指导下，结合本单位的具体实际情况，制订详细的计划，从而贯彻总计划，明确本单位的活动。

4. 按计划对象划分

(1) 利润计划。这是指各个职能单位编制的以利润为中心的计划，主要规定了其利润增长目标与战略。

(2) 产品类计划。该计划主要规定了某一类金融产品的营销目标与战略，如商业银行的存款类计划。

(3) 产品计划。该计划规定了与某一个具体产品有关的营销目标、营销战略及策略，其针对性较强。

(4) 市场计划。这是主要针对某一细分市场制订的营销计划，规定了在该市场上所要实现的目标及适用的主要方略，以便企业能向该市场发展。

(四)金融营销计划的内容

金融企业为了适应瞬息万变的市场，必须制订营销计划，将环境与本身的经营目标、营销能力相结合。作为制订其他计划的基础，营销计划直接关系到企业的整个经营活动的开展，因此制订一个合理可行的营销计划就显得十分重要。那么，金融营销计划究竟包括哪些内容呢？一般来说，可以分为以下几个方面。

1. 总体任务

这主要是确定金融企业的活动领域及其发展的总方向，它是企业制订战略计划必须考虑的首要问题。总体任务指引着企业的营销活动向着一个确定的目标迈进。总体任务一般由企业的高层管理人员设定。它要体现以下几个原则：①以市场为导向，全面及时地反映出市场需求；②切实可行，按照金融企业本身的实际能力确定；③激励员工，它应使全体员工感受到企业的发展前途。

2. 环境分析

这是整个企业营销计划中基础性的工作，它主要检查企业当前在市场上所处的地位，提供关于市场、产品、人事、竞争、分销、宏观环境等各方面的具体背景数据，主要包括以下几个方面。

(1) 市场状况。主要通过对企业所在市场规模、发展状况、过去几年的总体销售情况以及在各个细分市场上的销售情况的数据列举,以显示市场上客户的需求。

(2) 产品状况,主要列出各个主要产品在过去一段时间里销售量、销售金额、价格变动、成本与利润情况,为各个产品的销售变动分析提供依据。

(3) 分销渠道,主要分析在各个销售渠道上的营销情况及其变化,从而为调整分销策略提供数据。

(4) 竞争状况,用来说明市场上主要竞争者的一些情况,诸如它们的规模、目标、市场份额、产品质量及价格等,分析其行为与意图。

(5) 宏观环境分析,包括对政治、法律、经济、技术这些宏观环境状况进行分析,全面考察影响金融营销活动及整体发展的各个因素。

通过上述五个方面的综合分析,便可初步看出本企业在当前市场中所具有的优势与不足。

3. 营销预测

在对企业环境进行详细分析之后,金融企业可以假定在营销环境与销售策略基本一致的前提下,预测市场的潜在需求与企业的销售能力。同时,由于营销环境处于不断变化之中,企业还需对影响未来营销状况的各种因素进行评估,从而更好地把握市场的发展动态。

4. 机会&威胁分析

机会&威胁分析主要是描述企业在营销活动中所面临的机会与威胁,它是建立在对当前环境分析与对未来营销预测的基础上。所谓机会,是指客观环境中对企业较为有利的条件(如政府采取扶植政策等)及企业在经营过程中获得成功的经验(如社会形象较好等)。威胁则是指在营销活动中还存在着的一些不足,包括外部环境中的不利因素(如利率调整、新的金融政策出台等)及企业本身存在的一些劣势(如成本过高、营业网点过于密集等)。通过机会&威胁进行分析,企业可以针对一些重要问题制定相应的策略,采取合适的行动。

5. 确定目标

通过对内外部环境进行分析、对未来营销进行预测以及机会&威胁分析,企业可以确定在计划期内的发展目标。这个目标是总体任务的具体化,它对制定的营销战略与行动方案起到一个指导作用。具体目标的制定应遵循以下六个原则。

(1) 现实性,具体目标应该是可以实现的。

(2) 可测性,每一个目标应该有一个明确的可以直接测量的形式,最好要有完成时间的期限。

(3) 层次性,具体目标应根据重要程度从高到低依次排列。

(4) 统一性,各个目标之间应该相互协调统一。

(5) 激励性,具体目标应该有足够的激励力量,以激发出企业员工的工作积极性。

(6) 效益性,营销目标应该能够降低成本与增加收益。

6. 规划营销战略与行动方案

这两项是保证企业抓住机遇、解决问题、实现营销目标的重要手段。营销战略是达到营销目标的基本方略,它应该建立在对具体目标详细分析的基础之上;而行动方案则是在具体目标与营销战略的指导下,针对具体的营销任务制订出详细的任务落实方案,规定什么时间做、在什么地点做、由谁来做以及怎样做等几方面的内容,并且编制出一个详细的时间表。

7. 编制营销预算

在营销计划中,金融企业应对营销活动的预计损益进行估算,列出一张实质性的预算表。在开支方面对生产成本、分销成本、营销费用等进行分析,在收入方面则估算销售数量与平均实现价格,收支相抵之后即是预计利润。通过对营销活动的成本收益进行估计,可以评价金融营销的效益。

8. 计划的控制

为了保证计划顺利实施,在制订计划时应该简要概括监控计划执行过程中的一些措施,包括明确责任、安排检查、反馈信息与奖惩办法等。有时还应包括一定的权变措施,即当计划的执行者在遇到一些特殊情况时可以采取的应急行动。

总之,金融营销计划主要包括以上八个部分,但由于营销计划需不断进行完善与调整,并且各种不同计划的具体内容又千差万别,因而计划制订者应该根据具体情况进行具体分析,选择制订合适的营销计划。

(五) 金融营销计划的意义

金融营销管理要通过对营销活动的组织与控制才能更好地实现营销目标。如果一个企业缺少营销计划,不能对新环境做出有效的反应,那么其营销活动必然会受到竞争对手的攻击,所以每个金融企业必须认真研究市场,有计划地组织营销活动。可以说,金融营销计划是贯彻营销战略与实现营销目标的重要手段,它对企业经营的成败有着深远的影响。其具有以下四个方面的重要意义。

(1) 指导营销工作。营销计划把企业的经营目标具体化,从而使营销工作有的放矢,避免或减弱了经营的盲目性。另外,由于营销计划对各项工作、人员和措施都有比较详细的表述,通过层层落实,分解到人,使每一个营销人员都清楚自己的职责,每一项工作都能有计划地进行,可以减少管理人员的事务性工作量,提高工作效率。

(2) 加强预算约束。营销计划在指出各项工作计划的同时,还对各项营销活动的费用进行了测算和规定,有利于企业节约开支,降低成本,合理配置资源,提高企业经济效益。

(3) 促进内部协调。营销计划是企业综合经营计划的重要组成部分,这使企业的营销工作能够得到相关部门的有力配合与支持,增强了工作的整体性、系统性和协调性。

(4) 便于绩效考核。计划是管理的重要手段,营销计划明确了各项工作和各个环节的目标、任务和措施,既有利于营销人员的自我控制和考核,也有利于企业在计划期末对各项工作计划完成情况进行评估。

二、金融营销计划的编制

金融营销计划既要利用市场营销机会,又要发挥企业的优势,还要有足够的灵活性和可执行性,为此,编制营销计划应当遵循科学合理的工作程序,一般应包括如下基本步骤:

总结分析；确定营销目标；制定营销战略；制定行动方案；营销预算。

(一)总结分析

(1) 总结前期营销计划。为了保持营销计划的连续性，金融企业在编制新的营销计划时，应当对上一期营销计划的执行情况进行总结分析，分析成败得失，列出有待本期计划解决的突出问题和需要引起注意的事项，为本期计划的制订提供依据。

(2) 分析市场环境。金融企业在编制营销计划时，必须对所处的市场环境进行全面的分析，具体包括市场、产品、竞争、渠道、宏观环境等方面的分析。进行市场环境分析主要是为了了解以往数年市场的总规模和总发展情况、各级地区市场的规模和发展情况，以及有关消费者的需求、看法和购买行为方面的动态资料。其主要内容包括五个方面：①分析目标市场客户，如客户的数量、客户的收支变化、客户的需求变化、客户对服务方式的要求等；②分析宏观市场环境，如人口经济环境、政治法律环境、社会文化环境、行业技术环境等的现状和发展趋势，明确对本企业的有利影响与不利影响；③分析市场竞争状况，掌握目标市场和行业整体竞争的现状和发展趋势，本企业竞争地位的现状和需要采取的措施，以及竞争对手的经营规模、市场占有率、营销目标与战略等；④分析产品形势，了解以往数年内各主要产品的销售额、市场占有率、价格、净利润；⑤分析营销渠道，主要分析各销售渠道的销量变化，渠道成员销售能力的变化，以及调动中间商积极性的价格和交易。

(3) 分析市场机会。这是指在市场环境分析的基础上，对所发现的市场营销机会所进行的详细分析，主要集中于分析新的营销机会的大小、客户类型、需求特征、可获取性和盈利性，目的是抓住有利机会，但也不是什么机会都抓。

(4) 分析自身条件。主要分析新的计划期自身条件的一些变化，明确自身的资源优势和经营能力，同时要注意开发和利用那些尚未被运用的资源和营销潜力，增强竞争能力，提高效益，减少浪费。

(二)确定营销目标

营销目标既是在总结分析的基础上确定的，也是金融企业整体经营目标的具体落实。金融营销目标归纳起来有三类：第一类是市场目标，包括满足何种市场需要，要求消费者对产品的了解达到何种程度以及渠道覆盖范围等；第二类是销售目标，包括销售量或营业额以及销售增长率和市场占有率等；第三类是财务目标，企业的市场目标、销售目标必须转换为财务目标，一般应包括长期投资收益率目标与短期利润目标。投资收益率是指在一定时期内企业所实现的净利润与其投资总额的比率。这是衡量企业利率水平的一项重要指标，所以较高的投资收益率就成为企业追逐的核心目标之一。在长期投资收益率目标的指导下，企业可以确定短期利润目标，即本年度所能获得的利润。

(三)制定营销战略

为了实现营销目标，营销部门必须制定相应的营销战略，主要是营销组合战略。围绕目标市场和竞争的需要而分别制定产品、价格、渠道和促销政策，既要使这些策略切实可行，又要保持这些策略的整体协调性。例如，某银行下一阶段的目标是提高市场占有率，把自己的信用卡业务市场占有率提高 10 个百分点，由此需要制定相应的战略，如拓宽营销渠道，减少收费，增加广告密度等。

(四)制定行动方案

可根据所要达到的目标和营销战略，确定具体的营销行动方案和保障措施，方案必须具体细致到各项工作、各个环节和具体的营销人员。为了使计划得到落实，应使行动方案包含以下六个方面。

(1) 为什么使用这样的方案(Why)。
(2) 达到什么样的目标(What)。
(3) 什么时间界限(When)。
(4) 具体的部门、网点(Where)。
(5) 由谁负责执行(Who)。
(6) 采取什么方式，有何具体保障措施(How)。

当然，行动方案不是一成不变的，在出现新情况、新问题时，就需要对它作出相应的调整。

(五)营销预算

在明确各项营销工作计划的同时，为了控制营销成本、实现利润目标，营销部门还应对各个职能部门、各项营销工作的经费预算做出具体安排，即明确各项营销费用开支，确定营销工作重点，同时建立预算控制激励办法，以完成目标任务为前提把营销成本控制在合理的限度之内。

营销预算经批准后，便成为市场营销活动收支的根据。营销预算一般包括销售与利润的营销预算。在通常情况下应该把营销费用支出与营业额的增长安排恰当以获取最大利润。编制营销预算的方法多种多样，比较典型的有以下两种。

1. 目标利润计划制订法

这种方法是通过预测影响营销利润的各个项目而制定合适的利润目标。这些项目通常包括总市场预测、市场占有率预测、营业额预测、可变成本预计、贡献总额目标利润、营销费用预计与营销预算分配等。

2. 最佳利润计划制订法

这种方法是通过寻找营业额与营销组合的各个因素之间的内在关系而选择对企业最有利的利润目标。这种方法的依据在于在一定时期内营业额会随金融营销费用的提高而增加，但超过一定限度就可能会出现费用增加而收益递减的情况，所以企业应寻找营业额与营销费用的最佳结合点，具体可以通过销售-反应函数来确定。

三、金融营销计划的执行

金融企业制订营销计划的过程虽然重要,但是计划的实施更关键。因为企业制订营销计划是为了指导金融营销活动,通过执行金融营销计划,完成企业的战略任务和目标。正如彼特·德鲁克所言:"计划等于零,除非将它变成工作。"因此,企业制订金融营销计划之后,还要花很大精力加以实施和控制。

(一)计划的实施

金融营销计划能否得以顺利实施,主要取决于两方面的工作:一方面是目标管理,即正确处理责、权、利关系,发动全体员工努力全面地实施经营计划;另一方面是动态最优化管理,即通过滚动式计划方法,使营销计划能够逐期修正落实,不断完善和优化。

1. 目标管理

目标管理是一种现代经营管理方法,通过对业务经营指标的分解落实,对指标执行情况进行控制及反馈评比,保证企业经营目标的实现,同时,重视发挥员工的积极性与创造性。即在提高经济效益的前提下,通过责(目标)、权(完成目标的条件)、利(完成目标的动力)的落实,使员工的利益与企业的目标和利益统一起来。通过指标、任务的分解与落实,最大限度地调动员工的积极性与创造性,进而通过对指标的承包、对任务提出保证以及相互间的协调运作等,使员工的目标与企业目标相统一。因此,把目标管理的实施与经营计划的执行全过程有机地结合起来,是保证完成经营计划的有效方法。

实施目标管理应做好以下两方面工作。

(1) 明确划分与规定各基层机构的职责、任务、指标、权限、利益和相互关系,由各级管理层按照企业总目标以及权、责、利制定各自的目标。

(2) 通过经济指标的形式将各级管理层需要完成的经营任务加以细分,并确定考试指标的标准,然后,再将任务落实到每一个人。此外,还要建立相应的岗位责任制,以明确各自应负的责任。

2. 动态最优化管理

金融企业经营环境有着不可控制性和不可捉摸性,这与金融营销计划是矛盾的,但客观上又要求两者必须相协调。这就需要运用滚动计划法,通过边预测、边计划、边摸索实践、边修改补充的步骤,使计划的编制——实施——调整——再实施过程,始终处于动态最优化状态。因此,在组织经营计划的实现过程中,始终处于战略情报的收集与输入,建立反馈程序,不断修改、充实、调整计划,从而使原有的经营计划达到动态最优化的状态。

可见,营销计划制订后,营销部门应严格按照营销计划的规定,调度人、财、物,分配营销资源,开展营销工作,施展营销战略,分步骤达到营销目标。为了便于营销计划的组织实施,可采取目标管理的办法,把目标层层分解、层层落实至每个岗位,并采取明确的激励手段,把工作业绩同切身利益直接挂钩,调动各类营销人员的积极性,确保目标的实现。在营销计划组织实施的过程中,还应当及时地掌握市场环境的变化和营销工作的进展,并对计划做出灵活的调整,使营销工作计划滚动地向前推进。

(二)计划的控制

金融营销计划控制包括年度计划控制、盈利能力控制、效率控制和战略控制,具体步骤如下。

(1) 各级经理都要认真检查是否完成了年度计划规定的销售、利润等指标。例如,各个部门销售经理要根据销售配额和预算定额来检查他们的实际销售额和费用开支;而企业营销总监要检查整个金融营销计划的执行情况,以保证实现目标。

(2) 营销管理部门还要定期分析检查各种产品、各条渠道、各个区域等的实际盈利能力,具体包括成本控制、销售利润、资产收益、资本周转率、信贷周转率等各项指标的控制。

(3) 企业还需要对营销效率进行控制,因为企业的盈利能力直接取决于它的经营效率。具体包括销售人员效率、广告效率、销售促进效率、分销效率等四个方面的效率控制。

(4) 由于金融营销环境在迅速变化,企业管理层原先制定的营销战略会过时,因而管理层还要进行战略控制,经常注意检查原定战略能否与外界环境发展变化相适应。

第二节 金融营销组织的发展与控制

金融营销组织是金融企业为了实现特定的营销计划与战略目标,更好地发挥营销功能,通过不同营销职位及其权责的确定,并对它们之间的关系进行一定的协调与控制,合理、迅速地传递信息,从而将营销人员所组成一个有机整体的科学系统。利用营销组织可以把金融营销活动的各个要素、各个部门、各个环节在时间与空间上相互联系起来,加强分工与协作,促使营销活动更加协调、有序地开展。可见,金融营销组织是落实营销计划、贯彻营销战略、实现营销目标的重要保证。

一、金融营销组织的历史演进

金融营销组织是实施营销战略、评价与控制营销活动的基础,它在金融营销管理活动中的地位十分重要。作为经营货币与信用的特殊企业,金融营销组织是随着现代企业营销组织的产生、发展而不断演变的。现代营销组织的演变经过了一个漫长的过程。在20世纪30年代之前,销售部门并未被人们重视,它在整个企业中的地位可以说是无足轻重的。随着经济的不断发展,营销部门在整个企业内部的地位、与其他部门的关系及本身的组织结构等方面都发生了巨大变化,目前它已成为企业的一个重要组成部分。这个发展过程我们大致可以划分为以下几个阶段。

1. 简单的销售部门

在这一阶段,企业并不注重营销工作。生产企业仅以生产为中心,由生产部门采购原料并从事具体产品的生产,财务部门负责资金的筹措与管理。企业的规划、目标的制定均由这两个部门负责。而营销部门只是负责推销产品,销售经理主要管理销售人员,并亲自从事推销工作,以便出售更多的产品,而很少发挥其他营销职能,如广告、市场调研等。简单的销售部门的组织结构如图 5-1 所示。

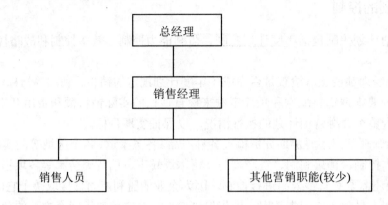

图 5-1　简单的销售部门

2. 强化的销售部门

随着企业规模的不断扩大,业务的急剧增长,市场竞争也越来越激烈,企业不能再仅仅满足于推销产品,还应对新市场进行开发,从而吸引更多的客户。这便要求企业开展市场调查、营销研究、广告宣传、客户服务等工作,于是销售经理便被授权处理这些新的工作。在销售经理下面一般设营销主管来具体执行其他营销职能,聘请专家从事营销研究。强化的销售部门的组织结构如图 5-2 所示。

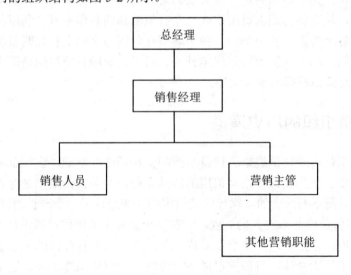

图 5-2　强化的销售部门

3. 独立的营销部门

随着企业业务的进一步增长与市场竞争的日益加剧,营销工作内容更丰富,其重要性也不断增强。市场研究、新产品开发、广告宣传与销售服务的范围越来越广,这就需要由专人负责这一类工作。一些企业便设立专门的营销部门,由营销经理管理除推销之外的其他各项营销工作，从而出现了营销部门与销售部门并存的状况。独立的营销部门的组织结构如图 5-3 所示。

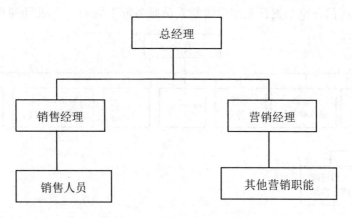

图 5-3　独立的营销部门

4. 现代营销部门

在营销部门与销售部门并存的情况下，由于销售经理较注重短期目标与销售数额，而营销经理则关注长期目标，制定营销战略并开发能满足客户长期目标的产品，因此两者之间的矛盾冲突日益深化。于是，大多数企业便将这两者合并为一个部门——营销部门，由它全权处理原来由销售部门从事的业务，从而使营销组织发展进入第四个阶段——现代营销部门。此时，营销组织结构变成图 5-4 所示的结构。

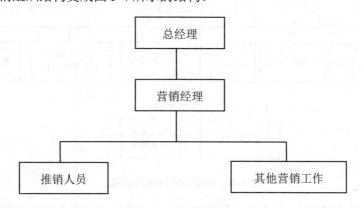

图 5-4　现代营销部门

5. 现代营销企业

尽管企业设立了营销部门，但如果它在营销活动中只是把营销看成销售，则说明企业还未真正运用现代营销思想来指导营销工作，还未转变成现代营销企业。只有当企业的全体员工将所有的工作都看成"为客户服务"，从而使营销成为整个企业的经营宗旨，它才真正转变成为现代营销企业。

营销部门在企业中的地位是随着业务的不断扩大而逐渐提高的。同样，金融营销组织的发展也经历了类似的变化。最初，人们对金融营销也未给予足够重视，认为它并不是企业经营过程中至关重要的工作,尽管营销活动对企业本身的利益有较大贡献,但对整个经营活动来说并非必不可少。那时营销经理不参加企业最高权力的决策活动,其地位也相对较低。早期营销部门在整个银行系统中仅是人员服务部下属的一个部门(见图 5-5)。

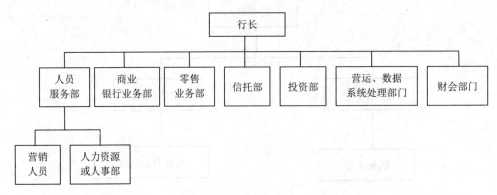

图 5-5　早期的银行营销部门

随着金融业竞争的加剧,人们逐渐认识到营销是金融业务经营中不可缺少的一项工作,但此时人们还未清楚地看到营销工作对于企业发展的决定性作用。在这一阶段,营销部门经理可以直接向高层主管汇报,但其权力仍受到较大限制,高层管理人员往往通过其他部门来表明其立场,营销活动还未完全融入企业的所有领域。中期的银行组织结构如图 5-6 所示。

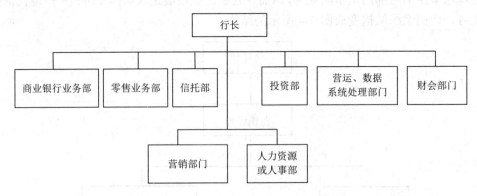

图 5-6　中期的银行组织结构

第二次世界大战以后,尤其是二十世纪七八十年代以来金融业务规模迅速扩大,企业之间的竞争也日趋白热化。金融管制的放松又使得金融业的创新活动蓬勃发展。人们意识到营销活动不仅是必要的,而且是金融业务经营的基础,所以人们对金融部门的作用另眼相看。营销经理的地位与其他部门经理并列,他们都可以直接与高层主管沟通。同时,为了支持营销计划的制订与实施,营销经理还要有能力组织和动员企业的其他部门配合开展营销工作。现代银行中的营销部门与其他各部门之间的结构关系如图 5-7 所示。

在现代许多金融营销组织中,一般都设立单独的市场营销调研部门或专职的调研人员负责对客户需求进行调查,从而了解客户的动向,积极开发出能满足客户要求的新产品,争取更大的市场份额。营销部门在金融总体战略的制定中发挥着越来越大的作用,并已融入金融工作的方方面面。

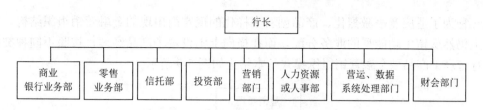

图 5-7　现代的银行组织结构

二、金融营销组织的模式分类

金融营销组织模式是随着金融营销活动的发展而不断走向完善的。营销组织的特征、金融产品的职能以及金融活动领域的范围、地理位置及其相互关系形成了多种多样的金融营销组织模式。而在实际营销工作中,由于市场的复杂性,企业可能会将这些模式相互融合、综合运用,从而出现混合型的组织模式。但从根本上讲,金融营销组织模式可分为职能型、产品型、区域型、市场型、混合型五种。

1. 职能型金融营销组织模式

这种组织模式是最早被采用、目前应用最广泛的营销组织模式之一。它是指按照营销工作的不同职能(如营销行政、市场调研、新产品开发、销售、广告与促销、营销服务等)来划分部门。营销行政部门负责营销领域的日常具体行政事务,如人事管理、费用控制等;市场调研部门主要负责改善市场机会及营销活动的市场调查研究;新产品开发部门负责根据市场调研部门提供的信息设计出满足市场需求的金融产品;广告与促销部门提供有关推广金融产品信息、广告宣传、媒体技术等服务,并与外界保持密切联系,以提高本企业与其产品的知名度;营销服务部门主要负责向客户提供各项售后服务,处理客户的投诉案件。在这种模式中,营销经理是最高层次,负责金融营销战略的制定及营销预算决定等关键性事项,同时他也要做好营销各职能部门的协调工作,而各职能部门则要向其营销主管负责,其规模大小可以根据企业的具体情况来确定。职能型金融营销组织模式的结构如图 5-8 所示。

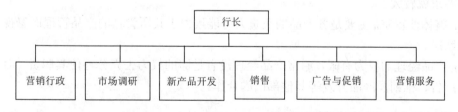

图 5-8　职能型金融营销组织模式结构

职能型金融营销组织模式的优点是各职能部门分工明确,以特殊专长来处理不同的营销工作,而且管理也较简单。其缺点为:各个职能部门容易形成各自为政的局面,过分强调本部门功能的重要性,从而使得营销经理的大量精力放在协调上,影响了营销发展的长远规划。

2. 产品型金融营销组织模式

对于规模较大或拥有较多金融产品的企业来说,可以采用产品型金融营销组织模式。

它是一种为了适应竞争激烈化、产品创新多样化的现实而出现的金融营销组织结构。其在纵向上仍然保留了功能型的业务分配,而在横向上则设置了产品经理,按照不同种类的产品进行管理。产品型金融营销组织模式基本结构如图 5-9 所示。

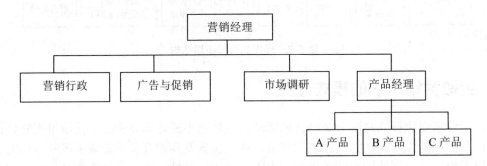

图 5-9　产品型金融营销组织模式结构

其中,产品经理的主职责是确定产品的营销策略与计划,分析其执行情况,评定效果并采取必要措施对其进行控制。具体来说有以下几方面工作。

(1) 为产品制定总体长期发展战略。

(2) 编制各产品的年度计划。

(3) 采取一定措施实施计划,包括激发销售人员与代理商对金融产品的兴趣,配合广告促销部门制订广告方案,共同推进产品促销等。

(4) 与市场调研经理密切联系,随时了解市场的动态,从而抓住时机,改善产品服务,设计出满足市场需求的新产品。

产品型金融营销组织模式中因为有专人负责,使各种产品都不会被忽视,所以产品成长较快,并可集中精力管好各个具体产品,尤其是在市场营销中占到较大比例的金融产品。同时,它也可针对市场上出现的问题迅速做出反应,从而为开发新产品协调好各方面的力量。但该模式有以下缺点。

(1) 成本较高,由于是专人负责一种或几种产品,因而对金融营销部门的人员配置以及开销的要求就较大。

(2) 整体性较差,主要是各产品的负责人可能致力于其所管辖的产品管理而忽视了整个市场的状况。

(3) 产品经理的权力有限,通常产品经理没有足够的权力去充分行使其职责,而不得不依赖于广告、推销及产品开发等其他部门的合作。

3. 区域型金融营销组织模式

随着对金融业务管理的不断放松,金融服务区域范围的不断扩大,许多企业的销售不限于本地区,还在整个国家甚至不同国家中开展业务。在这种情况下,区域型金融营销组织模式便自然而然地被一些企业采用。这种模式是按照不同的地区来设置营销力量的,其结构如图 5-10 所示。

在该模式中,地区经理掌握本地区的市场环境、客户及竞争对手的状况,配合企业总体的战略计划,为金融产品在本地区打开销路制订年度计划与中长期计划,并负责贯彻执行,同时协调好上下级之间的关系,充分调动本地区的各方力量,最大限度地利用市场机会开展营销工作。区域型金融营销组织模式可以在一定程度上减少营销费用,便于有关人员了解所在地区的特殊环境,加快市场开拓步伐,对于营销人员的工作绩效也容易进行衡量与评价。

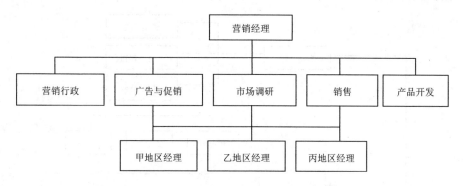

图 5-10　区域型金融营销组织模式结构

4. 市场型金融营销组织模式

在激烈的市场竞争中,以客户为中心、以市场需求为导向调整企业的经营战略,努力为客户提供多功能、全方位的优质服务是金融营销活动的宗旨,因此市场型金融营销组织模式便应运而生。这种模式是以市场细分作为基础的。当然,市场细分的标准多种多样,通常金融企业是将整个市场划分为个人客户市场与企业客户市场,针对不同的客户还可以继续划分。例如,企业客户按规模可以分为大型企业、中型企业和小型企业等;个人客户按不同的偏好、消费习惯、消费水平可划分为不同的类型等。市场型金融营销组织模式的结构如图 5-11 所示。

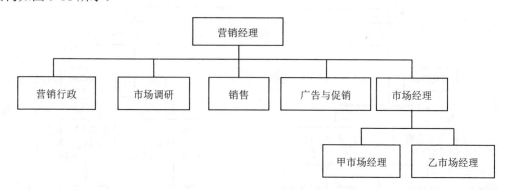

图 5-11　市场型金融营销组织模式结构

在这种模式中,市场经理对自己负责的市场发展状况进行分析预测,确定发展战略及年度计划,不断提高产品的市场占有率。可见市场型金融营销模式并非着眼于营销职能、区域或产品本身,而是以市场为中心,针对不同的细分市场、不同的客户群体的需求开展营销活动,它与现代市场营销观念最吻合。

5. 混合型金融营销组织模式

以上几种是金融营销组织的基本模式。随着企业经营规模与业务范围的不断扩大,单一的组织模式已不再适应竞争的需要。为了相互弥补各自的缺点，就出现了混合型的组织模式。

(1) 产品—市场型模式，即金融营销部门同时设立产品经理与市场经理，前者负责产品销售及利润规划，后者致力于市场的培育开发，其结构如图 5-12 所示。

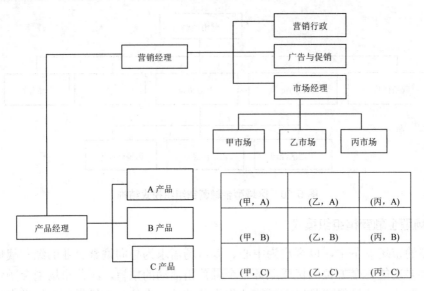

图 5-12　产品—市场型营销组织模式结构

(2) 产品—职能型模式，它将各职能部门与不同产品相互交叉，其结构如图 5-13 所示。

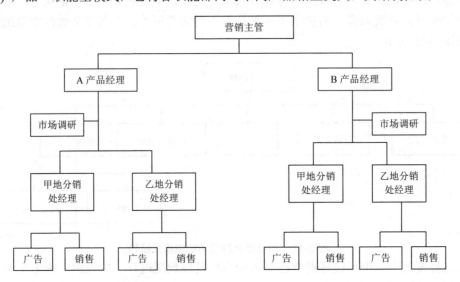

图 5-13　产品—职能型营销组织模式结构

三、金融营销组织的协调

随着金融企业经营规模的不断壮大，营销活动复杂性的日益增强，其业务范围也更加广阔。而营销部门与其他部门之间又是相互作用的，营销计划的执行依赖于金融组织中的每一个部门，尤其是数据处理、操作、人事、财会、投资、法律、审计等部门。因此，若要保持各个环节的有效运行，金融营销组织必须具备协调性，其中包括内部协调与外部协调两个方面。内部协调是指营销部门内部各职能部门之间应加强协作，共同完成整体营销目标，例如新产品开发部门就不能脱离市场调研、产品设计、推销、售后服务等部门的配合。外部协调是指营销部门与其他部门的相互协调，使其与其他部门的可能冲突降低到最低限度，所以营销部门必须与投资、信托、财会、人事等各部门密切配合，相互传递信息。只有各部门协调一致，才能不断地提高营销活动的效率，减少内耗，顺利地完成各项工作。

1. 数据处理部门

现代科学技术的发展使得金融产品日新月异，目前许多金融工具都是以电子账户的形式保留在一片磁介质之上，资金的划转、账户的清算也是通过计算机网络来完成的，这一切都必须以数据处理为基础。因此，营销人员尤其是新产品开发人员必须与数据处理部门的有关专家通力合作，才能使其工作更富有成效。数据处理部门向营销组织中的调研部门与产品开发部门提供有关信息的主要来源，这些信息可以直接从计算机中以其所需的特定格式得到，其对于营销管理过程的评价十分重要。

2. 操作部门

金融产品开发后，企业必须将产品的形式以及运行程序等告诉分支机构，由其建立为产品提供服务的系统。对操作部门来说，它们最关心的是日常工作能否顺利、精确、及时地完成(如票据处理要准确、账户要平衡等)，能否避免失误或因其他问题而引起检查人员的注意，对于客户的满意程度则往往排在次要位置。营销人员应该根据该部门的这一特点，采取合理措施来减少与他们的摩擦。

3. 人事部门

该部门主要负责对员工的培训、建立工资与福利制度、对业绩的评价。在一个真正面向市场的企业中，以客户为中心应该被列入每个工作人员的工作准则中，业绩评价及工资的增长均应反映出个人执行任务的好坏状况。为了使员工的工作更加富有成效，营销部门要为人事部门开展面向客户的服务培训提供全面的信息。

4. 财会部门

营销部门要求在有利可图的情况下尽量满足客户，因此它们往往希望为广告、推销等活动提供预算，而认为财会部门过于保守、不敢冒险，使企业丧失了许多机会；财会部门则认为营销人员很难具体说明营销预算的增加能给企业带来多少销售额的增长，这样两者之间便产生了冲突。为了解决这个矛盾，营销人员应该获得更多的财务培训，理解金融资金来源及运用的状况，知道企业的收入、成本、费用等，营销经理还应参加相关会议，以掌握企业的全面情况。另外，也要求财会人员能更多地了解市场。

5. 投资部门

金融企业必须要运用通过营销活动吸收的存款，即要进行各项投资。而存款利率的设定是十分重要的，它会制约着投资成本。从投资部门得到的利率信息应该可以用来描述资金成本与收益的差异,以便为企业获得一个合理的利润额度提供依据。

6. 法律部门

尽管目前许多国家正在不断放松对金融业的管制,但仍然有许多规定,它们在很大程度上影响着金融营销活动。例如在美国,银行的经营要受到联邦存款保险公司(Federal Deposit Insurance Corporation)、联邦储备委员会(Federal Reserve Board)、货币监管官(Comptroller of the Currency)及各州有关部门的监管,这些机构颁布的法律法规会对商业银行的服务及广泛活动等产生巨大的影响。营销部门应该通过法律部门更好地了解这些法规,使其营销活动不与有关法律相抵触。

7. 审计部门

随着营销部门广告开支、费用的增加,其需要接受定期审计以保证记录过程的正确性;在新产品的开发中也要审计人员参与以实现对产品的合理控制;而外部审计则更注重营销活动是否与有关法律法规相一致,他们倾向于检验营销计划、广告及样品。因此,营销部门保持广告、服务的正确记录是十分重要的。

综上所述,正是由于营销部门与其他各个部门之间的密切关系,营销组织必须与它们相互沟通,使得整个金融企业的工作实现有机组合。而这种外部协调的核心便是使企业各部门树立营销观念,明确客户是企业各项工作紧紧围绕的中心,将向客户提供有效的服务作为金融企业经营的最高宗旨。除了做好外部协调之外,金融营销组织内部的各个职能部门之间也要时常进行沟通,实现内部协调。在金融营销组织的内部结构中,市场调研部是其他部门活动的基础。通过对市场的调查研究,营销部门可了解市场需求动态、供给状况、竞争对手的情况,从而为制定正确的营销方针政策提供依据。金融企业必须建立起一套科学的信息传递机制,使市场调研部门获得的信息能够及时、准确地传递到其他部门。广告部门应与有关部门相互配合,利用各种可能的媒介及人员关系将金融产品推向更广阔的市场,树立企业的声誉,以吸引更多的客户。新产品开发部门则应认真研究市场调研部门送来的信息,针对市场变动状况及客户需求来设计出新的金融产品,并通过广告部门将产品迅速推向市场,以增强企业的竞争能力。产品服务部门则要为客户提供全面周到的服务,并接受客户在使用金融产品过程中的意见与建议,将其反馈到有关部门,以改进营销决策。在协调过程中,应尽量运用交谈、会议、计划图表、信息系统等各种手段来实现信息交流,也可以采用工作说明书或经营手册作为工具,在工作说明书或经营手册中详细记载各工作岗位的责任、权限、本部门与其他工作部门的关系等,这样可以使营销人员更好地了解整个营销组织,明确自己及他人肩负的任务与享受的权利,有利于激发个人的工作积极性,并以此作为评判营销人员工作实际成效的标准。

可见,协调工作是保证营销组织正常运转的润滑剂,只有通过内部协调与外部协调,才能使营销人员更好地树立整体观念,相互协作,从而提高整个金融营销组织的工作效率。

四、金融营销组织的发展

金融营销组织正处于不断变化的社会环境之中,世界经济一体化、服务手段多样化、市场竞争白热化及技术设备现代化等趋势使得营销部门的人员不断增加,规模不断扩大。为了适应市场及客户需求的变化,营销组织必须不断地发展。

(一)金融营销组织发展的原因

1. 世界经济一体化

随着社会化大生产的迅速发展,世界各国之间的经济联系日益密切。尤其是 20 世纪 70 年代以来,许多国家都实行改革开放,努力使本国融入国际市场之中。金融市场也迅速发展起来,各国的外汇管制不断放松,推动了全球外汇市场的一体化,中国也于 1996 年 12 月 1 日起实现了人民币在经常项目下的可兑换;而资本流动的加剧又使得国际金融市场上的利率水平也趋于一致;金融服务在国际经济贸易中的地位日益受到重视。为了适应一体化的经济、金融形势,金融营销组织需要实现全能化,即要扩大业务品种与服务领域,为客户提供多样化的金融服务,使客户更加方便、顺利地实现全世界范围内的交易。

2. 市场竞争白热化

随着各国开放程度的不断提高,金融业的竞争越来越激烈。首先,从金融机构的数量上来看,更多的企业参加同一市场的竞争,多家银行并存,业务交叉重叠,这就使得金融营销活动的难度更大。为了在激烈的竞争中取得优势,金融营销组织应该体现自身特色,开发出更具有吸引力的产品,建立完善的分销系统向客户推销产品。

3. 规模扩大化

随着金融市场竞争的加剧,经营风险不断扩大,各国金融业为了求得生存与发展,纷纷采取合并的方式扩大其规模。并且这种合并不只在小企业之间发生,许多大企业也走向联合,形成了一艘艘金融业的"航空母舰"。这种联合使得企业实力大大增强,但另一方面也造成金融组织过于庞大。为了保持企业经营的有效性,营销组织必须建立一套科学的管理制度,以保持健康的运行状态,不断提高工作效率,降低成本,使资源得到充分合理的运用。

4. 服务现代化

现代科学技术的发展及其在金融业的应用,使得金融服务手段走向电子化与自动化。自动取款机(ATM)、销售终端(POS)、电话银行服务及电子货币、信用卡的大量推广,使金融营销活动不再满足于过去的传统方式,而必须充分利用现代文明成果,不断引进先进的技术与设备,开发软件,将内部各单位连成一个整体,加强信息交流,实现管理的系统化与现代化。

5. 管理人性化

由于外部环境的改变,人们的价值观也发生了巨大变化,使得金融营销人员的工作态度、工作期望、组织目标也不断地改变。例如，营销人员希望其工作更具有挑战性与成长性，要求营销管理形式更加公平，不断缩小等级与职位之间的差距，并希望组织更加关心其生活，尊重其感情，能经常进行人际沟通，从而进一步改善现有营销组织中不合理的现象。这一切也都对金融营销组织的发展提供内在的冲击力。

(二)金融营销组织的发展环节

面对不断发展的金融市场和竞争格局，金融营销组织的发展一般要经历以下几个环节。

1. 分析影响因素

对于金融营销组织来说，其影响因素主要包括两个方面，即内部因素与外部因素。内部因素主要是营销组织在运行过程中暴露出的种种问题，如职工的态度、组织的不协调等；而外部因素则包括竞争对手的策略改变、新产品推出、市场价格波动、客户需求变化、技术进步及其他因素对营销组织造成的压力。

2. 诊断问题症结

通过对内部因素与外部因素的客观分析，企业应该认真地对营销组织所存在的问题进行诊断，从而发现问题的实质。具体问题包括：①现在的营销组织的主要症结何在，其根源是什么；②改进的目标是什么；③应采取哪些措施对组织进行改进，什么时候执行；④采取措施后可能带来什么样的后果。

3. 采取具体措施

金融企业应根据现存问题的实质及其所面临的客观条件来决定要对组织结构、人员配置、技术设施、营业网点等采取的具体措施，从而制订一个合理的发展方案。

4. 实施方案

在制订出方案之后便要付诸实施。在实施过程中需考虑以下几个问题。①何时采取措施。一般要尽量避开工作较繁忙的时间段，因为变革之后营销人员要有一段适应期。②从何处着手，一般要结合营销组织原有的特点从中层或基层开始。③变革的深度，指具体措施将涉及多大的范围，是以整个营销组织或营销组织中的某个部门为对象，还是针对某个小组、几个营销人员采取调整措施。

5. 评价

在对营销组织进行具体调整之后，必须对执行结果进行评价，并将相关的评价反馈到决策层，以便判断变革是否达到预期的效果，还需采用何种配套措施，以保证营销组织的顺利发展。

总之，金融营销组织健康、协调地发展是一项巨大的工程，我们必须认真分析，努力掌握有关信息，使其能够有条不紊地进行。这对于我国金融企业更加重要，因为目前我国金融业还未真正建立起营销组织，如何吸收其他国家金融业的发展经验，合理地设计、建立与中国国情特点相适应的营销组织并促进其健康协调地发展是当前我国金融业面临的一个重大挑战。

五、金融营销组织的控制

金融营销组织的控制是对营销组织进行管理的一项重要内容。它是指金融营销部门在执行营销计划的过程中，接受内外部有关信息，对计划的执行情况进行监督，将原定的计划目标、操作过程与营销部门实际情况进行对比，找出偏差，分析原因并采取有关措施消除偏差，防止发生类似失误的一系列管理活动。

对营销组织实施控制有助于及早发现问题，减小事故出现的可能，找到更好的管理办法。例如，对新产品开发部门选择的新产品进行控制可以避免因开发决策失误而导致企业投入巨额经费却收益甚微的情况；通过对营销网点的控制可以防止出现企业盲目追求市场覆盖面的增大而忽视了对市场占有率进行合理分析的局面，对于那些效益不好的网点应进行及时的调整以削减不必要的开支；通过对营销组织的审计可以发掘出营销组织与其他部门之间及营销组织内部各单位在工作中存在的不良现象，从而找出改善营销组织整体效能的途径。同时，对于营销组织进行控制还能起到激励作用。如对于优秀的营销人员实行奖励会对那些不能完成正常销售指标的人员起到鞭策作用，使其潜能进一步得到发挥，更积极地开展工作，实现企业的营销目标。

可见，控制是金融营销组织管理的一个重要阶段，它与计划及组织的联系非常密切。然而，从当前我国金融营销活动来看，许多企业对营销组织的控制仍不甚有效，甚至还没有建立起一套适当的控制制度，这就严重影响了金融营销功能的正常发挥，因此，加强金融营销组织的控制是目前提高金融营销组织运行质量的当务之急。

(一)金融营销组织的控制方法

金融营销组织的控制方法大体可以分为现象观察法、专题报告法、预算控制法、盈亏分析法、组织审计法等多种方法，而在实际应用中为了保证其合理、灵活、有效地实施，金融企业必须根据实际情况，加以综合运用。

1. 现象观察法

现象观察法主要是管理人员直接到现场进行观察，了解营销组织的运行，如和营销人员直接交谈，掌握他们的思想动态、对组织机构的看法、对营销活动的意见等。现象观察是从营销领域获取原始信息的一种重要手段，经常被各种营销管理组织采用。它的优点是可以及时掌握第一手资源，其准确性极强，并可获得一些其他方法无法得到的信息，为进一步改善营销组织提供依据。并且这种通过现场收集来的信息，还可以用以验证其他方法所得到的信息的真实性。再者，在运用这种方法的过程中，营销管理人员经常与下级营销人员接触，从而可以加强人们之间的交流，拉近营销部门之间的关系，使营销人员受到鼓励。当然，现象观察法得到的只是原始信息，必须经过有关人员的分析才能使资料的价值得到充分体现。另外，现象观察法会受到时间、地点以及观察者的知识、能力、经验等的限制。

2. 专题报告法

专题报告法是指对取得的原始数据进行整理，从而形成系统的信息，作为对营销组织评价及采取改进措施的依据的方法。由于金融营销控制人员的时间、精力是有限的，如果大部分信息都是采用现象观察的方法从大量原始数据中查找就会显得费时费力，因此就要求有关部门对原始资料进行适当地分析与整理，提出能够反映偏差、揭示原因、表明发展趋势的报告，以供管理决策层参考。报告一般由下属部门或基层工作者提供，也可以在主管人员的领导下组织一些经过训练的人员，成立专门小组对营销组织进行分析与调查，从而提出专题报告以改善企业的营销活动。为了使报告能够为活动提供有效数据，报告人员必须解决好以下几个问题：①报告的目的、要求是什么；②向谁报告；③什么时间进行报告；④采用什么方式进行报告。

3. 预算控制法

预算控制法是在营销组织具体开展有关活动之前即对分配给它的各项活动费用(比如营销人员的推销费、广告费等)进行一定的计划限制的方法。它具有一般性、可比性或整体性，可以把营销组织的活动集中引向增收节支、减少不必要的费用开支以取得更好的经济效益。预算还可以作为衡量金融营销组织有关部门绩效的标准，对于超过预算限度所发生的费用开支，控制部门要认真查找原因。营销组织预算控制应该与整个企业的目标相一致，但又要避免管得过细过死，防止单纯地以上一年度的收支水平作为设定下一年的预算的唯一标准。为了做到这一点，营销部门的预算可以采用弹性预算，即将费用划分为固定费用与可变费用，后者可以体现较强灵活性，随着营销业务的数量而变化。

4. 盈亏分析法

盈亏分析法被广泛地运用在计划、预测及控制中。在实际的计划实施过程中，由于各种条件的不断改变，营销费用与营销收入也处于变化之中，我们可以对照营销目标检查与评价盈亏情况来分析其偏离目标的程度，揭示应该采取什么样的矫正措施来保证营销目标的顺利实现。盈亏分析可以从以下四个方面着手。①销售额分析。即将营销组织的实际销售额与计划中设定的销售额进行对比。它又可通过计算总的销售额及按地区划分的销售额来分析营销组织的整体效能及分销组织设置是否合理。②营销费用分析。即对于营销组织的费用开支数额及营销费用率(即营销费用占销售总额的比率)进行计算分析。一般来说，营销费用率是有一定的幅度限制的，如果超过了该幅度就要寻找原因，分析营销组织的哪个环节出了差错而导致费用上升。③市场占有率分析。市场占有率对企业的利润水平有较大影响，所以是金融营销的一个重要目标。通过分析营销机构在特定目标市场上份额的变化，控制部门可以为组织的调整提供依据。④客户态度分析。客户意见、批评、建议都是对营销效果的一个重要反馈，代表了企业在客户心目中的形象。客户态度分析可以使企业采取措施，以便更好地树立它在社会上的声望。

5. 组织审计法

组织审计法是指对营销部门在特定的营销环境中实施营销战略的能力及执行情况、营销部门的组织机构、职权划分、报告制度、管理观念及与其他部门之间的关系等进行全面评估的方法。具体包括以下几个方面。

(1) 检查营销主管及营销人员的权责范围及其划分程度，分析他们的日常营销操作是否按既定的原则进行组织，营销部门内部是否做到权责明确并能相互协调。

(2) 检查营销部门的职工培训、监管、评价及激励等方面的活动是否在正常有序地进行，从而为营销人员素质的提高、积极性的发挥提供保障。

(3) 检查营销部门与其他部门(零售业务部、投资部、信托部、财会部等)之间的关系，判断各部门之间是否进行通力合作，从而为整个营销组织的协调、有效运行提供参考依据。当然，对营销组织的审计要立足于企业的目标计划，通常要由专门的审计人员定期进行。合理的组织审计会大大提高金融营销组织的应变能力，使其在复杂的环境中更好地发展。

(二)金融营销组织控制的程序

金融营销组织的控制是对金融营销活动进行管理的一个基本阶段，它是建立在形成组织机构、明确权责并制定营销目标的基础之上的，具体程序步骤如下。

1. 确定控制对象

金融营销组织的活动多种多样，如果对各个方面都进行控制，则会因内容过多、范围过广而产生大量的成本支出，因此，金融营销控制人员必须事先有选择性地确定控制的内容与范围，比如营销人员的工作绩效、销售收入、成本与利润、市场调研的效果等。在确定控制对象时尤其要注意控制成本，即要使在控制活动上的费用小于控制所能带来的效益，否则，控制就会丧失其意义。

2. 设置控制目标

这是将营销组织的控制与营销计划连接起来的一个重要步骤。由于控制与计划是紧密相连的，控制保证计划的实施并为下一步计划提供依据，因而计划的修正与调整是控制不可缺少的内容。控制目标一般要与整个营销计划的目标相一致。

3. 建立控制标准

控制系统在有效运行之前必须要建立起一套检测营销活动效果的客观依据，这便是建立控制标准的过程。通过建立控制标准，可以将所设置的控制目标定量化与具体化。控制标准(比如销售人员的工作效率、广告的效果、成本利润、计划完成期等)应是可以测定与考核的。同时，控制标准必须是客观的，要考虑到产品、地区、竞争力之间的差别，如不同竞争状况等。

4. 衡量营销绩效

衡量营销绩效是指营销组织的控制部门运用控制标准去评定实际营销活动的成效，从而为今后的改进活动奠定基础。衡量营销绩效包括对实际活动的成效评价以及对未来活动成效的预测，这一阶段的工作是将实际营销活动与控制标准进行对比，也就是对计划的执行进行追踪检查，并且既要分析总体执行情况，又要考察各个分阶段的任务完成效果。当然，预测也十分重要，根据实际情况来预计未来并采取有针对性的措施以避免将来可能出现的偏差，将更加有助于掌握营销活动的主动权。

5. 分析偏差产生的原因

当把营销组织的有关活动与控制标准进行比较衡量之后，我们就会发现营销活动中产生的偏差。对于这些偏差，有关人员应该认真分析其产生的原因。通常偏差的产生会有两种情况：一种是由实施过程中有关营销人员的失误导致的；另一种是计划本身存在的问题，如计划制订者考虑欠周全而使营销组织机构设置不合理，或者由于环境的变化而使原来的计划不适应新的情况。在实际工作中，这两种原因经常会交织在一起，使得情况更加复杂。如果控制部门对这些问题不加分析或分析不细致，就很容易造成控制失误。因此分析偏差产生的原因对于健全营销活动具有十分重要的意义。

6. 采取改进措施

当找到产生偏差的原因后，控制部门应针对不同的原因采取不同的改进措施。如果偏差是由于局部的组织不完善造成的，可以通过改变营销组织的结构或调动有关人员的工作加以纠正；如果偏差是由于计划制订不周全造成的，则必须要对原计划进行补充，使其更加全面；如果是由于环境改变而导致原先的计划脱离实际，则应对计划进行修正，直至制订新的计划。通常采取改进措施应越快越好，这样可以减少营销活动中可能出现的损失。

7. 再评估

采取了改进措施进行调整之后，控制系统还要进行再评估。如果这些措施并不能很好地改进营销组织的活动，就需要进行再次分析，从而找到更加有效的办法，提高金融营销组织的适应性。

营销组织控制程序流程如图 5-14 所示。

总之，金融营销组织的控制对于保证营销工作的正常开展十分重要。它是一项非常复杂的工作，企业必须从实际出发，制定合适的标准，对营销组织实施有效的控制，从而使营销活动更加科学、合理。

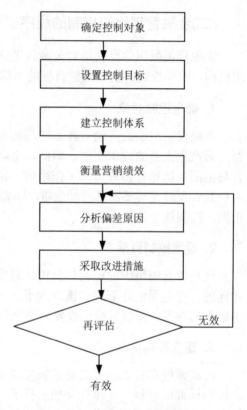

图 5-14　营销组织控制程序流程

第三节　金融营销战略的分类与实施

在掌握大量市场竞争信息、明确市场机遇与挑战以及自身优势与劣势的情况下，金融企业便可以系统地设计自己的营销战略，以使营销工作做到扬长避短，经济高效地实现企业的经营目标。本节主要介绍金融企业的目标市场战略、市场竞争战略、营销组合战略以及经营发展战略。

一、目标市场战略

目标市场是企业选定的以达到经营目标的特定市场。它是在明确各细分市场的容量、产品特征、开发潜力的基础上，结合企业自身特点及经济实力确定的经营目标对象。企业通过市场细分后，会发现不同需求的客户群，以及市场上未获得满足的需求，即市场机会。然而，并非所有的市场机会都能成为企业机会，只有与企业的经营目标、资源条件相一致，并且比竞争者具有更大优势的市场机会才能被企业利用。企业确定从中满足哪一类消费者的需求的过程，就是企业选择目标市场的过程。由此可见，确定目标市场的过程是指在市场细分的基础上，各金融企业充分考虑各细分市场的需求容量、自身的资源优势、经营管理能力、主要竞争者以及可盈利性等因素，而从若干细分市场中选择数个细分市场作为目标市场的过程。

目标市场与市场细分是两个既有联系又有区别的概念。市场细分是将整体市场划分为若干具有显著需求差异的客户群，从而发现可满足的市场需求。而目标市场则是企业根据外部环境和内部条件选择一个或若干个细分市场作为营销对象。可见，市场细分是选择目标市场的前提和条件，而目标市场是对细分市场选择和筛选的过程，它是市场细分的目的和归宿。

金融企业在对整体市场进行细分之后，应抓住机会确定目标市场。如果不确定目标市场，就不能有针对性地开展市场营销活动并取得预期效果。选择目标市场一般要注意以下五个方面。

(1) 目标市场应对一定的金融产品有足够的购买力，并能保持稳定，这样才能保证企业有足够的盈利来源。

(2) 金融产品创新或开发与目标市场需求的变化方向一致，以便适时地按市场需求变化调整产品与服务。

(3) 目标市场上的竞争者应较少或实力相对较弱，这样企业才能充分发挥本身的资源优势，占领目标市场并取得成功。

(4) 金融企业能够建立有效地获取目标市场信息的网络。

(5) 要有畅通的销售渠道，以便金融产品与服务顺利地进入市场。

具体而言，金融企业开展营销的目的，是出售满足客户需要并能够获利的产品或服务，其重点放在企业盈利和满足客户需求上。企业确定营销战略之前，必须先了解它的客户。不同的客户对产品和服务要求的差异性很大，这就决定了企业不可能满足所有的客户，而只能依据某些标准，将客户划分为若干群体，选择其中的一个或几个群体为目标客户，这就是市场细分和目标市场的选择过程。企业在确定了目标客户群体后，应根据自身情况以及目标市场的特点，确定自身及产品与竞争者相比处于何种位置，这就是市场定位的过程。只有在明确了自身所要服务的目标市场，并确定了自身在目标市场中所处的位置之后，企业才可以制定长期营销战略。

市场细分原理是企业目标市场战略的重要基础，但近年来随着企业竞争的加剧，反市场细分战略也有其重要的价值，因此，目标市场战略包括市场细分定位与反市场细分定位两种。

(一)市场细分定位战略

根据市场细分与目标市场选择原理来分析竞争者,同一细分市场或相近细分市场的竞争者就是本企业的主要竞争对手,市场细分定位战略可分为以下三种类型。

1. 无差异市场战略

无差异市场战略是建立在消费者的无差异或较小差异需求的基础之上,即将同一产品提供给所有的消费者,由于该战略把整个金融市场视作一个大目标市场,营销活动只注重客户需求的相似性或共同点,无视不同客户需求的差异性,因而推出单一的产品和标准化服务,以单一产品、单一价格、单一促销方式和单一分销渠道满足客户需要。这一战略的特点是可降低管理成本和营销支出,容易取得规模效益,但是无法满足日益个性化的消费需求,难以较快地适应市场变化而进行创新与调整。采用无差异市场战略时,金融企业一般通过宣传广告的形式,如电视广告、广播广告、报纸广告、邮寄广告、广告牌广告和公关宣传等,向社会宣传自己的形象、产品和服务。

无差异市场战略适合于消费者需求的无差异性、标准化产品或竞争不激烈的市场。对于大多数产品来说,消费者需求都是有差别的,一旦竞争者以市场细分方式发现显著的差异存在而选择不同的细分市场开展竞争,就会对这种战略的实施者带来负面影响,如导致销售额的大幅度下降、市场份额的减少等。

2. 差异市场战略

差异市场战略是把大的目标市场细分成若干个细分市场,根据自身的条件和环境状况,同时在两个或更多的市场上从事营销活动。由于该战略把整个金融市场划分成若干细分市场,从中选择两个或两个以上的细分市场为目标市场,并根据不同的目标市场制定和实施不同的营销策略,多方位或全方位地开展有针对性的营销活动,因而成为近年来金融企业最主要的营销战略。它能有效地针对现有的客户开展业务,有计划地拓展新市场,合理配置资源,最终达到获取优厚盈利的目的。例如,针对客户对储蓄期长短不同、收益不同的需求,银行设计和推出储蓄期限、利率不同的金融产品等。又如美国花旗银行对于大众市场,提供各种低成本的电子自动服务;对于高收入的客户,提供私人银行业务;对于富有的中上阶层的客户,提供特殊的个人化服务。

当金融企业采取这种战略时,应注重客户需求的差异性,实施多种产品、多种促销方式、多种分销渠道的营销策略。该战略能较好地满足客户需求,扩大市场份额,但营销成本会增加,所以要考虑收益所得是否大于成本。

可见,差异市场战略是根据消费者需求的差异性,相应设计和生产不同的产品,并以不同的营销方式分别努力满足各个细分市场的需要,如各种用途的信用卡市场,包括旅游卡、现金卡、购物卡、交通收费卡、加油卡等。目前,我国各大专业银行的信用卡业务就主要运用了这种差异市场战略,如中国银行的长城卡在旅游饭店等部门具有绝对优势;中国工商银行的牡丹卡发行数量在国内市场遥遥领先,且以购物卡为优势;中国建设银行发行的龙卡则以彩照信用卡和转账卡赢得客户的青睐。差异市场战略虽然针对不同的市场需要而获得市场的欢迎,但这种方式也增加了营销的难度和成本,特别是受到企业资源与经营能力的限制。

3. 密集市场战略

密集市场战略是指把企业的力量集中在某一个或几个细分市场上，实行专业化服务和经营，所追求的并不是在较大市场上占有一定份额，而是在较小的细分市场上占有较大的份额。由于该战略既不面向整个金融市场，也不把力量分散到若干个细分市场，而是集中力量进入一个或两个细分市场，因而专业化程度较高。这种"抓住重点，重拳出击"的经营手段，在欧美的银行业最流行。一些美国银行着力加强特定部门的并购和特定业务的挖潜，力求使银行在某一经营领域内成为权威的、大规模的顶尖银行，以此来赢得客户的好感和信任，从中获得更多的利润。例如美国花旗银行确定的市场战略是成为世界上最大的债券和商业票据交易商。又如美国纽约银行的成功之处就在于该行不是全面撒网经营所有的银行业务，而是抓住自身擅长证券经营管理的优势，在这方面倾注较大的力量，保证了证券管理业务手续费和利息收入的稳定性，从而获得了巨大的收益。再如英国的巴克莱银行，倡导重视经营品质和服务质量的经营思想，以其所属的投资银行子公司为主，在银行内部进行业务分工调整，重整个人资产部门和大企业金融服务部门，并加强人才培训和强化电脑服务，使银行内部的经营机制顺畅运行，从而增强了竞争能力，也使利润大幅提高。

可见，密集市场战略是在充分进行市场细分和研究的基础上，根据企业的资源状况和经营能力，选择有限的几种市场进行竞争的方式，力求在较小的目标市场上集中力量拥有较大的市场占有率。采取这种战略可以在选择的细分市场上占据优势地位以及节约成本和营销支出，但风险较大，容易由于市场波动和消费者需求与偏好的改变而失去市场。一般需要适度地增加品种，以分散风险。

三种目标市场战略的主要区别如图 5-15 所示。

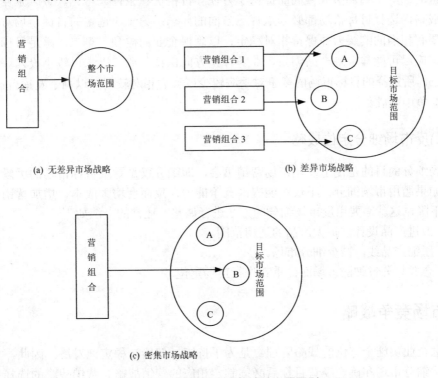

图 5-15 三种目标市场战略的主要区别

市场细分定位战略是根据市场细分和目标市场选择原理来分析自身与竞争者。一家金融企业究竟采用哪一种目标市场战略，应综合考虑企业自身实力、产品和服务特点以及竞争对手的战略等多种因素。只有通过综合分析、权衡利润才能做出抉择。

(1) 考虑金融企业的实力。如企业人、财、物资源充足，经营能力强大，则可采用无差异战略，如实力不强，资源不足，则可采用密集市场战略或差异市场战略。

(2) 考虑产品的特点。对相似性大的产品，如提供的结算服务等，可采用无差异性战略，对相似程度低的产品，如储蓄等则可采用差异性战略。

(3) 考虑产品的生命周期及其所处阶段。当新产品进入市场时，一般倾向于无差异或密集性战略，面对已进入成熟阶段的产品，则实行差异性战略。

(4) 考虑市场的性质。如果消费者在需求特点和购买行为上存在差异，则可以考虑差异性战略，如果存在同质性或差异性极小，则适合于无差异性战略。

(5) 考虑竞争对手。若竞争对手采用无差异市场战略，则可采用差异性或密集性战略，当然，若竞争对手实力不强，而自身实力较强，也可采用全面竞争战略。

花旗银行便是通过细分不同客户群，从而取得了营销成功。

具体而言，美国花旗银行通过对客户的细分处理，推出一项系列优惠服务计划。这项计划的主要内容如下：按照一定的标准划分不同的客户群，分别向各类客户提供相关的优惠服务，推出一整套极有吸引力的服务项目。这项计划包括为某些信用卡持卡人提供有关免费服务，对某些信用卡削减随机费用、核定年度收费标准，推出"花旗就餐卡""花旗旅行卡""花旗购物卡"等一系列的优惠消费业务。此计划中的"花旗美元券"的发行为相当数量的家庭主妇购买成套商品提供了方便和价格优惠条件。可见，金融企业无论采用哪一种战略，选择目标市场都必须重视三方面的要求：第一，选定的目标市场对投放的金融产品要有相当的购买力并保持相对稳定，以确保企业的盈利；第二，满足目标市场的客户需求，应尽可能与金融产品创新、业务开拓方向保持一致，以求以较小投入获得较大产出；第三，所选择的目标市场的竞争对手应较少或实力相对较弱，以利于发挥自己的优势，从而在竞争中获胜。

(二)反市场细分定位战略

市场细分的目的是便于发现市场营销机会，即细分仅是寻求目标市场的手段。在实际工作中如果滥用市场细分，不仅不能提高竞争能力，反而会增大成本、增加营销难度，导致利润下降，这就需要用反市场细分的方法进行调整，通常的办法如下。

(1) 改进产品设计，扩大产品的适用范围。

(2) 压缩产品线，减少细分市场。

(3) 合并划分过细的市场面，重新进行市场定位。

二、市场竞争战略

金融企业实施全方位的战略管理，是为了持续、健康、稳定地发展。因此，企业在分析环境、细分市场和确定经营目标后必须制定相应的营销战略。营销战略的选择取决于各个企业的规模及其在金融行业中的竞争定位。

所谓竞争定位,是指对市场所有经营者状况和市场占有率大小的排列,以明确本企业所处市场地位,并确定本企业的主要竞争对手。市场占有率,也称市场份额,是一定时期内企业所经营的产品在其市场上的销售量或销售额占同类产品销售总量或总额的比重。它体现了企业的经营规模、市场占有能力、竞争能力和获利能力的大小。市场占有率可分为绝对市场占有率和相对市场占有率。绝对市场占有率是相对于整个同类产品市场的销售总量或总额的份额,而相对市场占有率是本企业的市场占有率相对于某一竞争对手企业的市场占有率之比(通常是相对于本行业市场最大的市场占有者而言),它所反映的是本企业的相对竞争地位或优劣势。绝对市场占有率与相对市场占有率的计算公式分别为

$$某金融市场甲产品绝对市场占有率 = \frac{本企业甲产品的销售量或营业额}{本行业甲产品的销售总量或总营业额}$$

$$某金融市场甲产品相对市场占有率 = \frac{本企业甲产品的绝对市场占有率}{某竞争企业甲产品的绝对市场占有率}$$

通常以市场占有率大小来定位竞争者,可以把竞争者分为以下四种类型。

(1) 市场领导者(market leader)。在相关产品市场上占有率(约为40%)最高的企业,其在产品创新、价格设定、网点布置和促销方式选择等方面都处于领导地位,是市场竞争的主导者,也是同行中其他企业挑战、跟随或躲避的主要对象。市场领导者企业在金融业各方面都普遍存在,其地位是在长期竞争中自然形成的,但不是一成不变的。

(2) 市场挑战者(market challeger)。在同类产品市场上占有率属于第二位或更少的企业,市场占有率约为30%,其往往成为市场主导者的挑战者,但是它也可安于现状,成为一个追随者。

(3) 市场追随者(market follower)。一般其市场占有率约为20%,没有能力成为主导者或者主导者的挑战者,其往往采取追随策略,在保持竞争地位稳定发展中逐步扩展市场。

(4) 市场补缺者(market nicher)。其市场占有率为10%以下,这往往是一些有突出个性和特点的小企业,它们所选择的市场往往是大公司不感兴趣或无暇顾及、遗漏的市场,但仍然存在独特的个性和盈利特点。

由此我们可以将金融企业的市场战略相应地分为以下四类。

(一)市场领导者战略

在一个地区的金融市场上,必然有一两家金融企业处于比较优越的地位,充当领导者的角色。这类企业在服务质量、信誉度、人员素质和网点设置上都具有突出的优势,并且不断地受到其他企业的挑战。这类企业如果要保持并强化其领导者的地位,可以选择三种不同的竞争战略:一是拓展金融服务的范围;二是提高市场占有率;三是维持现有市场占有率。

1. 拓展金融服务的范围

在金融服务总量扩大的情况下,领导企业容易凭借其原有的优势获得较多的份额。所以领导企业应尽量寻求新的客户,不断创新产品,增加金融商品的新用途和增加客户对金

融服务的使用量。具体措施如下。

(1) 增加新的客户。任何企业都会有潜在的客户，这些潜在的客户可能由于不了解金融服务的内容或缺少适合于他们的金融服务项目，或者营销渠道没有延伸到他们所在的区域，而没有成为企业的现实客户。企业应采取针对措施尽量增加新的客户。例如银行可以采用地理扩张战略：布置新的网点和分支机构，占领新的区域市场，向国际市场拓展业务，增加海外新客户等。

(2) 开发金融产品的新用途。例如开发储蓄通存通兑业务；大额存款可以用作质押品在二级市场流通等。

(3) 增加客户对金融产品的使用密度。例如推出功能增强型的 IC 卡，由于它既可以作为转账卡、提款卡、储值卡，又可以用作身份证明、医疗保险和电子银行的工具，从而大大增加了使用频率，提高了服务需求。

2. 提高市场占有率

金融企业通过提高已有业务的市场占有率也可以有效地保持其市场领导者的地位。提高已有业务市场占有率对于企业来说是一项长期的艰巨任务，要分析影响市场占有率的各项因素，采取有针对性的措施提高市场占有率。同时，要注意不能盲目追求市场占有率，因为市场占有率高并不一定会获得高的效益。

尽管领导企业具有优越的规模条件，其市场规模的扩大会带来单位成本的下降，导致经济效益的提高，即随着市场占有率提高，企业的利润率(通常以平均的投资回报率计算)会相应地提高，然而，根据对美国农业装备企业的一项研究发现，市场份额与盈利性之间呈"V"形关系，即领导者企业由于有较大的市场份额而获得较高的利润，同时市场份额小但具有专业化优势的小企业也含有较好的盈利，而那些规模中等的厂商收益最低，因为它们既未获得规模效益，又无专业化竞争优势。这个事实告诉我们，不是在任何情况下市场占有率的提高都会带来收益率的同步提高，这就要求企业必须从所在行业和自身的具体情况出发，制定正确的提高市场占有率的战略，确保利润率的稳定和上升。

3. 维护现有市场占有率

领导企业在开拓市场的同时，还必须时刻防备竞争对手对现有市场的争夺。领导企业维持市场现有占有率的最佳途径是在金融业务的开拓、创新、服务方式、技术手段和人员素质等方面保持竞争。其具体措施如下。

(1) 积极合作。与竞争企业寻求合作或成达协议，如我国近年来商业银行的竞争越来越激烈，尤其是在吸收存款的业务上，为了行业的共同利益，一些地区的银行纷纷订立反不正当竞争协议。

(2) 收购兼并。对有潜力的细分市场经营者实行兼并措施，以减少竞争威胁，增加本企业的部分能力。

(3) 运用法律和政策手段。领导企业可以运用国家或国际法律来保护自己的专利、商标与经营渠道，同时可以通过提案形式向立法部门寻求政策保护。

(二)市场挑战者战略

市场挑战者是指在金融业中仅次于市场领导者，位居第二或第三的金融企业，市场挑战者一般不满足自身的现有地位,力争超过市场领导者或者能与之平起平坐,因而市场挑战者即金融行业中那些不具有领导地位、不满足于现状而伺机对其他企业发起攻击的竞争者。其战略实施步骤如下。

1. 确定竞争目标与对手

挑战企业必须确定自己的竞争目标。多数挑战者的竞争目标是寻求提高市场占有率以获得更多盈利。一般情况下,挑战企业选择的竞争对手主要有以下三种。

(1) 领导企业。确定领导企业作为竞争目标,是一种高风险与高收益并存的战略。如果其选择的市场领导者名不副实,或者其领导地位已经受到了挑战,那么采用这一竞争战略的效果最佳。采用这一战略,首先要研究潜在金融市场是否已得到应有的产品和服务,如果领导企业所提供的产品与服务质量下降,就可以将产品和服务质量作为实施竞争战略的突破口;其次是在现有市场上推陈出新,推出新的服务项目,从而在特定的市场上全面出击并获胜。

(2) 与自身规模、实力相当的企业。对与自身规模、实力相当的企业实施竞争战略,可以采取正面进攻的方式,力求速战速决,迅速提高市场占有率。

(3) 小规模的地区性企业。对于这类竞争对象,目标不应仅仅是占领其市场,还可考虑兼并收购它们,从而壮大自身的实力。

挑战企业的基本目标是提高市场份额,尽管市场上的竞争者较多,但不一定都是挑战企业的竞争对象,企业可以根据自身的实力、竞争企业与本企业经营市场的相关度、竞争企业的实力(包括优势与劣势)等确定主要的竞争目标与对手,挑战企业的具体竞争目标如图 5-16 所示。

		细分市场	
		多个	单个
竞争对手	多个	全面竞争	选择细分市场
	单个	选择竞争对手	有限竞争

图 5-16 挑战企业的竞争目标

(1) 全面竞争。即同时在多个细分市场上对行业的多个竞争者发起攻击,是多目标全方位的竞争方式,是具有雄厚实力的大企业的竞争方式,在实际的市场竞争过程中,并不多见。

(2) 选择竞争。即采取有选择性的攻击方案,包括:①选择细分市场,只在某一细分市场发起攻击,目的是增大该细分市场的市场份额;②选择竞争对手,从多方面攻击某一竞争对手,目的是击败对手。

(3) 有限竞争。即只对某一竞争者的某种产品或某一细分市场发起攻击,以获得在该细分市场中较大的市场份额。

在现实的竞争目标选择中,有限竞争和选择竞争较为常见,企业可以根据具体情况、自身条件和对手实力做出选择。但如果具备雄厚实力,并欲谋求市场领导地位,也可以适度地采用全面竞争。

2. 对竞争对手进行分析

挑战企业选择竞争对手关键还在于应该对竞争对手做系统、全面的分析，即必须收集竞争对手的各种信息，力求能够回答下列问题。

(1) 哪些企业是本企业的竞争对手？
(2) 每个竞争对手的经营业绩、市场占有率和资金实力如何？
(3) 每个竞争对手的竞争战略是什么？
(4) 每个竞争对手的优势和劣势是什么？
(5) 每个竞争对手对其未来战略可能做出的调整和改变是什么？

3. 制定竞争战略

确定了竞争对手并对其进行认真分析后，企业应根据自身的具体情况采取不同的竞争战略。一般来说，挑战企业如果要提高其市场地位，其战略目标应是不断创新，建立竞争优势。一般情况下，挑战企业可采取以下五种战略。

(1) 空隙定位战略。这种竞争战略是将挑战企业的注意力集中在领导企业所忽视的业务领域，努力将战略目标置于竞争对手力量薄弱或者没有注意到的细分市场上。理想的空隙定位必须有足够的盈利空间和市场潜力，适合挑战企业充分发挥优势，同时又在领导企业视线之外。

(2) 专业化战略。这种战略是指企业战略目标指向若干个经过周密分析后选择的细分市场，其必须建立在本企业独特的经营优势之上，而这种优势又是广大客户所承认并给予很高评价的。如中国银行通过在具有专业优势的外汇理财项目上进行开拓就收到事半功倍的效果。

(3) 优势战略。即要求企业的市场营销集中于具有质量意识且能带来较大利润的客户群体，并通过不断开拓创新，与客户密切合作，形成与其他企业有所区别的竞争优势。

(4) 跟随战略。采用这种战略的企业必须小心谨慎，避免向领导企业发动正面进攻，以免引起领导企业采取报复行动。

(5) 兼并战略。即挑战企业利用自身所具有的资金优势，兼并弱小企业，从而占有其市场，或者与诸多小企业联合，形成独特的竞争优势。例如全国各地的信用合作社联合组成城市合作银行，从而增强了竞争能力。

(三)市场追随者战略

市场追随者战略应以模仿领导企业或挑战企业的行为为主，并尽可能形成自己的特色。由于金融产品或服务具有易模仿的特性，而追随企业又往往是被挑战企业攻击的主要目标，因而追随企业成功的关键是：一方面保持低成本和提供优质的金融服务以阻挡挑战企业的攻击；另一方面，追随企业实行的营销行动应力求避免直接扰乱领导企业的市场，从而招致领导企业的报复。追随企业具体可采取以下两种战略。

(1) 全面模仿战略。此战略为及时全面地模仿市场领导企业的行为。例如领导企业推出一种新型理财咨询服务，在市场上初获成功，这时追随企业也应及时向其细分市场的客户提供类似的理财咨询服务，以巩固现有客户群，防止他们转移。可见，追随企业的行为模仿应及时。又如市场领导企业引进自动柜员机设备，延长营业时间，方便客户，则追随企业也必须迅速地在自己的细分市场上提供自动柜员机或改善服务以方便客户，否则，追随企业已有的客户就有可能转而选择领导企业。因此，追随企业必须做到以下几点：①密切注视市场领导企业的一举一动；②对市场领导企业的经营变化做出及时、灵敏的反应；③高层管理人员具有敏锐的观察力和长远的目光；④能主动细分市场，并把自身资源和营销努力集中于目标市场；⑤注重盈利而不追求市场高份额。

(2) 部分模仿战略。该战略在有显著盈利的金融业务领域或服务项目上追随和模仿市场领导企业，而在其他一般金融产品或服务项目方面则保持自身的特色与优势。

(四)市场补缺者战略

市场补缺企业是指金融资产规模不大，提供的金融产品或服务品种不多，且集中于一个或数个细分市场经营的金融企业。市场补缺企业的最佳战略是集中经营，即选择一个或数个细分市场，集中所有的资源为目标细分市场提供有特色或成本低廉的金融产品与服务。因此补缺企业开展金融营销的主要特色就是小型化和专业化。如开设保管箱业务，为收藏爱好者经营古旧钱币、开设特种保险业务等。补缺企业的战略选择包括：①提供专门服务，如家庭理财；②纵向专业化，从产品的开发、提供和流通等纵向流动过程选择服务对象，如专门从事证券与股票的上市交易代理，或提供投资咨询分析；③客户规模专业化，专门为小客户、散户服务；④为特定客户服务，如专为老弱病残者提供上门金融服务；⑤为特定地区的客户服务，如把金融服务定位于农村或偏远的少数民族地区；⑥满足特殊需要，如开设珠宝、细软保管业务，为个人需要开展小额透支业务；⑦更新服务方式，如承接电话或电讯贷款业务；⑧开拓新的业务，如专门从事消费者信贷，提供分期付款。

随着我国金融业的改革开放与发展，满足金融中间业务以及特定客户需要的大量补缺市场将愈来愈广阔，补缺企业也会大有作为。

综上所述，通常情况下，金融企业有四种定位，相应地也就有四种营销战略。
(1) 市场领导者战略。在行业中独占鳌头，当其推选新营销战略时，其他同行只能跟随。
(2) 市场挑战者战略。在行业内稳守第二、第三的地位，对市场领导者发起进攻。
(3) 市场追随者战略。在行业中没有能力向其他同行发动进攻，或独立进行创新活动，只能追随模仿其他公司的营销活动。
(4) 市场补缺者战略。在行业中规模很小，集中资源开发被大企业所忽视的或不屑经营的补缺市场。

市场定位是以实力为后盾的，只有强大的企业才能执行领导者战略。挑战者战略适用于第二流企业中实力较强者，它们有能力采用进攻性的战略以取得更大的市场占有率，追随者规模一般较小而不易引起重视，即便被模仿者注意到，也觉得不值得采取报复行为。补缺者规模更小，它们没有能力在主要业务和主要客户上与其他企业展开对抗，因而集中力量于某些小的细分市场，避免与大企业正面竞争。

二、营销组合战略

在市场定位与竞争定位的基础上，企业需要对目标市场进行营销组合定位，即根据目标市场的特点确定相应的营销组合战略，以价格、产品、渠道和促销等变量的组合来实现对市场的占领。

营销组合是企业可以控制、调整的一组营销变量。营销组合一般由四个要素组成，即产品(Product)、价格(Price)、渠道(Place)和促销(Promotion)，由于这四个要素的英文名词第一个字母都是"P"，因而简称为"4P"。营销组合的概念最早是由美国营销学者哈佛大学教授尼尔·波登(N. H. Borden)于1964年提出的，1975年密歇根州立大学教授麦卡锡(E. J. Mccarthy)将其归纳总结为4P组合。所谓营销组合，是指企业为了实现营销目标而根据市场状况对影响产品营销效果的一些可控因素所进行的调整和适应。企业可以根据市场的要求对组成营销组合的产品、价格、渠道和促销等要素进行精心设计并根据市场的动态变化采取灵活的对策。由于营销组合将营销工作从产品、价格、渠道和促销等四个方面进行统筹安排，以满足目标市场需求，因而它既是营销战略的主要内容、营销工作的基本框架，同时又是将企业资源与市场需求充分结合的重要方式和线索，因此，是企业经营灵活性的重要体现。

1984年，菲利普·科特勒(Philip Kotler)在传统营销组合观念的基础上提出了大市场营销(megamarketing)这一整体战略，即在传统4P的基础上增加了人事(personnel)、设备(physical facilities)、流程(process)、公共关系(public relation)与政治权力(political power)。大市场营销是为了适应新时期市场营销所面临的各种问题而提出的全新的营销组合观念，它强调为了进入特定市场并取得经营成功，企业应全方位实施多种营销技巧，以赢得各方的支持与合作。这一思维对金融企业的营销工作具有非常重要的指导作用，具体如下。

(1) 产品战略，是指与金融产品相关的战略决策。金融产品本质上是一种服务，它是一系列服务的总和，金融产品与物质产品相比内涵丰富得多，它的质量评判也较为复杂困难。其质量通常和以下因素有密切联系：①该产品是否具有满足客户需要的属性；②调拨资金的渠道；③融资能力和审批速度；④金融企业人员的素质；⑤得到服务的方便性；⑥安全性；⑦客户的合作和参与。

产品战略就是选择什么样的产品来满足客户，决策者要确定产品线的数目，以及每条产品线的长度。例如，储蓄是一种金融产品，银行可推出活期、定期、零存整取、活期变定期、定活两便、大额存单、基金管理账户等不同品种。在产品线决策中，一般还要确定是否需要选择某一特定产品为拳头产品，用这一产品的促销成功来带动其他产品和服务项目的销售。在这里有一点应着重指出，开发新产品、提高竞争力和市场占有率应以客户需求为出发点，以满足客户要求为宗旨。因此金融产品定位除了考虑自身因素(如分行数目、电子化能力、人员素质)和竞争者状况外，重点还应了解潜在客户的需要。根据调查，客户通常对金融产品具有以下要求：①业务处理迅速，等候时间短；②贷款方便、流程短；③营业员服务态度好；④客户办理的手续简便；⑤营业场所舒适、安全；⑥贷款利率低、服务收费适度；⑦业务处理准确无误；⑧可提供咨询服务；⑨赠送小礼品或提供其他优惠。

(2) 价格战略，是指与金融产品价格相关的战略决策。金融企业经营以盈利为目的，定价是获取利润的具体措施。与一般工商业企业物质产品的定价相比，金融产品的定价有其特殊性：①受政府金融政策、法规较严格的管制；②金融产品价格变动对销售额影响相对较小。企业定价时，可以利用各种适当的变通方式，以达到拓展业务、增加盈利、规避风险的目的。同时定价又会对企业形象产生影响，因此定价与销售额之间并非简单的线性关系，企业进行定价时，主要应考虑成本、客户的需求和购买力、竞争这三个因素。其中成本最重要，任何企业都不可能长期以低于成本的价格出售自己的产品。近年来，为了降低成本、获得价格优势，各国金融业都采取了相应的措施，如裁减员工，利用高科技处理简单业务，采用自动柜员机、外币兑换机、汇款机等。

(3) 渠道战略，是指金融企业在何处将产品转移给客户的战略决策。金融企业经营业务的拓展与分销渠道有密切联系，因此必须采取多种形式的渠道组合，搞好金融网点建设，建立有效的金融网点体系。金融业原始的分销途径主要是设立分支机构，寻找代理行。现代科技拓宽了金融行业渠道的深度和广度，企业正朝着电子化方向迈进，出现了网上银行、电话银行、自助银行等。例如，企业银行的出现进一步加强了银行和客户之间的联系，提升了客户和银行经营的自由度。因为企业银行服务是将银行的计算机网络直接联通到大客户的办公室，由客户自行进行资金调拨和账务处理。为了降低成本，减少支出，充分利用营销网点，许多金融企业已在商场、机场设立分支网点，安置自动取款机。专家预测，21世纪的银行分销渠道将发生根本性变化，分行和员工数将大大减少，分销将以间接服务为主，并通过屏幕进行，如利用ATM、电视、计算机等，或通过电话服务进行，便捷交易、移动银行、上门服务也将越来越普遍，而分行将主要从事社区和资产保全或财务管理等业务。

(4) 促销战略，是指企业向客户宣传产品和服务，促进人们的购买行为，它是鼓励客户购买的刺激手段。对金融企业而言，促销的作用不像工商企业那么显著。但近年来，随着金融竞争的加剧，金融企业也越来越把促销作为拓展业务的手段之一。金融促销与工商企业促销一样，包括人员推销、广告、公关、销售促进四种方式。恰当地运用促销组合以说服、影响现有的和潜在的客户，在社会大众中树立良好的企业形象，是现代企业一个非常重要的问题。企业促销活动应做好三项工作。首先，要注重自我形象的塑造，建立 CIS 企业形象识别系统。在现代市场激烈竞争的条件下，只有那些信誉好、形象佳、具有鲜明特点的企业才能占有一席之地。其次，全力开发新的产品和服务品种，提高业务质量。促销成功的前提是产品优异，产品质量不过关，本身不具有吸引力，促销努力最多只能收到短期效果，即使销量有所提高，也会马上大幅回落。再次，促销手段还应不断推陈出新，无论是人员推销、广告、公关宣传还是赠品都应有新意，以引起人们的兴趣，这样才会收到促进销售的效果。

(5) 人事战略，是指对金融营销活动的软件所作出的战略决策。这里的"人事"有两层含义，一是企业内部的人力资源，二是客户服务。企业的资源包括资本、信息和人，其中人员最重要。为了更好地服务于客户，人力资源的配置必须随竞争所要求的新技能而调整，过去要求金融企业人员的知识结构主要有交易操作、产品知识、报价定价、信贷风险评估，而将来对金融企业人员的要求会更苛刻，如人际关系管理、产品组合及"一揽子"服务、应变能力、财务顾问和新技术手段的应用等。如果说过去金融企业人员主要进行产品服务，现在和将来他们则主要从事智能服务。

(6) 设备战略，是指对金融营销活动的硬件所作出的战略决策。设备战略作为一种新的营销管理要素进入营销组合是从 20 世纪 80 年代中后期开始的，现代电子技术革命改变了现代金融业的经营方式和手段。如果企业没有现代化的交流沟通手段和自动化的交易处理方式，则无法在竞争中立足，自动柜员机的流行便是一例。除了设备的电子化以外，企业的经营环境也日趋重要,现代企业更强调企业形象识别系统(CIS),甚至建筑外观、营业大厅的设计布局、企业标准色、企业用具等细节因素都构成了企业形象识别的一个重要部分。

(7) 流程战略,是指对金融营销活动过程组织协调与控制的战略决策。电子技术在金融企业的应用,革新了传统的作业程序,缩短了交易处理时间,延长了营业时间,延伸了营业空间,方便了客户。如家居银行服务,由于银行与客户联机,客户可随时自行处理业务。电话银行的采用,使客户可以随时随地通过银行处理各类业务,达到了降低成本与风险,向客户提供更加优质服务的效果。采用流程战略的另一优势体现在员工自主程度提高。以前传统的工作流程要求从业人员按部就班地执行工作程序、请示汇报,员工缺乏自由度,没有独立解决疑难问题、发挥创造性的机会。而现代企业竞争要求更好地为客户服务,更快地为客户排忧解难,所以现代企业流程战略在授权范围内赋予了从业人员更大的自主权,如单人临柜、客户经理制等。

(8) 公共关系战略,是指注重以赞助、捐款、新闻报道、宣传、庆典、记者招待会和社会舆论等活动,树立企业的良好形象,促进销售的战略决策。进入20世纪70年代以来,世界的贸易保护主义盛行,非关税措施等壁垒森严,市场通路阻塞,对营销工作有很大的阻碍,这时若把营销的努力仅仅局限于内部的可控要素的组合设计已经难于取得成功,因而,要求企业主动地在外部环境(尤其是政府政策、权力、社会关系等)方面做一些努力来扩大经营,增加成功的机会。因此企业不仅要处理好与消费者、中间商、竞争者、银行和各种营销组织与中介的关系,而且要处理好与立法机构、政府部门、宗教组织、工会、公共利益集团以及各种相关社会组织的关系。对于金融企业而言,由于其经营涉及面广、影响大、风险高,公共关系战略具有扩大影响、树立形象、保持良好关系、建立信誉的重要作用,特别是与各类组织、机构和大宗客户需建立良好的公共关系。

(9) 政治权力战略,是指利用政治与权力的力量打开市场通路的战略决策。在任何国家,金融业都是限制较多、管制较强的行业,政府既是金融企业的重要客户,也是金融机构的主要监管者,金融企业无论是从争取客户的角度还是从扩大业务范围、实现金融创新等方面来说,都必须要处理好与政府的关系,得到政府的支持。特别是当金融企业从事跨国经营时需要克服东道国市场准入障碍,顺利进入东道国经营,更需要通过政治权力战略得到东道国政府的支持。因此,政治权力战略就显得更加重要。

四、经营发展战略

金融企业不仅要注重短期内占领市场、获取盈利,还要从长远的利益出发,综合考虑企业的经营发展战略。金融企业的经营发展战略通常分为集中发展战略、一体化发展战略和多角化发展战略。

1. 集中发展战略

集中发展战略注重将企业的经营力量集中在对现在的产品与市场的拓展,以扩大市场占有率的方式确立长远的发展地位。如表5-1所示,根据金融企业对市场和产品的努力方向,企业的集中发展战略又可以划分为市场渗透、市场开发、产品开发三种。

第五章 金融营销计划、组织与战略

表 5-1 不同市场与产品条件下的战略分类

市场分类	现有产品	新产品
原有市场	市场渗透	新产品开发
新市场	市场开发	多样化、一体化

(1) 市场渗透。在市场的深度上下功夫，以扩大销售额。可采用的方法有增加宣传与促销、价格刺激、放宽营销渠道、搞好公共关系等。例如，在方便客户、优质服务上做文章，诸如延时服务，有选择地开设 24 小时全天候营业网点，开办无人自助银行，实行客户经理制和综合柜员制等，凡是能为客户考虑的，都应做到，以优质、高效、快捷、一流的金融服务来稳定老客户、吸引新客户，扩大市场占有率。

(2) 市场开发。利用原有产品寻求新的销售机会和市场。例如，一方面拓展原有产品的市场，在一些冷落的市场上做文章，如中小学的"压岁钱"储蓄，青年的"旅游储蓄"、中年的"子女教育"储蓄、老年人的"夕阳红"储蓄；另一方面寻求新的市场需求，开辟新的市场面，如私人理财、公司理财等新业务项目，着力对现有客户、准客户和潜在客户进行引导、培养与争夺。

(3) 产品开发。改进原有产品或研制新的产品，具体为：在目前情况下，若有充足的人力、物力和财力，则抢先开发网上银行，因为这一新产品开发需要较大的投入，有些同业单位难以快速进入；而技术含量较低的新产品和新服务项目一旦开发出来，在很短的时间内就会被模仿。所以，新产品的开发应立足于高起点，以阻止同业的进入。

2. 一体化发展战略

金融企业在一定的经营条件下，可以将其业务扩展至与其原有业务相关的各个方面，以拓展经营业务范围。如银行既从事批发业务，也从事零售业务；既开展传统的存贷款业务，也开展代理融资、结算服务、抵押担保、投融资咨询等业务；既经营货币市场业务，也经营资本市场业务。目前，我国金融业还处于分业经营状态，但随着金融业对外开放程度的扩大，尤其是加入世界贸易组织以后，这种状况会有所改变。金融企业应及早采用一体化发展战略，具体如下。

(1) 批发业务与零售业务的一体化经营。我国金融企业既要重视对公存款的吸存，又要扩大对居民存款的揽储；既要重视优良企业的贷款客户，又要积极发展个人消费贷款业务。批发与零售业务的一体化经营，是我国商业银行目前经营的一大特色，目前大部分商业银行都是这样做的。

(2) 商业银行业务与投资银行业务的一体化经营。随着国有商业银行相继成立资产管理公司，专门处置从国有商业银行剥离出来的不良资产，商业银行将会逐步涉及投资银行经营业务的范畴，如从事资产整合、资产重组、资产出售、资产置换、资产证券化、金融资本向产业资本的渗透(债权变股权)、企业包装上市、代理企业发行债券等。随着国有企业的改制与重组，上述业务范围将越来越大，业务量也会越来越多。

(3) 银行业务与证券业务的一体化经营。我国资本市场在整顿规范的同时还将有较大发展，目前的资本市场规模，与我国国民经济发展需求相比，还有较大的发展空间。在证券市场规范经营的基础上，将会有选择性地允许一些商业银行的分支机构代理证券业务的经营,然后逐步扩大其代理经营证券业务的范围。

3. 多角化发展战略

多角化发展战略是指向本企业经营行业以外的方向扩张,实行跨行业经营。多角化战略有利于本企业扩大经营范围,分散经营风险,但由于风险的增大而对金融企业的资源和经营能力提出了更高的要求,同时还要受到国家金融管理体制的制约。通常的发展方式包括以下三种。

(1) 同心多角化。金融企业以原有产品和技术为核心向外拓展业务,发展与现有市场和产品相关联的具有最佳协同作用的新产品。例如银行开展融资代理业务、住房按揭、消费信贷和保险箱业务等。又如银行在原有存款品种的基础上,为客户提供存款组合,帮助客户根据今后的不同需要,用闲置资金购入不同的存款产品。再如在原有个人住房按揭贷款的基础上,开发个人汽车按揭贷款、大型电器按揭贷款、成套家具按揭贷款等。

(2) 横向多角化,或称水平多角化。即金融企业从事与原有业务不相关但能吸引原有客户的新业务。例如金融机构从事直接投资,向产品部门渗透;又如开发经营与传统银行业务完全不同的新业务,涉足信息咨询业务、资产评估业务以及审计业务等全新的经营领域。

(3) 综合多角化,或称集团多角化。即广泛发展跨行业经营,进入与原有的金融业务无关的经营领域,开发与现有金融产品或金融客户毫无关联的新业务,甚至发展康采恩式的经营组织。例如,商业银行广泛发展多行业经营,既可从事信托业、保险业,又可涉足工业、商业、宾馆服务业、房地产业等新的行业空间。

经典案例评析一　　经典案例评析二

【情境案例解析】

营销创意的台前幕后

赵磊是 Z 银行上海某区支行的行长。众所周知,Z 银行以其卓越超群的信用卡业务成为国内银行业的翘楚,尤其是在国内银行以国有资本为主,整个市场死气沉沉、创新稀少的大环境下,Z 行在信用卡方面可以说做得很成功。

然而,Z 行的领导们每年面临的创新压力可是不小。瞧!眼下的赵磊就是觉得很麻烦,因为今年总部又有新的任务布置下来,要对已有的信用卡业务进行献计献策,研究如何进一步拓展市场。

事实上,Z 行一直以来引领着中国信用卡市场的潮流,要说进一步扩大市场份额,其实也并不是很紧迫的事情,但总部的领导们自有打算,考虑到随着国家经济的进一步发展,未来中国的信用卡市场只会越来越发达而绝无后退之理,正所谓"逆水行舟,不进则退"!现在乃是占领未来市场的最佳时期。另外,现在中国商业银行业务同质化严重,Z 行好不容易有一个信用卡业务能够带来利润,领导层绝无放松该项业务的道理。

于是，总部发来了通知，让所有支行的行长到总部开会，会议的主题就是对未来信用卡的营销战略进行商讨和研究。赵磊知道，开会是假，检查各位行长的"作业"完成情况是真，主要是总部想了解各位行长们关于信用卡推广的办法和建议。

到了开会那一天，赵磊心里很没有底，自己最近一直忙于别的事情，无暇顾及上级布置的这个作业，心想："总部没有让我们完成一份报告交上去，倒也是一件奇怪的事情，难道是怕大家写报告都是胡乱对付的，反正也没有别人知道自己报告里面的内容。而当面发言则是跑不掉的，你要是提了一个荒唐的点子出来，说不定就会贻笑大方。我现在是没有任何想法，还是先看别人怎么说。再说，也不会就那么倒霉，第一个就让我发言吧！"心中有了这么一个计策，赵磊总算是有点安心了。

到会议室之后赵磊才发现，自己的这些同人们已经来了一大半。这时，总裁的秘书上来就对他说："你是第八个，运气不错啊。"这位秘书和赵磊也算是熟人，由于赵磊弟弟的孩子和这位秘书的孩子在同一所小学读书，因而她家和自己家也算是相熟，所以就低声问她道："什么运气啊？"

"老总说，为了防止你们推三阻四地客气，所以就决定谁来的最晚谁先说说自己的看法，依照次序，第一个到的人最后说。"赵磊不由得心中暗想："还好，所幸我不是最后一个。不过算来自己也要第三个发言，时间十分紧张，得赶紧想一个关于信用卡的营销点子出来才行。"于是，他一面想着，一面又和她寒暄了几句，就坐等会议开始。

不一会儿，总行的老总来了，他把这次开会的目的和发言者的顺序都说了一下，然后就听大家发言。首先发言的是松江支行的张行长："我认为我们还是应该继续做市场推广，比如说从学校开始培养客户，这样能占有潜在客户……"老总一听便皱了皱眉头，不耐烦地打断道："老张，这不是我们正在做的事情么，并没有什么新意啊，我们请下一位说一说吧！"张行长顿时闹了个大红脸……

赵磊一听心里便不由得烦躁起来，心想："这么快第一位就说完了，还有一位可就轮到我讲了。"脑子里顿时乱作一团，无意间瞥了那位秘书一眼，那位秘书的打扮一直很前卫时尚，赵磊还记起来最近她还曾提议两家人一起外出旅游。"该死，我怎么净想这些没用的啊！"赵磊心想。

"小赵，下面该你了。"突然，老总的声音响起，没想到第二位也没能提出什么有建设性的意见，很快又被老总打断，一脸尴尬地草草结束了发言。

"我想我们可以去旅游！"赵磊不由自主地脱口而出。

"旅游？什么旅游？！"老总一脸诧异地问道。因为赵磊的话让大家全都一头雾水。

"这个……这个，我们可以推出和旅游相关的信用卡，这个专门是针对旅游的……"赵磊连忙解释道。他刚开始解释时觉得自己有点胡诌，不过讲着讲着不由得来了感觉，发觉这还真是一个不错的点子，于是就索性大着胆子说开了。

"这个信用卡除了旅游外，还可以和别的指定项目捆绑，比如健身等。另外，持卡人在刷信用卡时是给予优惠积分的……"赵磊越讲越顺，声音也越来越响。

"好像还有点意思，和专门的消费项目进行搭配，提供优惠积分，然后推广信用卡，嗯嗯，到时可以考虑考虑……小赵，你给这个产品取了什么名字啊？"老总听着听着，身体开始慢慢前倾，显然是来了兴致。

"时尚生活系列信用卡如何？"赵磊忙补充道。

"我看这个点子不错嘛!小赵,你待会儿会后留下,我们再一起好好聊一聊这个设想。"老总的脸上露出了难得的笑容。

会后,赵磊和老总聊了一下自己的想法,"小赵,想不到你脑子倒还是蛮好使啊!到底是年轻人!" 临别时,老总的语气中流露出赞许。

"老总,过奖啦,呵呵。"赵磊心里暗自舒了一口气,感到自己的这个灵光一闪不但解决了问题,还赢得了老总的赏识,不禁对于自己的急中生智暗暗得意起来。

【案例讨论】
1. 将信用卡的用途与具体实际销售业务相联系,体现了什么样的营销手段?
2. 你能否举出相关的成功案例并比较其优劣?

本 章 小 结

(1) 金融营销计划就是一定时期内(计划期)根据经营所应达到的目标而对营销的各项工作和企业有限资源进行的综合安排与部署。

(2) 金融营销计划可以按计划期限、计划范围、职能机构、计划对象划分为不同的种类。

(3) 编制营销计划应当遵循科学合理的工作程序,一般应包括以下基本步骤:总结分析;确立营销目标;制定营销战略;制定行动方案;营销预算。

(4) 金融营销组织是金融企业为了实现特定的战略目标,更好地发挥营销功能,通过不同营销职位及其权责的确定,并对它们之间的关系进行一定协调与控制,合理、迅速地传递信息,从而将营销人员所承担的任务组成一个有机整体的科学系统。

(5) 金融营销组织模式可分职能型、产品型、区域型、市场型、混合型。

(6) 一般情况下,金融营销战略可采用目标市场战略、市场竞争战略、营销组合战略以或经营发展战略。

(7) 金融企业的经营发展战略通常分为集中发展战略、一体化发展战略和多角化发展战略。

复习思考题

1. 什么是金融营销计划?在制订金融营销计划时应包括哪些内容?
2. 金融营销计划的发展过程分为哪几个阶段?有哪些分类?
3. 怎样科学合理地编制金融营销计划?
4. 什么是金融营销组织?它是怎样发展起来的?
5. 金融营销组织模式有哪些分类?
6. 目标市场战略包括哪两种?分别可以分为哪些类型?
7. 以市场占有率大小来定位竞争者时,可以把竞争者分为哪几种类型?
8. 市场竞争战略分为哪几类?每一类的具体实施步骤是怎样的?
9. 科特勒在传统营销组合观念的基础上提出的大市场营销整体战略包括哪些要素?
10. 金融企业的经营发展战略通常分为哪几类?

第六章 金融市场调查与营销预测

【本章精粹】

◆ 金融市场调查的基本含义、任务和重要意义。
◆ 金融市场调查的内容。
◆ 金融市场营销预测的分类、内容与方法。

【章前导读】

随着市场竞争的日趋激烈，金融企业及时了解和掌握金融市场的情况及其动态，已成为营销活动的基础。离开了这一基本前提，任何经营目标与营销方略都只能是美丽的空中楼阁，因此，我们必须对目标市场进行系统周密的调查研究，以获取丰富翔实的数据资料，运用科学的方法对其进行分析预测，将研究成果作为金融营销的策略依据，从而使金融企业在市场竞争中立于不败之地。

【关键词】

金融市场调查　　意见综合法　　专家意见法　　时间序列法

第一节　金融市场调查概述

一、金融市场调查的基本含义

1. 金融市场调查的概念

金融市场调查是指金融企业有目的、系统地收集与企业经营活动相关的信息资料，并运用科学方法对其进行分析研究以及得出有效结论的一种营销活动，即金融市场调查是运用科学方法，对于金融产品和服务由金融企业转移到客户过程的全部经营活动的相关资料，进行系统地搜集、整理、分析和评估，为企业决策提供客观依据的一种活动，调查的目的是为了满足金融市场和客户的需要。

2. 金融市场调查的历史沿革

金融市场调查作为一项相对独立的企业经营活动，是近几十年才发展起来的。20 世纪以前，西方金融企业的业务功能较少，技术还不是很复杂，金融企业通过业务活动来了解市场状况，即可基本满足经营决策的需要，因而对于金融市场调整，并未予以重视。直到 20 世纪 60 年代初，才有少数金融企业认识到市场调查对金融业务活动的重要作用。1973 年，英国所有的大清算银行都成立了市场营销部，并且有目的地开展金融市场调查。此外，随着金融业发展竞争的加剧以及外部环境的变化，金融企业日益清楚地认识到开展市场调查的必要性，并着手对诸如客户的数量和构成、开立活期账户和定期账户的种类、影响客户选择银行的因素、企业形象的比较、金融产品和服务如何更好地吸引客户、申请贷款者的情况及其贷款用途等进行认真的调查分析。而其他金融企业如保险公司、财务公司、证券公司、养老基金、信托公司、投资公司等各种非银行金融机构，也认识到开展市场调查研究的重要性。

3. 金融市场调查在我国的发展状况

在计划经济体制下，我国金融企业尤其是银行由国家集中统一管理控制，其业务范围界限分明，经营活动按照政府指令性计划进行，而客户的需求只能服从行政计划安排，因而忽视了金融市场调查。而近年来，随着改革开放的不断深入、社会主义市场经济体制的日益形成，以及金融企业的职能逐步转型，金融市场调查的作用迅速凸显。具体表现为：多种性质的商业银行已经建立，其分支机构也急速增加，同时各种非银行金融机构也纷纷成立并开展业务。此外，外资金融机构也开始参与竞争。在这种情况下，我国金融企业为了在市场竞争中求得生存和发展，就必须更加重视金融市场调查。

二、金融市场调查的任务

金融市场调查所要完成的主要任务如下。

1. 了解目标市场

金融企业为在激烈竞争的市场环境中能够有效地拓展营销业务，可以把构成金融市场的不同客户按照地区、人口、心理、习惯等因素，划分为若干个不同的客户群体，并从中选择为之服务的目标市场。通过调查了解目标客户的需求状况，本企业的市场占有率以及该目标市场中其他金融机构的数量、产品、服务和营销方略，从而取得充分的信息资料，将有助于本企业为目标市场提供更优的金融产品和服务，以满足目标客户群体的需要。

2. 评估营销方案

为了明确金融营销部门所制订的营销方案是否符合市场实际，在方案实施之前，需对金融产品和服务以及营销方略等进行充分评估，并根据金融市场和企业自身的具体情况来判定营销方案的正误，以便加以调整或修改，从而最终确定金融营销方案。这样既可以使企业及早发现问题，采取有效措施减小或避免风险，更好地满足客户的需求，又有利于改善企业自身的形象，提升其社会影响力。

3. 权衡营销结果

金融企业应根据市场调查所收集的数量资料以及售后反馈的信息，来分析客户需求的满足程度、偏好变化的趋势以及企业经营的优劣等，从而对营销方案的效果进行权衡，以便认定现行营销方案是否可以继续实施或者加以修正。具体可从以下三个方面着手。

(1) 调查内部各种账户如新开账户、结清账户以及余额等的数量变化，以确定某项金融产品和服务的经营状况。

(2) 调查外部因素对金融营销的影响，这些外部因素主要包括储蓄存款意识、广告渗透力、账户转移、金融机构选择、国家经济政策、金融法律法规等。

(3) 定期调查企业的市场形象，开展市场细分研究。这样有利于准确把握市场动态，寻求市场机会，以便保持和扩大市场份额，实现企业的营销目标。

三、金融市场调查的重要意义

在现代市场经济条件下，市场状况复杂多变，营销竞争异常激烈，金融企业要适应这种环境，确定正确的经营计划和营销方略，以优质的金融产品和服务满足客户需要，从而赢得竞争优势,就必须通过金融市场调查,准确掌握大量的信息资料,及时了解市场行情及其变化趋势。金融市场调查对于企业营销管理的重要意义体现在以下五个方面。

1. 有利于掌握金融市场的动态

由于金融企业是在市场经济条件下从事经营活动,因而必须及时准确地了解市场状况及其变化趋势,例如金融企业应掌握金融产品和服务的供求、价格以及利率、汇率、股市行情的变动等。同时,金融企业的经营活动还要受到国内与国际市场的影响和制约,因此,国内与国际市场的动态,有关国家政策、法律、法规的制定和执行情况,以及人口、心理、购买习惯等因素也会对金融市场和金融企业的经营活动产生直接或间接的影响。只有通过上述各种因素的市场调查和综合分析,才能准确地掌握市场动态,从而为金融企业确定经营方略和营销计划提供科学依据。

2. 有利于改进金融产品和服务的品质

随着人们生活水平的提高,广大客户对金融产品和服务的质量和品种提出了更高的要求。为此,金融企业必须使其产品和服务不断改善和创新,以满足客户的需求。这就要求其系统地开展市场调查,了解和掌握客户对金融产品和服务的需求变化及其发展趋势,制订和实施正确的营销计划,为市场提供丰富多彩的金融产品和服务,从而使得企业在竞争中不断发展壮大。

3. 有利于制定市场目标和营销方略

金融企业要制定正确的经营目标和营销方略,主要依靠市场调查所提供的信息资料。即只有通过市场调查获取必要的信息资料,才能使企业推出合适的金融产品和服务,并以合适的数量、品种和价格,在合适的时间和地点提供给合适的客户,以满足其需要,从而做出正确的营销决策。

4. 有利于促进金融产品和服务的销售

金融广告宣传是促进产品和服务销售的重要手段。广告宣传的作用在于引起广大客户对本企业产品和服务的注意和了解,诱发其购买欲望,提高其购买信心,促成其购买行为。达到上述目标的关键在于了解客户的需要、动机与态度。而只有通过市场调查,掌握上述情况,分析和预测其变化趋势,才能有针对性地开展广告宣传活动,达到促进销售的目的。

5. 有利于提高金融企业的经营绩效

金融企业经营管理的核心是以最小的耗费取得最大的绩效。金融企业应及时向市场提供适销对路的产品和服务以满足客户的需要,不断扩大销售,从而使企业经济效益不断提高。而只有通过市场调查,了解市场需求及其变化趋势,才能有针对性地制定或修正本企业的营销决策,改善经营管理,向市场提供客户所需要的金融产品和服务,从而取得良好的经营绩效。

第二节　金融市场调查内容

一、金融市场调查的对象

金融市场调查对于改善金融企业的营销管理十分重要。而市场调查的对象十分广泛，对于直接或间接影响金融营销活动的各种信息均应列入调查范围，以利收集信息资料，开展全面分析。一般而言，金融市场调查的对象主要包括以下四个方面。

1. 营销环境

金融营销环境是客观存在的，为了使金融营销活动能够顺利开展，必须了解宏观环境中的各种相关因素，分析其对企业的影响，从而避免所制订的营销计划与实际环境发生偏离。营销环境具体由以下三个部分组成。

(1) 法律政策环境。法律政策环境在很大程度上决定了金融企业的客户范围和业务领域。不同的国家以及同一国家不同地区间的法律政策也会不尽相同，而企业只能在严格遵守法律政策的基础上开展营销活动，并根据法律政策的变化及时调整其营销计划。

(2) 宏观经济环境。金融营销活动在很多方面受到宏观经济环境的制约。在萧条期，企业普遍不景气，客户对金融业务(如贷款)的需求量就会大大下降，而进入繁荣期，贷款需求又会急剧上升，因此，宏观经济环境直接影响着金融市场的需求变化，企业应根据经济发展水平与市场特点采取不同的营销方略，制订相应的营销计划。

(3) 社会文化环境。人们的社会风尚、生活传统、消费习惯、消费模式以及消费结构的差异会对金融营销活动产生较大影响。例如，在一个具有节俭习惯的社会中，金融营销应着重于储蓄产品的开发，以吸引更多的存款，而在一个消费倾向较强的地区，金融企业则应积极开拓消费信贷业务，以引导客户的消费。此外，文化因素在金融营销活动中亦不容忽视，企业只有根据人们文化知识、思维方式的特点有针对性地开展营销活动，才能实现其经营目标。

2. 客户需求

金融营销的出发点是满足客户需求，因此，企业在制订营销计划时应充分考虑客户的基本状况，以便更好地适应客户的要求，从而吸引更多的客户，占领更大的市场份额。对客户需求的调查主要包括以下两个方面。

(1) 人口数量与构成。一般而言，人口数量决定着市场需求量，人口数量越多，对金融业务的需求量也就越大。同时，确定人口数量也要充分考虑流动人口的影响。此外，企业还要对人口构成进行分析。人口构成主要包括年龄构成、职业构成、性别构成、民族构成、收入构成等，而不同的人口构成会形成不同的市场需求。

(2) 金融客户行为。金融客户的消费行为多种多样，并受到需求动机、文化程度、宗教信仰、经济状况与生活方式等因素的影响，因而金融企业对其消费动机、购买方式、购买习惯等要进行全面分析，通过了解各种因素变化对其消费行为的影响，从而制订适合的营销计划，以正确引导人们的购买活动。

3. 市场供求

市场供求是金融市场调查的一个重要内容,它主要包括以下七个方面。

(1) 金融产品的市场供求情况,即是供过于求还是供不应求或供求平衡。

(2) 市场潜在需求量,即金融产品在市场上所能达到的最大需求量是多少。

(3) 不同的细分市场对于某种金融产品的需求状况,以及各个细分市场的需求状况与潜在需求量。

(4) 金融产品的市场占有率,即哪些细分市场对于企业经营最有利。

(5) 金融产品如何进行优化组合以满足不同客户的需要。

(6) 其他金融企业的市场动态及其在竞争中的地位和作用,本企业如何扬长避短,从而在竞争中发挥自身优势。

(7) 新金融产品投放市场的最佳时机。金融企业通过对市场供求状况的分析研究,从而制订出更优的金融营销计划。

4. 金融产品

这一调查所涉及的内容主要包括以下八个方面。

(1) 金融产品的种类、数量、覆盖范围和市场占有率。

(2) 金融产品生命周期分析,这有助于金融企业根据产品生命周期的不同阶段采取相应的营销方略。

(3) 如何提高现有产品质量,增强其对客户的吸引力,从而维系老客户、增加新客户。

(4) 如何通过产品创新,不断开发新产品,以使产品升级换代,增强产品的市场竞争能力。

(5) 如何改进金融营销过程中的服务质量,诸如咨询服务、信托服务等。

(6) 如何确定本企业的资产组合,使得营利性、安全性与流动性获得满足。

(7) 如何对金融产品进行比较分析,提出增强本企业金融产品竞争力的建议和措施。

(8) 如何树立优秀金融企业形象,提高本企业的知名度和影响力,从而不断提高客户对本企业金融产品的信任程度。总之,调查金融产品的目的就在于使本企业能够更好地提供适应市场需要、满足客户需求的金融产品和服务,以取得良好的经营绩效。

由于上述市场调查对象之间互有联系和影响,因而金融企业不仅要根据其所获取的信息资料制定营销方略,还应对各方面的信息资料进行综合分析,从而制订整个企业的营销计划,充分发挥金融市场调查的效用。

二、金融市场调查的程序

金融市场调查只有遵循一定的程序、采用科学的方法和手段,才能使得调查工作获得应有的成果,达到预期的要求。金融市场调查的具体程序如下。

1. 收集和评价现有资料

金融市场调查的任务就是收集分析相关的信息资料,并据此提出相应的营销决策建议。信息资料具体包括现有资料与实地调查资料。现有资料的来源有两方面,即企业内部资料和企业外部资料。前者指企业内部的市场调研部门所收集积累的资料和数据;后者指官方和非官方公共机构提供的已出版或未出版的资料和数据,包括国家统计机构公布的统计数据、金融行业组织发布的行业资料、专业组织(如消费者协会、质量监督机构、股票交易所等)提供的调查报告、统计资料以及研究机构提供的调查报告和研究论文等。现有资料搜集后,需要加以评价和筛选,即衡量资料是否准确可靠,所涉及的时间是否适当,资料的获得是否便捷等,并要在已收集的资料中选取研究所需的内容。

2. 实地调查分析

通常依据现有资料开展调研有其局限性,因为所收集的现有资料不完整,难以满足研究要求,尤其是缺乏相关市场的最新资料,会影响调研成果的实用价值,所以有必要通过实地调研以收集和分析金融市场的第一手资料,即实地调查资料。

实地调研的工作步骤如下。

(1) 明确调查任务。

(2) 收集案头资料,诸如本企业的营销记录、公开发行的统计资料、竞争对手的产品资料、受访人员名单等。

(3) 确定调查课题,即规定调查的目的、范围、对象等,以便高质高效地完成调研任务。

(4) 制订调查计划,即具体确定调查地点、调查对象、调查方法、调查工具、抽样计划、时间安排、经费预算等。

(5) 试探性调查,即先进行一次小规模的非正式调查,以检验调查计划是否科学完善,以便修改或调整,具体可以采取座谈、访问等方式,有针对性地收集资料并进行统计。

(6) 结论性调查,即按照计划进行金融市场调查活动,通过获取全面准确的数据资料,以便得出调查结论。

3. 撰写调查报告

运用科学方法对所获资料进行分析研究、得出结论,并在此基础上撰写调查报告。调查报告的具体内容如下。

(1) 封面,写明调查标题、承办部门、人员、日期。

(2) 摘要,简要说明调查过程、调查结论和建议事项。

(3) 正文,阐明调查目的、方法、步骤、样本分布情况、统计数据、误差估计、调查结论和参考建议。

(4) 附录,列入相关资料,以供对照参考。

4. 后续调查

由于金融市场复杂多变,因而完成调查报告并不意味着调查工作的结束,金融营销部门还需要进行后续调查,以了解调查结论与营销实践是否相符,参考建议的实际应用效果如何。金融企业通过后续调查,可以从中发现新情况、新问题,及时总结经验,纠正决策偏差,加强对金融营销活动的监管和控制。

三、金融市场调查的方法与手段

金融企业开展市场调查应注意调查方法的选择。即针对不同的调查对象,根据不同的调查目的，应采用不同的调查方法。金融市场调查的主要方法有以下三种。

(1) 访问法。即调查人员通过书面或口头询问方式向调查对象提出问题，并以其答复作为调查结果。这种方法所采用的具体形式如下。①面谈访问，指与被调查者进行面对面的沟通，通过访谈，可以直接倾听被访者的回答，并从其言谈举止以及表情中获得某种有益的信息，针对有些问题可要求其做详细说明或与之进行探讨。面谈访问既可以是个人访问，也可以是小组访问，访问方式灵活自由，有利于双方相互沟通，信息真实全面，易于把握，还可以获得一些意外信息，但它对调查人员素质、谈话技巧的要求较高，费用也较大。②电话访问，指通过电话询问被访者的意见。运用这种方式收集信息简便快捷，易被人接受，费用也较小，但是通话时间不能过长，内容单一、不易深入，获得的信息量也不大。③问卷调查，指调查人员预先设计好调查问卷，面交或邮寄给调查对象，请其在一定时间期限内填好后交回或寄回。这种调查方式应用范围广，调查对象回答问题的时间充裕，结果客观，成本较低，但也易受到调查对象个人态度的影响，并且回收周期长，回收率较低。④上网访问，即在计算机网络的条件下，被访者坐在一个终端旁，阅读显示器上的问题，输入答案。随着科学技术的发展和普及，这种调查方式会越来越多地被采用。

(2) 观察法。即调查人员在现场观察与记录人们的金融行为，以收集营销信息资料。具体形式分为：①现场观察法，即调查人员亲自到现场观察实际发生的情况以取得数据信息，例如到银行、股票交易所、期货交易所等金融场所进行现场观察；②仪器观察法，即运用先进的科学仪器针对选定目标进行摄影、录音、录像等，以收集所需要的资料。可见，观察法可以消除对调查对象的干扰，使所收集到的资料更加客观可靠，也可减小调查人员的主观影响，保持信息的真实性，但它一般仅能看到事实的表象，并受时间与空间限制，且成本也较高。

(3) 实验法。该方法是假定其他条件不变时，在小范围内观察调查对象对于新产品或新服务项目的反应，以取得这种影响的定性与定量数据，从而做出相应的分析判断。即设置供实验用的市场，通过控制自变量以研究因变量的反应。具体分为以下两种方式。①正式市场实验，即选择某一特定市场，控制一个或几个营销自变量，研究其他营销因变量的因果关系。当金融产品改变设计、价格和促销策略时均可应用这种方法。②模拟市场实验，即在模拟正式市场条件下进行实验，尽管稍欠精确，但所得数据亦可供参考，并且省时省钱。可见，实验法较科学准确，但调查时间长，调查成本相对较高。

近年来，科学技术的突飞猛进为市场调查提供了极大便利，市场调查的效率迅速提高。现代金融企业在进行市场调查时，普遍采用了先进的技术设备或手段，如电子计算机、微缩胶片、闭路电视、复印机、录音机、摄像机、传真机以及其他先进技术设备，以收集、挑选、分析和处理信息资料，甚至还建立了市场营销信息系统，应用先进技术手段开展市场调查现已成为金融市场调查活动的发展趋势。

第三节　金融市场营销预测

当取得金融市场调查的数据资料并进行全面分析后，营销人员应对金融市场未来的发展状况做出较为科学的估计，即实施营销预测。

一、营销预测的分类

营销预测可做以下分类。

(1) 宏观经济预测与微观市场预测。前者是预测宏观经济环境发生变化之后的整个市场状况,后者则是对某一类或某一种产品的市场需求变化做出估计。

(2) 短期、中期与长期预测。短期预测的时间跨度一般为半年到两年,主要用于编制年度营销计划;中期预测的时间跨度为 2 年至 5 年,主要用于编制中期营销计划;而预测时间在 5 年以上的就属于长期预测,可以为企业确定长期营销战略规划提供参考依据。

(3) 定性预测与定量预测。前者主要是对目标市场未来的发展趋势、性质与程度进行质的判断,而后者则是运用数理模型进行数量估计。

二、营销预测的内容

营销预测主要包括以下五项内容。

(1) 市场需求预测,主要是对市场需求的变化做出估计。

(2) 市场供求预测,主要是对金融产品的市场供应量做出预测,即预测金融产品的供求平衡状况。

(3) 市场价格变化预测,即根据供求关系及其变化对市场价格的走势做出估计。

(4) 产品生命周期预测,即判断金融产品的市场发展潜力。

(5) 产品销售预测,即根据产品市场占有率以及竞争能力对本企业的金融产品销售状况做出预测。

三、营销预测的方法

由于金融市场是一个规模庞大、功能复杂的大系统,其变化会受到诸多因素的影响,因而金融企业既要对各种相关因素进行分析,也要对它们之间的关系和作用进行研究。同时,营销预测的成功与否还和预测方法密切相关,营销预测的方法主要有以下几种。

(1) 意见综合法。这种方法是先集中金融营销人员对市场情况及其变化做出估计判断,并提出各自的预测方案,再由主管人员运用平均法(简单平均或加权平均)进行处理,得出最终的预测结果。该方法要求主管人员事先尽量向预测人员提供相关资料。

(2) 专家意见法。即企业向有关专家提供相关资料,专家们先对可能出现的各种趋势各自做出独立的分析预测,然后将这些意见集中起来加以归纳整理后,再返还给各位专家征求意见,使得专家们在参考他人意见的基础上不断修正自己的预测,如此反复进行,直至多数专家得出较一致的意见为止。由于这种方法可以使专家们在借鉴他人意见的基础上,逐渐形成自己成熟的看法,其预测的准确性较强,因而获得广泛应用。

(3) 时间序列法。这是一种定量分析的方法,它是根据现有资料,运用统计方法、以时间推移来预测市场的发展趋势。这种方法具体包括算术移动平均法、加权移动平均法与指数平滑法。

① 算术移动平均法。它是将靠近预测期的一段时间内的历史数据的平均值作为预测值，随时间的不断推移而后移动。其预测公式为：

$$E_t = \frac{1}{n}\sum_{i=t-n}^{t-1} D_i$$

式中，E_t——对时期 t 的预测值；

D_i——时期 i 的实际数据；

n——实际数据的时期数。

根据上述公式可以推导出以下公式：

$$E_t = E_{t-1}\frac{D_{t-1}-D_{t-n}}{-1}$$

式中，E_{t-1}——时期 $(t-1)$ 的预测值；

D_{t-1}，D_{t-n}——时期 $(t-1)$，$(t-n)$ 的实际数据。

② 加权移动平均法。即对于不同时期的实际数据给出一个权数，再加以平均计算预测值。其公式为：

$$E_t = \frac{1}{n}\sum_{i=t-n}^{t-1} W_i D_i$$

式中，W_i——时期 i 的权数，一般越靠近预测期则权数越大。

③ 指数平滑法。它是对加权移动平均法加以改进，对由近及远的权数按指数递减，从而突出不同时期对市场产生不同影响的事实。其预测的计算公式为：

$$E_t = E_{t-1} + W(D_{t-1} - E_{t-1})$$
$$= WD_{t-1} + (1-W)E_{t-1}$$
$$= WD_{t-1} + W(1-W)D_{t-2} + W(1-W)^2 D_{t-3} + \cdots + W(1-W)^{t-2}D_1$$

式中，E_i——时期 i 的预测值；

D_i——时期 i 的实际数值；

W——根据现有数据调整后的平滑系数，一般为 0.01～0.3。

(4) 回归分析法。金融市场与其他市场一样，在营销活动中会涉及一定的数量关系。金融营销人员要了解和掌握金融产品销售额随时间空间变化的原因，这个销售额就是因变量，对销售额有影响的变量称为自变量。而回归分析法则是根据这一因果关系，建立数理模型对未来的发展趋势进行预测的方法。它通过设定变量与预测对象之间的数量关系，然后代入实际数据求出回归系数，从而确定数理模型，再用该模型求出预测值，并用相关系数 r 来检验其信度。它具体包括一元线性回归预测与多元线性回归预测。下面我们以一元线性回归法说明其预测公式。

例如，假定某种金融产品的预计销售量 y 与该产品市场上的人口数量 x 之间的关系为：

$$y = a + bx$$

式中，a，b——回归系数。

利用最小二乘法，金融企业通过把以往几年该产品的销售数据以及人口数量组合 (x_i, y_i) 代入上式求出：

$$b = \frac{\sum(x_i y_i) - \bar{x}\sum y_i}{\sum x_i^2 - \bar{x}\sum x_i}$$

$$a = y - bx$$

且其相关系数 $r = \sqrt{1 - \dfrac{x^2}{\sigma^2}}$，其中 σ 为标准差。

进行预测时，只要将新的人口数量 x 代入 $y=a+bx$，即可得到新的销售量 y。回归分析法对时间序列法进行了较好的修正，在理论上它也具有很强的代表性，预测效果比较理想。

经典案例评析一　　　　经典案例评析二

【情境案例解析】

营销"群英会"

一、引子

入秋了，早晨的阳光里似乎也夹杂着丝丝的寒意。9月的第一个周一到来了，赶着早高峰上班的人们似乎无暇顾及这久违的秋意。某银行上海分行大厦，一季度一次的上海分行业绩总结会将按照惯例如期举行。每次的总结会，都是几家欢喜几家愁，业绩优异的支行可以长舒一口气，业绩差强人意的支行则压力重重。

市北支行的秦行长，步履匆匆地走进银行大厦，抬手一看表，九点二十三分，他长舒一口气，时间正好。走进电梯，按下 21 楼。抵达 21 层后，他直奔 2107 会议室，推开会议室的门，只见圆桌边的座椅基本已坐满，秦行长绕着圆桌扫了一圈，大约 30 多个支行的负责人都来了。秦行长深吸了一口气，找了个靠门边的位置坐下，身旁坐着市南支行零售部的经理陈涛。陈涛抬头看见秦行长，打趣道："呦，这不是秦行长嘛，今儿个您亲自来向领导汇报工作啦！"

秦行长苦笑道："下面员工压力也不小，我这个做行长的，总得身先士卒么。"

陈涛笑道："您这不仅是身先士卒，都赶上鞠躬尽瘁啦！"

这时，分行零售总部的高总推开门进来了，秦行长对着陈涛轻轻地"嘘"了一声，会议便开始了。

二、压力

高总打开自己的笔记本，并打开了会议室的放映屏，洪亮的嗓音带领会场的人们进入了会议的正题。

"首先辛苦各位奋战在营销一线的骨干们，大家周一一大早就赶到分行来参加我们季度理财情况回顾的总结会，应该没有饿着肚子来吧？"会场发出一阵轻快的笑声。"那么下面我就不给大家兜圈子啦。今天我请大家来，主要是带着大家一起回顾本季度个人理财业务的大致情况，并给大家提供机会，不同的支行负责人之间也可以互相交流学习"，高总呷了口茶，"当然，部分支行可能业绩持续不佳，今天我也想仔细地了解一下支行都遇到了哪些困难，我们分行一定会尽可能地给予帮助。"说到这，高总的眼神有意无意地扫了一眼秦行长，秦行长觉得自己的脸颊有些微微的发烫。

"我们上海分行开业以来，就一直'建设一流银行、打造百年银行'为战略核心目标，深入推进业务经营模式和盈利模式战略转变，致力于为广大客户提供优质高效的金融服务。今年年初以来，我们的个人 VIP 客户、个人理财和金融同业等业务迅猛发展，在上海市银行业具有重要影响力，已经成为本市乃至全国同业中一支不可或缺的生力军。我们的个人理财产品也已经自成体系，理财产品囊括了人民币理财、外汇理财和个人贷款等系列。今年我行累计发行理财产品已经超过 500 款，主推的天天万利宝、天天万汇通、现金宝、智盈宝等理财产品已经具有了相当的品牌效应，也积累了一定的客户基础。成绩很喜人，值得高兴！""但是距离年底还有整整三个月的时间，如何保护我们今年的战利成果，保障客户群体不大量流失，仍然是我们接下来这个季度的工作重点。对此，我希望各位支行的领导们能够抓大放小，根据自己支行的具体情况来规划本季度的发展目标。下面的时间，我会一一对在做负责人进行沟通和提问……"秦行长盖上笔盖双手重叠，思忖着如何应对高总的犀利提问。

"秦轩，我仔细地看了你们支行反馈的上季度销售数据，情况不容乐观啊"，高总开门见山，"4 月到 7 月，你们支行的理财产品销量一直有所下降，除此之外，对私有效户和手机银行激活使用数也停滞不前。市北支行所在位置一直是交通枢纽点，也是居民区比较集中的地方，今年年初你们支行的业绩一直不错，现在出现下滑你觉得具体是什么原因呢？"

"高总，我也仔细考虑了我们支行出现的问题。今年 5 月份我们支行业绩最出色的客户经理转做私人银行业务，而另一位老员工因为个人原因离职了，现在在我们支行零售业务的团队整体比较年轻，所以经验可能有些不足。除此之外，外部的竞争也比较激烈，不止我们银行在努力拓展"社区支行"，民生银行也在大力推行社区的网点，招商银行也在紧锣密鼓地加大基础网点的建设，光我们支行所在区域附近就新增了好几个银行的网点，从外部环境来看我们也面临着更加激烈的竞争。"

"这点你说的确实不错"，高总点点头，"大家知道，现在社区银行和直销银行已经成为我们股份制商业银行今后两年的发展方向，这两种模式也是在为我们的个人理财业务保驾护航，社区银行的规模小，人员编制少，因此机制比较灵活，客户定位清晰；直销银行则更是我们应对互联网金融的挑战而需要加大筹码去建设的目标。各家银行都在增设网点以提升竞争力，所以大家应该知道接下来的竞争会更加激烈。老秦，作为支行的一把手，你应该更注重支行内部流程的规划以及员工素质的培养，当然我知道这是需要一定时间的，所以要多多辛苦你，加强与你支行员工的沟通和具体工作开展的部署。"

"高总，我明白……"秦行长搓了搓手。高总看出了他的尴尬，伸手做了一个 OK 的手势："我们银行人就要敢为人先，不怕吃苦，有困难也要上嘛！大家说是不是？"秦行长笑了，连连点头。

三、酝酿

市北支行行长室，秦行长坐在桌子前，办公室烟雾缭绕，秦行长摁灭烟头起身打开门，准备叫自己的助理张讯给自己泡杯茶，突然听见大堂外面吵吵闹闹的声音，秦行长走出办公室伸头张望，发现原来是大堂内等候区人太多，排队时间过长，有客户插队，其他客户上前理论从而引起的争吵，大堂经理和保安师傅在一旁努力引导调解，总算是息事宁人。

对于银行从业人员来说这种小吵小闹的事情早已是家常便饭，换作往常也许秦行长并不会放在心上，但是回想起早上分行的会议，秦行长不禁有些烦躁。看到大堂内等候区内焦急的人们，秦行长暗自思忖：每天支行里的客流量并不算小，办理业务的人也并不算少，曾经自己也并没有担心过个人理财的业绩，为什么最近的情况一直不能令人满意呢？想到这，秦行长回到办公室拨通了助理张讯的分机号："小张，帮我通知一下零售银行部的所有员工，今晚的夕会可能持续时间比较长，让大家下班以后先去吃饭，然后再回行里开会，另外记得帮大家买咖啡，我请客。""好的，秦行！"张讯应到，接着转头在零售银行部的微信群里给大家推送了消息。零售银行部的员工一下子炸锅了，活泼的李瑞希吐了个舌头："听说领导今天早上刚去分行开的会，八成也要给咱开'批斗会'了。"

四、分享

晚七点，零售银行部的员工们已经在会议室里等待了，正当大家窃窃私语的时候，秦行长进来了。大家很快安静了下来，秦行长坐下以后环视一圈，沉默不语。大家面面相觑，都不敢发言。几分钟后秦行长笑了："大家不要这么紧张嘛，气氛搞得像'批斗会'一样，很久没有这种时间充裕的机会和大家沟通了，我们这是'茶话会'，或者说是'头脑风暴'会，叫大家来的目的，我想大家也都知道，今天早上的分行总结会，我们支行因为连续在一个季度内业绩下滑而被光荣地点名了。对此虽然我有压力，但是我也不希望把压力原封不动地转移到大家的头上，我更希望我们能够集思广益，群策群力，找出问题，共同解决。"这时，张讯提着一大袋星巴克推门进来了，热情地吆喝到："今天秦行长请大家喝咖啡，给大家解解渴！""哇，太好了……"气氛渐渐热络了起来。

秦行长喝了口摩卡，抬起头问正对面一位年轻的姑娘："黄鑫，你入职有差不多半年了吧？这段时间呢，你也是比较努力，大家都有目共睹。不知道你平时工作中有没有积累的什么心得体验？讲出来和大家分享一下，我们老员工既可以指导你，也可以从你身上汲取青春的力量。"大家都笑了。

黄鑫是半年前新入职的个人理财客户经理，在校期间学业优异，虽然看上去略微有些腼腆，但是秦行长觉得她专业基础过硬，做事踏实勤奋，非常看好她。

"秦行长，我来这里工作已经7个多月了，前两个月我参加了分行组织的封闭式培训，现在每天工作的开展基本是定期查看我们银行的CRM系统，锁定营销的目标客户，然后每天进行电话营销。像现在我基本上一天都要打到30个电话左右，其中确实有一些困难，拿电话营销来说，打10个电话基本上至少有5个人的回答是冷冰冰、爱答不理的，时间一长，打击积极性，关键是我觉得现在与客户沟通似乎有一些瓶颈，可能是害怕客户会拒绝而产生的条件反射吧。"

"关于电话营销，营销话术很重要，但还有一个更重要的小技巧，那就是打电话的时间。"私人银行客户经理邢莉一字一句解释道。邢莉曾经是个人理财客户经理，因为业绩出色，现转为了私银客户经理，专攻高净值客户。

"电话营销也是一门学问，给客户打电话是要讲究时间的。根据我多年经验，我们可以以一个周为标准进行分析：周一，是开始本周工作的第一天，客户往往会有所谓的假期综合征，并且大部分公司在周一上午都会安排会议(介绍本周工作如何开展)，所以说，理财经理应尽量避开在周一联系客户，即便非要联系，也应选择周一下午；周二到周四，是每周工作的正常区间，在这个阶段联系客户一般不会吃闭门羹；周五的心情大家都清楚，那是按捺不住迎接周末的快乐心情，别以为在客户开心的时候进行业务联系会有收获，其实这时候的客户心里只有'下班'这个词，还是进行一些预约或调查活动比较好。除此之外，我们还可以以'天'(朝九晚五的工作时间前提下)为标准进行分析：早晨8：30-10：00，属于比较忙碌阶段(工作前准备及一天工作的展开)，这时候联系客户势必被答复为'在忙'；10:00—11:30属于次忙碌时间，这时联系客户较好；11:30—14:00属于午餐及下午开始工作的'懒惰期'，谢绝陌生电话来访；14:00—15:00属于下午比较忙碌阶段；15:00—17:00是最有利阶段，建议这时候对客户进行电话营销最佳。最后，我们还应该注意不同职业的客户，其闲暇时间也是有差别的。总之，巧妙地把握客户能够接受的电话来访时间，相信至少对电话营销是很有帮助的。"

黄鑫和李瑞希不禁惊叹："邢姐，你真不愧是'理财一把手'啊！"

秦行长接着说道："刚刚小黄提到的CRM系统，不知道大家对它的认识都到什么程度？不如说来我听听。"

李瑞希指着放映屏上的"银行CRM客户管理系统的管理组成图"(详见下图)，抢着答话："我们银行2002年便开始引进CRM系统，将客户分成钻石客户、黑金客户、白金客户及一般核心客户来管理，对客户进行分类维护。根据我在日常工作中的体会，CRM强大的技术支持完全可以解决客户的管理问题，我们可以进入CRM客户关系管理系统以后，首页会有提示即将有产品到期的客户，找到相应的客户点击进入该客户界面，客户经理可以进行电话通知；通知结束后可在该客户界面右侧点击"接触信息"选项，选择"新增"，这时会跳出一个对话框，里面需要填写诸如接触类型(电话营销、短信慰问等)、接触时间、接触内容与备注等信息；备注中主要用于简单记录跟客户对话的简要内容，以便下次找到这位客户时能很快提醒自己与之接触的历史内容，下次再进行电话接触时简单提一下上次的事情，相信客户对理财经理的印象会上升很大一个层次。而且，这还能解决我们的一般核心客户容易被忽视的问题不是吗？做好了记录，我们就能实时提醒自己什么时间应该做什么事情，不会因为时间有限而顾及贵宾客户的同时忽视一般客户了……"

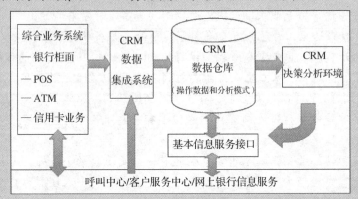

"那么你能马上说出来我们CRM系统里所统计的销量最佳的产品吗？"秦行长突然打断李瑞希。

"呃……我们支行里的明星产品还是天天万利宝，上一次使用系统的时候我发现万利宝里A款，也就是35天的销量还是最为受欢迎，其中5万到10万和10万到20万两档的销量最高，说明日常居民手头里闲散资金的力量还是不可小觑的……"

"很好，那么就万利宝而言客户分层的占比你能说出来吗？分为几档？对于不同层级的客户你有什么相应的对策呢？"

"……这个，我还没有仔细分析过。"李瑞希的声音小了下去。

"前几天有客户来跟我们大堂经理反映说，最近没有再接到产品到期通知了，导致他产品到期了自己都不知道，浪费了近一个周的收益。客户对此非常不满意"，秦行长的表情严肃了起来，"分行的领导也不止一次地强调了要加强CRM系统的利用效率，据我所知，我们银行CRM系统起步早，开发成本高，可以说在同业里的水准都是数一数二的。作为客户经理来说，行里该给各位配备的硬件应该说都非常到位，但是大家自己有没有好好花时间去钻研我们的CRM系统呢？"

李瑞希脸涨得通红，让坐在正对面的张讯忍俊不禁，张讯把一杯冰拿铁往李瑞希面前推了推："给，冰的！""谢谢！"他感激地看了一眼张讯。

秦行长望着眼前一张张青春洋溢的面孔，语气突然变得铿锵有力起来："我们都知道个人理财业务是一项多层次、综合性的业务，它要求营销人员不仅必须了解个人理财业务的各项产品和功能，还应掌握股票、基金、保险、外汇、税收等金融知识，并具备良好的人际交往能力和组织协调能力。但是目前国内银行理财产品营销人员大多是从原来银行柜面员工中抽调出来临时培训，本身缺乏金融理财知识方面的底蕴，只要通过金融理财师的相关考试即能上岗。即使是一些高端人才，银行或他们自身也对理财产品营销工作"不屑一顾"，认为是人才的浪费。正是这种现状和意识导致目前理财产品营销人员只能为客户提供一些低端的、低质量的理财服务，严重阻碍了银行理财产品业务的拓展。对此，我希望大家坚决不能有这样的心态，理财产品营销工作是个看似简单实则功力深厚的活儿，光抓专业素养其实还远远不够，我们作为客户经理，社交礼仪、心理分析能力、沟通能力乃至是情怀、修养，缺一不可。'不积跬步无以至千里'，这需要大家有一个严格要求自己、不断提升的过程。就我刚才所说的CRM系统，熟练地操作它、运用它，能够不断地从系统里深度挖掘别人挖掘不到的信息，才算是慢慢入了门。就拿万利宝的客户分层来说吧，有一天当你能够不假思索地说出我们行里的A级客户、B级客户、C级客户分别占比多少，如何'养客户'，有什么好的'养客户'策略，如何一步步去实现它，那么你的功夫才真正算是到了家。"

小小的会场里鸦雀无声，若干分钟后黄鑫放下手中的笔，长舒一口气："秦行长，你说得真好，听您一席话，胜读十年书啊。品牌忠诚和回头客就是这样建立起来的吧，您对我们指点一番，我们可以少走很多弯路。"

秦行长哈哈一笑化解尴尬："现在我年纪也大啦，我把希望都寄托你们这些新鲜力量身上，毕竟长江后浪推前浪嘛！"

"哈哈哈哈……"会议室里的人都笑了。

五、思考

许久没有发言的眼镜男张凡挠了挠头发，接上话茬说："上周我在电话岗，接到一客户来电，大概意思是说最近其他银行理财产品收益比我们高，问我们最近为什么失去了优势，还说要把资金转走呢。"说完吸了吸鼻子，推了推厚厚的镜片。大家突然一下安静了下来，张凡的话无疑击中了这群银行人最脆弱的神经，那就是——不管策略如何转变，客户投资的规模永远是王道，不管黑猫白猫，抓住老鼠才是好猫。

秦行长杯中的咖啡见底："是啊，自从余额宝横空出世以来，互联网金融产品就层出不穷。从互联网巨头引领的余额宝、财付通，到基金系、银行系下面的'宝宝'类产品，产品已经进入了白热化的竞争了。""除此之外，还有一些活期收益高达百分之九的互联网理财平台，比如什么米袋计划、真融宝等，我们银行今后的发展真正是前有堵截，后有追兵。"张凡补充到。

秦行长转头问邢莉："营销标兵，你有什么好的意见给我们的年轻力量们吗？"

邢莉品了一小口咖啡："收益率低时客户容易流失这个问题是很常见的。尤其在市场竞争日趋激烈的今天，各家银行纷纷变着花样发行不同类型的理财产品，以满足广大消费者的不同的投资需求。在这种大形势下，唯有找到我行的优势与劣势，认清竞争对手，知己知彼，才能百战不殆！先说国有银行吧，虽说国有银行的理财产品收益率偏低，但凭借老百姓对国有银行的信赖度，足以让他们在整个市场站稳脚跟；再看看其他股份制银行，招商银行、华夏银行、光大银行、民生银行及上海浦东发展银行等，机制较为灵活，且发行的理财产品一般收益率较高，在网点数量上也在逐年增加，尤其是我国现有的几家社区银行，基本都是股份制商业银行开设的。股份制商业银行大致相同的经营模式决定了其理财产品也有明显的同质性。在这种情况下，当务之急就是扬长避短"，邢莉顿了顿，"首先，我们在营销客户的时候，应当强调我们银行出色的风险控制能力以及在业界无可争议的同业金融业务规模，这都是不可替代的优势，也是直接跟我们发行的理财产品收益挂钩的因素。大部分客户选择来银行购买理财，还是看重银行良好的平台，雄厚的资金实力以及出色的风控能力……"

张凡忍不住发问："邢姐，你说了这么多，有什么比较好的营销策略让我们借鉴吗？"

"策略也谈不上，但有一些方法你们可以在工作中慢慢得到体会，比如我们惯用的方式：加强交叉营销，提高与客户的黏度。交叉营销，指通过把时间、金钱、构想、活动或演示空间等资源整合，为任何企业，包括家庭式小企业、大企业或特许经营店提供一个低成本的渠道，去接触更多的潜在客户的一种营销方法。与交叉营销密切相关的一个概念是'交叉销售(Cross-selling)'（详见下表)，交叉销售通常是发现一位现有顾客的多种需求，并通过满足其需求而实现销售多种相关的服务或产品的营销方式；促成交叉销售的各种策略和方法即'交叉营销'。对于理财经理岗来讲，提高与客户黏度主要有以下几个途径，比如，推广电子银行如网上银行、手机银行，提高网上银行使用率；推广代扣代缴业务，例如代扣水费、电费及煤气费等业务；推广资金归集业务，这是我行从去年开始首推的一项业务，这项业务通过将其他银行网上银行与我们银行进行协议绑定，可通过网上银行将客户名下的其他银行卡内的零散资金归集到同一张银行卡上，也属于做交叉营销的业务之一。总之，加强对客户的交叉营销有利于强化与客户之间的黏度，这样客户也不至于那么容易就流失。"

新产品	交叉销售——向老客户销售其尚未使用的产品和业务	市场拓展——将新产品销售给新客户
老产品	升级销售——向老客户促销其正在使用的产品以促使更多消费	市场渗透——将老产品销售给新客户

"其次，大家还应该特别注意，我们应该从一开始就避免用产品收益高来吸引客户。大部分理财经理一般都会犯同样的或习惯性的错误，那就是在向客户传达理财产品信息时，一般着重提醒产品的高收益率。这句话直接给客户灌输了这样一个思想：收益高的产品就是好产品，我们应该选择收益高的产品。我们行做固定收益产品的时间比较长，主打的优

势便是稳定、合身。我们在宣传的过程中应该突出我们的这一优点，大家想想，为什么直到今天收益不算高的余额宝仍然在市场上占有一席之地？我们行推出的多款万利宝产品收益率无一不在余额宝之上。余额宝的负责人曾经强调过余额宝的定位：刺激周期消费，做用户理财的管家。这也是它令人耳目一新的地方，我们的产品想要脱颖而出在市场上始终占有一席之地，一定要随着客户需求的多元化而不断丰富，一般来说，一个客户使用银行产品频率越高，他对银行的参与度和依赖性越强，忠诚度也越高。开展产品组合营销，有利于促进产品销售，节约人力资源，提高综合效益。基于客户细分基础上，将个人理财产品作为必备产品进行产品组合，根据都市月光族、公务精英族、青春校园族、自由职业族、出国留学族等不同客户群体的差异化需求，推介不同类型的产品组合。实现客户服务与产品营销无缝对接。再者，让客户认为理财经理是产品推销员的形象而不是他的专属理财投资顾问。长此以往，很自然地就会出现收益率稍低便有客户流失的问题。解决问题的关键就是要从最初的传递产品信息的方法开始，平时注重向客户讲解金融理财方面的专业知识，重塑理财顾问的形象。"

"邢姐说得太对了"，黄鑫激动地说，"秦行，我刚从大学毕业没多久，这点我深有体会，我们从大学里的使用习惯会一直沿用，对今后的生活起到很大的影响，像我大学就一直使用我们银行的借记卡，毕业后也一直没有换，现在甚至直接来到我们行里工作了。客户黏性是非常重要的，我觉得我们应该多加强在校园里的营销和宣传，比如招商银行此前专门针对高校里的学生推出"英雄联盟"信用卡，享受和普通信用卡一样的积分优惠，受到广大学子的欢迎，我们也可以争取多进校园，多参与能够冠名和推广的校园活动！"

"……还有，我觉得我们应该贯彻分行所提倡的网点从'业务主导型'向'营销服务型'转型的思路，我们应该多进社区，组织客户参加一些亲子活动，活动时不要去营销产品，让客户玩好、体验好，对我们满意，再利用这个机会给客户发放一些问卷，希望他们能配合完成，再根据客户生命周期的理论，对他们进行分类统计，只有在社区群体里建立了一定的客户基础，才能更好地开展我们接下来的营销工作。记得我一个在其他银行工作的同学曾经告诉我，他们以前开展客户的亲子活动，有一位客户特别排斥，但是参与过后，直接找到他问自己的钱适合买什么理财产品，请他帮忙投资。我觉得这无疑是一次很成功的带'人情味儿'的营销。我们完全可以借鉴他的思路，秦行你觉得可以吗？"

秦行长靠在椅背上笑了："还是年轻人有活力，我们真应该多举行几次'群英会'嘛！咱们支行有这样一股青春力量，不愁业绩不飘红啊！"大家都笑了，窗外华灯初上，夜生活丰富的人群在街头熙熙攘攘，会议室里的灯光暖暖地洒进每个人见底的咖啡杯里。

秦行长一边示意助理张讯做好会议记录，一边轻叩桌面："相信经过今天的头脑风暴，大家一定感触良多，收获颇丰！我想大家对于自己今后工作的重点一定也有了新的认识，看来我们今天的会议还是很有收获，相信只要大家团结、勤于思考和总结，我们行的理财业务一定可以越做越好，得到更多消费者的认可！会议进行到这吧，大家都辛苦了，既然咖啡喝完了，人也精神了，我提议我们一起吃夜宵去，抛开工作，好好放松，这样大家才有能量有精力迎接接下来的工作啊！大家意下如何？"

一听要聚餐，大家激动极了，多日来的疲惫和阴霾一扫而光，大家一边收拾自己的东西走出会议室一边叽叽喳喳地讨论"吃日本料理去吧？""太重口味了，还是吃火锅去吧……"。张讯最后一个走出会议室，关上了会议室的灯。秦行长转头对张讯说："小张，去把今晚会议的工作重点写一个详细的会议记录吧,零售部的吕经理这两天出去跑客户,都没能参加咱们的头脑风暴会,记得把会议记录发给吕非也看一看,让她看看她的团队成员们进步很大啊!"

"好的,秦行!"张讯干脆应到。一旁的黄鑫、李瑞希和张凡也抿着嘴笑了。

明月高悬,市北支行会议室的灯暗了,路上依旧车水马龙,繁华喧闹。

六、尾声

12月31日,跨年的喜庆氛围洋溢在整个上海。上海分行个人理财业务年度表彰大会正在会议室大厅举行。大屏幕上打出了年度先进支行集体的名单,西装笔挺的秦行长坐在台下,看着市北支行的名字赫然在列,露出了欣慰的笑容,不知不觉地多喝了几口红酒,面色微醺。

"老秦,恭喜你啊!这个季度你们支行的业绩迅速扭转,后来居上啊!"会议结束后,秦行长跟随人流走出会议厅的时候遇见了春风满面的高总。高总拍拍秦行长的肩,笑容可掬:"今年我们的工作重点落实的很不错,社区银行的建设也在不断进行中。昨天全系统的会议中,总行领导表示明年的工作重点主要是优化直销银行的系统开发,所以元旦假期后,我还会组织一次上海分行的会议,希望你们大家都能总结下自己的意见和工作开展中的困难,积极向分行提出优化方案。"

秦行长眯着眼笑了:看来新的"群英会"又将提上议事日程了!

【案例讨论】
1. 案例中,关于个人理财产品营销方面存在的问题主要集中地哪些方面?
2. 如果你是案例中的其中某一位理财经理,针对上述问题,你有什么建议?
3. 你认为营销优化方案的实施应该有哪些条件做保障?

本 章 小 结

(1) 金融市场调查是指金融企业有目的、系统地收集与企业经营活动相关的信息资料,并运用科学方法对其进行分析研究以及做出有效结论的一种营销活动。

(2) 金融市场调查所要完成的主要任务有:了解目标市场、评估营销方案、权衡营销结果。

(3) 金融市场调查对于企业营销管理的重要意义体现在以下五个方面:有利于掌握金融市场的动态、有利于改进金融产品和服务的品质、有利于制定市场目标和营销方略、有利于促进金融产品和服务的销售、有利于提高金融企业的经营绩效。

(4) 金融市场的调查对象主要包括营销环境、客户需求、市场供求、金融产品四个方面。

(5) 金融市场调查的具体程序有:收集和评价现有资料、实地调查分析、撰写调查报告、后续调查。

(6) 金融市场调查的主要方法有访问法、观察法、实验法三种。

(7) 营销预测的成功与否和预测方法密切相关,营销预测的方法主要有意见综合法、专家意见法、时间序列法。

复习思考题

1. 金融市场调查的含义是什么?
2. 我国金融企业迫于何种压力必须重视金融市场调查?
3. 金融市场调查的主要任务有哪些?
4. 金融市场调查有哪些重要意义?
5. 金融市场调查对象有哪些?应该遵循哪些调查程序?
6. 金融市场调查有哪些方法?你认为何种方法比较实用?
7. 营销预测的分类有哪些?主要包括哪些预测内容?
8. 营销预测可以运用哪些方法?你认为哪种方法最精确?为什么?

第七章 金融产品与营销策略

【本章精粹】

◆ 金融产品的基本含义。

◆ 金融产品的开发策略。

◆ 金融产品的定价策略。

◆ 金融产品的分销策略。

◆ 金融产品的促销策略。

【章前导读】

金融产品及其营销策略在金融营销中占有十分重要的地位,它是金融营销管理的基础性工作之一。金融企业从事经营是为了满足客户需求并从中赢利,这一目标必须通过提供使客户满意的金融产品和服务来实现。金融企业在营销活动中,首先要提供金融产品以满足客户的需求,然后要运用营销策略以实现其经营目标。金融营销策略主要包括产品开发策略、产品定价策略、产品分销策略与产品促销策略。

【关键词】

金融产品　金融产品开发　金融产品生命周期　金融产品定价　金融产品分销渠道　金融产品促销

第一节　金融产品概述

一、金融产品的含义

金融产品是指金融企业通过以满足其需要的某种金融运作理念和与之相配套的金融服务而向客户提供的精心设计的金融工具,即金融产品=金融运作理念+金融工具+金融服务。金融运作理念、金融工具和金融服务是金融产品的三个组成要素,三者构成金融产品的有机整体。金融企业属于服务性企业,金融运作理念(获益方式)是其所提供的服务性产品的核心内容,金融工具则是金融企业向客户提供这种获益方式的有形载体,是金融产品的有形部分。金融企业所运用的金融工具包括货币、存单、支票、信用证、信用卡等,金融企业正是通过这些工具和与之相配套的各种服务向客户提供获益保证。任何金融客户,不论是融资者,还是投资者,其参与金融交易(投资、融资等)的最终目的主要是获取收益、实现融通、规避风险等。因为投资者需要某种金融运作方案以使其在获得投资收益的同时保证到期收回本息;而融资者也需要某种金融运作方案以使其能够在金融市场筹集资金,并且愿意为此而支付一定的费用。由于上述三要素在金融运作过程中密不可分,致使人们会以为客户需要金融工具或服务。事实上,客户参与金融交易既不是为了获得金融工具,也不是为了享受金融服务,而是为了通过有效运作从中获得金融理念。金融工具使得金融运作理念有了可信的凭据,金融服务则是确保金融运作成功的基本手段。

金融企业应当密切关注客户需求的变化情况,并根据客户需求的具体内容不断开发出新的金融运作方案,设计新的金融工具,提供新的金融服务,以使企业立于不败之地。

二、金融产品的特征

金融产品是特殊的商品,它与其他产品相比具有较大的区别。金融产品在总体上具有以下七项特征。

第七章 金融产品与营销策略

1. 无形性

工商企业所生产的产品一般都具有形状、款式、颜色、质量、包装等实体形态，客户可以通过视觉、味觉、嗅觉、听觉、触觉等来感受这些有形产品。而金融产品则具有无形性，诸如存款、贷款、结算、代理、信托、咨询等，客户在购买之前既看不到这些产品，也感觉不出这些产品。在购买与使用时，金融企业一般通过文字、数据等方式与客户进行交流，让客户了解产品的性质、职能、作用等，以满足客户需要。我们平时所看到的信用卡、存折、保单等金融物品并不是完整意义上的金融产品，而是金融企业为了便于提供金融服务和获取收益所使用的形式与工具而已。因此，无形性是金融产品与其他产品的一个重要区别。

现代营销学认为，影响消费者购买动机的因素主要包括以下九种：产品的品质、产品的功能、产品的造型、产品的规格、产品的包装、产品的商标、产品的广告、产品的保修和产品的价格。尽管消费者对于产品的诉求多种多样，但是能够运用到金融产品上的诉求却极其有限，因为金融产品既看不见也摸不着，实质上只是提供了一种服务。例如，当人们购买了基金产品后，其实是将自己的资金委托给了资产管理公司，让其代为进行投资理财，而这种"委托理财"就是基金公司所提供的一种服务。又如，保险公司所提供的服务是当客户遭遇意外的事件后迅速给予合同所约定的经济补偿。

事实上，正是由于金融产品具有无形性的特点，因而关于产品质量的信息就不太容易获取。例如，当人们购买分红险产品时，如果想要知道其产品质量的信息，那么就只能依据其以往的业绩表现，然而所谓"花无百日红"，过去的业绩表现又怎么能够完全代表未来呢？又如，你的一位朋友为你推荐一款寿险，认为它各个方面都比较划算，你是不是也会选择它呢？或许你会，也或许你会认为，适合他的寿险产品未必适合你，因为他的身体明显比你更加健壮。

2. 不可分性

由于金融企业向客户提供的金融产品大多为一种服务，企业一旦向客户提供了产品，就是将一系列服务同时分配给了该客户，因而金融产品的提供与服务的分配具有同时性，两者不能分开。正是基于这一特性，金融产品与金融企业也就密不可分。在任何时候，金融客户要获得金融产品或金融服务就必须从金融企业这一来源渠道获取。例如，某企业在某家银行申请贷款获准后，企业获得了银行的资金融通，但这种融资服务必须由这家银行提供。

3. 累加性

一般产品仅具有某种特殊的使用价值，例如粮食可以满足人们的食物需求，衣服可以使人们抵御寒冷，它们的使用价值往往比较单一。而获得金融产品的客户则可以享受多种多样的金融服务，诸如某企业在申请获得贷款后，银行可以为其提供汇划转账、提取现金、账户管理、不同币种兑换、期货交易、期权交易以及投资咨询等各种服务项目。

4. 差异性

一般产品只要是由同一生产厂商提供，其产品质量往往都要符合某个统一的标准，不会因为出售地点不同而出现较大差异。而金融产品的质量则会因地、因人而异。不同的金融企业甚至同一企业的不同分支机构所提供的金融产品或服务亦不尽相同。例如同为信用卡，中国银行的"长城卡"除了消费、储蓄等基本功能外，还提供"290"金融电信服务；招商银行的"一卡通"则具有消费、储蓄、异地汇兑、划转股票交易保证金等功能；而上海浦东发展银行的"东方卡"还提供外汇买卖服务。

5. 易模仿性

由于金融产品大多数为无形服务，它们不同于工业企业所提供的一般产品可以向有关方面申请专利，使本企业的产品权益受到法律的保护，因而金融产品没有专利可言。金融产品易于模仿，并且金融企业惯用的价格竞争以及其他营销手段也易于被其他机构模仿，而且模仿速度较快。

6. 季节性

金融产品是用于满足金融客户的需求的，不同的客户对于金融产品的需求不尽相同，而且这种需求会因时间而异，体现出较强的季节性特征。例如投入农业生产的季节性贷款、工商企业的生产贷款以及耐用消费品和旅游贷款等都表现出显著的季节性特征。

7. 增值性

增值性是金融产品区别于其他产品的又一显著特点。人们购买金融产品或服务最主要的目的是期望所投入的资金能带来超额回报，即到一定时间收回的资金大于投资本金。例如，银行定期储蓄的利率要高于活期储蓄。

可见，由于金融产品具有以上特点，金融企业的营销活动也就有别于其他企业。为了能使客户更好地了解金融产品，金融企业更多地采用直接销售渠道，更注重树立企业形象，并通过多种促销手段包装出更多更好的产品，以满足不同层次的客户需求，从而实现企业自身的赢利目标。

三、金融产品的层次

金融产品一般由核心产品、形式产品、延展产品、期望产品与潜在产品五个层次组成。

1. 核心产品

核心产品是指金融产品提供给客户的核心利益或效用。它既是金融产品的使用价值所在，也是金融产品中最基本、最主要的组成部分。客户之所以购买金融产品是为了满足其特定的某种需求，因此，金融产品的核心便是使客户的这种基本需求获得满足。由于核心产品向人们表明了金融产品的本质——消费者所要获得的核心利益，揭示了客户追求的核心内容与基本效用，因而它在金融产品的三个层次中处于中心地位。如果核心产品不符合客户的需要，那么即使形式产品与展延产品再丰富也不会吸引客户。金融客户的核心利益是多种多样的，甚至一种金融产品能包含其多种需要，这些核心利益具体包括利息、股息、分红、便利、透支、安全、保险、保值、地位、自尊和各种预期等，而投资连接保险产品的迅速走红便是一个例证。不同金融产品有着不同的核心利益，金融企业开始注重开发能同时向客户提供多种核心利益、满足其多种需要的金融产品。例如，银行信用卡应具备转账结算、存取现金、透支便利这三大功能，如果银行开发的信用卡不具有上述功能就会失去其存在的基础。因此，金融企业在产品开发与设计时必须充分考虑客户的基本需求与核心利益。同时，金融营销人员在推销金融产品时也要认真地向客户介绍其产品的基本功能，以使客户获得其所需的利益与服务。

2. 形式产品

形式产品是指金融产品具体的外在形式，通过展现核心产品的外部特征以满足不同消费者的需要。形式产品主要包括金融企业提供的各种金融手段或工具，诸如支票、汇票、债券、股票以及各种证券等。金融产品不同于其他产品，一般产品大多通过外形、颜色、款式、品牌、商标、包装等进行展示，而金融产品多为无形产品，主要是通过服务质量与方式来体现。

随着人们消费水平、文化层次的不断提高，广大客户对于金融产品外在形式的要求也越来越高，并且这种需求会不断发生变化，因此在开展金融营销时金融企业必须注重形式产品的设计，使得金融客户有更多的选择余地，以增强金融产品对客户的吸引力。

3. 延展产品

延展产品是指金融产品在满足金融客户的基本需求之外，为客户提供的更多的服务与额外利益，它是金融产品的延伸与扩展部分。金融客户使用产品固然是为了获得核心利益与效用，但是金融产品还应给予客户以更大的满足。因为金融产品具有较大的相似性，为了使本产品有别于其他同类产品，以吸引更多的客户，企业必须在延展产品上多下功夫。因此，延展产品是金融企业为了提高产品市场竞争力，根据客户需要而提供的有形与无形服务，诸如奖券、彩票、折扣优惠、风险担保等。20世纪60年代以来，随着金融业的不断发展与市场竞争的日益加剧，金融业务呈现出系列化趋势，即在某一产品中往往附加其他各种服务项目以解决客户的多种问题，从而为客户提供更大的便利。可见，能否为客户提供灵活多样的附加服务将直接影响金融营销的有效性，因此金融营销人员必须充分认识到延展产品的重要性。

4. 期望产品

期望产品是指金融客户在购买某种金融产品或消费其提供的能够满足核心利益的服务时，期望这些产品或服务所具备的一些属性和条件，诸如获取产品的便利性、查询相关信息、提供咨询建议等。在相同的情况下，如果一家金融企业提供比其他竞争者更多的能有效满足客户期望的产品或服务，那么对消费者而言就更具吸引力。

5. 潜在产品

潜在产品是指现有金融产品中尚未开发和实现的、能够有效满足金融消费者潜在需要的产品附加功能与服务的可能性。延展产品所体现的是现有产品中所包括的附加功能与服务，而潜在产品则是未来可能的扩展部分。这些扩展部分或者是消费者尚未意识到或者是企业尚未发现，或者是现有经济水平和技术条件下还不可能实现的。

由于长期以来我国金融业一直是由国家专业金融组织垄断经营，而在处于向市场化转轨的过程中，我国金融产品的开发水平较低，有限的产品竞争也主要集中于期望产品层次上，与发达国家相比还有较大的差距。相信随着金融改革开放的深入，我国金融企业的产品竞争将会在更广泛的产品层次上展开。

【营销前沿】

金融营销中的交叉感知匹配

认知是指人们获得知识或应用知识的信息加工过程。换言之，人脑接受外界输入的信息，经过加工处理后，转换成内在的心理活动，进而支配人的行为，这一过程就是认知。正常消费者对外界信息的认知主要是通过视觉(87%)、听觉(7%)、嗅觉(3.5%)、味觉(1%)、触觉(1.5%)等感官进行的。其中，以视觉、听觉、嗅觉最为重要。消费者对产品的认知，通常包括对产品的质量、功能、效用、价格、外观等方面的感觉。然而，当人们关注到"金融产品"时，就会发现作为一种没有实体、仅以凭证等形式作为依托的金融产品来说，至少没有办法从嗅觉、味觉和触觉上促使消费者形成有效认知。

事实上，人类的心智头脑中存在着"交叉感知匹配"(cross-modality)的心理机制。所谓"交叉感知匹配"是指人们倾向于将事物的两种属于不同领域、在逻辑上并无相关的特征联系在一起，并认为它们是有相互关联的。比如，人们认为尖锐刺耳的声音总是和犯罪、危险联系在一起；沉重的特性往往让人觉得安全、牢固。因此，在金融营销中，可以巧妙利用人们交叉感知匹配的心智特质以刺激受众情绪、激发受众联想。比如，在视觉认知上，分红保险的产品宣传单页往往使用大红、金黄等颜色搭配，背景则往往采用金元宝、坚挺的绿色植物以及中国龙等鲜明图案，其目的不仅是出于审美考虑，而且旨在传递产品具有保值、增值的功能信息，从而激发起潜在客户的正面情绪以及对金融产品"效果"的积极认知。又如，在听觉认知上，激进型金融产品(如增长型的共同基金)广告中的语气声调会十分高亢；在突出"保值"特点的金融产品(如黄金和保险定投产品)广告中则会采用稳重的男声。此外，金融产品广告中时常能够听到清脆的金币落地声、轻微的爆竹声，这些声音都意在激发起人们的兴奋感，以使人们对金融产品形成积极正面的认知。

第二节 金融产品开发策略

第二次世界大战以后，金融业竞争不断加剧，为了吸引更多的金融客户，提高金融产品市场占有率，金融企业必须推陈出新，不断开发新产品，提供新服务以满足不同层次客户的需求。20世纪70年代以来，兴起的金融创新热把金融产品开发推向了一个新的高潮，金融产品开发已成为金融营销策略的一个重要内容。

一、金融产品开发的含义

金融产品开发是指金融企业为了适应市场需求而研究设计出与原有产品具有显著差异的金融新产品。即当金融产品中任何一个层次发生了更新或改变，使得产品增加了新的功能或服务，并能给客户带来新的利益与需求的满足，便可称之为金融产品开发。据此，我们可以把金融产品开发划分为以下四种类型。

(1) 产品发明。产品发明指金融企业根据金融市场需求，利用新原理与新技术开发金融新产品。这种新产品可以改变客户的生活方式或使用习惯，例如信用卡的出现便改变了人们的支付习惯，大大减少了现金的使用量，并充分体现了灵活、便利、安全的特点，而自助银行、网上银行的出现更是将现代高科技与金融业务紧密结合，把金融产品开发推向了高潮。当然产品发明难度相对较大，需要大量资金的投入与先进技术的采用，并且开发周期也较长。该类产品的开发可以充分反映金融企业实力与市场竞争能力。随着市场经济与科学技术的不断发展，客户需求将不断提高，产品发明会发挥越来越重要的作用。

(2) 产品改进。产品改进指金融企业对现有金融产品进行改进，使其在功能、形式等各个方面具有新的特点，以满足客户需求，促进产品销售。当前，金融产品种类繁多，为了避免发明新产品所需的大量资金、人力、时间等，金融企业可以对现有产品进行改造或重新包装，以扩大产品的服务功能，更好地满足客户需求。例如，商业银行在整存整取储蓄存款的基础上开发出存本付息、整存零取储蓄存款，通过上述改造与重新包装，使原有的金融产品焕发出新的活力，吸引了大量客户。

(3) 产品组合。产品组合指金融企业将两个或两个以上的现有产品或服务加以重新组合，从而推出金融新产品。如果金融企业拥有的产品过多，就很难从整体上开展有效的金融营销活动，因为客户难以充分了解全部产品。为了更好地让客户接受本企业的产品，金融企业可以对原有的业务进行交叉组合并在某个特定的细分市场上推广，让客户获得"一揽子"服务，这样就易于占领该市场并不断吸引新的客户。例如支票存款账户是一种结合支票存款和普通存款两者优点而组成的新产品，开立账户者可以利用支票取现和转账，既省去了携带现金的不便，保证了资金的安全，又加快了结算速度，还可享有利息。又如，1993年中国银行与太平洋保险公司联合开发出了"信用卡购物保险"，这一金融新产品将持卡人的人身保险、信用卡购物、物品损失保险等业务集于一身。

(4) 产品模仿。产品模仿指金融企业以金融市场上现有的其他产品为样板，结合本企业以及目标市场的实际情况和特点，将其加以改进和完善后推出新产品。由于金融新产品是在学习别人经验、结合自身特点的基础上加以效仿的结果，因而金融企业在开发时所花费的人力、物力、资金等都比较低，简便易行且周期较短，所以被金融企业广泛采用。

二、金融产品开发的目标

在科学技术迅速发展、市场状况瞬息万变的当今社会，金融企业要想获得持久性的赢利增长就必须不断进行产品开发，而在进行新产品设计时企业应根据市场环境与自身特点制定适宜的目标。金融产品开发的目标主要有以下几方面。

1. 开拓新市场，吸引新客户

金融市场上不同客户的需求各不相同，针对不同的客户，金融企业应根据其不同的需求来开发金融新产品，从而最大限度地吸引客户，促进产品销售，不断占领新市场。例如，支票存款账户既能获利息又能开支票，从而吸引了许多潜在的客户；而房屋抵押贷款的证券化既有助于加强资产的流动性，又可有效地规避风险，自然吸引了一大批新客户。又如，中国招商银行为了吸引存款客户，推出了集本外币、定期、活期存折存单等业务于一身的"一卡通"，具有一卡多户、自动提款、商户消费、贷款融资、自动转存、长话服务、电话查询、通存通兑等多项功能，充分显示其安全、简便、灵活、高效等特点，受到了广大客户的青睐。该卡在全国已销售46万张，吸收储蓄存款超过30亿元。该产品的开发之所以取得成功，在一定程度上得益于招商银行明确设立了新产品开发的市场目标。

2. 巩固现有产品的市场份额

金融产品开发不仅是为了开拓新市场，还要巩固已有市场，促进现有产品在市场上的销售。这一目标可以依靠以下两项措施来实现。①增加产品的交叉销售，即不断扩大与改善企业服务范围或对金融产品进行重新组合，以便为客户提供更加便利、全面的服务，从而增强对客户的吸引力。②吸引竞争对手的客户，由于金融客户在选择金融企业时考虑的一个重要因素为便利性，因而为了吸引竞争对手的客户，金融企业必须不断设计新产品、开发新服务，使客户获得新的利益。可见，金融企业必须对现有市场上的客户进行调查分析，以巩固其现有产品的市场份额。

3. 提高工作效率，降低经营成本

金融产品开发应有助于提高金融企业的融资效率与工作效率，不断降低经营成本。金融新产品的开发必须要以简化业务手续、减少流转环节、减小管理费用作为重要目标，而金融业务的电子化、网络化管理则是减小管理费用、提高服务品质的有效途径。

4. 树立金融企业的良好形象

金融产品开发必须要以改善企业形象作为基本目标，因为金融产品无专利可言，为了使本企业在众多竞争者中异军突起，应该使金融产品具有鲜明的特色，以增强对客户的吸引力。因此，在金融产品开发时，企业应对市场需求进行充分调查，使产品能更好地满足客户需求，树立金融企业的良好形象。

三、金融产品开发的过程

金融产品开发是提高金融企业竞争力的一项重要措施。然而，开发金融产品并非易事，为了减小失败风险，降低开发成本，使新开发的金融产品能符合客户的需要，金融企业必须遵循以下步骤。

1. 构思形成

金融产品开发源于构思。新产品构思的来源十分广泛，主要分为外部来源与内部来源两大类。

(1) 外部来源。指从金融企业之外寻找产品创新的思路，具体有以下五条途径。①客户调查，包括客户的抱怨、意见与建议。企业通过客户调查以了解金融客户的欲望与需求，从而为产品开发提供思路。②代理与合作机构。诸如往来银行、信托公司、投资公司、证券公司、保险公司、信用卡公司等，它们会对金融产品开发提供建设性的设想。③竞争者。

金融企业通过追踪调查市场上的竞争产品从而获得启发、开拓思路。④政府部门。政府部门作为宏观经济的管理机构，可以为新产品开发提供宝贵的建议。⑤其他渠道。诸如学术研究、会议座谈等都能引发企业的创新思路。

(2) 内部来源。指由金融企业内部人员为产品创新提供方案，具体有以下三条途径。①企业研发部门。该部门根据宏观经济环境与市场供求变化设计出新方案。②企业营销部门。营销人员通过及时了解客户的需求以及现有产品的销售状况，从而形成新产品构思。③企业管理部门。管理人员拥有丰富的市场知识，可以为新产品开发提供构思。

产品构思的主要任务是充分挖掘形成新产品设想，为了提高构思效果，企业会采用以下一些方法以引导人们的创新思维。

(1) 头脑风暴法。又称为脑力激荡法，指由一个小组就某一明确的议题展开自由开放的讨论，以刺激创新思维的产生。采用这种方法要遵循不指责批评、自由发挥、鼓励数量、不断修正、补充与综合等原则。该方法由一家广告公司于20世纪30年代率先使用，源于该公司的文案人员才思枯竭之后组织了一场座谈会以搜集新的创意。这种方法在50年代获得广泛应用，具体做法是召开5～10名员工参加座谈会，为了获得各种不同的意见，这些参加者是从公司不同部门选出的，通常属于相同的级别。座谈会中的关键人物是会议主持人，他必须使整个座谈会趣意盎然、气氛宽松，并使全体参加者畅所欲言。会议主持者还应严格遵循会后再加评论的方针，不管参加者所提出的观点有多离谱，也不能批评他。头脑风暴法的目的就是激活思维、拓宽视野、多出创意，然后才是评价过程。

(2) 客户小组法。客户小组法与头脑风暴法非常相似，其主要区别在于会议参加人员是客户而非员工。客户小组法尽管不会直接产生出新产品的创意和思路，但是会提出一些令人探究的想法。

(3) 协力创新法。指参与者在了解事实的基础上开展针对性讨论的方法，以求群策群力解决问题。这种方法对参与者要求较高，通常要求参与者事先做充分的准备工作，在讨论过程中鼓励批评与评论。

(4) 联想法。指在产品设计与改进中常用的一种方法，主要是通过提示、类比、比喻等方法去激发人们的联想，开拓人们的思维，从而为新产品构思的产生创造条件。

(5) 罗列法。指通过列举金融产品的缺点与不足，以便更好地了解产品的优势和劣势，提出进一步完善产品的构想，这种方法尤其适用于产品改进。

金融企业通过运用上述方法中的一种或几种，就可以从不同来源中搜集到有关产品开发的各种信息与思路，为进一步设计金融产品奠定基础。

2. 构思筛选

金融企业通过产品构思会获得许多新产品的构想，但这些设想必须要经过筛选，即根据一定的标准对新产品构思进行取舍与选择，而产品构思的筛选将直接影响金融产品开发的成败，因此，这一阶段在整个产品开发过程中十分重要。

产品构思的筛选必须遵循一定的标准。一般要考虑以下四个方面。

(1) 市场需求状况。如果所开发的产品不是市场所需的或者市场需求量极少，那么企业开发这类产品就会得不偿失。

(2) 企业营销目标。新产品的开发必须服从于企业的整体营销目标。

(3) 与现有产品的关系。在设计开发金融产品时要考虑新产品是否与现有产品具有潜在冲突以及如何应对处理。

(4) 风险承受能力。开发新产品必然需要大量的资金投入，企业应对产品开发成本进行预算，并预计可能的风险。对于上述评估指标，企业可以进行逐项评分，以便选择成功概率较大的方案着手开发。

3. 产品概念的形成、测试与预测

金融企业要用详细的文字或模型以表示构建成型的产品概念，这是对经过筛选的产品构想进行精心描绘、细致勾勒的过程。当形成初步的产品概念后，企业才能着手进一步的开发工作。

对于形成的产品概念，金融企业需要选择某一客户群体进行测试。在测试时，由开发人员向客户小组详细描述新产品的功能、运作过程、给客户带来的利益以及该产品与其他同类产品的不同之处等，以便客户全面了解该产品，并对它做出评价。为了便于客户进行评价，通常可以准备下列问题：①您清楚这种产品的概念吗？②您对这种产品的感觉如何？③您是否喜欢这种产品？④您认为这种产品与其他同类产品相比有什么优点？⑤您觉得这种产品的价格如何？⑥这种产品能否满足您的要求？⑦您对进一步改进这种产品有何意见或建议？⑧您对改进后的产品愿意支付的价格是多少？客户对上述问题的回答可以作为进一步分析新产品的参考依据。

在测试的基础上，金融企业还要预测产品的销售利润以及开发成本，以判断其是否符合企业的经营目标。为了便于分析，产品开发人员需要编制新产品营销方案，主要内容包括：①产品或服务的名称；②产品或服务的特征；③目标市场；④市场的潜在购买量；⑤预期市场增长率；⑥预计市场份额；⑦调研成本；⑧促销费用；⑨产品定价。在此基础上，企业可以初步估算出新产品的预计销量以及利润，这就为企业是否正式实施新产品开发提供了重要依据。

4. 产品开发与市场试销

一旦金融新产品通过了测试与预测，即可进入全面开发阶段。由于金融产品大多为无形产品，因而它的开发要比有形产品的开发方便得多。金融企业会利用已有的操作系统与设备进行产品改进。例如，一个新的储蓄产品的开发具体包括对计算机储蓄系统程序进行修改、设计新的表格和文件、建立新的账户等。

开发出新产品之后便可进行市场试销，即金融企业在一个或几个试销市场上投放该项新产品以实际测试其销售情况。例如银行在一个或几个地方试用新款的自动取款机、自动汇款机、智能卡等。市场试销的目的有两个：一是预测新产品销售量，因为通过实际的市场交易可以预测新产品的最终销售情况；二是改进市场运作方式，即将新产品投入正常的销售渠道后，发现其存在的问题并加以改正。

当然，并非所有的新产品都需要进行市场试销，不需要市场试销的金融产品有以下几类。

(1) 低风险产品。当新产品大规模销售的风险不大时，企业就可以省略市场试销这一步骤。

(2) 生命周期较短的产品。即市场变化很快，市场试销起不了应有作用。

(3) 资本占用额较高的产品。即不论销售量如何，前期投资已经较多时，市场试销就不必要了。

在市场试销期间，金融企业可以利用各种方式(如问卷调查、个别访谈、电话询问等)以加强与客户的联系，尽可能全面地收集客户的意见以及其他各种信息，以便有针对性地对产品进行改进和调整，使其更好地满足客户需求。

5. 商品化

市场试销成功后，金融企业就可以运用营销策略将新产品投放市场，这一过程为产品的商品化。在这一阶段中，金融企业应着眼以下几个方面。

(1) 产品推广时间。由于新产品投放市场后，会对现有产品形成一定冲击，因而企业应安排好新旧产品的更替时间。

(2) 产品推广地点。企业是向某一地区、某几个地区、国内市场还是国际市场推出新产品，主要取决于自身实力以及营销网络的状况。

(3) 产品推广策略。即运用何种方式将新产品引入市场，具体包括预算分配、广告计划、推销手段等。可见，新产品的商品化是多项营销方略综合运用的过程。

6. 市场监测

金融新产品投放市场之后，金融企业还必须对客户的使用情况进行监测，以便更好地掌握产品的销售情况。金融客户采用金融新产品通常需要一个过程，这一过程具体可分为以下五个阶段：①了解，即客户通过广告、推销等途径初步了解了新产品；②兴趣，客户对该产品产生了兴趣，多方寻求有关产品的信息，并产生了购买动机；③试用，客户开始试用新产品，以便更好地对该产品做出全面评价；④评估，客户全面权衡使用新产品的益处与风险，做出是否采用的最终决策；⑤采用，客户评估满意后正式使用该产品。同时，企业也应关注以下四方面的市场反应：①新产品满足客户需要的程度；②新产品对其他同类产品的影响；③新产品适应市场变化的情况；④营销费用与赢利状况。企业一旦发现问题，应及时分析解决。

总之，在金融产品开发的整个过程中，上述六个阶段是环环紧扣、相互影响的，任何一个环节出现差错都会影响新产品开发活动的进行。因此，企业必须抓好每个环节的工作，以便使得金融产品的开发更加科学合理、富有成效。

四、金融产品生命周期与营销策略

(一)金融产品生命周期的基本含义

由于金融产品也要经历一个产生、发展、兴盛与衰亡的过程，因而金融产品生命周期是指金融产品从投放市场开始一直到退出市场所经历的整个过程，也就是金融产品在市场上存在的时间。不同金融产品的生命周期具有很大差异，根据金融产品的销售额以及销售增长率，可以将金融产品的生命周期划分为四个阶段，即导入期、成长期、成熟期与衰退期(参见图 7-1)。金融产品生命周期是产品销量随时间而变化的一条曲线,具体可以用金融产品生命周期曲线来直观表示,横坐标表示时间,纵坐标表示产品销量。企业可以按产品销售情况来绘制生命周期曲线,并据此对市场需求的变化趋势进行实时分析。由图 7-1 可见,不同阶段金融产品的市场需求状况是不同的,因此金融企业应采取相应的营销策略。

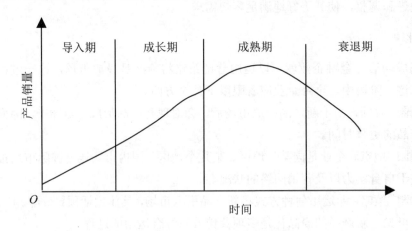

图 7-1　金融产品生命周期

(二)金融产品生命周期的营销策略

1. 产品导入期的营销策略

导入期是指金融产品投放市场的初期试销阶段。在这一阶段中,金融客户对于新产品尚不了解,购买量较少,金融企业要花费大量资金进行广告宣传,同时,要搜集客户意见,不断改进产品。在这一阶段中,企业赢利很少甚至会出现亏损。然而,能否顺利度过这一阶段则直接影响新产品的发展前途。为了减小损失、提高效益,并避免竞争者抢占市场,金融企业应尽力缩短导入期,及早进入成长期。

金融企业在产品导入期可以采取以下营销策略。

(1) 建立有效的信息反馈机制。通过收集客户的反馈意见与建议,分析产品的需求状况,选择市场投放时机,及时改进产品设计,以取得客户的信任与支持。

(2) 通过广告促销等多种途径让客户了解新产品的用途特点,并做好客户咨询、网点布局等工作,使客户真正体会到新产品的方便与实惠,以激发客户的购买欲望。

(3) 设定合理的产品价格。为了树立产品信誉,尽早收回投资,企业可以采用高价策略;为了抢占市场、扩大销售,则可以进行低价渗透。

2. 产品成长期的营销策略

成长期是指金融新产品由少量试销转入批量销售的阶段。进入这一阶段,金融产品已基本定型,开发费用相应减小。由于客户对新产品已有所了解,广告费用会逐步下降。另外,产品销量迅速上升,企业利润不断增加。当然,随着其他同类产品不断出现,市场竞争将会日趋激烈。

金融企业在产品成长期可以采取以下营销策略。

(1) 提高产品质量，改进服务措施。企业应不断开拓金融产品的新用途与特色服务，赋予其新的活力。

(2) 加强广告宣传，为产品树立良好的形象和声誉。

(3) 适当调整价格，增强产品竞争力。

(4) 增设营业网点，积极开拓市场，不断扩大销售。

3. 产品成熟期的营销策略

成熟期是指金融产品在市场上的销售已达到了饱和状态，业务量增长趋缓且相对稳定的时期。进入成熟期的金融产品已被客户广泛接受，销售增长出现停滞，企业利润趋于稳定，市场竞争更为激烈。

金融企业在产品成熟期可以采取以下营销策略。

(1) 通过实现产品多样化与系列化，以提高其市场竞争能力。

(2) 拓展产品市场可以运用纵向拓展(即提高老客户产品使用频率)与横向拓展(即寻找新客户)两种策略。

(3) 运用包装组合策略以增加产品销售，例如加强产品特色宣传、维护企业信誉等。

4. 产品衰退期的营销策略

衰退期是指金融产品滞销并趋于淘汰的时期。进入衰退期后，金融市场上出现了大量的替代产品，客户降低了对老产品的使用频率，产品销售急剧下滑，价格大幅下挫，企业利润日益减少。

金融企业在产品衰退期可以采取以下营销策略。

(1) 维持策略。当金融产品进入衰退期后，随着多数竞争对手退出市场，企业可以吸引部分老客户继续使用老产品。

(2) 转移策略。由于不同地区客户对于产品需求所处的发展阶段不同，如某些产品尽管在某一市场上趋于淘汰，但是在另一市场上则可能尚处于成长期或成熟期，因而企业可对各个市场进行对比，将产品转移到具有比较优势的目标市场开展销售。

(3) 收缩策略。金融企业缩短营销战线、精减营销人员、减小营销费用，把人力、财力、物力集中于最有利可图的目标市场上，以获取最大收益。

(4) 淘汰策略。金融企业用新产品完全取代老产品以维持或扩大市场占有率，增加产品销售。

【营销前沿】

信用卡产品与消费透支行为[①]

1. 引言

随着我国金融业的迅猛发展，信用卡已成为当代中国人经济生活的重要组成部分。由于广大信用卡消费者的透支行为与其心理因素密切相关，因而深入分析心理因素对于透支

---

① 陆剑清. 信用卡消费者透支行为的心理特征及其人群分类研究[J]. 心理科学，2008(2).

行为的影响,对于推动我国信用卡消费者的心智成熟具有非常重要的现实意义。同时,这也是金融营销学中一个具有重要意义的理论课题。

2. 相关研究

关于信用卡消费透支的相关研究大体如下。①Plummer, Joseph T.(1971)对信用卡消费者的研究表明,由于信用卡可以成为一种改变生活方式的工具,因而使用信用卡的消费者通常更加活跃并且具有冒险精神,信用卡消费者的社会阶层和收入水平都较高。②Willey, James B. & Richard, Lawrence M.(1974)进行了更为细致深入的研究,他们首先对于信用卡消费者的消费频率进行了分类,然后着重分析影响消费者使用信用卡程度的各种变量,其中包括人们的时尚敏感程度、信用状况、价格的敏感程度以及收入水平等。这一研究成果对于以后的信用卡消费透支行为研究起到了重要的参照作用。③Awh, R. V. & Waters, D.(1974)则着眼于人们对信用卡的消费态度开展研究。其将消费态度作为一种研究变量,由此发现收入、年龄和社会阶层等都构成了影响人们对于信用卡消费态度的重要因素。④Adcock, William O., Hirschman, Elizabeth C. and Goldstucker, Ja. L.(1976)研究发现,信用卡消费者与未消费者相比,两者在人口统计变量上存在着差异性,大多数信用卡消费者已婚,且比未消费者学历高、收入多。

综上所述,早期的信用卡消费透支行为的研究视角主要集中于人口统计变量对于信用卡消费者的影响,研究表明各种人口统计变量对于信用卡产品的消费透支行为有着重大影响。伴随着信用卡消费行为研究的不断深入,当前关于信用卡消费透支行为的研究视角已经从人口统计特征这一传统的外在变量向人们的心理特征等内在变量转移,因为依据外在的人口统计特征已无法解释信用卡消费过程中的一些复杂现象。

3. 研究意义

本研究一方面是深入研究影响信用卡消费透支行为的心理特征,另一方面则是对我国信用卡消费者进行透支人群分类并判别其行为特征,这对于推动我国信用卡市场的健康发展以及促进广大信用卡消费者的心智成熟将具有积极的理论和现实意义。

4. 研究方法

1) 问卷编制

本研究首先采取开放式描述性问卷的方式随机抽取了华东师范大学金融与统计学院研究生课程班学员186人,共撰写出300多条关于信用卡消费透支行为的影响因素条目,然后经筛选、合并后编制出关于信用卡消费透支行为影响因素的试行问卷,并向华东师范大学、复旦大学部分二、三年级金融专业研究生(男女性别均衡)发放100份进行预测,回收有效问卷97份,经分析修订,形成正式问卷,共35项。问卷分为两个部分,第一部分为被试的基本情况,第二部分为《信用卡消费透支行为影响因素量表》,采取四级评分法。

2) 被试状况

根据简单随机抽样的方法,共发放问卷225份,回收有效问卷187份,有效率为83%。被试的具体构成为:①性别,男性98人,女性89人;②年龄,30岁以下101人,30~45岁49人,45岁以上37人;③学历,高中及高中以下42人,大学本科104人,研究生及研究生以上41人;④月收入,1000元以下37人,1000~2000元40人,2000~3000元45人,3000~5000元34人,5000元以上31人;⑤单位性质,国有企业58人,机关事业单位50

人，三资企业 45 人，民营企业 30 人，自由职业者 4 人。

3) 数据处理

在 PC586 计算机上，用 Windows 3.1 支持下的 SPSS8.0 软件进行基本的统计检验与因素分析，即把每个项目的原始分数，根据项目因素负荷换算成因素分数，进行统计处理。统计分析表明，问卷的分半信度和 α 系数均达到可接受水平。然后，利用因素分析得分先进行快速样本聚类，再进行判别分析处理。

5. 研究结果

1) 信用卡消费透支行为特征体系的因素分析

对问卷上 35 个项目的百分比进行 Bartlett 球形检验，发现 Bartlett 值为 2082.512，显著性水平 $P=0.000<0.01$，说明总体相关矩阵不是单位矩阵，可以采用因素分析方法。同时，本研究取样适当性量度值 KMO=0.835，说明本测试采用因素分析是恰当的。据此，对施测数据进行主成分分析和 Varimax 因素旋转，获得 8 个主成分分解，累积方差贡献率为 60.515%。主成分分析结果如表 7-1 所示。

表 7-1 主成分分析结果

因 素	特征根	方差贡献率	累积方差贡献率
F1	8.504	25.764	25.764
F2	3.094	9.373	35.137
F3	1.686	5.107	40.244
F4	1.589	4.813	45.057
F5	1.457	4.412	49.469
F6	1.336	4.047	53.516
F7	1.253	3.797	57.313
F8	1.057	3.202	60.515

由表 7-1 可知，第一主成分负荷量最大的项目为"消费意愿性"；第二主成分负荷量最大的项目为"透支情感性"；第三主成分负荷量最大的项目为"还贷能力性"；第四主成分负荷量最大的项目为"财务压力性"；第五主成分负荷量最大的项目为"社保完善性"；第六主成分负荷量最大的项目为"自我控制性"；第七主成分负荷量最大的项目为"利率敏感性"；第八主成分负荷量最大的项目为"从众环境性"。

2) 信用卡消费者透支行为的快速聚类与判别分析

快速样本聚类可将目前的信用卡消费者分为三类，其线性判别方程分别为：

Y1=0.86F1+0.82F2+0.76F3+0.05F4+0.28F5−0.73F6−0.32F7+0.08F8

Y2=0.36F1+0.23F2+0.65F3+0.25F4+0.16F5+0.19F6+0.21F7+0.36F8

Y3=−0.18F1−0.32F2−0.36F3+0.54F4−0.27F5+0.52F6+0.59F7+0.12F8

可见，这三类信用卡消费者在透支行为 8 个影响因素上的特征状况分别为：第一类信用卡消费者的消费意愿性最高、透支情感性最高、还贷能力性最高、财务压力性最低、社保完善性最高、自我控制性最低、利率敏感性最低、从众环境性最低；第二类信用卡消费者的消费意愿性居中、透支情感性居中、还贷能力性居中、财务压力性居中、社保完善性居中、自我控制性居中、利率敏感性居中、从众环境性最高；第三类信用卡消费者的消费意愿性最低、透支情感性最低、还贷能力性最低、财务压力性最高、社保完善性最低、自我控制性最高、利率敏感性最高、从众环境性居中。

我们对数据进行判别分析,可获得两个典则判别函数分别为:

Function1=0.167F1-0.335F2+0.289F3+0.425F4+0.226F5-0.176F6+0.546F7-0.742F8

Function2=0.328F1-0.542F2+0.353F3-0.416F4+0.103F5+0.429F6-0.109F7+0.087F8

据此,现将第一类信用卡消费者命名为"透支偏好型",将第二类信用卡消费者命名为"透支权变型",将第三类信用卡消费者命名为"透支规避型",这三类信用卡消费者分别占调查样本的 21.9%、38.5%、39.6%。信用卡消费者透支行为的人群分类如图 7-2 所示。

图 7-2　信用卡消费者透支行为的人群分类

6. 结果分析

研究结果表明,我国信用卡消费透支行为的特征体系是由 8 个因素构成:F1 消费意愿性、F2 透支情感性、F3 还贷能力性、F4 财务压力性、F5 社保完善性、F6 自我控制性、F7 利率敏感性、F8 从众环境性。其中既包含了源于外界环境的诸如还贷能力性、财务压力性、社保完善性、利率敏感性、从众环境性等心理因素,又包含了源于人格特质的诸如消费意愿性、透支情感性、自我控制性等心理因素。这说明信用卡消费透支行为的发生既受到外界社会经济因素的影响,也受到其内在人格特质的制约。

我国信用卡消费透支行为的分类研究结果将调查样本分为三类,分别命名为"透支偏好型""透支权变型"以及"透支规避型"。在调查样本中,处于极端状态的"透支偏好型"信用卡消费者人数最少,而处于中间状态的"透支权变型"以及"透支规避型"信用卡消费者人数众多,透支行为变量对于信用卡消费人群呈现偏正态分布性影响。

可见,由于深受"量入为出"这一传统社会文化观念的影响,我国信用卡消费者在信用卡透支功能的使用上表现出了极为谨慎的消费态度,因而后继研究需要从消费态度着眼做进一步探析。

第三节　金融产品定价策略

20 世纪七八十年代后,西方各国政府对金融管制的放松以及金融创新浪潮的涌现使得金融产品定价日益重要。因为金融营销的主要目标是在有利可图的基础上尽量满足客户的需求,从而使自己获取最大利润,定价策略则是实现上述目标的一项重要的营销策略。由于定价策略的制定既要考虑企业自身的状况,使产品价格足以弥补成本,又要从客户的角度出发,使产品价格能为广大消费者所接受,因而其具有交易双方双向互动的特性。

一、金融产品定价的基本含义

(一)金融产品定价的概念

金融产品定价是指金融产品价值的货币表现形式。由于金融产品定价直接影响金融企业的销售与利润,因而如何设定合理的价格以增强企业赢利能力就成为金融营销的重要决策。

(二)金融产品定价的基本原理

金融营销活动是在金融市场上进行的,金融产品的销售量取决于产品供应量与市场需求量(参见图7-3)。当产品价格为 P_1 时,企业愿意提供 Q_B 的产品,但客户认为该价格过高,仅接受 Q_C 的产品,故实际销售量只能是 Q_C。此时,企业降低金融产品的价格,可使销售增长幅度大于价格下降幅度,故企业收益增加,客户获得了更多的金融产品,并且其支付费用比 P_1 时要小,即客户的境况也获得改善,因此,产品降价是合理的。当产品价格降到 P_2 时,金融市场上的金融产品供应量恰好与客户在产品价格 P_2 上的需求量相等,此时客户为了多购买一个单位产品所支付的价格与企业多销售一个单位产品所获得的价格正好相等,这种状况是最有效的。可见,当产品价格上涨时,因有利可图便会有更多的企业进入市场,产品供应量相应增加;当产品价格下跌时,购买者增加,销售量亦随之增加。产品供给曲线与需求曲线的交叉点表明,一旦产品价格再往下调,企业总收益则会减少,因此,在价格为 P_1 时市场处于均衡状态,此时金融产品的价格无论上升或下降均会使企业或客户的利益受到损害。按照效率法则,在均衡价格水平之下,金融企业所要考虑的不是重新定价,而是在现有价格水平下通过降低成本以获取更多收益。

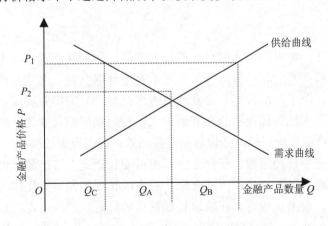

图7-3 金融产品市场供求曲线

金融产品定价时还要遵循规模效益法则。所谓规模效益是指由于企业规模变化所引起的收益增加。规模效益包括内部效益与外部效益两个方面。内部效益是指随着企业规模的不断扩大,企业内部分工更加精细,可以引进更高超的技术,节约企业营销费用,从而使企业收益不断增加;外部效益是指随着整个行业规模的扩大与社会的发展,业内企业可以获得服务提供、信息传输、人才供应、设备改进等方面的便利，从而减小成本、增加收益。规模效益使得金融企业在提供金融产品或服务的过程中，存在着成本递减现象，即随着实施时间的推移与规模数量的扩大，单位产品或服务的成本将呈不断下降趋势。

金融企业在产品定价时，必须充分认识到上述规律并自觉加以运用，金融产品定价应随着产品数量规模的不断扩大而降低，从而使企业能够保持原有的市场份额并不断拓展新市场。

(三)金融产品定价的影响因素

影响金融产品定价的因素是多方面的，主要考虑下列因素。
(1) 产品和服务的风险程度。
(2) 产品和服务对客户的价值以及客户对该产品的认可程度。
(3) 产品和服务的市场容量。
(4) 产品和服务的开发成本。
(5) 竞争产品和服务的定价。

金融产品定价应根据金融法规和企业目标选择适当的标准，使产品价格在金融市场上具有竞争力。

(四)金融产品定价的主要目标

在金融产品定价之前，金融企业必须有明确的定价目标。所谓定价目标是指金融企业通过设定特定的产品价格，凭借其产生的效用所要达到的预期目的。如果金融企业已选定了产品或服务的目标市场，并进行了市场定位，那么产品价格就相应得到了明确。金融产品定价的主要目标如下。

1. 利润最大化

金融企业一般以在一定时期内所能获取的最大利润，作为其营销活动中对金融产品定价的主要目标。企业维持其经营的前提之一就是不断地获取利润，而产品价格是影响企业利润的重要因素之一。除了产品价格，企业还要考虑金融产品的销售规模、营销成本以及其他诸多因素。利润最大化具体包括长期利润最大化与短期利润最大化。少数金融企业以短期利润最大化作为产品定价目标，强调短期财务绩效，因而设定较高的产品价格。然而，随着市场不断变化，竞争日趋激烈，任何企业都不可能长期地保持产品高价，况且金融产品不具有专利性，不存在垄断价格，因此金融企业应以长期利润最大化作为其终极目标。即在金融营销活动中，金融企业可以在确定长期目标的同时，选择特定的短期目标作为其设定价格的依据，从而推动长期目标的实现。

2. 提高收益率

金融企业投入资金后，总是希望能有较高的投资效益，即在一定时期内能够收回全部投资，并且能有较高的回报率。为了实现投资收益率目标，企业可以在预计营销开支与预期利润的基础上设定金融产品的价格。投资收益率有长期投资收益率与短期投资收益率之分，企业更应注重长期目标，并以此作为产品定价的基础。

3. 扩大市场份额

市场份额是衡量金融企业经营状况与竞争能力的重要指标之一。为了保证金融产品有较高的销售数量，实现赢利不断增加，金融企业把扩大市场份额作为金融产品定价的一个重要目标。随着金融产品日益丰富，企业竞争更趋激烈，如何在众多的竞争对手中脱颖而出，占据一定的市场份额就显得尤为关键。因此，金融企业为了扩大市场份额，会选择降低产品价格以拓展市场。

4. 适应价格竞争

在市场竞争中价格竞争是一个很重要的方面，金融企业可以充分运用价格手段以应付激烈的市场竞争，例如通过降低价格以扩大金融产品销路或通过提高价格以树立企业声望。企业可以市场主导价格为基础设定其产品价格，从而避免陷入价格战误区。因此，如何适应价格竞争也是金融企业需要考虑的定价目标之一。

5. 优化金融服务

金融企业所提供的产品大多数属于服务性产品，金融客户正是通过购买以某项服务为核心的一系列产品，从而满足自己的需求。为了优化金融服务质量，金融企业必须从客户的角度出发，不断设计开发出新的金融工具，为客户提供便捷、高效、安全的服务项目。如果金融企业能够提供更多更好的服务，那么金融客户在使用该产品时必然愿意支付更高的价格，从而使得企业赢利增加。因此，优化金融服务应为金融企业在其产品定价过程中不可忽视的一个重要目标。

6. 树立企业形象

企业形象是金融企业的无形资产，具有良好形象的企业可以赢得客户的信赖，从而维系老客户并吸引新客户，大大提高企业的赢利水平。因此，许多企业都以树立良好的企业形象作为其重要的定价目标。为此，金融企业在实施产品定价时必须考虑金融产品的价格水平是否适应市场的需求，是否有利于其营销战略的实施，同时企业也要遵守社会公德与行业道德规范，顾及其他合作者的经济利益。当然，企业良好形象的树立需要经过长期的积累与时间的考验。

二、金融产品定价的具体方法

金融产品的定价方法可以分为以下几大类。

(一)成本导向定价法

成本导向定价法是以产品成本为基础，在成本之上考虑一定的目标利润，从而确定价格。它具体分为以下三种方法。

1. 成本加成定价法

成本加成定价法是以金融产品的成本为基础,在单位产品总成本上加上一定比率的利润以确定产品价格的方法。其计算公式为:

$$单位产品价格 = 单位产品总成本 \times (1 + 成本加成率)$$

其中,总成本包括固定成本与可变成本,而成本加成率是指预期利润占产品总成本的比例。在这一方法中,成本加成率的确定比较关键。由于目前金融产品一般都已形成一个标准的利润幅度,而加成率过高就会影响产品的市场竞争力。该方法的优点是定价过程简单易行,在市场稳定时它可以使企业获得正常的利润率,从而避免激烈的价格竞争。同时,定价方法较公平合理,企业不会因客户需求增长而随意提价,尤其适用于金融零售业务。当然,这种定价方法也比较呆板,由于没有考虑到市场竞争与需求变化,因而适应性较差。另外,成本加成率的确定也不一定能与市场状况完全相符,尤其是新产品的销售与成本更是难以测定,因此其不是价格确定的最佳方法。

2. 目标收益定价法

目标收益定价法是指金融企业按照预期利润来确定产品价格。即企业根据总成本以及预计销售收入确定一个目标利润额作为核算产品定价的标准,也就是金融产品的价格由产品总成本与目标利润额决定。其计算公式为:

$$单位产品的价格 = \frac{产品总成本 + 目标利润额}{预计销售量}$$

通常,信用卡定价便采用此种办法,一般以总成本的15%～20%作为目标收益率,分摊到预计可销售数量的信用卡中,从而计算出每张信用卡所要收取的费用。该方法虽然可以保证企业实现既定的利润目标,但它未考虑到价格与需求之间的关系。因为产品价格会对产品销售产生影响,尤其是对价格弹性较大的产品而言更为显著,因此,企业若要采用该定价方法,必须仔细研究市场份额与竞争对手的情况,以使其所定目标利润能够实现。

3. 收支平衡定价法

收支平衡定价法是一种以盈亏平衡分界点为基础的定价方法。所谓盈亏平衡分界点是指企业的投入与其收入相等时的产品销售量,其计算公式为:

$$盈亏平衡时产品销售量 = \frac{固定成本}{保本价格 - 单位可变成本}$$

由此得出:

$$保本价格 = \frac{固定成本}{盈亏平衡时产品销售量} + 单位可变成本$$

可见,金融企业按保本价格出售金融产品,它所投入的固定成本正好获得完全补偿。由于企业经营的目的是为了获取利润,因而引入预期利润对该价格进行纠正后获得:

$$实际价格 = \frac{固定成本 + 预期利润}{盈亏平衡时产品销售量} + 单位可变成本$$

这种方法的优点在于,当企业完成预计产品销售量时,保本价格便确保了企业不亏损,而实际价格则使企业实现预期赢利。两个产品价格的差值可使企业明确控制价格调整幅度,其缺点则是未对市场需求和竞争对手予以足够重视。

(二)需求导向定价法

需求导向定价法是以客户对金融产品的认知与需求作为产品定价的基础。因为判断产品价格是否合理最终是由客户来决定的,所以企业应通过产品质量、促销手段、分销渠道来提高金融客户对产品的认知与理解,并根据市场需求设定产品价格。金融产品的实际价格只有与客户的心理价格相符合时,才能有效促进产品销售,实现企业的经营目标。这类定价法具体包括以下两种方法。

1. 价值判断定价法

这种方法是根据客户以金融产品可以觉察的价值为基础设定产品价格。例如,任何产品在金融客户心目中都有相应的价值,对其价值的判断就成为确定产品价格的标准,而客户在选择产品时会在不同产品之间进行比较,从而选择既符合其自身的需要,又不超出其支付能力的产品。因此,金融企业在产品定价时必须尽可能收集金融客户对产品价值的评价,判断金融产品在客户心目中的价格标准,以预测在不同价格水平上产品的销售量,从而为设定客户可以接受的产品价格提供参考依据。这种定价方法的关键是判断金融产品的觉察价值水平,具体可以采用以下三种方法:①直接评判法,即直接邀请客户与专家对金融产品的价值进行评判;②比较评判法,即通过对本产品与其他同类产品进行比较以判断产品的觉察价值;③加权评判法,即先对产品各项指标的觉察价值进行评分,再运用加权平均的方法以计算出总的觉察价值。

2. 需求差别定价法

这种定价方法建立在市场细分的基础上,即由于不同市场、不同时间、不同地域的客户需求不同,企业应根据需求的差异设定不同的产品价格。换言之,产品定价差异并非由产品成本差异所引起,而是取决于客户的不同需求,这种需求差异源于客户、地域、时间上的差别。具体如下。

(1) 客户差别。由于不同职业、不同阶层、不同年龄、不同收入的客户有着不同的需求,因而针对不同客户应设定不同价格以促进产品销售。

(2) 地域差别。由于生活在不同地域的客户,其生活习惯和环境条件不同,因而其对金融产品的要求会有很大差异,产品价格也应有所区别。

(3) 时间差别。由于不同时期的客户对产品需求并不一致,因而产品价格应作适当调整。

(三)竞争导向定价法

竞争导向定价法是以金融市场上的竞争产品价格作为产品定价的主要依据。随着市场竞争的日益加剧,这种方法得到了广泛应用,其具体包括以下两种方法。

1. 竞争性定价法

竞争性定价法是指金融企业先对市场上的竞争对手及其产品价格做一个比较,划分出不同的价格层次,再根据自身产品的特点优势以及市场定位来确定产品价格,致使定价具有较强的市场竞争力。当产品价格确定后,企业还应对市场上竞争产品的价格变动进行追踪了解,以便及时调整产品价格,确保其在市场上的竞争优势。

2. 随行就市定价法

随行就市定价法是指金融企业参照市场主导价格来确定自身产品价格,从而使自身产品与市场上竞争产品的价格基本保持一致,主要原因有以下两种。

(1) 当金融产品的成本较难测定时,市场主导价格可以较好地反映行业内合理的利润水平。

(2) 这种价格水平可以有效避免价格战的出现,使市场处于稳定均衡状态。随行就市定价法具体可以分为两种情况:一是小企业将产品定价权让与大企业,然后采取价格追随策略;二是一家企业刚进入一个非常成熟的市场,这家新进入市场的企业只能"入乡随俗",以避免引发冲突,减小市场风险。

上述定价方法各有优劣,适用条件亦各不相同,我们在具体运用时应综合权衡,选择适当方法以设定合理的产品价格,从而使金融产品能赢得更多的客户。

三、金融产品定价的营销策略

由于金融产品种类繁多,因而其定价方法各异,并且有不同的适用条件。据此,我们就金融企业常用的定价策略进行系统阐述。

1. 撇脂定价策略

撇脂定价策略是指金融产品刚进入市场时,可利用较高的产品价格尽可能多地获取收益,而当市场竞争变得激烈时便适当降价以扩大销售量。这犹如从鲜奶中层层撇取奶脂,故而得名。该策略的优点是可以使金融企业在较短时间内实现其利润目标,及早收回投资,减小经营风险。

撇脂定价策略尤其适用于新产品销售主要原因如下。

(1) 新产品受价格变动的影响相对要小。

(2) 该策略可以吸引住大量对价格不敏感的客户。

(3) 高价格可以使新产品获得较好的市场形象,因为多数人都认同"一分价钱一分货"的说法。

(4) 这种策略便于实施价格调整,一旦发现市场需求下降,难以维持预期销售时,可通过适当降低价格以保持较强的产品竞争力。当然,撇脂定价策略的实施目标,必须是乐于接受新事物、具有较强支付能力且对价格不敏感的客户市场。

撇脂定价策略可分为快速撇脂和缓慢撇脂两种定价方法。前者指高价格配以大规模广告宣传等强有力的促销活动;后者指高价格结合限量销售。由于金融产品没有专利可言,产品会在短时间内为竞争者所仿制,因而对其采取适宜的撇脂定价方法是可行的,但长期采用此种策略则不合实际。

2. 渗透定价策略

渗透定价策略是金融企业先以较低价格出售产品以迅速打开销路,扩大市场份额后,再相应地提高产品价格,从而保持一定的营利性。由于金融产品一开始的定价比较低,主要是通过提高产品销量来实现经营目标,因而又称为"薄利多销定价法"。该策略的优点是有利于企业缩短金融产品投入市场的时间,尽快打开销路,争取到更多客户。同时,低价也可以较为有效地排斥竞争者挤入市场,从而使企业长时间地占领市场,形成规模经营,降低成本。而其缺点则是投资回收期较长,价格调整的空间较小。

金融企业实施该策略应具备以下五个条件。

(1) 企业可以承受产品以较低价格投入市场的风险,而不至于出现巨大亏损。
(2) 企业具有充足的营销资源、分销渠道与促销能力,可以保持较高的服务质量。
(3) 随着产品销量的扩大,金融产品的生产与分销成本可以实现规模经济性。
(4) 产品需求的价格弹性较大,如果采用高价策略便不易打开市场销路。
(5) 产品打入市场后很快就会形成较强的竞争优势。

可见,企业实施渗透定价策略的目的是为了获取市场份额,谋求长期利益。金融企业实施该策略后,由于市场占有率提高,逐步形成了规模经营,因而有利于降低成本,增强市场竞争力。

3. 细分定价策略

细分定价策略是金融企业较普遍使用的定价方法,指企业把客户、产品形式、地域等细分后进行区别定价,据此优化自己的客户群,以实现利润最大化。其细分的主要方法有以下三种。

(1) 客户细分定价法。即企业为不同的客户提供同一种服务,不同的客户要支付不同的价格或在同一价格下享受不同的配套服务。

(2) 形式细分定价法。即对于同类金融产品,由于其具体形式不同,金融企业为客户所提供的服务不同,产品成本也就存在着很大差异,因而企业应设定不同的产品价格。例如,银行信用卡按持卡人的资信状况可以细分为金卡、银卡与普通卡,金卡一般由经济实力强、社会地位高、信用状况良好的个人或单位持有,其授信限额起点较高,其价格也相对较高,而银卡与普通卡的透支额度较低,其价格也相对较低。目前,这一定价策略得到了广泛应用,对不同形式的产品确定相应的价格可以更好地适应不同客户的需求。

(3) 地域细分定价法。国际金融企业多采用该方法。在不同的国家和地区,由于货币市场环境的不同,固定成本和可变成本的差异,因而跨国企业所提供的同一产品价格会有所不同,服务费用也会有很大的差异。

4. 组合定价策略

组合定价策略是指金融企业将一系列产品或服务综合考虑,根据若干种金融产品的总成本设定一个总的目标价格,以实现各种组合产品在总体上获利。该定价策略只核算总成本,而不核算单项产品或服务的成本,最后用成本低的产品或服务去补偿成本高的产品或服务,用收益高的产品或服务去弥补收益低的产品或服务,从而实现组合产品在总体上赢利。具体而言,金融企业可以价格低廉的产品与服务为纽带吸引客户,与他们建立起良好的关系,从而向其促销边际收益较高的产品与服务。由于该策略有利于提高企业声誉,扩大企业在客户中的影响,增强企业竞争力,因而得到了广泛应用。

5. 折扣定价策略

折扣定价策略是指金融企业为了调动客户的购买积极性而少收一定比例的产品货款或服务费用，从而降低客户的成本支出，提高产品的竞争力，扩大销售量。折扣定价方法主要包括以下几种。

(1) 现金折扣，指金融企业对按约定日期或提前付款的客户给予一定的价格优惠。例如对提前还贷的企业在收取利息时打些折扣。

(2) 数量折扣，指金融企业对购买产品达到一定数量或金额的客户给予一定的优惠。一般购买数量或金额越大，数量折扣也就越大，从而鼓励客户增加购买量。

(3) 时间折扣，指金融企业根据不同的季节时间设定不同的产品价格，从而平衡旺淡两季，促进产品销售。

【营销前沿】

工行"网贷通"助力中小企业起航！

一个国家的经济活力很大程度上取决于中小企业的经营状况，因为中小企业吸纳了一个国家大部分的劳动力，也是最敢于创新的经济单位。国家高度重视中小企业对国民经济的作用，出台了一系列相关措施来切实改善中小企业融资环境，更好地服务实体经济，包括国家发改委、财政部、工信部和商务部在内的多个部委密集出台了一系列针对中小企业的扶持政策，从税收、财政、金融以及在市场准入等方面解决各项难题，进一步促进中小企业的健康发展。而工商银行作为我国最大的银行，对中小企业的扶持力度也可见一斑。网贷通的推出将大大改善中小企业融资难的困境。

一、产品介绍

网贷通，即网络循环贷款，是工商银行与其企业客户一次性签订循环贷款借款合同，在合同规定的有效期内，客户通过网上银行以自助为主进行的循环借款合同项下提款和还款的贷款业务。

网贷通根据贷款资金配置差异分为承诺类和有条件承诺类。承诺类网贷通是指工商银行与客户签订相关合同后，在客户符合合同约定提款条件前提下，工商银行承诺为客户提供"随时借、随时还"功能的贷款业务；有条件承诺类网贷通是指工行与客户签署相关合同后，客户在循环额度内提出的提款申请须在工行信贷资金配置许可的条件下予以满足的贷款业务。

"网贷通"最高额度不得超过 3000 万元(低风险业务部门除外)，并纳入客户统一授信。其贷款额度使用期限最长不超过两年，合同项下单笔贷款期限不超过一年，且合同项下单笔贷款的到期日均不得超过额度使用期限到期日。单笔贷款的期限不得短于 7 天。其贷款利率要高于企业同类到款利率水平，执行利率不得低于借据期限对应档期基准利率上浮30%。

值得一提的是，在企业申请贷款的过程中，可以通过工行网上银行的 CM2002 系统自主进行。若提款金额不超过剩余循环额度、提款时间在循环借款额度使用期限内、客户在工行无违约及欠息等信息，系统自动将借款人申请的退款金额划入借款人在贷款行开立的结算账户,使贷款变得更加便利。

"网贷通"业务流程如图 7-4 所示。

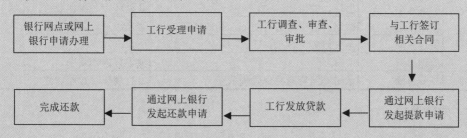

图 7-4　"网贷通"业务流程

当然,并不是每一个中小企业都可以申请借款,作为借款人必须具备一定条件,简要来讲,主要有以下几点:①具备工行企业信贷管理办法中申请办理信贷业务的基本条件;②借款人工行信用等级在 A+级(含)以上,若借款人为小企业,则信用等级在 A-级(含)以上;③借款人为企业网上银行证书版客户,并开通相应证书权限;④能够提供足值、有效的房地产抵押或低风险抵押,并与工行签订最高额担保合同。

二、产品优势

(1) 保障提款:承诺类网贷通的贷款额度在合同期内随时提款有保障。

(2) 使用灵活:合同一次签订,1 年有效,随借随还,循环使用,客户通过网上银行进行自助提款,也就是从合同规定的额度上扣除了这块贷款额度,然后当客户通过网银又进行自助还款之后,这块授信额度也就又释放出来,那么客户在网银上的这些提款和还款的动作都可以自助进行。

(3) 手续便捷:全网络操作,免去往来银行之奔波,省时省力,企业和工行签订了一次性循环借款合同之后,其余提款、还款、查询等所有的这些操作都是通过企业网上银行实现,客户登录网银,进行自助提款、还款,然后对借据合同可以进行查询,其接下来所有的动作都是在网银上实现。

(4) 高效自主:自主通过网上银行操作,借款、还款款项实时到账。

(5) 降低成本:未使用贷款额度不计息,可自助提前还款,减轻财务压力。

(6) 高额授信:贷款额度最高可达 3000 万元。

与一般企业贷款相比,其优势可以通过表 7-2 清晰地显示出来。

表 7-2　"网贷通"贷款优势

比较项目		网贷通	一般企业贷款
准入条件	担保方式	房地产抵押、低风险质押、信用(不包含小企业)	抵质押、信用、担保、保证等
期限额度费用	最长期限	合同最长 1 年,单笔贷款最长 1 年	一般 1 年,最长 3 年,超过 1 年期必须采用整贷零还偿还款方式
	贷款期限	7 天～1 年,合同有效期内自主确定,期限灵活	贷款时确定期限
	额度	3000 万元以内,合同金额自主确定,额度灵活	3000 万元以内,贷款时确定金额
	利息	根据实际贷款金额、期限计息,降低成本	根据贷款总额、期限计息

续表

比较项目		网贷通	一般企业贷款
提款还款	提款还款方式	循环，随借随还	非循环，一次性发放，还后不贷
	使用渠道	网络，自主，随时随地，高效便捷	客户经理，银行网点
	受理时间	全天候	工作时间
	处理时效	实时	视银行内部效率
规模控制	规模保障	承诺类网贷通将保障提款	没有规模时暂停放款

三、营销策略

1. 广告策略

网贷通鲜明的海报设计让人一见难忘，别致的钟表设计体现了其最大的优势之一，节约时间成本，从银向金的转变，从人工向网路化的转变，都鲜明地体现出了网贷通的特色优势。

2. 上门营销

凭借网贷通业务手续便捷、使用灵活、高效自主、提款及时、成本低、周转快的产品特色，找准营销目标，提高营销的针对性。由行长带队，组成营销小分队，重点圈定企业经营状况良好，管理水平较高的，以出让方式取得土地、房屋的企业为目标客户，定期、不定期地上门走访、洽谈，了解客户需求，切实将"网贷通"业务推销给客户。

3. 强化营销人员的业务培训

各支行将总行下发的"网贷通"产品手册、PPT、流程视频等培训材料作为学习教材，组织大家学习，使柜员掌握产品特点和业务流程，减小操作风险；大堂经理和客户经理通过向客户宣传"网贷通"的"灵活主动，随借随还"、可以在额度范围内反复提款、无须逐笔办理抵押担保等业务优势，从而得到众多小企业老板的认可，跟进营销，促使该业务快速发展。

4. 启动支行营销功能，推行"1+N"经营管理模式

由于该业务面临的客户对象具有数量多、分布广、企业信息不对称等特点，仅仅依靠市行小企业金融中心发现挖掘客户是远远不够的。因此需全面启动支行营销功能，授权支行开办小企业信贷业务，并开通网贷通业务。另外，在全行形成"市分行小企业金融业务中心负责营销与管理+支行分中心突出抓+其他支行重点抓+网点全面营销"的"1+N"小企业经营管理模式，实现小企业金融中心先行试点，条件成熟全面铺开的"以点带面"运作机制，有力促进了小企业业务的发展。

5. 突出重点客户营销

网贷通作为一项新业务，在推广期有一个客户认同信贷人员熟练掌握业务流程的过程，为了达到事半功倍的效果，工行首先选择经营管理规范有一定影响力的小企业作为首批营销的重点，以最快的速度完成评级、评估、授信、贷款审批。百货大楼、国际饭店等一批优质小企业首批使用了工行的网贷通产品，对工行高效的审批效率、灵活方便的贷款品种赞不绝口，并在业内加大宣传，使其在企业界广为流传，起到良好示范作用和声誉效用。

6. 通过改进售后服务持续营销

工行以"改革流程、改进服务年"活动的广泛深入开展为契机，把多种优质服务措施贯彻落实到网贷通业务发展中去，不但以服务为手段开展网贷通业务营销，而且把产品的售后服务作为吸引客户的有力支撑。针对目标客户上门现场演示业务操作流程，仔细阐述

第七章 金融产品与营销策略

"网贷通"产品的优势,且提示客户注意网络操作风险,积极帮助目标企业正确使用"网贷通"业务,正确使用网上银行功能,帮助客户提高风险防范意识和安全管理水平,有效赢得了客户的青睐和支持。

第四节 金融产品分销策略

分销渠道既是连接企业和消费者的基本纽带,也是金融企业完成其销售职能的实体。因为只有通过金融营销把产品销售出去,才能完成公司运营的最终目标,即企业利润的增长,所以产品分销渠道在金融营销活动中至关重要。同时,分销渠道具有长期性的特点,一旦建立就不易于改变,这使得分销渠道的选择和管理成为金融产品分销策略的关键所在。

一、金融产品分销渠道的基本含义

(一)金融产品分销渠道的概念

产品分销主要是指分销渠道,就工商企业而言,分销渠道是指产品从生产领域转移到消费领域过程中所经历的市场通道。金融产品分销渠道则指金融产品从金融企业转移到金融消费者过程中所经历的市场通道,也就是金融产品和服务通过各种便利性手段和途径推向金融客户的过程。

工商企业的物质产品从生产方转移到消费方一般是通过中间商来实现的,而由于金融产品和服务的特殊性,金融分销渠道则有其独特的运作方式,一般是通过建立分支机构网络来实现,因而分支机构网络是金融分销的主要手段,广设网点成为金融企业争夺市场的有力武器。随着金融产品和服务的不断创新,业务功能日渐多样化,目前金融分销渠道正日益复杂多元,尤其是电子信息技术的充分运用,促使金融分销渠道日趋多样化。诸如通存通兑、信用卡、自动取款机(ATM)、销售终端机(POS)等现代分销渠道已广泛使用。可见,为了适应市场需要,各种新型分销渠道的出现,极大地提高了金融分销渠道的作用,增强了金融企业提供金融产品和服务的能力。金融分销渠道作为连接金融产品供应者与需求者的基本纽带,随着时代的发展,其作用会越来越显著,它是金融企业扩大产品销售、加速资金周转、降低经营成本、节约流通费用、提高经济效益的重要因素。

总之,金融企业经营效益的高低,不仅取决于金融产品的品种,还取决于分销渠道。我们要合理地选择将金融产品推向客户的手段和途径,使得金融产品和服务能适时、适地、方便、快捷地提供给客户。因此,金融企业制定和实施分销策略,其目的就是要维持现有客户和增加新客户,通过建立最佳的分销渠道,使客户感到其所提供的金融产品和服务具有可接受性、增益性和便利性。

(二)金融产品分销渠道的构成与特征

金融产品分销渠道由若干个中间商构成,诸如代理商、经销商、批发商以及零售商等。金融企业通过中间商将金融产品有效地转移到最终消费者手中。金融中间商主要包括中央银行、商业银行、信托投资公司、证券公司、证券交易所、保险公司、融资租赁公司、资产托管公司等金融机构。

金融产品分销渠道具有以下特征。

(1) 独特性。金融产品分销渠道在很大程度上不同于一般产品分销渠道。因为金融产品比一般产品更需要金融中间商的参与才能完成销售职能，这是由金融产品的独特性所决定的。由于金融产品一般表现为服务或者实体与服务的有机结合，因而充分有效地接触最终消费者(了解他们需要什么？什么时间需要？什么地方需要？哪些消费者需要？产品或服务在哪些方面有待改进？)就成为金融营销成败的关键。可见，跟踪服务和信息反馈是金融产品分销的一个重要组成部分，而这只有交付中间商，才能较好地完成。

(2) 风险性。风险性从两方面影响着金融产品分销渠道的结构。一是最终消费者比较谨慎，在不充分了解产品之前不会轻易做出购买决策，因此需要有广泛便利的分销网络，尤其是在新产品的分销过程中，中间商的作用更为突出。二是中间商要求分散风险，由于多个中间商参与金融产品分销能使每个中间商所承担的风险降低，因而金融产品分销渠道的结构比较复杂，其所包含的成员也较多。例如，我国的国债发行一般是委托人民银行总代理，然后由各专业银行、商业银行、证券公司、信托公司等承接分销。

(3) 监管性。由于金融产品的高风险性，其分销渠道通常会受到政府有关部门的严格监管，金融产品按规定必须由指定中间商进行分销，其他机构或个人不得参与，这显然与一般产品分销渠道不同。例如，我国公司股票和债券的发行只能是由国家认可的券商或财务公司承销，而其他单位或个人则无权参与。

(三)金融产品分销渠道的影响因素

金融产品分销成功的关键在于有效地建立和管理金融产品分销渠道，在此过程中，金融企业应充分考虑金融产品分销渠道的影响因素。影响金融产品分销渠道的因素是多种多样的，具体如下。

1. 金融客户特点

对金融客户特点的描述可以用不同的变量，主要有以下三种。一是消费者类型变量，由于不同类型的消费者对于不同的分销渠道会产生不同的反应，因而企业应予以重视和研究。二是人口统计变量，如人口性别结构、人口年龄结构、人口地理结构、人口收入结构以及人口社会结构等。人口统计变量对于营业网点以及其他分销渠道的设置具有决定性影响。三是心理统计变量，具体包括客户对金融风险的偏好、对金融产品的忠诚度以及对广告宣传等促销手段的反应等。例如在对金融风险持规避态度的人群中，推销股票成功的希望较小，而推销国库券成功的可能性则较大。

2. 社会文化差异

文化是在社会长期发展的过程中逐步形成的，一旦形成后就比较稳定，并进一步影响分销渠道的作用。因此，金融企业必须分析其分销渠道在多大程度上受市场所在地社会文化的影响，从而开辟适合的金融分销渠道。就国际金融营销而言，这一点尤为重要，因为不同国家或地区之间的社会文化差异要远大于同一国家或地区内部，所以金融营销人员在准备开辟新的分销渠道或者当现有分销渠道的社会文化环境发生改变时，金融企业就应对市场所在地的社会文化进行充分分析，据此对金融分销渠道进行相应的调整。

3. 金融产品特性

产品特性是影响分销渠道选择的重要因素之一。由于金融产品的特性包含较多的服务成分，因而客观上就要求金融企业设立广泛的分销网络、建立完整的服务体系。

4. 渠道维持成本

金融分销渠道建立后能否产生应有的效益，还取决于渠道维持成本的高低。一般而言，维护渠道的投入往往比开辟渠道的费用要大，其主要包括企业自身的广告促销费用、对中间商进行广告促销的补贴费用以及为中间商提供额外服务的费用等。

(四)金融产品分销渠道的种类划分

金融产品分销渠道具体可以从以下三个方面进行分类。

1. 按产品种类划分

各种不同类型的金融分销渠道所提供的产品和服务的种类差别很大，出现不同类型的分销渠道主要是受以下三个因素的影响。

(1) 政策因素。在西方发达国家，随着银行业、证券业和保险业混业经营限制的取消，为了进一步满足客户对不同金融产品和服务的需要，金融企业纷纷设立可提供综合性金融业务的分支网点。而目前我国金融业实行分业经营，金融分销网点所提供的产品范围仍受到较严格的限制。

(2) 市场因素。指金融客户对金融产品与服务的需求差异性很大。据统计，一个典型的美国家庭通常要与20多个不同的金融产品供应商接触，并从商业银行、投资公司、证券经纪商、保险公司、信托投资基金等金融机构购买38种不同的金融产品和服务。这就要求金融企业根据自身的条件选择金融产品的品种和范围，选择合适的分销渠道，以便为特定客户提供高质量的服务。

(3) 技术因素。电子信息技术的广泛应用导致 ATM、自助银行、电话银行、网络银行等新型分销渠道的出现，从而为客户提供更便捷的金融服务。

2. 按经营场所划分

金融分销渠道中的经营场所正趋多样化。传统金融分销渠道简便直接，如存款、贷款以及支票账户等业务是由银行分支机构直接提供给客户；而一些特殊业务，如信托业务，则是通过人员推销来完成。随着金融产品的创新以及信息技术的发展，金融企业逐步开辟了更为复杂的分销渠道，诸如存取款业务可通过 ATM 完成，股票交易可通过电话委托业务完成，而耐用消费品的信贷业务则可通过中间商进行。例如，1993 年上海市一百店率先引入了与商品销售相结合的消费信贷；同年，建设银行上海市分行则推出了个人住宅抵押贷款业务。

3. 按营业时间划分

金融产品是一种随时需要的服务,然而传统的金融产品分销渠道在营业时间上具有很大的局限性。为了避免由此给客户带来不便,目前金融企业正力图突破营业时间的限制。例如 ATM 和自助银行等率先实现了 24 小时营业,而电话银行、周末银行、假日银行等亦不鲜见。

二、金融产品分销渠道的选择与拓展

(一)金融产品分销渠道的选择变量

1. 人口统计变量

首先,人口地理分布是否集中会在很大程度上影响金融产品分销渠道的选择。例如,在人口比较集中的地区仅安排几个中间商就足以覆盖整个市场;相反,如果人口地理分布过于分散,采取多渠道分销策略就比较适合。其次,不同年龄段的消费者对于金融产品会有不同的需求。例如,老年人通常喜欢收益稳定、能保值增值且风险较小的金融产品,如债券;年轻人则喜欢收益高、风险大、流动性强的金融产品,如股票;而未成年人对金融产品的需求主要集中于收益稳定、风险较小的金融产品,其对流动性并没有太多的要求,如保险。可见,金融企业对人口年龄结构的分析有助于其识别金融产品的真正需求者,并据此做好金融分销渠道的选择。再次,不同性别人群的金融消费观念也不相同。例如,女性风险承受能力一般较弱,因而往往选择收益稳定、风险较小的金融产品;此外,已婚女性在现代家庭生活中具有举足轻重的地位,家庭金融产品需求在很大程度上取决于她的想法,诸如为孩子购买保险等。因此,金融企业应针对不同性别的消费者而选择不同的分销渠道。

2. 家庭角色变量

家庭角色对于金融产品分销渠道选择的影响也很大。例如,妻子做主的家庭在购买金融产品方面比丈夫做主的家庭更加谨慎,更强调实用性和计划性。在现代社会中,由于家庭的规模日益缩小,小家庭越来越多,因而在家庭中女性的影响作用正不断扩大,这就要求金融营销人员加强家庭角色研究,选择适合的金融产品分销渠道。

3. 职业收入变量

职业收入水平高的消费者因无生活之忧,其对收益较高、风险较大的金融产品就比较偏好,例如其对信用卡等金融工具使用频繁。此外,同一职业收入水平的消费者一般居住在同一消费层次地区,这就为金融产品分销渠道的选择提供了有益的线索。

4. 产品关系变量

由于一家金融机构不可能提供消费者需要的所有产品,因而在选择金融产品分销渠道时,金融企业应充分考虑金融产品之间的关系。如果某一市场中仅有为数不多的几种金融产品,那么该市场就是不完善的,对金融企业而言,在该市场中推销其金融产品就会遇到较大的困难。例如推销股票和债券时，没有银行就无法进行资金划拨；推销信用卡时，没有银行就无法发挥信用卡的透支功能等。因此，金融产品关系格局制约着金融产品分销渠道的选择。

(二)金融产品分销渠道的选择策略

金融企业设立分支网络是其最通用的分销渠道选择策略，而以下两种方法在金融产品分销渠道选择中应用最为广泛。

(1) 空间模型法。企业首先在全国范围内进行普查，确定可以作为选择对象的地区，然后再对这些候选地区进行详细研究，通常有以下三个步骤：①确定业务区域，以便向潜在客户提供便捷的服务，一般要分析候选地区有无不利因素、候选地区与周围市镇的距离以及人口密度等；②分析候选地区的业务潜力，即搜集该地区的原始数据并将其转换成实际业务的潜力；③计算在候选地区设立分支机构的投资收益率。企业经过上述三个步骤后做出最终选择。

(2) 双变量法。企业首先确定具有业务潜力的地点，然后通过现有主要街道将这些点连接起来，再把竞争对手的分支机构也归属于点内，计算并记录下相邻点之间的往来时间，并通过计算机计算出所有消费点和所有营业网点之间的最少往来时间，在此基础上做出最终选择。在选择时一般需要考虑以下几个因素：①所能提供的业务范围；②员工的数量和素质；③所设机构的周围环境；④网点的交通便利程度；⑤机构网点的设施、规模与外形；⑥停车场；⑦醒目程度；⑧其他因素。

综上可见，经营网点的选择主要受到以下几个因素的影响：①地理交通的便利性；②经济发展的水平，包括人口、收入以及工商业的发达程度；③网点规模、附属设施、服务质量以及营业时间。

(三)金融产品分销渠道的拓展策略

在竞争激烈的金融市场中，金融产品分销渠道是否畅通以及覆盖面是否广泛，往往可以决定金融企业的竞争能力和市场份额。由于金融市场发展状况的差异，金融企业在扩展产品分销渠道时一般可以采取以下方式。

(1) 分销渠道的开辟。开辟自己的分支网络和 ATM 网络，增加电话服务的容量，扩大直销范围以及增加人员推销等，在市场空间较大和营销经费充足的情况下，已成为金融企业采取的主要方法。

(2) 分销渠道的代理。主要包括寻求更多的代理机构和更多的特约商户。由于代理机构可能会代理几家金融企业的产品，因而品质控制和代理机构的积极性便成为值得企业关注的问题。

(3) 分销渠道的并购。这是金融企业拓展分销渠道中最快捷有效的手段，尤其在跨地区和跨国经营中更是如此。并购方式按其目标和行业可以分为以下三种类型。

① 并购各类代理机构，使其仅经营本企业的产品。

② 商业银行之间、保险公司之间、证券公司之间的并购。这种并购方式对金融企业而言，已成为扩大零售网络的有效手段，同时有助于其增强企业实力，节省经营费用。就金

融业而言，金融企业与其分销渠道之间一般有着长期密切的合作关系。因此，贸然进入一个新市场并想取得较大市场份额是相当困难的；而直接建立自己的分销渠道则需要巨额投资，尤其在跨国经营中，还会遇到语言、文化、消费者偏好等方面的障碍，收效更是缓慢。因此，并购不失为一种快捷有效的办法，金融企业通过并购，可以充分利用被并购公司的分销渠道和市场份额，从而大幅度减小发展过程中的不确定性，降低风险和成本。

③ 商业银行、保险公司和证券公司之间的并购。这类并购的主要目的既是为了扩大分销网络，也是为了扩大业务范围。

(4) 分销渠道的联合。这一方式在渠道拓展中的作用表现为：①不必投入大量人力、物力，而是借助合作伙伴的分销渠道来拓展业务；②具有更大的灵活性和选择空间，风险性要小于并购；③可以突破政策限制，实现跨地区和跨国业务发展。目前，这种分销渠道的联合已日益成为金融企业开展跨国经营的重要拓展策略。

【营销前沿】

"旅在云端"——中信信用卡营销策略

2010 年 4 月 28 日，对中信银行信用卡中心来说是具有特殊意义的一天，当天其信用卡累计发卡量突破 1000 万张，在 58 家发行信用卡的银行中，成为国内第二家信用卡业务达到千万量级的股份制商业银行。更重要的是，在 2006 年年底中信实现了盈亏平衡并成为国内以最短时间进入赢利周期的信用卡中心之一。而目前国内 58 家信用卡发卡行中，宣布实现赢利或者达到盈亏平衡的银行仅有 10 家左右。

银行业的信用卡领域是一个具有挑战性的行业，它不仅需要直接面对最广泛意义上的客户，代表一家金融机构的品牌，横跨资产、负债、中间业务等领域，而且需要数据库和商业智能数据分析等技术工具的强大支持，并要求掌握高超的市场营销手段。另外，还必须根据客户体验和需求灵活调整不同功能的产品线。

对航空公司收益来说，高端旅客可谓贡献巨大，其一直是各航空公司积极争取的客户群体，高端客户群凸显的"二八定律"使民航业与银行业开始亲密接触。

中信银行信用卡中心有关负责人表示"我们的赔付额度可达 5000 元"，依托民航商旅服务的高端资源，中信信用卡为受到航班延误困扰的用户推出的航班延误保障服务，一方面为自己的持卡用户带去尊贵的高端享受，另一方面也在客观上缓解了航班延误带给旅客的焦虑情绪，这就是跨界营销产生的"化学反应"，将双赢展现得淋漓尽致。

围绕着双赢的思路，中信信用卡与民航业的合作不断深入，截至目前中信信用卡与国内各大航空公司合作建立起了堪称最完备的联名卡体系，以及包括高额度的航班延误险、航空意外险、机场贵宾服务以及海外紧急救援等高端商旅服务。中信信用卡针对民航市场首创的"云端阅读"更是在高端商旅人群中不胫而走。中信银行信用卡跨界营销创新具体表现在以下几个方面。

1. 航班延误赔付最高可获 5000 元

航班延误赔付是中信信用卡为客户提供的商旅增值服务之一，因为中信信用卡定位于中高端人群，与航空公司的客户有高度的重合。中信银行信用卡中心有关负责人表示，自 2006 年 5 月起，中信银行信用卡就在国内首家推出航班延误保障服务。因天气、机械故障等多种原因造成飞机起飞晚点达 4 个小时以上而被耽误的乘客，只要持有的机票是通过指定的商旅专线订购并使用中信信用卡支付的，就可拨打客服热线申报延误，根据所使用的信用卡卡种及订购机票的金额大小，将享受相应的保险保障，最高可获得高达 5000 元的机票赔付款。

当航班延误赔付成为各家银行标配的时候，中信信用卡又将招徕客户的重点放在了具体的赔付条款上。经统计发现，在航班延误的补偿限额上，各家银行的标准差异较大，赔付额度最大的中信银行信用卡则根据不同卡种分别设置了 1000 元、2000 元和 5000 元等三种赔付级别。一些银行规定只有白金卡、钻石卡和航空联名卡才可以享受此类服务，也有诸如中信银行、中国银行等将其延伸到几乎所有信用卡持卡人。

2. 航空联名卡体系色彩斑斓

中信信用卡发卡机构对民航市场的深入了解，源自于其多年来对商旅市场的耕耘。对于定位于中高端的中信银行信用卡来说，为客户提供航空商旅增值服务一直是其擦亮自己金字招牌的关键所在。

作为中国商旅信用卡领军发卡机构，中信银行信用卡中心自 2006 年发行第一张航空联名卡以来，至今已成功联合国航、东航、厦航、山航、南航等 5 家航空公司发行航空联名卡，形成了航空联名卡"一加四"的战略布局，拥有商务持卡用户 270 万。

在与航空公司合作方面，中信信用卡可谓一步一个脚印，引领着航空、金融两大行业跨界营销的潮流。2006 年 3 月 28 日，中信银行信用卡联合中国国际航空公司正式发行中信国航联名卡；2009 年 5 月 8 日，与厦门航空在联合推出国内首张旨在服务两岸的"直航"概念卡中信厦航联名信用卡。此后，中信与东方航空、南方航空的联名信用卡也分别面世，而于 2010 年 10 月 29 日与国航发布的"中信国航知音世界信用卡"则是国内首张经星空联盟授权使用"星盟金标"的航空联名信用卡，也是国内服务体系最完善、最高端的航空联名信用卡。

3. 航空商旅服务屈指可数

在中信信用卡丰富的联名卡体系中，尤其值得一提的是作为明星产品的"中信国航知音联名卡"，发卡量已达 200 万张，成为国内总发卡量及年交易量最大、服务体系最高端、最完善的航空联名信用卡，也是亚洲地区持卡客群最大的航空联名信用卡。

对于航空公司来说，与银行业的跨界合作，在某种程度上也丰富了自己的服务内涵。除了航班延误保障、机场贵宾服务，银行为信用卡客户提供意外险，也得到航空旅客的欢迎，只要旅客以中信信用卡支付飞机票款，或者支付 80%及以上的旅游团费，就可免费获得高额意外保险。无限卡、世界卡保险金额高达 3000 万元人民币，白金卡、国航钛金卡保险金额高达 1500 万元人民币，金卡保险金额高达 300 万元人民币，普通卡、蓝卡达 50 万元人民币，同行配偶及子女也可以一起享受保障。

4. 首创"云端阅读"新模式

针对商旅客户的航空阅读需求，中信信用卡在国内银行业首创了"云端阅读"模式。2011 年 4 月 22 日，"云端阅读"在北京首都国际机场启动，面向航空旅客革命性地开创了空中图书借阅服务。在"云端阅读"的模式下，中信信用卡就是借书证，旅客通过中信信用卡预授权，就可以方便地实现"A 地借阅—空中阅读—B 地归还"的旅行阅读新模式。"云端阅读"服务的诞生，为中信信用卡商旅服务整体战略增添了一笔浓重的文化色彩，而这种文化气息，也确实赢得了众多中信银行持卡客户的青睐，进一步满足了商旅客户的多元化需求。中信银行信用卡中心有关负责人表示：希望以"云端阅读"的优质服务，在全社会重新掀起读书的热潮，打造民航与金融业跨界营销的新样本。

总之，中信银行提出以"建立世界级信用卡中心"为目标，全力打造"国内最好的支付和消费金融品牌"，并将电子商务与消费金融生动地形容为助力中信信用卡二次腾飞的翅膀。中信信用卡不仅仅是支付工具，也承载着电子商务和消费信贷功能，其航空之旅项目共筑中信与航空公司共赢双赢。

第五节 金融产品促销策略

在市场经济条件下，金融企业的生存和发展取决于其经营状况。影响金融企业经营绩效的因素有很多，其中促销策略具有重要作用。

一、金融产品促销的基本含义

1. 金融产品促销的概念

促销是指卖方向买方传达产品或服务的信息，以帮助顾客认识产品和服务的特点与性能，引起顾客的注意和兴趣，激发顾客的购买欲望，从而促进产品和服务从卖方向买方转移的营销活动。可见，促销是鼓励购买某一产品或服务的一种营销刺激手段。

金融产品促销，是指金融企业将自己的金融产品或服务通过适当方式向客户进行报道、宣传和说明以引起其注意和兴趣，激发其购买欲望，促进其购买行为的营销活动。简而言之，金融产品促销是金融企业将其金融产品和服务的信息向客户传递的过程。金融促销的作用主要有以下几方面。

(1) 提供产品信息。金融企业通过促销活动，使客户知晓本企业提供何种金融产品和服务，具体有何特点、去何处购买以及购买条件如何等，以便于客户选购，扩大产品销售。

(2) 引导消费需求。金融企业通过促销活动以引起客户对于新产品和服务的购买欲望，从而既引导了消费需求，又为新产品开拓市场创造了必要条件。

(3) 促进市场竞争。金融企业通过促销活动，使其产品的价格水平和服务质量都在市场上展现出来，可供客户选择比较，而各金融企业之间也可以彼此了解，促进互相学习和有效竞争。

(4) 树立企业信誉。金融企业通过促销活动，可使人们了解企业特点与优势、树立良好的企业声誉、维持和扩大市场份额。

总之，金融企业应重视产品促销，并采取适当的促销策略，争取获得最佳的促销效果。金融企业的产品和服务的促销活动可以采取多种形式，主要有人员推销、广告促销、营业推广和公关促销四种具体形式。

2. 金融产品促销的信息沟通模式

金融企业一般通过告知、劝说、提示等方式，以激发客户的初始需求和需求选择。初始需求是客户第一次购买某产品和服务，而需求选择则是客户在众多产品和服务中选择某一品牌的产品和服务。无论是采取何种促销方式，企业都必须通过有效的信息传递，才能达到产品促销的目的。信息传递是指人们通过一定的文字、图像或声音等手段互相沟通的过程。信息传递过程通常是：发送者→信息→通路→接收者→效果，由此构成了信息传递模式。其具体步骤如下。

一是信息发送者把信息准确地传递给信息接收者。发送者的行为目的在于使信息能接触到目标客户，并产生预期的积极效果，以引起客户的消费需求和购买欲望，从而使其做出购买决策和实施购买行为。为了提高信息传递的有效性，发送者必须根据目标客户的特点，选择信息传递的具体方式，如电视、报刊、图像、文字、语言等。

二是信息接收者把信息转变为自己所能理解的需要信息。促销的关键在于发送者和接收者对于传递信息的理解是否相符。如果消费者接收到金融产品和服务的信息，其理解与企业的宣传意图一致，那么这种信息传递就是成功的。因此，金融营销人员作为信息传播的主体，首先要选择传递信息、传递方式以及传递渠道或媒介，这是决定促销效果的重要条件。

三是信息接收者通过反馈与信息发送者建立起联系。即把接收者对信息的看法传递给发送者，让发送者考虑是维持还是调整促销方案，以求对目标客户产生更大的影响。金融营销人员在准确传递信息的基础上，应通过市场调研，及时了解和掌握目标客户对于产品或服务的反应及其购买欲望的强弱，从而对促销策略进行相应调整。

总之，只有当信息传递过程的三个环节保持畅通时，才能充分发挥促销活动提供信息、激发需求、扩大销售的作用。

3. 金融产品促销的影响因素

金融企业在做出促销决策时，应充分考虑以下四方面因素的影响。

(1) 消费需求。由于金融消费者的购买需求各不相同，其对金融产品的功能要求也不尽相同，因而金融企业应采取不同的促销策略。

(2) 产品生命周期。金融产品从出现到消亡一般要经历导入期、成长期、成熟期和衰退期四个阶段。因此，金融企业应采取不同的促销策略。①在产品导入期，企业可采取广告促销，通过各种传媒宣传报道新产品的功能、服务等，使目标客户了解和熟悉该产品。②在产品成长期，企业应以广告宣传为主，但宣传内容要适当变化，由介绍产品功能向突出服务特色转变。③在产品成熟期，因为产品已为市场所熟悉，所以企业应减少广告宣传，加强营业推广并辅以公关促销，以提高企业声誉。④在产品衰退期，企业应保持一定量的营业推广，并配以少量提示性广告。可见，在产品生命周期的不同阶段，随着市场特点的变化，金融企业所选择的促销策略也不相同，并且成功的促销策略可以促使金融产品和服务尽快地度过导入期，及早进入成长期，延长成熟期，推迟进入衰退期，为企业赢得更多的利润。

(3) 市场特点。由于不同市场的规模、类型以及客户数量等条件不同，因而金融企业应采取不同的促销策略。例如，对于规模大、地域广阔的市场，企业宜采用广告宣传以利于开发需求；而对于规模小、地域狭窄的市场，则宜采用人员推销，以利于深入接触客户，促成交易。

(4) 促销费用。各种促销形式的费用支出不同，金融企业在制定促销策略时应综合考虑，力求用尽可能小的促销费用取得尽可能大的促销效果，提高金融产品的促销效益。企业具体可根据促销目的、自身财力、各种促销形式的费用以及效果等进行权衡，做出决策。

二、人员推销

(一)人员推销的概念

人员推销是指金融营销人员以促成销售为目的，通过与客户进行言语交谈，以说明其购买金融产品和服务的过程。由于金融产品和服务的复杂性和专业性，尤其是在新的产品和服务不断涌现的情况下，人员推销已成为金融产品和服务销售成功的关键因素之一。人员推销的主要优势表现为：

(1) 可以当面说明金融产品或服务的用途、特点，也能直接观察了解到客户的愿望与需求，并即时做出反应。

(2) 可以培养企业与客户之间的良好关系。

(3) 可以详细地解释某项产品或服务的优点，以引起客户的兴趣和购买欲望，从而激发其购买行为。通常的人员推销仅要求维持现有客户并接收订单，而创造性的人员推销则要求寻找潜在客户并使之成为现实客户。

(二)人员推销的特点

(1) 双向交流性。人员推销是一种双向沟通的促销形式。在促销过程中，推销人员一方面为客户提供有关信息，促进产品销售；另一方面通过与客户面对面的交流，推销人员可直观、及时地了解客户的需求、愿望和偏好，掌握市场动态，了解反馈信息，有利于金融企业适时调整其产品与服务，为企业经营决策提供依据。此外，推销人员通过与客户的直接沟通，可反复介绍产品特点和服务功能，做好客户的参谋，激发客户的购买欲望。

(2) 双重目的性。人员推销的目的不仅是为了促销金融产品，更是为了帮助客户解决问题，满足金融需求。只有这样，才能不断增进推销人员与客户之间的感情，使新客户成为老客户，从而更好地实现金融产品促销的目的。可见，在人员推销过程中应建立起供求双方的沟通与联系，加深彼此的了解和信任，使得双方超越柜台交易关系，这样既能向客户提供更多的服务，也可以建立起深厚的友谊，从而有助于企业巩固老客户，发展新客户。

(3) 需求多样性。人员推销不仅能有效满足客户对金融产品本身的需要，而且通过对产品的宣传介绍，还能满足客户对产品信息的需要；通过售前、售中与售后服务，能有效满足客户对技术和服务的需要；通过文明经商、礼貌待客，能有效满足客户心理上的需要，从而使双方关系密切，增进金融客户对金融企业的信任感。

(4) 促销灵活性。推销人员与金融客户当面洽谈，易于形成双向互动的交流关系。推销人员通过交谈和观察，能及时掌握客户的购买心理，从而有针对性地介绍金融产品与服务的特点和功能,并抓住有利时机促成客户的购买行为;还可以及时发现问题,进行解释并提供服务,从而消除客户的疑虑或不满意感;并且双方当面交谈和议价,易于迅速达成交易,成功概率较高。

(三)人员推销的任务与作用

人员推销的基本任务是把金融产品或服务介绍给客户,并鼓励客户购买,以实现销售目标,获取经济效益,提高企业信誉。推销人员作为企业与客户之间的联系纽带,其主要任务是说服客户,为客户服务,从而达成交易。因此,企业实施人员推销要求推销人员具有较高的素质,其既要具有全心全意为客户服务的思想境界,又要熟悉金融业务内容和金融市场环境,还要学习掌握良好的促销艺术。因为在人员推销过程中,推销人员就是金融产品的代表,消费者对金融产品的疑惑都需要由推销人员来解答,所以推销人员是站在金融产品的立场上说话的。例如,消费者会关心推销人员看起来是否是一个成功人士,因为消费者会主观地认为,如果推销人员穿着得体大方、佩戴整齐,那么他在事业上也一定非常成功(虽然事实上可能未必如此),那么他的产品或许就更可信赖;又如,推销人员的说话声音听起来是否充满自信?如果推销人员在金融产品的推介过程中支支吾吾、语焉不详,消费者会认为推销人员对于金融产品的推介仅仅是为了诱骗消费者上当而编造的说辞。总之,要成为一个优秀推销人员应具备以下几个条件。

(1) 良好的职业道德、爱岗敬业的精神以及旺盛的工作热情。
(2) 努力学习专业知识,通晓金融业务。
(3) 树立客户至上的观念,认真倾听客户意见。
(4) 注重诚实守信的工作态度以及良好仪表举止的形成。

(四)人员推销的形式、方法与策略

人员推销可分为三种形式:①上门推销,即金融企业派出推销人员上门与客户直接面谈金融业务,在面谈过程中向客户传递金融产品与服务信息;②柜台推销,即由金融营业网点的销售人员向客户介绍展示金融产品与服务;③会议推销,即由金融专家以其专业知识向客户宣传金融产品与服务,这种形式往往会取得较好的效果。

人员推销的主要方法包括:①单个推销人员对单个客户,即推销人员直接与客户以电话或面谈的方式接触;②单个推销人员对客户群体开展推销活动,即推销人员针对一组具有相同需求的购买者介绍展示金融产品的功能与服务;③推销小组对客户群体开展推销活动,即由企业各有关部门组成的推销小组针对一个客户群体系统全面地介绍产品;④推销会议,会议目的在于教会客户使用和了解某项新产品,如商业银行开发出电话银行业务,银行要具体指导企业客户如何通过电话查询当日账面余额、每日人民币外汇牌价,并开展授权转账等业务。

金融企业开展人员推销时,需要将推销人员进行合理的组织和分配,具体可以采取以下四种策略。

(1) 目标区域策略。即把金融企业的目标市场划分为若干个区域,每个推销人员负责某个区域的全部推销业务。这样既有利于核查推销人员的工作业绩,激励其工作积极性,也

有利于推销人员与其客户建立起良好关系,节约促销费用。

(2) 产品分类策略。即将金融产品与服务分成若干种类,每一个或几个推销人员结为一组,负责推销一种或几种金融产品,该策略尤其适用于类型多、技术性强的产品促销。

(3) 客户细分策略。即把目标客户按其产业特征、人口变量、职业状况加以分类,每个推销人员负责向其中一类客户进行推销。该策略有利于推销人员深刻了解客户需求,从而有针对性地开展好促销活动。

(4) 综合组织策略。即当产品类型多、目标客户分散时,金融企业应综合考虑地域、产品和客户等因素,并依据诸因素的重要程度以及关联情况,分别组成产品—地域、客户—地域、产品—客户等不同的综合组织形式,开展人员推销。

当然,随着金融产品和金融市场的不断变化,人员推销的策略亦需要及时进行评估和调整。

三、广告促销

(一)金融广告的概念

马克思在《资本论》中曾经把商品价值的实现过程称为"惊险的跳跃",而在当今社会,广告成为实现这种"跳跃"的重要桥梁,现代人的生活已完全被形形色色的广告包围。所谓广告,即广而告之,是"以其事告之于人"的方法。具体而言,广告就是告知社会公众某件事情,传递某种信息。在营销学中,广告是指需支付费用,通过媒体传递信息,告知事件的促销活动。广告作为一种信息传播工具,如今已成为各行各业营销活动中不可或缺的促销手段,因为广告与其他促销形式相比,具有以下特点。

(1) 有偿性,即广告是一种投资活动。

(2) 非人员性,即广告是通过媒体进行传播而非人员直接传播。

(3) 广泛性,广告是通过大众传媒传播信息,在同一时间或空间中接受信息的人员广泛、影响显著。

(4) 潜在性,尽管广告促销效应相对滞后,但其对于潜在客户的吸引作用是巨大的。

(5) 艺术性,广告是一种说服的艺术,它通过艺术化的语言、图片、声响等展示了企业形象和产品特征。金融广告则指金融企业通过宣传媒体直接向金融客户介绍、展示金融产品和服务,并树立企业良好形象的促销活动。

(二)金融广告的沿革、特点与分类

广告进入金融领域主要经历了三个阶段。第一阶段的广告活动是以金融企业声誉为宣传重点,着重强调企业自身实力,以使客户获得安全感。第二阶段的广告活动则是在金融新产品不断涌现的情况下,重点突出金融产品的特色,以使客户了解与其他企业同类产品的区别。经过上述两个阶段,金融企业逐渐意识到,广告宣传的目的是要向社会公众推出一个为客户提供全方位、多样化服务的良好企业形象,从而增强客户的信任感,激发客户购买金融产品的欲望。目前,发达国家或地区的金融广告已进入了富有人情味的第三阶段,即使得企业形象成为激发客户信任的火花,点燃金融客户的消费欲望。例如,香港汇丰银

行推出了以"执子之手,与子偕老"为主题的银行广告,温馨感人的画面赢得了良好的社会反响。广告促销与其他促销形式相比,其具有以下特点。

(1) 信息传播的群体性。通过大众传播媒介,广告把产品与服务信息传播出去,提高了促销效果;而与人员推销相比,广告到达每个潜在客户的人均费用要小得多。

(2) 促销效应的滞后性。广告传播信息的目的是刺激需求、促进销售,然而,广告的促销效应具有滞后性,广告对消费者态度及其购买行为的影响,一般会滞后一段时间。

(3) 人员推销的辅助性。广告对人员推销的补充和促进作用尤为突出,广告会告诉人们目前有哪些金融产品,又开发了哪些新产品,从而帮助人们认识和了解新产品的特性,激发人们的购买欲望;而当推销人员与客户进行面对面交谈时,就能大大缩短介绍时间,强化说服效果。

金融广告具体可以分为两类:一是企业形象广告,即把金融企业作为一个整体进行包装宣传,旨在提高企业声誉,增强客户对企业的了解和信任,以赢得客户的消费选择;二是金融产品广告,即金融企业对其所提供的金融产品进行宣传,通过对金融产品的特点与收益的介绍和告知,让客户了解该产品和服务,激发客户的购买欲望。上述两类广告的实施主要取决于金融企业的目标选择。如果金融企业是为了达到树立企业声誉这一目标,它就会重视企业形象广告;而如果是为了提高某一金融产品的知名度,则会采用金融产品广告。

(三)金融广告的实施步骤与策略

1. 确立主题

广告主题指是以金融产品还是以企业形象作为主要宣传内容,这主要取决于金融企业目标及其产品和服务的特点。金融企业为了达到在消费人群中树立良好声誉的目的,就会选择以企业形象为主题的广告宣传,而为了扩大近期销售则会选择以金融产品为主题的广告宣传。

金融产品广告由于金融产品自身的特点,容易引起人们注意,并成为客户的购买理由,以此作为广告宣传的主题,可以起到促销作用。金融产品广告的关键在于:一是要尽可能地将金融产品和服务的特色充分展现介绍;二是要根据不同客户的需求,突出产品质量和服务优势;三是要选择好广告投放的时间和地点,力求达到"先入为主"的宣传效果。例如,美国国民银行推出"保值定期储蓄"新产品,它的广告语是:"过去不总是将来的预见者",意思是人无远虑,必有近忧。这种存款18个月的利率为5.26%,高于一般的2年期利率,这则广告颇有规劝客户"有备才能无患"的深长意味。又如这样一则广告:"OPEN A CD ONCE AND WE' LL PAY YOU TWLCE"(开一次定期存款,我们付你两次红利)。该种储蓄产品存期9个月的利率为4.7%,外加在开户时先付0.25%的红利,到期后如客户决定续存时,再付一次0.25%红利,以示优惠。

企业形象广告则是为了在广大客户心目中树立有利于金融企业长期发展的良好声誉,以期获得金融客户的信任感与安全感。即通过扩大金融企业知名度,提高其信誉度,给客户留下值得信赖的亲切印象,以使客户成为"回头客"。企业形象广告的重要性还在于消除金融企业缺乏人情味等不良印象。金融企业形象具体包括企业的历史、文化、规模、实力、产品质量、服务态度、建筑风格、营业场所布置、企业标志等。随着金融产品的差异性越来越小，企业形象广告在金融广告促销中的作用已越来越大，这引起了金融界的广泛重视。因为当金融客户去银行开户、去证券公司交易或去保险公司投保之前，吸引其去办理金融业务的关键是使其知晓金融企业是关心客户的，是为客户利益着想的，是有能力解决客户困难的。而只有覆盖面广泛的企业形象广告，才能有效地在目标市场上树立起特色鲜明的企业形象。

例如，在美国旧金山街头有一幅摄影广告，题为"You are in good hands"(你在一双手的呵护中)，这是一家保险公司的广告，画面中央是一双稳健有力的男性之手，小心翼翼地捧着一颗心形钻石，背景是一片幽兰，隽永的意境尽在不言中。又如，美国北方信托银行的广告标题是"TRUST NORTHERN, I DO AND YOU SHOULD TOO"(相信北方银行，我做你所需要的)，广告中列举了如何满足客户需要的承诺，以示该企业的真诚。

总之，金融产品广告和企业形象广告应互相补充，当企业形象广告引起客户的注意和兴趣后，金融企业应"趁热打铁"，运用金融产品广告及时向客户介绍能为其带来收益的各种金融服务。这是因为企业形象广告必须以金融产品和服务为其基本内容，而金融产品广告所推出的产品与服务又必须以良好的企业声誉作为前提和保证。

2. 明确对象

为了达到广告效果，金融企业在设计广告创意和内容时，必须了解分析有兴趣购买产品的个人、家庭或组织的类型，并且要判定谁能做出购买决策。由于对象不同，金融企业在选择广告媒体、进行内容设计时应做相应的调整，而如果不区分客户对象或以社会公众为宣传对象或仅在专业刊物上做广告是难以引起目标客户注意的。

3. 提出构思

金融广告的构思首先要具有说服力，通过直接指向宣传对象的切身利益，以表明金融产品和服务将使宣传对象获得实际利益。金融企业通过扼要地阐明其所提供的产品和服务，以使客户有明确的选择。例如，把本地区办理某一金融业务的营业网点地址刊登在广告内，将极大地便利客户的选择。其次要富有创意，因为广告效果在很大程度上取决于广告创意。以前，金融界不太愿意采用有新意的广告内容，某些金融界人士甚至认为金融企业必须表现出传统稳重的形象，标新立异的广告宣传会有损于金融企业形象。然而，随着公众兴趣和认识态度的转变，创意性广告已成为塑造金融企业形象的有效手段。现在大多数客户都把创意性广告与企业创新精神等同看待。例如，美国圣保罗联合银行在《芝加哥论坛报》上登过一则广告，标题用语是"WHAT GOES UP MUST GO HIGHER"(追求高效)，并且下面还有一个大字——GUARANTY(保证)。原来美国有一句谚语："WHAT GOES UP MUST COME DOWN"，意即"上去的必然下来"。这里却反其意而用之，"上去的必然更上去"，即暗指存款利率上去更上去，而且有"保证"，怎么会不吸引人呢！再者要设计好广告语，因为广告用语是广告的灵魂，应具有较深的内涵，既要含蓄又要独创，才能令人耳目一新。寓意深刻的广告语，能给人留下意犹未尽、回味无穷的美好印象。美国金融企业十分重视广告语的设计，各类金融广告都有生动醒目的广告用语，借以打动公众。如有一则银行广告的标题是"YOUR MONEY HAS NEVER GONE THIS FAR"，这句话有类似"积小钱，办大事"的含义,可谓神来之笔。当画龙点睛般极富个性的广告语深深印在客户脑海中时,这些金融企业的形象也就随之深深刻在客户心中。

可见,富有创意的金融广告构思主要表现在以下三个方面:①创设一种现代化的标识、符号和图案;②运用生动形象的画面,包括运用动画手段和聘请明星;③运用使人可信的广告语,并根据时代特征加以改变。

4. 选择媒体

广告媒体是指广告信息传播的载体。其主要分为印刷媒体,如报纸、杂志、书籍等;电子媒体,如电视、广播等;邮寄媒体,如产品说明书、宣传手册、产品目录、服务指南等;户外媒体,如广告牌、招贴海报等。人们通常则把广告媒体划分为四大媒体和其他媒体,四大媒体是指广播、电视、报纸、杂志,其他媒体是指户外、邮寄等。不同的广告媒体在传播空间、时间、效果、广告费用等方面具有不同的特点,具体如下。

(1) 广电媒体。广播媒体的优点是制作周期短、传播时间灵活、宣传范围广、人口覆盖面大、成本费用小,属大众化传媒;缺点在于仅有声音,不如电视媒体引人注目,并且信息瞬间即逝。因此,广播难以为抽象的金融产品和服务提供直观有效的宣传。电视媒体在各种广告媒体中传播效果最好。据统计,电视广告直接产生的效果约占所有媒体的35.4%,积累性效果高达50%。电视媒体的优点在于综合了视觉、听觉传播效果,富有感染力,能引起观众的高度注意,传播范围广,有利于金融企业形象的塑造,通过生动的场景展示可以更好地说明金融产品的功能;其不足之处在于制作成本高、信息瞬间即逝、观众选择性小。随着电视影响的扩大和金融企业更多地运用有创意的广告以及社会公众对金融重要性认识的提高,电视广告在金融广告预算中的比例逐年提高。20世纪70年代初,英国银行的电视广告支出仅占其广告预算的4%,而进入80年代后,这一数字达到了50%。

(2) 报刊媒体。报纸由于发行量大、覆盖面广,并涉及各阶层的读者,因而是最具可选择性的广告媒体。每种报纸都有自己的读者群。报纸的优势在于其订阅和发行地区比较明确,区域集中度较高,信息传播快,费用比较小,尤其适合于借助文字传播内容比较复杂的说明性广告。目前,美国的报纸约有1700多家,大城市的日报一天出50至100个版面,星期天更是多达200至300个版面。《纽约时报》曾经有一天出了946个版面,重3.4千克,刊登广告120万条。金融企业可以根据其产品情况和促销目的,在报纸上刊登各种类型的金融广告,即使是一种复杂的金融产品,也可以在报纸广告中登载一段详尽的说明文字;在为企业下属分支机构和网点提供促销支持时,也可将每个分销渠道的情况列在上面。

杂志的优点是品种多、可选择性大、印刷质量好、保存时间长、反复传阅率高,不足之处在于其发行周期长、信息传播慢、读者范围窄。一般专业杂志的可信度和权威性更符合金融企业的形象要求。

(3) 户外媒体。主要包括设置在公共场所的广告牌、海报招贴等,其通常主题鲜明、形象突出,给人留下深刻印象,尤其是广告牌长期固定在某一场所,可重复传播,注意率极高。由于广告牌位置固定,因而接受宣传的往往是同一类客户。金融广告牌主要是宣传企业名称和服务内容,广告画面和广告用语必须简明易记,以提高宣传效果。

(4) 邮寄媒体。指通过邮局直接寄给客户的宣传品等。邮寄媒体的针对性最强,可根据目标客户的需求特点,决定广告传播的内容和形式;邮寄媒体可详细介绍产品和服务的功能与特点,说明性较强;邮寄媒体的阅读率高,传播效果好,费用小;在对目标市场进行宣传,尤其是宣传金融企业特有的业务项目时,更是一种高效廉价的促销方法。在新产品投放初期,邮寄方式既可以起到短期保密作用,以防止在大面积推广之前招来模仿者,又可以让老客户尽早了解新产品信息,优先享用新产品。随着越来越多的金融企业建立了客户数据库,邮寄媒体正发挥着越来越大的作用。

总之,金融企业选择广告媒体,应在充分了解各媒体特点的基础上,根据目标宣传对象的性质、特点、范围、规模以及广告费用等因素进行综合考虑,并在重点选择某一媒体后,还应辅助于其他媒体,通过媒体组合方式以强化其促销功能。

5. 评估预算

广告促销活动除了传播信息、吸引客户外,还必须关注广告宣传的成本和收益。由于在产品广告中,这种联系体现得更为显著,因而金融企业大多采用产品广告方式;而在形象广告中,这种联系效应则还难以测定。

【营销前沿】

美国储蓄机构的定向与非定向促销策略

美国储蓄机构为了推出其房产保证贷款,起初采用了传统的市场促销方式——直接让公众知道其存在。在6个月内,该机构花费几千美元做广告,但仅仅增加了25个贷款账户,每增加一个房产贷款至少开销280美元。后来,它改变了促销战术,聘请了一个专业的营销公司来制定并运作其新的营销战略。它们将促销目标调整为具有更多服务功能,给消费者以选择的机会,或选择无最高限额的、浮动利率的房产保证贷款,或选择固定利率的定期房产保证贷款,营销公司对每一种金融产品的税收还备有详细的资料,并采取了直接邮购或电话营销的方式促销。仅仅3个月,该机构就获得了近400个贷款账户,平均每个账户贷款额达2.6万美元。尽管这样使营销预算增加了许多,但由于贷款账户增加得更多,使每一个账户平均成本降低了一半。

银行开发出新产品,提供新的业务,要通过各种手段让客户知道。非定向促销主要是借助于大众媒介来实现的,定向促销主要靠通信联络来实现的。非定向促销的主要目标是提高银行的整体形象和信誉,主要促销手段有广告、宣传报道、电话促销、上门服务等。这种大众宣传手段支出成本一般较高。定向促销活动的着眼点是银行拥有的现有客户,通过信息建立起银行与客户的定向对话式的双方交流关系,做到随时掌握客户的情况,特别是对于给银行业务带来较高效益的主体客户,银行应了解他们对本行的产品与服务的使用情况以及他们与其他银行的业务联系,不断地通过定向服务的机制,使用必要的激励或"赠与"手段,激励客户加强与本行的关系,扩大使用本行的服务范围。这种关系的建立可以使银行与客户的关系不断地加深和密切,为建立新型的客户关系开辟道路。

同时,由于定向营销活动的经费是按不同的客户群体定向支出的,因此又可以节约经费。定向促销和非定向促销是组成现代商业银行营销策略的两个方面。没有非定向促销,现代商业银行就无法在社会上树立良好的形象,无法让社会了解银行的产品和服务,影响人们的购买取向及发展新客户;而没有定向促销活动,现代商业银行就不能有效地发展、巩固与现有客户的联系，甚至失去已有的客户关系和市场份额。因此两种促销方式应相互补充和促进。

四、营业推广

1. 营业推广的概念

营业推广是企业为了刺激需求而采取的促销措施，即利用各种刺激性促销手段吸引新客户以及回报老客户。对金融企业而言，新客户可以分为两类，一类是尚未接受金融服务的潜在客户，另一类是已接受过同类产品的客户。

2. 营业推广的特点与作用

营业推广的基本特点如下。

(1) 非规律性。营业推广多用于短期的促销活动，目的在于解决具体的促销问题。

(2) 方式多样性。营业推广的具体方式包括赠送礼品、有奖销售、免费服务、陈列展示等。

(3) 效果即时性。营业推广的促销效果可在短期内迅速显现。

营业推广的主要作用如下。

(1) 加速新产品进入市场的过程。当消费者对投放市场的新产品尚未充分了解时，通过必要的促销措施可以在短期内迅速为新产品打开销路。

(2) 抗衡竞争者的促销活动。

(3) 刺激消费者的购买欲望，即通过适当的促销措施，使消费者对产品形成好感，促成其购买行为。

3. 营业推广的策略与方法

营业推广主要包括以下基本策略。

(1) 确立营业推广目标。由于目标市场和产品生命周期不同，营业推广所要达到的具体目标也不相同。例如，对于传统金融产品，企业应鼓励客户重复购买；而对投放市场的新产品，则应吸引客户尝试购买，尤其鼓励反季节性购买。

(2) 选择营业推广方式。为了实现促销目标，金融企业应根据市场需求和竞争环境，选择适当有效的营业推广方式。例如，营业推广目标是为了抵制竞争者促销，企业可采取赠送礼品、有奖销售等措施。

(3) 制订营业推广方案。金融企业制订方案要本着费用小、效率高的原则，具体规定营业推广的范围、途径、期限和成本等。

营业推广的主要方法如下。

(1) 赠送礼品。赠送礼品是金融企业运用较多的促销方法之一。例如，在吸收存款、办理信用卡以及新设分支机构开业典礼时赠送礼品，或是为了鼓励长期合作而向老客户赠送礼品等。

(2) 有奖销售。该方法主要用于储蓄、信用卡购物等方面。例如在 20 世纪 80 年代后期，国内各家专业银行纷纷推出各种住房有奖储蓄，有的一年开一次奖，有的一年开几次奖。

(3) 免费服务。当金融市场竞争加剧时，为了推广业务、招徕客户，金融企业往往会采取免费服务的促销方法，例如信用卡持有者免付会员费等。

(4) 陈列展示。是指金融企业通过实物展示、展板解说等形式以吸引客户购买。

五、公关促销

1. 公关促销的概念

公关促销是指金融企业运用各种传媒与社会公众沟通，以达到树立良好企业形象，赢得社会公众的理解、信任和支持，从而乐于接受金融产品和服务的目的。客户是企业赖以生存和发展的基础，建立与客户的良好关系，金融企业需要做到以下几点。

(1) 让客户充分了解企业的宗旨、信誉、经营范围和服务方式。

(2) 提供多样化产品和热情周到的服务。

(3) 及时处理客户投诉，并善于协调与客户的关系，努力与客户建立良好的伙伴关系，创造和睦相处、团结合作、共同发展的外部环境。处理好上述关系是金融企业公共关系活动的重要内容，它将大大促进金融产品和服务的销售。

公共关系是一门追求良好企业形象的艺术，其具体包括产品形象、服务形象、员工形象、外观形象的风格与特征。良好的企业形象会给金融企业发展带来巨大的助力，能为企业赢得更多的客户和市场，增强其战胜困难的能力。因此，公关促销是金融产品促销策略的一个重要组成部分。

2. 公关促销的原则

金融企业在开展公关促销活动中必须把握以下原则。

(1) 沟通协调原则。金融企业的公关促销主要是通过沟通协调，促进金融企业与社会公众的相互了解和合作，建立与保持良好和谐的关系。

(2) 互惠互利原则。金融企业在与社会公众交往过程中，要兼顾双方的共同利益，寻求"双赢"结局。只要是本着"客户至上"的诚意为公众服务，企业就能树立起良好形象和声誉，从而获得社会公众的回报。

(3) 社会效益原则。在公关促销中，金融企业在追求自身利益的同时，更应注重社会效益。当经济利益和社会效益发生冲突时，企业如能考虑社会整体利益，必将赢得社会公众的赞誉和支持，最终也将促进企业自身效益的提高。

3. 公关促销的方法

金融企业开展公关促销的方法主要有以下三种。

(1) 通过新闻媒体宣传企业形象。即金融企业通过与新闻界建立良好关系，将有新闻价值的相关信息通过新闻媒体传播出去，以引起社会公众对金融产品与服务的关注。报纸、杂志、广播、电视等新闻媒体是金融企业与社会公众进行沟通、扩大影响的重要渠道。新闻报道在说服力、影响力、可信度等方面要比商业广告所起的作用大得多，也更容易被社会公众所接受和认同。当然，只有金融企业不失时机地策划出价值高、可予报道的新闻，才能引起新闻媒体的关注，成为传媒追逐的热点。

(2) 积极参与和支持社会公益活动。社会公益活动是一种深入承担社会责任的活动，企业对公益事业的热情能赢得社会公众的普遍关注和高度赞誉，可以最大限度地增加营销机会，现已成为金融企业开展公关促销的主要方法之一。

(3) 与客户保持联系，相互增进了解。金融企业应主动与客户保持沟通联系，通过诸如个别访谈、讲演、信息发布会、座谈会、通信、邮寄宣传品与贺卡等方法，促进客户对企业的了解，从而使企业形象能长期保留在客户的记忆中。这种公关促销活动对维系老客户、吸引新客户具有良好的作用，尤其是对于稳定老客户的作用更大。

经典案例评析一　　经典案例评析二

【情境案例解析】

大学生理财之友

一、引子

卸下了高考的重担，挥别三年的汗水。当拿到那份"沉甸甸"的大学录取通知书时，周荣感受到了全身的释放感和轻松劲儿。他知道，未来几年相比过去那些日子，同样有梦想、同样需要拼劲儿，可是多了一样以前没有的东西：自由。因为踏入大学校园，意味着他可以全方位地感受从来没有的自由：衣食住行将要由他自己决定，吃什么穿什么他自己做主；他可以选择自己喜欢的知识去涉猎，读自己喜欢的书，听自己喜欢的讲座；他可以自己安排时间，什么时候做些什么，都由他自己说了算，当然，也包括自己的钱包——一张银行卡。

二、低成本巧进大学生视野

周荣进入大学一个月后，逐渐适应了大学生活，绚烂多彩的社团让周荣简直眼花缭乱，这时，"Y基金大学生理财社团"进入了他的视野。通过适当的了解以后，他知道这个社团是由Y公司赞助，并且派出人员进行辅导，让大学生树立理财观念，管理好自己已有的少许零花钱，为未来选择自己的理财模式做好演练。周荣每个月有一两千元零花钱，除去日常花销，计划好了每月都可以有些结余。周荣对这个社团很感兴趣，希望自己能够看到财富增值的"魔法"，于是申请加入。社团工作人员告诉他，马上就会有Y公司组织的财富讲座以及一个有Y公司赞助的理财大赛。

三、突显服务特色，拉近心理距离

回到寝室后，周荣上网搜索了Y基金，发现在该公司首页非常显眼的地方就有"大学生理财专区"的链接。他点开链接，发现里面除了介绍货币市场基金产品及购买方式以外，还设置了"大学生理财Q&A""更多理财知识""趣味财商测试""你问我答"等板块，周荣通过这些板块，对这个基金有了更多了解，对它也更有兴趣了，每隔一段时间便会去观察一下，逐渐养成了关心基金相关新闻的习惯。

周荣通过一段时间的观察，开始尝试购买Y基金，由于他的资金量比较小，而且有时要取出来使用,因此,他选择了货币基金作为投资对象。Y 货币基金购买方式非常简单,只要登录 Y 基金公司官方网站,开通网上交易,就可申购。网上开户及支付支持多种银行借记卡,方便快捷。相比于第三方渠道,"网上直销"的手续费也比较低,更适合像周荣这样的大学生群体。

四、好处看得见,理财基金走入大学生心里

周荣用每个月的生活结余购买基金份额,过一段时间后,发现自己的财富确确实实有所增加,自己闲置资金的投资需求得到了满足,同时,也积累了这方面的理财经验。

在 Y 基金官网上,大学生投资货币基金可选择两种方式。一是一次性申购。如果在开学时有一定数额的资金,可以通过网站开通网上交易账户,一次性全部购买成货币基金。这种方式平时不用操心,只需每月初赎回一定资金作为当月日常生活费即可。二是定期定额投资。如果大学生每月有一定资金结余,可以在基金公司官网开通网上直销专户,并选择定投计划,每月投资一定金额(最低 100 元)。

五、先入为主,抓住未来的潜在客户

周荣毕业后在一家建筑设计公司工作,每个月上万元的工资,他的第一想法就是购买基金。这个时候的他,已经掌握了不少相关理财知识,开始投资更高层次的基金产品。他并不熟悉其他的基金公司,但在大学生涯里,他已经完全搞清楚了 Y 财富基金,它就好像是他的管家,从他掌握了第一笔自己的自由财产开始就教它如何增值,他对它放心,它同时也会为他的财富护航。

六、尾声

Y 基金公司的"大学生理财专区"推出并不久,其经济效益尚难以考量。但是,经过上面的一番讨论我们不难发现,进行这样的推广活动,其社会效益、长远效益十分明显,这是一家关注成长、关注未来发展的公司应具有的品质。对此,我们有理由对 Y 基金公司高瞻远瞩的开拓行为表示赞赏,并对此予以积极关注,期待它作为我国金融营销领域富有开创性的行动能带来更深远、更积极的影响。

【案例讨论】
1. 目前在校大学生的理财观念及现实情况有哪些特点?
2. 在案例中,Y 公司的销售渠道有哪些?与你了解的其他基金的销售渠道有什么区别?
3. 你认为 Y 公司针对大学生做宣传的终极目的是什么?
4. Y 公司在对目标市场——大学生的营销中,除了采用网络营销还有哪些方式?
5. 你认为 Y 公司通过向在校大学生提供理财产品的方式打造潜在客户的方式可行吗?

本 章 小 结

(1) 金融产品是指金融企业通过精心设计的金融工具和与之相配套的金融服务而向客户提供的以满足其需要的某种金融运作理念。金融产品是特殊的商品,它与其他产品相比具有较大区别。金融产品在总体上具有七项特征:无形性、不可分性、累加性、差异性、易模仿性、季节性、增值性。

(2) 金融产品一般由核心产品、形式产品、延展产品、期望产品与潜在产品五个层次组成。

(3) 金融产品开发是指金融企业为了适应市场需求而研究设计出与原有产品具有显著差异的金融新产品。可以把金融产品开发划分为产品发明、产品改进、产品组合、产品模仿四种类型。

(4) 金融产品生命周期是指金融产品从投放市场开始一直到退出市场所经历的整个过程，也就是金融产品在市场上存在的时间。可以将金融产品的生命周期划分为四个阶段，即导入期、成长期、成熟期与衰退期。

(5) 金融产品定价是指金融产品价值的货币表现形式。金融产品定价的主要目标有利润最大化、提高收益率、扩大市场份额、适应价格竞争、优化金融服务、树立企业形象。

(6) 金融产品的定价方法可以分为成本导向定价法、需求导向定价法、竞争导向定价法。

(7) 金融产品定价的营销策略有撇脂定价策略、渗透定价策略、细分定价策略、组合定价策略、折扣定价策略。

(8) 金融产品分销渠道是指金融产品从金融企业转移到金融消费者过程中所经历的市场通道，也就是金融产品和服务通过各种便利性手段与途径推向金融客户的过程。其具有独特性、风险性、监管性等特征。

(9) 金融产品促销，是指金融企业将自己的金融产品或服务通过适当方式向客户进行报道、宣传和说明以引起其注意和兴趣，激发其购买欲望，促进其购买行为的营销活动。

(10) 金融产品促销可以采用人员推销、广告促销、营业推广和公关促销等方式。

复习思考题

1. 什么是金融产品？它有哪些特征及层次？
2. 金融产品开发可以划分为哪几种类型？
3. 金融产品开发的目标是什么？怎样进行金融产品开发？
4. 什么是金融产品生命周期？一般可以划分为哪几个阶段？每个阶段的营销策略如何？
5. 金融产品定价的影响因素有哪些？其主要目标是什么？
6. 如何对一种金融产品进行定价？金融产品定价的营销策略有哪些？
7. 什么是金融产品分销渠道？其构成和特征分别是什么？
8. 在进行金融产品分销渠道选择时应该注意哪些因素？
9. 什么是金融产品促销？金融企业在做出促销决策时，应充分考虑哪些方面因素的影响？
10. 金融产品促销可以采用哪些方式？你比较能接受哪种方式？

第八章 金融营销与风险管理

【本章精粹】

- ◆ 金融产品风险和金融企业风险。
- ◆ 金融企业营销风险管理的目标与内容。
- ◆ 金融产品风险的危害、估计及处理。

【章前导读】

早期风险管理主要源于保险业，且仅仅针对那些能够通过商业保险来消除的风险。随着经济市场化的深入和金融业的高度发展，人们不断地发现大量存在的不可保险或难以保险的市场风险，当今的风险管理更以此为重点。风险管理的普遍理论和实用方法不仅为投资类企业所广泛运用，更为金融企业所高度重视。尤其是金融风险防范，不仅是各国金融企业经营管理的重点内容，也因为金融业在国民经济中的重要地位，金融企业的经营风险状况和风险管理水平成为各国政府和金融宏观监管部门的主要监管对象。特别是20世纪80年代以来，随着金融自由化和经济全球化步伐的加快，金融业所面临的风险急剧增大，国际金融动荡频繁，波及面广，不少久负盛名的国际大银行出现高额不良资产甚至倒闭，一些大型的投资机构和证券经营机构面临金融动荡，顷刻之间一无所有，大量的事实和教训，都迫切地要求金融企业在经营中把防范和化解金融风险放在极其重要的地位，加强营销中的风险管理。

【关键词】

金融产品风险　金融企业风险

第一节　金融产品风险和金融企业风险

对于金融企业来说，金融风险主要有两个层次：一层是金融企业所经营产品的风险；另一层则是金融企业的风险。人们通常所称的金融风险既包括产品风险，也包括企业风险。

一、金融产品风险的概念特征及分类

1. 金融产品风险的概念

事物的不确定性就是风险。金融产品风险就是在人们从事金融产品的生产、流通、使用等过程中所面临的不确定性。从经济角度来说，这种风险可能会使金融产品经营者遭受损失，也可能会使其获得收益，但不管怎样，经营者在事前都不能预料最后的结果。如果金融产品经营者可以百分之百地预料最后结果，那么，这种金融产品就没有风险。

2. 金融产品风险的特征

由于金融产品的独特性，金融产品风险不同于一般所指的风险。它的主要特点如下：

(1) 金融产品风险的最后结果一般直接表现并可量化为货币资金的得失。因为金融这一概念本身就是货币或货币各种变体的筹措和运用，所以金融产品风险的上述特征并不难理解。虽然在大多数情形下，各种风险导致的后果最终都表现出并可量化为货币资金，但直接损失的表现则纷杂无形；非金融风险带来的直接损失大多表现为实物财产的减少或其他非货币资产的损耗。例如，持有美元的本国货币投资者(投机者、套期保值者等)在本币兑美元升值时，他的本币收入就会减少，这里的金融产品风险就是汇率变动风险，其直接后

果是货币收入的减少。而如果一座工厂毁于大火,其直接损失就是实物资产的减少,虽然其结果最终也是用货币资金来衡量。像一般风险一样,金融产品风险在导致直接损失的同时,也会产生许多间接损失,这种间接损失大多数时候也能用货币予以衡量。

(2) 金融产品风险损失具有零和游戏的性质,一方遭遇损失,另一方一般会获得收益,且总量相同。在研究金融产品风险时,往往选定一个风险承受者或经济主体,这时的金融产品风险是客观存在和绝对的。但当我们从更大的范围来看金融产品风险时,金融产品风险所导致的损失就是相对的;从整体角度来看,直接损失可能是不存在的。例如,如果在本币升值时,美元持有者并不卖出美元换回本币,那么,他的损失仅是账面上的,并不表现为直接经济损失;即使他此时卖出美元换回本币而遭受汇兑损失,必有其他持有本币而购买美元者(例如美国投资者、投机者或套期保值者)从汇兑变动中获利,且获利大小等于(不考虑交易等费用)前者的损失。而如果一座工厂毁于大火,这座工厂就直接消失掉了,几乎没人能从中获利。

(3) 金融产品风险具有广泛性,且易导致连锁效应。在现代化经济社会条件下,金融产品的运用愈加广泛,几乎任何国家、经济单位或个人都与金融产品打交道,因而金融产品风险处处存在、时时存在。又由于电子化技术在金融领域的广泛运用和金融创新工具的不断涌现,一种金融产品的风险会很快影响到另一种金融产品风险,一个单位(地区)的金融产品风险会很快影响到另一单位(地区)的金融产品风险,如20世纪90年代初的墨西哥债务危机在短短几周内几乎波及全世界,且影响深远,就是典型的例证。

(4) 金融产品风险的后果并非都表现为损失,有些情况下也表现为收益,因而,金融产品风险大多不可保险。例如,美元汇率的变动既可能使美元持有者遭受损失,也可能使其获得收益。与一般风险不同,这种风险大多不能进行保险,因为一般风险的保险是一种绝对的损失,而不仅仅是一种"不确定性",并且对美元持有者来说,保险意味着他失去获得额外收益的机会。但随着保险业务的发展和金融产品风险的增大,传统保险业也越来越多地渗入金融领域。

3. 金融产品风险的分类

最常见的金融产品风险的分类是以金融产品的分类为基础,因而我们可以把金融产品风险分为:银行类金融产品风险和非银行类金融产品风险;货币金融产品风险和证券金融产品风险;传统金融产品风险和创新金融产品风险等。非银行金融产品风险又可再分为保险金融产品风险、信托金融产品风险、证券金融产品风险等,而证券金融产品风险又可继续细分为债券金融产品风险和股票金融产品风险等。除此之外,使用不同的标准还可把金融产品风险分为不同的类型,具体如下。

(1) 按照金融产品风险产生的原因不同,可把它分为国家风险、信用风险、利率风险、汇率风险等。每种风险还可进一步细分,如国家风险可再分为政策(政治)风险、政权风险、汇兑风险等。

(2) 根据金融产品风险所涉及的经济主体不同,可把它分为国家风险、机构风险、企业风险、家庭风险、个人风险等。

(3) 根据金融产品风险所涉及的范围不同,可把它分为系统性金融产品风险和非系统性金融产品风险。前者指在特定范围内对各类经济主体均会产生影响的金融产品风险,例如,一国的通货膨胀的影响可能会波及该国所有的经济主体,包括企业、家庭和个人;后者是指其影响仅涉及一定范围内经济主体的金融产品风险,例如证券市场短期动荡仅对已参与证券买卖的经济主体产生影响,而其他经济主体则不受影响,或影响甚小。

二、金融企业风险及其主要类型

金融企业风险是指金融企业从事一切金融活动所面临的不确定性。它不仅局限于所经营产品本身的风险,也包括各种行为后果的不确定性。金融企业风险的类型主要有以下几种。

1. 信用风险

信用风险是指参与信用类金融交易的债务人一方不能依照合同按时偿付债权人本息的可能性。这是金融企业特别是银行类金融机构所面对的传统性风险。例如,商业银行的信用风险不仅包括传统贷款业务的信用风险,也包括贴现、透支、信用证、同业拆放、证券包销担保等业务所存在的信用风险。

2. 交易风险

交易风险也称市场风险,是金融企业在市场交易过程中所面临的各种风险,它非传统的信用风险所能概括,是现代金融企业经营中的主要风险。其具体包括以下三种。

(1) 利率风险。它是货币市场、资本市场的利率波动通过存款、贷款、投资、拆借、融资等业务而影响金融企业经营成本和收益的可能性。利率风险一方面来源于中央银行根据经济形势对基础利率所做的调整;另一方面来源于取消利率管制后所出现的市场利率波动。

(2) 汇率风险。它是国际货币体系中各种货币汇价的波动使金融企业资产在持有不同的货币或运作以不同货币结算的业务中蒙受意外损失或获得额外收益的可能性。汇率风险的结果可能是以货币单位数量表示的实际损益,也可能仅仅是会计处理过程中一种货币资产折算成另一种货币资产时账面价值的增加或减少,前者称为实际风险,后者称为评价风险。按照实际汇率风险产生的交易背景,又可将实际风险分为国际贸易结算风险、国际债权债务清偿风险、外汇买卖风险等。

(3) 投资风险。它是金融企业从事自营或直接投资或动产、不动产买卖时,因市场价值波动而蒙受损失或者获取收益的可能性。投资风险是与商品、货币、资本、不动产、期货、期权等市场的行情密切相关的,市场行情波动越大,投资收益的稳定性就越差。特别是涉及跨国投资时,投资收益的影响因素除了对象国的市场行情外,通货膨胀情况和换汇率的变动,也是必须考虑的重要因素。

3. 流动性风险

流动性风险是一种兑付风险,是金融机构特别是商业银行所掌握的可用于支付的流动资产不足以满足支付需要甚至丧失清偿能力的可能性。流动性风险常常爆发于债权人因为信心等因素的影响而大规模挤提、兑换现金的情况,其危险性极大,一旦爆发,可以置金融企业于死地。虽然流动性风险通常是金融企业破产倒闭的直接原因,但根本原因在于这些企业因长期经营不善而使其他各类风险长时间潜藏、积聚,最后以流动性风险的形式一并爆发出来。所以,金融企业除了应留足备付金以保障日常兑付外,还应当审慎经营,防范其他各类风险，防止风险积聚。

4. 国家风险

国家风险即国家信用风险，是国家作为债务人对于到期债务不能按合同要求偿付国际国内债务本息的可能性。国家风险对于国内的债权人来说，属于政府信誉问题；对于国外债务来说，则属于国家信誉和形象，所以，国家风险是最复杂、最危险的风险要素。这种风险程度主要取决于：①政府的财政收支能力；②国家经济发展水平和经济政策；③国家的出口创汇能力和国际收支状况；④国家的外汇政策；⑤内外债的水平和结构；⑥国家在金融市场(国际国内)的融资能力和资金的运作能力；⑦国家政局的稳定性和政府首脑人物的政策主张等。从经济意义上看，一个国家的政府不仅可以破产，而且可以在破产之后继续存在下去。金融企业在向国家贷款时必须认识到：①国家贷款涉及政治问题，异常复杂；②如果国家不能按时履约归还本息，金融企业的催收能力是十分有限的。

5. 经营风险

经营风险是指金融机构在日常经营过程中可能遭遇的各种自然灾害、意外事故等而造成损失的可能性。表现形式主要有火灾、抢劫、通信线路中断、计算机故障、重要的经营人员遭遇交通事故、工作人员日常差错等。这些风险可以按照一定的概率统计规律而事先预计，并且可以通过保险的形式来减少损失。

6. 竞争风险

竞争风险是指金融企业面对激烈的同业竞争导致收益严重下降甚至危及生存安全的可能性。最常见且最具危险性的是金融企业之间的激烈的价格竞争，它不仅会导致客户流失、成本增大，还会使利差缩小，减少金融企业的收益甚至导致亏损，从而增大其总体风险。当这种残酷竞争导致实际利差水平不能反映真实风险时，就会大大降低金融企业抵御风险的能力，并危及生存安全。

7. 中介风险

中介风险是指金融企业作为交易中介因从事担保、背书、透支、承兑、包销、代理等业务而造成损失的可能性。以金融企业为金融市场的融资方提供融资担保为例，当融资者因投资失利而破产倒闭或丧失偿还能力时，按照合同，担保者应承担担保偿还责任，这就会给从事这些业务的金融企业造成很大的损失。因此，中介风险是金融企业的一种特殊风险，金融企业在从事这些有关业务时，务必审慎，并采取必要的风险防范措施减少损失、确保收益。

8. 财务风险

财务风险是指金融企业财务报表所综合反映的风险状况。对于金融企业的整体受险状况和抵御风险的能力可以通过对其日常经营状况和财务报表进行考察而得到评判，因此，财务风险并不是一种风险，而是对风险状况、风险与收益关系等的一种分析方式。财务风险既是金融企业自身管理和控制风险的一种重要手段，也是金融监管部门监管考核的主要内容。

第二节　金融企业营销风险管理的目标与内容

一、风险管理的目标与任务

　　风险管理是金融企业营销管理的重要内容，其目标应与营销管理的目标一致，也应与金融企业运营的总目标一致，即要确保金融企业经济安全稳健地实现经营目标。也就是说，风险管理的目标就是以尽量小的机会成本保证金融企业的经营处于足够安全的状态。这里有两个问题，一是安全的具体内容有哪些，二是怎样才算安全。

　　第一是安全的具体内容。对于传统的商业银行来说，由于其绝大部分业务可以分为两类，即负债业务和资产业务，因此，商业银行的安全内涵自然包括负债安全和资产安全，前者强调要保持足够的流动性，后者则强调能够顺利及时收回本息。随着银行业务的扩展，表外业务已在银行的经营中占有越来越大的比重，确保表外业务运作的安全也是银行安全性的重要内容。

　　第二是安全的尺度。金融企业实力的不同、经营者的不同经营风格、客户的结构与关系的好坏等，使不同的金融企业在安全尺度问题上有很大的差别，一方面可以选择不同的安全指标来衡量，另一方面则可以有不同的定量标准。

　　正因为如此，现代银行安全监管有两种基本思路：一种是流动性观点，强调有足够充足的资本储备，使银行在风险发生时有能力承担风险损失而不危及银行安全；另一种是发展理论，强调应使银行具有足够的获利能力以弥补可能的风险损失。前一种思路是消极防备，后一种思路则属于积极弥补。但是，流动性准则易于测量和取得数据，可为银行安全监管者提供具体的量化标准。而发展思路却因为其明显的动态性，使监管者难以把握和测定，所以未得到广泛的接受和应用。目前银行安全的主要标准都以流动性观点为基础。

　　为了实现安全赢利的目标，金融企业营销风险管理的主要任务是合理金融产品风险安排以及控制金融企业经营风险。

　　(1) 合理金融产品风险安排。即在产品设计和开发过程中就认真估计产品在市场运作过程中所面临的风险类型和大小，明确安排分配客户和企业自身各自需要承担的风险类型和大小，并依此决定产品的收益和价格，使金融产品有一个合理收益风险关系。同时在营销过程中应向客户指出其所承受的风险类型和程度。

　　(2) 控制金融企业经营风险。一方面，应采取适当、经济的措施控制企业的自留风险，把损失降到最低限度；另一方面，应加强对所经营产品以外的风险的管理与控制。

二、金融营销风险管理决策的主要内容

　　金融企业营销风险管理的主要内容包括风险识别、风险分析与评估、风险安排、风险控制。这些内容也是风险管理决策的四个不同阶段。

　　1. 风险识别

　　风险识别是风险管理决策的第一步，也是至关重要的一环。金融企业的营销者必须善

于发现、预见、捕捉自身所面临的各种可能的风险,包括产品风险、业务风险和环境风险等。这是一项非常困难的工作,在诸多的风险因素中,有些是容易发现、一目了然的,有些因素却难以预料,直到造成损失才被决策者认识,因此,风险识别需要经营者对金融企业的经营环境、经营业务有充分的了解,需要丰富的经济知识和实践经验、完备快捷的信息处理能力和深刻敏锐的洞察力和预见力。风险识别可以从产品分析、客户分析、市场环境分析、相关行业分析、竞争者分析、财务报表分析、国际经济因素分析等方面着手,以自身所从事的业务和营销的产品为中心,全面发现、捕捉各种可能的风险。

2. 风险分析与评估

风险识别的任务是发现、预见可能存在的风险,风险分析则是在风险识别的基础上,详细地分析造成风险的各种原因,并定量估计这种风险发生的可能性大小以及可能造成的损失或收益的大小,为决策者进行风险决策提供依据。风险分析要求全面、具体、翔实,应区别不同风险,把导致风险的各种直接因素和间接因素都考虑在内。为搞好风险评估提供可靠的依据,风险评估应力求量化、细致、客观,以科学地反映金融企业的受险程度。

3. 风险安排

风险安排也称风险分配,是风险决策的重要内容。其主要任务是把各种风险在参与交易的各方之间进行合理安排,使收益与风险保持一个科学合理的关系。其原则是收益与风险成正比,收益高相应的风险也高,收益低所承受的风险也低。在直接金融市场上,绝大多数产品的风险都是客户直接承担,而在间接金融市场上,金融企业必须承担一定的风险,因此,风险安排对间接金融市场的经营者就显得特别重要。为了做好风险安排工作,金融企业应在风险识别、分析、评估的基础上,搞好风险的自留。金融企业应根据风险承受能力、管理水平、财务状况、自留风险的损失大小、不自留风险的费用大小等因素,综合确定自身承担的风险比例和大小。

4. 风险控制

风险控制就是在风险发生的前后采取一定的方法和手段以减少风险损失、增加风险收益所进行的各项活动。可以在事前、事中和事后分别进行控制。其主要内容有以下几方面。

(1) 风险回避。属于事前控制,指决策者发现风险的存在和不确定性难以把握时,主动放弃或拒绝承担该风险。这种方法比较保守,往往以放弃一定的收益获利机会为代价。这主要是在经营者缺乏经验或者缺乏有效的风险控制措施时才采取的措施。

(2) 风险控制。属于事中控制方法,经营者在决定承担某项风险之后,在运作的过程中,风险尚未暴露以前,采取积极主动的措施以抑制风险的发生或尽量减少风险发生后的损失和破坏程度。

(3) 风险分散。这是指经营者通过承担各种性质不同的风险,利用它们之间的相关程度取得最优的风险组合,以使这些风险加总得出的风险总体水平最低。风险分散分为随即分散和有效分散两种,前者指单纯依靠资产组合中每种资产数量的增加来分散风险,资产的选取是随机的;后者指运用资产组合理论和有关模型对各种资产选择进行分析,根据资产风险与收益的相关性来分散风险。

(4) 风险转移。属于事前控制，指在风险发生之前，通过各种交易活动或方式，把可能发生的风险转移给其他市场或其他人承担，如通过期货、期权市场进行套期保值等。对金融企业来说，一种常见且非常重要的风险转移方式就是风险的保险。即通过向保险公司投保，把风险转移给保险公司承担，但可保险的对象主要是适于保险的自然风险。

(5) 风险的补偿。属于事后控制，指金融企业在风险发生后，通过启动风险基金或准备金，以弥补或消化所造成的损失。为了确保金融企业的经营安全，各国的金融监管条例对金融企业要有足够的资本金或不断提取专门的风险损失冲销准备金等方面都有明确的规定。

【营销前沿】

巴林银行倒闭的惨痛教训

1995年2月26日，具有230多年历史的英国巴林银行宣布倒闭，在国际金融界引起了强烈震动。巴林银行是一家商业银行，成立于1763年，历史上有过辉煌的业绩，英国王室曾向巴林银行颁发过五项荣誉奖章，使其具有"贵族银行"的美称。在英国现代商业银行体系中，巴林银行具有很高的声望，它不仅经营批发性和投资性银行业务，还通过设立全资附属公司的形式经营证券和金融期货业务。在倒闭前的1994年巴林银行的核心资本为4.32亿美元，拥有资产87.96亿美元，在英国银行中列第15位，税前利润高达1.5亿美元。

1995年2月26日，新加坡巴林公司期货经理里森投资日经225股指期货失利，导致巴林银行遭受巨额损失，合计损失达14亿美元，最终无力继续经营而宣布破产。巴林银行集团曾经是英国伦敦城内历史最久、名声显赫的商业银行集团，素以发展稳健、信誉良好而驰名，其客户也多为显贵阶层，英国女王伊丽莎白二世也曾经是其顾客之一。巴林银行集团的业务专长是企业融资和投资管理，业务网点主要在亚洲及拉美新兴国家和地区。1994年巴林银行的税前利润仍然高达1.5亿美元，但不久这个有着233年经营史和良好业绩的老牌商业银行在伦敦城乃至全球金融界消失，目前该行已由荷兰国际银行保险集团接管。

巴林银行破产的直接原因，是其新加坡分行的一名交易员——里森违规交易造成的。里森事发时刚满28岁，1992年，里森由摩根士丹利的衍生工具部转投巴林，被派往新加坡分行。由于工作勤奋、机敏过人而被重用，升任交易员，负责巴林新加坡分行的衍生产品交易。期货交易的成功使里森深受上司的赏识，地位节节上升，以至被允许加入由18人组成的巴林银行集团的全球衍生交易管理委员会。

里森的工作，是在日本的大阪及新加坡进行日经指数期货套利活动。然而，里森并没有严格地按规则去做，当他认为日经指数期货将要上涨时，可不惜伪造文件筹集资金，通过私设账户大量买进日经股票指数期货头寸，从事自营投机活动。然而，日本关西大地震打破了里森的美梦，日经指数不涨反跌，里森持有的头寸损失巨大。若此时他能当机立断斩仓，损失还是能得到控制的，但过于自负的里森在1995年1月26日以后，又大幅增仓，导致损失进一步加大。

1995年2月23日，里森突然失踪，其所在的巴林新加坡分行持有的日经225股票指数期货合约超过6万张，占市场总仓量的30%以上，预计损失逾10亿美元之多。这项损失，已完全超过巴林银行约5.41亿美元的全部净资产值，英格兰银行于2月26日宣告巴林银行破产。3月6日，英国高等法院裁决，巴林集团由荷兰商业银行收购。

事情表面看起来很简单，里森的判断失误是整个事件的导火线。然而，正是这次事件引起了全世界密切关注，金融衍生工具的高风险被广泛认识。从里森个人的判断失误到整个巴林银行的倒闭，伴随着金融衍生工具成倍放大的投资回报率的是同样成倍放大的投资风险，这是由金融衍生工具本身的"杠杆"特性决定的。

巴林银行破产的祸根就是滥用金融衍生产品。金融衍生产品包括一系列的金融工具和手段，如买卖期权、期货交易等都可以归为此类。具体操作起来，又可分为远期合约、远期固定合约、远期合约选择权等。这类衍生产品可对有形产品进行交易，如石油、金属、原料等，也可对金融产品进行交易，如货币、利率以及股票指数等。从理论上讲，金融衍生产品并不会增加市场风险，若能恰当地运用，比如利用它套期保值，可为投资者提供一个有效的降低风险的对冲方法。但在其具有积极作用的同时，也有其致命的危险，即在特定的交易过程中，投资者纯粹以买卖图利为目的，垫付少量的保证金炒买炒卖大额合约来获得丰厚的利润，而往往无视交易潜在的风险，如果控制不当，那么这种投机行为就会招致不可估量的损失。新加坡巴林公司的里森，正是对衍生产品操作无度而毁灭了巴林集团。里森在整个交易过程中一味盼望赚钱，在已遭受重大亏损时仍孤注一掷，增加购买量，对于交易中潜在的风险熟视无睹，结果使巴林银行成为衍生金融产品的牺牲品。

这一案例留给我们的启示是：必须加强金融机构的内部管理。在金融发展史上，银行倒闭屡见不鲜。一般来说，一家银行的倒闭是长期以来银行内部机制不健全，从经营到管理诸方面弊病积累的结果。作为一个历史悠久并在英国金融史上曾经发挥了重要作用的巴林银行集团，照理说应有一套完善的内部管理制度和有序的监管措施，但事实上它的内部管理存在严重的弊病。巴林银行允许里森身兼双职，既担任前台首席交易员职务，又负责管理后线清算，说明了该行的管理制度极不健全。巴林事件提醒人们加强内部管理的重要性和必要性，应合理运用衍生工具，建立风险防范措施。

随着国际金融业的迅速发展，金融衍生产品日益成为银行、金融机构及证券公司投资组合中的重要组成部分。因此，凡从事金融衍生产品业务的银行应对其交易活动制定一套完善的内部管理措施，包括交易头寸(指银行和金融机构可动用的款项)的限额，止损的限制，内部监督与稽核，严防过度投机。然而随着国际金融市场规模的日益扩大和复杂化，资本活动的不确定性也愈发突出。作为一个现代化的银行集团，应努力扩大自己的资本基础，进行多方位经营，设计出合理的投资组合，不断拓展自己的业务领域，这样才能加大银行自身的安全系数并不断赢利。像里森那样，将"鸡蛋放在一个篮子里"，孤注一掷，不出事则已，一出事就难以挽回。

同时，这一案例也反映出新加坡国际金融交易所存在的监管漏洞。巴林银行新加坡分行所持的未平仓期货合约占整个市场未平仓合约总数的1/3。单一的经纪行为占有如此大的市场比重，新加坡交易所也没有采取任何措施进行制止，很明显存在监管漏洞。这一点尤其值得我们深思。

第三节　金融产品风险的危害、评估及处理

一、金融产品风险的危害

金融产品风险表现为金融产品收益的不确定性，从而给经济主体的生活、生产等活动

带来非预期和非计划的后果。对个人或家庭来说，这可能影响其生计和金融投资；对企业来说，可能会因此不得不停止正常的经营活动，甚至宣告破产。对于一个国家来说，金融活动贯穿于经济活动全过程并为整个社会经济活动服务，因此，社会性的金融产品风险(系统风险)直接导致的后果是金融市场的紊乱和经济增长率的下降，从而降低整个社会的财富。例如，非计划或非预期的恶性通货膨胀对领取固定薪金和社会保障金的个人和家庭来说是致命性的打击，但对另外一些人或家庭未必如此；若恶性通货膨胀来自成本推动，事前没有储备充足原材料的生产企业也将遭受重大损失。温和的通货膨胀在一定时期内可能促进经济增长，但非计划或非预期的恶性通货膨胀则会给一国经济造成严重危害，正如20世纪70年代的拉美国家一样。

对于一个国家或经济共同体来说，金融产品风险往往还来自国外，即外来冲击的影响，这与该国或经济共同体的对外开放度成正比关系；经济开放度越深，与世界经济的联系越紧密，外来金融产品风险对本国或经济共同体的影响就越大。例如，20世纪90年代初的墨西哥金融危机曾影响了整个国际金融市场；1985年的美国股市也在短期内波及世界上几乎所有证券市场；1997年东南亚货币金融危机引起全世界关注；2008年由于次贷危机的蔓延引起国际性的金融危机，导致大批顶尖的金融机构破产或者濒临破产的边缘。

二、金融产品风险的评估

同其他风险一样，金融产品风险的危害除了直接危害外，还有许多间接危害，因此，在评估方面有很大的难度。为了有效地预防或控制金融产品风险，或在金融产品风险的危害产生后，采取措施降低危害的程度，就必须对金融产品风险可能造成的危害作出评估。具体评估有两种形式，一种是定性描述，另一种是定量计算。两者各有优点，也可相互配合使用。对风险进行量化，是现代风险管理的大趋势。

在量化金融产品风险时，应按顺序确定标的、期限、可能事件、发生概率、预测等。假定有金融产品 T，评估其在未来 t 期的收益变动情况如表 8-1 所示。

表 8-1 金融产品风险的评估表

事件 a	概率 $P(a)$	期望值 X	方差 r_2	标准差 r	变异系数 r/X
损失 Y_1	$P(a_1)$	$Y_1 \cdot P(a_1)$			
损失 Y_2	$P(a_2)$	$Y_2 \cdot P(a_2)$			
损失 Y_3	$P(a_3)$	$Y_3 \cdot P(a_3)$			
损失 Y_4	$P(a_4)$	$Y_4 \cdot P(a_4)$			
损失 Y_5	$P(a_5)$	$Y_5 \cdot P(a_5)$			
…	…	…			
总体	1.0	X	r_2	r	r/X

其中，期望值 $X = Y_1 \cdot P(a_1) + Y_2 \cdot P(a_2) + Y_3 \cdot P(a_3) + Y_4 \cdot P(a_4) + Y_5 \cdot P(a_5) + \cdots$

$= \sum (Y_i \cdot P(a_i))$ ($i=1,2,3,\cdots,n$)

方差 $r_2 = \sum \{\text{Sq}[X - Y_i \cdot P(a_i)]\}$ ($i=1,2,3,\cdots,n$)

标准差 $r = \mathrm{Dsp}(r_2) = \mathrm{Dsp}\{\sum \{\mathrm{Sq}[X - Y_i \cdot P(a_i)]\}\}$　　　　　　($i=1,2,3,\cdots,n$)

变异系数= r/X

式中的 n 表示可能的事件个数(未列识的事件为不可能事件)，Y_i 表示第 i 次事件所遭受的损失量(也可表示其他任何风险后果，如获得的收益小于期望值等)，$P(a_i)$ 为该事件发生的概率；$\sum$ 表示加总，Sq 表示平方，Dsp 表示开方；X 表示所有可能事件发生的期望值。

变异系数又称风险度，它等于标准方差 r 与期望值 X 之比。风险度越大，风险就越大，金融产品可能带来的损失就越大。期望值和标准差都是一个绝对量，不能作相互之间的比较。若有两种金融产品，在相同期限内，风险度大者遭受损失的风险也就越大。根据不同金融产品风险度的大小，经济主体可采取不同的策略加以预防、控制或事后处理。

三、金融产品风险的预防、控制和财务处理工具

金融产品风险管理不外乎两种方式：一种是预防，即在金融产品风险发生前采取措施避免风险的发生，把可能潜在的风险控制在最低限度；另一种是在金融产品风险发生后采取措施，尽量减少风险所造成的损失，即采用各种财务处理工具。第一种是积极的风险处理方式，通过识别、分析和消除可能导致金融产品风险发生的各种直接因素和间接因素，避免风险的发生。而风险管理的首要宗旨就是要采取积极、主动的措施预防和控制风险。后一种是消极的风险处理方式，但并非不重要。当某些风险无法事前预防或没有更好的预防控制手段时，风险财务工具就显得相当重要。预防措施主要包括放弃有风险的金融活动、采用各种风险转移手段等；财务处理工具是通过财务手段把已经发生的风险降到最低限度，主要包括自留风险、保险转移和非保险转移等。究竟采用哪种方法或某种方法中的某个类别，需要进行收益和成本分析。如果采取的风险防范和处理措施成本高于风险发生所可能造成的损失，这种风险防范和处理就是不合理的。

不管是预防措施，还是事后财务处理，都要求对风险发生的时间、原因、概率，发生后可能造成的危害等进行识别、评估，然后才能有针对性地采取预防措施或采用财务处理工具。

【营销前沿】

金融巨头雷曼兄弟的破产启示[①]

2008年9月15日，美国第三大投行、证券巨头雷曼兄弟(Lehman Brothers)宣布，由于有关救济方案的谈判破裂，将依据以重建为前提的美国联邦破产法第11章申请破产保护。雷曼兄弟成立于1850年，主营当时利润丰厚的棉花等商品的贸易。1899年，雷曼兄弟承揽了第一笔IPO生意，并在其后的1906年全面放弃了原有的农产品贸易业务，转型为一家纯粹的金融公司。20世纪30年代的经济大萧条中，雷曼兄弟在刚接掌大位的第二代领导人罗伯特·雷曼精心打理下，奇迹般地度过了危机，巩固了自己在金融业的地位。雷曼兄弟在此后近一个世纪都是美国投行的巨头，而受次贷危机的影响最终宣布破产，在整个金融界

---

① 朱旭强，林琦. 雷曼兄弟：金融业破产启示录[J]. 中国林业产业，2008(11)

引起了震动，其破产的原因以及启示值得我们总结和研究。

一、雷曼兄弟破产的过程

雷曼兄弟在过去房地产繁荣时期持有很多房贷资产化证券，其中有为数不少的低评级或无评级证券。雷曼兄弟当时认为，自己拥有丰富的处理固定收益证券的经验，又有很强的调整资产负债表的能力，并无太大风险。而2008年第一季度的业绩显示，雷曼兄弟在冲减资产后赢利下滑，但并没有出现亏损，每股收益为0.81美元，这使得投资者甚至强化了对CEO富尔德能力的信心。雷曼兄弟趁机发行了19亿美元的优先股以改善资产负债结构。但次贷危机还是让所有人都出乎预料。当雷曼兄弟第二财政季度爆出28亿美元的亏损时，整个市场做空焦点再度集中在雷曼兄弟身上。雷曼兄弟的财务杠杆率长期高达20多倍。这意味着次贷证券损失比率的微小变化，都可能使得净资产出现巨大变化。投资者在担忧未来进一步大幅冲减资产的情况下，对雷曼兄弟的资产负债表不再信任，于是雷曼兄弟的股价跌破了净资产价值。

按照投资业务的实际操作，如果某个公司的多头资产没有别的机构接手，多头头寸将留在自己手中，而如果资产的价格持续下跌，多头头寸将持续亏损。雷曼兄弟在破产前遭遇了强大的做空压力，而其自身也曾试图采取转移做空焦点的方式自救，但最终雷曼兄弟的反击没有取得预期的效果。美国第一大投行高盛是次级债的空头，包括雷曼兄弟在内的其他投行都是多头。次贷危机爆发以前，高盛就做空了次贷证券，没有直接受到次贷危机的冲击。也就是说，高盛如果不翻多，其他投行就没有翻空的可能，高盛因此在次贷危机中处于主动地位。高盛选择做空雷曼兄弟主要是看中两点，一是雷曼兄弟规模相对较小，二是雷曼兄弟杠杆率较大。雷曼兄弟为了走出困境，曾试图在2008年六、七月做空"房利美(Fannie Mae)和房地美(Freddie Mac)"(房利美和房地美是美国最大的两家非银行住房抵押贷款公司，属于由私人投资者控股但受美国政府支持的特殊金融机构，两家公司的主要业务是从抵押贷款公司、银行和其他放贷机构购买住房抵押贷款，并将部分住房抵押贷款证券化后打包出售给其他投资者)。雷曼兄弟分析师布鲁斯·哈廷(Bruce Harting)于2008年7月7日所做的一份研究报告认为，由于新会计准则的原因，两房需要补充750亿美元的资本金。这使得两房股价暴跌，一周内就跌去了50%。在两房遭遇危机期间，雷曼兄弟曾获得缓冲的时间，但由于CEO富尔德要价过高而没有及时出售相关资产，同时雷曼兄弟做空两房又使得美联储处于困境，美联储改变了先前拯救投行的思路，于是随着金融风暴的进一步影响，雷曼兄弟最终破产。

二、雷曼兄弟破产对我国金融业的启示

我国金融业是分业经营，还没有美国意义上的投资银行，但我国的商业银行、证券公司等部分地履行了投资银行的功能。而在我国金融业，尤其是证券业的发展中，我们曾一度把美国当成榜样和参照对象，美国的次贷危机，包括雷曼兄弟的破产等事件给我国的金融业提供了新的视角和反思的机会。雷曼兄弟破产这个个案，对我们有以下几点启示。

1. 金融机构自身经营时要审慎防范风险

雷曼兄弟破产的一个重要原因就是过高的杠杆比例和过分集中的经营业务，这使得该公司的系统风险和非系统风险都很高。这一点对我国金融机构而言，应引以为戒。我国的金融机构应该加强内部管理，要记住市场总是存在不确定性的，对于机构投资者而言，分散投资是必要的。

2. 商业银行要重视房地产的信贷风险

雷曼兄弟破产的根本原因是次贷危机，而次贷危机来源于房地产的泡沫。在我国，近年来房地产贷款在银行的比例已经占了很大比例，而如果房地产跌价，贷款者发现房子的价格还不如贷款高，则会选择违约，这将导致银行收不回贷款而只能收回抵押的房地产，房地产的供给就会增加，这又会导致价格的进一步下跌，陷入恶性循环。美国次贷危机提醒我们，越是在宏观经济繁荣的时候，我们越应当加强风险控制和监管。

3. 审慎推进金融衍生工具和产品

雷曼兄弟破产是因为次贷危机，而次贷危机又是因为对住房按揭进行资产证券化，资产证券化属于金融衍生产品。金融衍生工具和衍生产品是把双刃剑，它所具有的风险呈杠杆倍数，而且在一定的市场条件下会把局部风险扩展为全局性风险，把个别市场风险演变为系统性风险。住房按揭证券化，虽然能分散银行信贷风险和借贷者信用风险，但也会把按揭风险向证券市场、股票市场等领域扩散。

4. 进行必要的外部监管

美国的很多投行都认为自己是完全有能力控制风险的，美国相关监管机构也是这样认为的，因此对于公司的经营很少干涉。这在市场经济条件下是无可厚非的，然而问题是，那些投资机构真的能在经济繁荣时克服高收益的诱惑考虑到潜在风险吗？雷曼兄弟给出了一个否定的答复。因此，为了稳定经济的发展，金融监管机构应该进行适当的监管，比如规定财务杠杆比率、投资比例等。当然，对金融机构的监管不应影响个体金融机构正常的经营业务和追求利润最大化的目标，而应该以稳定整个宏观金融为考量。

经典案例评析一　　　经典案例评析二

【情境案例解析】

"商贷通"巧解小微企业融资难题

"秋风起，蟹脚痒"。每每到了 6 月份左右，大闸蟹就会登上各家各户的餐桌。对于苏州阳澄湖大闸蟹专业养殖企业老板李剑川而言，今年的螃蟹又大又多，收成就他的预想着实不错，然而，一缕忧愁在他的心里始终徘徊不散。

实际上，李剑川的养蟹公司成立的时候，买蟹苗、买饲料、租赁场地的费用大部分都是问家里的亲戚朋友借的，这下赚了钱虽然能还上，可第二波的蟹苗和饲料的投入，单靠今年的利润简直好比天方夜谭。若想继续养殖大闸蟹，那还得去借钱，却又不能再麻烦亲戚朋友了，这么一大笔钱上哪儿去筹集呢？李剑川正为此而发愁。他开始琢磨各种借款方案。养蟹的同行告诉他，借款无非是民间借款和银行借款，而银行一般都不会借款给像李剑川这样的小微养殖企业，最直接的原因——大闸蟹养殖业丰歉无常，而且养殖户又没有银行认可的、可以抵押的担保品。这让李剑川几乎绝望了。

恰在此时，一根"救命稻草"——M 银行的"商贷通"简介小册子送到了他的公司，让他又看到了希望之光。

李剑川仔细地翻看着小册子,了解到"商贷通"这个产品的服务对象侧重于衣食住行领域,包括服装、建材装饰以及家具、电子产品、农产品及餐饮等。而他所经营的蟹类养殖,也符合"商贷通"的行业标准。

李剑川心中一喜,立马驱车前往M银行咨询相关事项。M银行企业贷款部门的工作人员告诉他,他应该去零售银行部门办理相关事项,而大多数银行通常将小微企业贷款业务放在企业贷款部门办理。一霎间,李剑川摸不着头脑,怕是搞错了,咨询了零售银行部门才知道,原来M银行"商贷通"实质上是个体经营性贷款,其最大特色是将银行业通常在企业贷款部门办理的小微企业贷款业务,归类为"商户融资"的范畴,并转移到了零售银行部门办理。

李剑川告诉零售银行部门的"商贷通"工作人员自己的担心。首先是担心自己在银行没有朋友,银行会不会拖一拖二,不贷给自己必需的足额款项;其次是怕手续麻烦,银行对申贷资料要求高,自己是一个养蟹专业小企业,没法提供很多的资料;最后他担心等待时间太长,如果贷款拨下来的时候已经错过了投放蟹苗入塘的时间,那将来大闸蟹的品质和存活率都必然大打折扣。

工作人员听后让李剑川放心,讲明M银行"商贷通"产品不同于其他传统贷款,并且强调:"我们从人出发,不从抵押物出发。首先,相信客户是好人;第二点,相信客户是有本事的人;第三点,相信客户都是充满善意的人,是借钱后愿意还钱的人。"

事后,李剑川才知道,他并不是获得"商贷通"贷款的第一人,之前就有养蟹的同行获得过贷款。在M银行"商贷通"产品团队看来,阳澄湖大闸蟹具有不可替代性以及产地限定,其与法国拉菲葡萄酒有着异曲同工之妙,即拉菲葡萄酒的在产酒装瓶之前,就基本已经全部被订购出去了。同理,如果把阳澄湖养蟹业从传统的养殖业信贷中解放出来,推出养殖、运输和经销三方联保的方式,必定能够大大减小风险,由此设立商户贷款的新标准、新方法。

事实上,银行提供小微企业贷款等金融服务,一方面风险较大,另一方面成本较高。小微企业贷款,如果是一户一户地去做,任何一家银行都扛不住这个成本,必须从单户营销、个案审批的传统信贷营销模式中走出来。据此,M银行"商贷通"团队开发了"批量营销"方法,将目标市场加以归类,找准行业内的共性,建立了标准化的作业流程,提高了审批和放款效率。

实施"批量营销",就是注重区分商圈经济特点和商户融资需求,细分产品种类,明确各类产品的适用对象、准入标准和授信条件,对商户进行系统性开发。通过对商户的稳定性、历史信用状况、企业经营状况以及资产负债情况进行量化考核分析,从而确定商户风险程度、确定融资额度、贷款期限、利率水平以及提供强弱担保品的比例。将商户融资业务产品与配套金融服务通过嵌入的方式,渗透到目标业态的日常经营过程中,形成批量化的营销开发策略。

总之,M银行从具有巨大市场潜力同时最不可思议的小微企业市场入手,进行"蓝海战略",根据产品定位选择批量营销模式,并设立了良好的风险控制制度,使银行"商贷通"为解决小微企业融资问题做出了巨大贡献,同时成为行业的先行者,为自己带来了巨大的经济效益。

【案例讨论】

1. 试述M银行"商贷通"是怎样贴近小微企业融资"三怕"的?

2. 试述"商贷通"的营销有哪些不足之处?
3. 试述 M 银行是怎样进行风险控制的?

本 章 小 结

（1）金融产品风险就是在人们从事金融产品的生产、流通、使用等过程中所面临的不确定性。

（2）最常见的金融产品风险的分类是以金融产品的分类为基础的，因而可以把金融产品风险分为：银行类金融产品风险和非银行类金融产品风险；货币金融产品风险和证券金融产品风险；传统金融产品风险和创新金融产品风险等。

（3）金融企业风险是指金融企业从事一切金融活动所面临的不确定性。它不仅局限于所经营产品本身的风险，也包括各种行为后果的不确定性。

（4）金融企业营销风险管理的主要内容包括风险识别、风险分析与评估、风险安排、风险控制。

复习思考题

1. 什么是金融产品风险？它有哪些特征？
2. 金融产品风险如何分类？
3. 什么是金融企业风险？其主要类型有哪些？
4. 风险管理决策的四个不同的阶段分别是什么？
5. 金融产品风险有哪些评估方式？

第九章　互联网金融与营销创新

【本章精粹】

◆ 互联网金融的基本含义与特征。

◆ 互联网金融营销的六大模式。

◆ 互联网金融的营销创新。

【章前导读】

迅猛发展的网络经济正以其特有的规律使金融理论和金融市场发生着深刻的变化，互联网金融也随之诞生，从而改变了金融行业竞争的规则、秩序和结构，使得广大机构和个人客户在寻求金融服务时有了空前巨大的选择空间。同时，以网上银行和第三方支付平台为代表的新金融组织正在通过新的营销技术、营销模式不断地推动着金融营销创新。此外，我国加入WTO之后，国家逐渐放开了对外国金融机构的金融管制，大批跨国金融机构纷纷抢占中国市场，这些对于我国的金融机构来说，机遇和挑战并存。借助网络技术，制定互联网金融新时代营销战略和战术，对金融企业的发展，尤其对中小型金融企业的发展来说，意义极其重大。

【关键词】

互联网金融　　互联网金融营销　　大数据

第一节　互联网金融营销概述

一、互联网金融的基本概念

目前，对于互联网金融还没有一个严格准确的定义，中国投资有限责任公司副总经理谢平被认为是国内最早的"互联网金融"概念提出者之一，他把互联网金融定义为"在这种金融模式下，支付便捷，市场信息不对称程度非常低；资金供需双方直接交易，银行、券商和交易所等金融中介都不起作用，可以达到与现在直接和间接融资一样的组员配置效率，并在促进经济增长的同时，大幅减少交易成本"。这个定义过于理想化，与现实不符。

除此之外，银行从业者也对互联网金融下过定义，即互联网金融是指银行等金融机构利用信息技术为客户服务的一种新的经营模式，但就目前发展情况来看，这样的定义已经远远不能全面概括互联网金融这一新兴业态。

本书采用罗明雄等人对于互联网金融的定义："利用互联网技术和移动通信技术等一系列现代信息科学技术实现资金融通的一种新兴金融服务模式。互联网'开放、平等、协作、分享'的精神渗透到传统金融业态，对原有的金融模式产生根本影响即衍生出来的创新金融服务，具备互联网理念和精神的金融业态及金融服务模式统称为互联网金融。其依托于移动支付、云计算、社交网络和搜索引擎等高速发展的信息技术及高度普及的互联网的金融活动，不同于传统的以物理形态存在的金融活动，而是存在于电子空间中，形态虚拟化，运行方式网络化。"[1]

从狭义的金融角度来说，互联网金融是在与货币的信用流通相关的层面，即资金融通依托互联网来实现的业务模式都可以称之为互联网金融。

广义上来说，任何涉及了广义金融的互联网应用，都应该是互联网金融，包括但是不限

---

[1] 罗明雄，唐颖，刘勇. 互联网金融[M]. 北京：中国财政经济出版社，2013.

于为第三方支付、在线理财产品的销售、众筹、金融中介、金融电子商务等模式。互联网金融的发展已经历了网上银行、第三方支付、个人贷款、企业融资等多阶段，并且在融通资金、资金供需双方的匹配等方面越来越深入传统金融业务的核心。

二、互联网金融的主要特征

(一)金融服务基于大数据的广泛应用

数据一直是信息时代的象征。2011年5月麦肯锡全球研究院发布了报告《大数据：创新、竞争和生产力的下一个新领域》后，大数据的概念备受关注。金融业是大数据的重要产生者，交易、报价、业绩报告、消费者研究报告、官方统计数据公报、调查、新闻报道无一不是数据来源，同时金融业也高度依赖信息技术，是典型的数据驱动行业。互联网金融环境中，数据作为金融核心资产，将撼动传统客户关系、抵质押品在金融业务中的地位。

大数据已经促进了高频交易、社交情绪分析和信贷风险分析三大金融创新。这三方面都体现了互联网对于大数据的广泛运用。

高频交易是指交易者为获得利润，利用硬件设备和交易程序的优势，快速获取、分析、生成和发送交易指令，在短时间内多次买入卖出，且一般不持有大量未对冲的头寸过夜。例如，如果一只共同基金通常在收盘前一分钟的第一秒执行大额订单，能够识别出这一模式的算法将预判出该基金在其余交易时段的动向，并执行相同的交易。该基金继续执行交易时将付出更高的价格，使用算法的交易商可趁机获利。

伴随Twitter日发消息超过5亿条，Facebook日均用户超过10亿，社交媒体数据应用已经成为互联网商业模式的重要组成部分。金融市场的投资者将研究与应用结合起来，开始从Twitter、Facebook、聊天室和博客等社交媒体中提取市场情绪信息，开发交易算法。2008年，精神病专家理查德·彼得森筹集了100万美元在美国加州圣莫尼卡建立了名为MarketPsy Capital的对冲基金，通过追踪聊天室、博客、网站和微博，以确定市场对不同企业的情绪，再据此确定基金的交易策略。到2010年，该基金回报率达40%。

金融机构希望能够收集和分析大量中小微企业用户日常交易行为的数据，判断其业务范畴、经营状况、信用状况、用户定位、资金需求和行业发展趋势，解决由于小微企业财务制度的不健全，无法真正了解其真实的经营状况的难题，从而降低信贷风险。

阿里正是这个互联网与大数据结合的典型案例。首先，作为一家拥有大数据的互联网金融企业，阿里金融通过分析客户在淘宝、天猫的购买情况或者是搜索记录等其他维度，判断出客户的年龄层次、生活阶段，甚至是潜在的消费需求，同时引入海关、税务、电力等外部数据加以匹配，建立数据库模型。通过对多个维度的数据分析，对客户的信用有了可靠的基础。其次，通过交叉检验技术辅以第三方验证确认客户信息的真实性，将客户在电子商务网络平台上的行为数据映射为企业和个人的信用评价，通过沙盘推演技术对地区客户进行评级分层，研发微贷通用规则决策引擎、风险定量化分析等技术。最后，开发了网络人际爬虫系统，突破地理距离的限制，捕捉和整合相关人际关系信息，并通过逐条规则的设立及其关联性分析得到风险评估结论，结合结论与贷前评级系统进行交叉验证，构成风险控制的双保险。

(二)服务趋于长尾化

一直以来,"二八定律"被视作银行经营管理的"金科玉律",20%的客户可以带来80%的利润,因此资源有限的高端客户成为激烈竞争的对象,"长尾"客户资金需求无法得到满足。而互联网金融争取的更多是 80%的"长尾"小微客户。这些小微客户的金融需求既小额又个性化,互联网金融在服务小微客户方面有着先天优势,从而代替传统金融体系满足用户的个性化需求。这些 80%的"长尾"客户从而形成了"长尾市场",也称之为"利基市场"。菲利普·科特勒在《营销管理》中给利基下的定义为:利基是更窄地确定某些群体,这是一个小市场并且它的需要没有被满足,或者说"有获取利益的基础"。这种利基产品一旦集合起来可以形成一个庞大规模市场,即一个极大的数乘以一个相对较小的数仍然可以得到一个极大的数。

数据显示,截止到 2014 年 2 月,阿里小微金融服务集团自营小微信贷业务将近 4 年以来,已经累计为超过 70 万家电商平台上的小微企业、个人创业者提供融资服务,累计投放贷款超过 1700 亿元[①];2014 年第三季度余额宝累计用户数达到 1.49 亿,规模达到 5349 亿元[②],成为目前中国用户数最多的货币基金,与传统基金理财户均七八万元的投资额相比,余额宝用户的人均投资额仅为 3589.93 元,满足了"小白"用户的小额理财需求;截至 2014 年年底,国内已有 128 家众筹平台,覆盖 17 个省。其中,股权众筹平台 32 家,商品众筹平台 78 家,纯公益众筹平台 4 家,另有 14 家股权与商品性质的混合型平台。该年度,15 家主要商品众筹平台成功完成筹资的项目总数为 3014 个,成功筹款金额约为 2.7 亿,活跃支持人数 70 万以上。

(三)金融服务低成本、高效率

互联网金融的低成本化特点体现在两个方面。一方面体现在交易成本上,传统金融中,由于小微企业、部分个人客户等大众客户群体信用记录很少,缺乏有效的抵押品,加上交易金额小,难以实现规模经济,运营成本较高,传统金融机构无法有效满足这部分客户的金融需求,从而导致金融排斥。而互联网金融最大的优势在于其开放性和共享性,资金供求双方可以通过网络平台完成信息甄别、匹配、定价及交易等流程,减少传统中介的介入,降低了交易过程中的成本。如阿里金融单笔贷款的审批成本与传统银行相比大幅降低,其利用了大数据和信息流,依托电子商务公开、透明、数据完整等优势,与阿里巴巴、淘宝网、支付宝数据贯通、信息共享,实现金融信贷审批、运作与管理,与金融机构传统的"三查"相比较,成本低、速度快。另一方面体现在服务成本上,互联网金融降低了小微企业融资成本,因为可以避免开设营业网点的资金投入和运营成本,让客户以更低成本搜索比价更多优质的金融服务产品。譬如 2014 年第三季度,阿里金融累计借贷的小微企业数超过 70 万户,这些企业全年平均占用资金时长为 123 天,实际付出的年化利率成本为 6%~7%。

互联网金融带来了全新的渠道,为客户提供方便、便捷高效的金融服务,极大地提高了现有金融体系的效率。因为互联网金融业务主要由计算机处理,操作流程完全标准化,

---

① 朱永康. 阿里小微信贷业务增长迅速[N]. 中华工商时报,2014-2-28.
② 涂艳. 余额宝用户数突破 1.49 亿,四季度收益率或维持低位 [N].上海证券报,2014-10-27.

客户不需要排队等候，业务处理速度更快，用户体验更好。如阿里小贷依托电商积累的信用数据库，经过数据挖掘和分析，引入风险分析和资信调查模型，商户从申请贷款到发放只需要几秒钟，日均可以完成贷款1万笔，与银行相比，阿里小贷的优势是申请贷款流程比较简单，从客户申请贷款到贷前调查、审核、发放和还款采用全流程网络化、无纸化操作，只需要在电脑前简单操作即可获取贷款。

【营销前沿】

"力量"与"速度"如何能够兼得——运用互联网思维推进银行业再造①

运用互联网思维推进银行业再造，让"力量"与"速度"兼得，这一过程取得成功的关键在于，银行从业人员能够摆脱体制性思维的惯性束缚，实现向互联网思维模式转型。

一、"大鱼吃小鱼"与"快鱼吃慢鱼"

早在十多年前银行业就已实现了技术联网，而每一个刷卡消费的商户就是一个数据接收点。因此，对于银行而言，跟踪用户购物行为，并做大数据分析其实并不困难，所以人们自然认为互联网金融从银行业中孕育而生是顺理成章的事情。然而，现实则大大出乎了人们的预料：互联网金融首先从互联网技术企业诞生，并且银行业正前所未有地遭受着互联网金融的猛烈侵袭而备受煎熬。对此，人们不禁要问：为何传统金融土壤中无法孕育互联网金融之花？笔者认为，造成上述结果的根源在于：银行业对于交易效率、运营成本以及互联网核心本质的理解存在偏差。

金融本质上就是数据信息，所有金融产品就是数据信息的不同组合。而这些数据信息并不是来自传统银行，因为数据信息流过的地方，任何金融产品都可以想象，而这也就导致了互联网金融的诞生。同时，由于互联网技术的出现和应用极大地提升了数据信息在人际的传播速率，使得传播速率由原先的生物级跃升为光电级，这样一方面极大地拓宽了人类共享的信息空间，另一方面极大地延展了信息传播的人群边界，进而开启了信息化金融的新时代。

事实上，在信息化金融时代，由于传统银行的运营效率严重滞后于市场需求，因而它的存在对于资金融通不仅时常起不到高效对接的正效应，反而起了阻滞资金融通的负作用。以往，传统银行的竞争优势在于营销渠道的便利，然而，新兴的互联网金融企业借助互联网的技术平台，摆脱了对营业网点的依赖，在竞争中轻松获取了非对称性的竞争优势，进而完全颠覆了传统的商业盈利模式。

可见，在以往的工业化金融时代，市场竞争法则是"大鱼吃小鱼"，即银行同业之间竞争所依托的是显性的资本规模与网点渠道，其核心优势是"力量"；现如今进入了信息化金融时代，竞争法则已转变为"快鱼吃慢鱼"，即银行同业之间竞争所倚仗的是隐性的技术平台与信息渠道，其核心优势是"速度"，而那些业态进化迟缓的传统银行们似乎正迅速沦为难以适应互联网生存新环境的恐龙一族。

二、两种思维模式的较量

深一层次看，互联网作为一种数据信息的渠道载体，既是一种技术手段的体现，更是一种思维模式的表达。互联网金融与传统银行业之争的本质是两种思维模式之间的较量，

---

① 陆剑清."力量"与"速度"如何能够兼得——运用互联网思维推进银行业再造[N]. 文汇报，2014-4-3.

是互联网思维模式与体制性思维模式之争。

如果深入分析一下互联网金融公司的行为特质，我们便不难发现，互联网思维模式具有以下三个心智基因：开放精神、市场化思维习惯、扁平化运营理念。而体制性思维则与之相对亦显示出三个心智基因：封闭心态、体制化思维习惯、科层化管理理念。

银行业之所以具有强烈的体制性思维特质，其根源在于：银行业的第一经营要旨是"确保资产安全"，其次才是"资产保值增值"。以往由于受到社会经济、文化环境以及技术条件的制约，传统金融业态只能采取"静态封闭"的业务管理模式，以达成"资产安全"的管理诉求，进而强化了银行业的体制性思维模式。结果，银行业自然也就缺乏了内生性的自我变革的意愿与动力，因为传统银行所缺乏的正是"寻求变革与创新"的互联网思维基因，因而急需外力的介入、影响乃至倒逼。现今，互联网的出现正是代表了这股外力，互联网金融的兴起顺应了市场经济的发展需求——互联网的出现对于传统银行人的心智思维模式的影响宛如一股清风吹皱了一池春水，而互联网金融的兴起对于传统银行业固有利益格局的触动冲击则更如一石激起千层浪。

三、急功冒进与因噎废食都不可取

当然，由于传统银行业是在毫无准备的情况下被动地开始其业态再造之路，于是未知的经营风险亦随之而生。因此，对银行经营者而言，如何才能稳中求进(即如何在稳定与变革之间不断地找寻到新的动态平衡点)便成为业态运营的第一要务。这一过程绝不可能一蹴而就，而是一个循序渐进、先易后难、逐级递升、不断摸索、逐步适应的长期过程，所以在这一过程中，一方面要切忌心浮气躁、急功冒进，为求得立竿见影的效果而贸然采取"休克疗法"，致使乱象丛生、局面失控；同时，另一方面，也不可因噎废食，畏难而退，错失机遇，而应从顶层制度设计入手，制作银行业态进化的路线图与时间表，有计划、有步骤地稳步推进银行业态再造。

事实上，互联网金融的兴起以及利率市场化的放开等对于银行运营提出了更高的要求，监管模式也必须随之转型，即由传统的财务监管模式向现代的信息监管模式升级，其具体特征表现为：第一，由线下监管向线上监管转型；第二，由静态安全监管向动态安全监管转型；第三，由传统人力监管向网络软件监管转型；第四，由过时的财务数据监管向实时的金融信息监管转型，即由原先的单一线下监管的传统模式向线上线下复合监管的现代模式演进。

总之，运用互联网思维推进银行业再造，让"力量"与"速度"兼得，这一过程取得成功的关键在于，银行从业人员能够摆脱体制性思维的惯性束缚，实现向互联网思维模式转型。

第二节 互联网金融的六大模式

一、第三方支付

(一)第三方支付定义

"支付是指为了清偿债权债务关系而将资金从债务人账户转移到债权人账户的过程"①，是资金流转的一个过程。目前，电子商务网站提供了多种支付方式，包括传统支付与电子

---

① 杨坚争等. 电子商务法教程[M]. 北京：高等教育出版社，2001.

支付。电子支付利用信息技术手段实现资金流电子化,包括依靠互联网的网络银行支付、第三方支付、虚拟货币支付和依靠 GSM 网络的移动支付等[①]。

第三方支付一词首先是由"阿里巴巴"CEO 马云于 2005 年 1 月在瑞士达沃斯世界经济论坛上提出,其狭义上是指具备一定实力和信誉保障的非银行机构,借助通信、计算机和信息安全技术,采用与各大银行签约的方式,在用户与银行支付结算系统间建立连接的电子支付模式[②]。

(二)第三方支付流程

第三方支付是电子商务重要的一部分,网上购物、线下交易对于消费者而言都已经是生活中不可缺少的一部分。对于现有的第三方支付服务流程,我国网上支付第三方支付平台可分为"支付网关模式"和"账户支付模式"两种。

1. 支付网关模式

支付网关模式是指网上支付的电子信息通过支付网关进行处理以后才能进入银行内部金融专用网络的支付结算系统,从而完成支付。即付款人只要成为某家银行网银用户,无须成为第三方支付平台的用户。这种模式下,第三方支付服务商并没有内部交易功能,仅仅作为银行网关的代理将付款人发出的支付指令传递给银行,完成转账后,银行再将信息传递给第三方支付服务商,后者将此信息通知收款人并进行账户结算。第三方支付服务商在支付通道服务模式下仅仅扮演着"传声筒"的角色,其模式的代表是首信易支付。

具体支付操作流程如下图所示[③]。

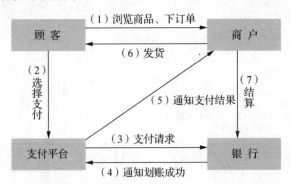

(1) 网上消费者浏览商户检索网页并选择相应商品,下订单达成交易。

(2) 随后,在弹出的支付页面上,网上消费者选择具体的某一个第三方支付平台,直接链接到其安全支付服务器上,在第三方支付的页面上选择合适的支付方式,单击后进入银行支付页面进行支付。

(3) 第三方支付平台将网上消费者的支付信息,按照各银行支付网关技术要求,传递到相关银行。

---

① 张云起. 电子商务[M]. 北京:中国铁道出版社,1999.
② 曹红辉,李汉. 中国第三方支付行业发展蓝皮书[M]. 北京:中国金融出版社,2011.
③ 罗明雄,唐颖,刘勇. 互联网金融[M]. 北京:中国财政经济出版社,2013.

(4) 由相关银行(银联)检查网上消费者的支付能力、实行冻结、扣账或者划账,并将结果信息回传给第三方支付平台和网上消费者。

(5) 第三方支付平台将支付结果通知商户。

(6) 接到支付成功的通知后,商户向网上消费者发货或者提供服务。

(7) 各个银行通过第三方支付平台与商户实施清算。

2. 账户支付模式

虚拟账户服务模式是以交易双方都在第三方支付平台开立虚拟账户,其过程是持有人通过银行实际支付层的操作将资金从付款人账户划拨到第三方支付服务上的账户中,虚拟账户中便显示相同资金数额的电子数据。付款时,第三方支付公司根据付款方指令将款项从其平台账户划付给收款方的平台账户,这一转移是以虚拟资金为介质完成的,此时资金并不发生实际转移,仍然保存在第三方支付服务商的账户中,此后,第三方支付服务商通过其在银行的账户向商户的银行账户划拨实际资金,这种模式的实质是以支付公司作为信用中介,代替买卖双方暂时保管货款。

【营销前沿】

微信支付方式

微信支付方式主要包括微信公众号支付和扫二维码支付,两种支付方式的支付流程总体一致,进入支付环节后,用户只需添加银行卡卡号,填写银行卡类型、银行卡有效期以及持卡人姓名和身份证号码、手机号、验证手机号、支付密码,即可完成交易。如图 9-1 所示。

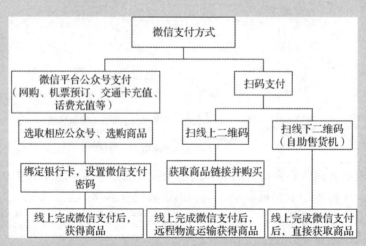

图 9-1 微信支付方式和流程示意图

1. 产品优势

1.1 "支付+社交"模式

微信是腾讯的一次自我革命,自 2011 年推出以来,迅速成为市场上最热门的社交聊天软件。目前,微信用户已达 6 亿,覆盖全球 200 多个国家和地区,发布超过 20 种语言版本,国内外月活跃用户超过 2.7 亿。其中微信公众账号在最近 15 个月内增长到 200 多万,并保持每天 8000 个的增长速度以及超过亿次的信息交互。庞大的用户基数是微信支付强有力的依托，而腾讯也期望能够创造出"支付+社交"模式，培养消费习惯，构建腾讯的社交电商王国。2013—2016 年度微信月活跃用户数如图 9-2 所示。

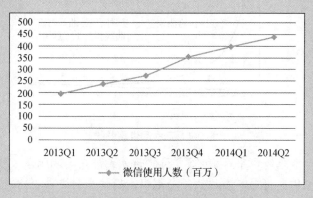

图 9-2　2013—2014 年度微信月活跃用户数

1.2 个性化的交易平台

随着智能手机的普及，电商竞争的战火正向移动互联网不断蔓延，移动端具有天然优势，易于形成消费习惯。微信支付提供了简洁的交易渠道和支付场景，增强用户粘性，其个性化的交易平台对于年轻人而言具有强大的吸引力。

1.3 价值巨大的广告平台

"微信，不仅仅是聊天工具。微信，是一种生活方式。"微信朋友圈、公众号，每天都在推送数以万计的信息，微信公众号已然成为中小商家最廉价与有效的广告通道。对于商家而言，微信的价值不仅在于短期内订单销量的增长，而是借助公众账号、朋友圈、微信支付等渠道，更有效地和用户建立联系，进行管理和信息沟通。

2. 营销方式

2.1 价格渗透定价

图 9-3 中，边际成本的较快上升让传统供给曲线较为陡峭，从而与需求曲线交于"近尾"处。而图 9-4 显示，互联网技术大幅降低边际成本，形成的互联网供给曲线与需求曲线交于"远尾"处。互联网改变了这一切。它极大降低了信息传递成本，因而很大程度上降低了厂商的边际成本。对一些服务提供来说，互联网甚至可以把边际成本压低到零，让客户群体极大扩张之后，因庞大客户基数的特性而赚取高额利润。

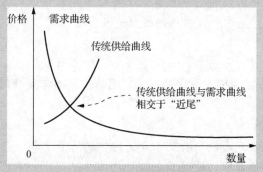

图 9-3　传统供需曲线

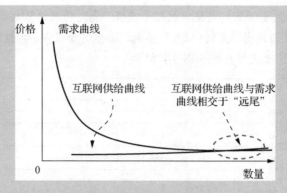

图 9-4　互联网供需曲线

线下商家通过"本地消费平台+微信支付"的方式,完美地融合了线上与线下。以大众点评为例,其接入微信支付后,在推广活动期间,微信支付交易占比提升了 7 倍,优化了团购用户的支付体验,方便了用户购买商品,获得近 100% 的正面反馈;又如"微信红包"将金融支付手段与社交紧密联系,"提现必须绑定银行卡"的规则使绑定微信支付的用户数量大增,让腾讯在极短的时间内以几乎零成本的推广费获得了大量沉淀资金和客户支付终端的自愿绑定。

2.2　精准市场定位

企业通过微信支付技术来记录消费者的消费数据,收集分析后能得到本企业和竞争者的销售状况;通过大数据管理来构建数据库以进行定量和定性分析,提高了调研的精确性与全面性;通过对顾客心理和行为的精准定位,明确目标客户群与目标需求,从而实现目标市场的准确定位。

2.3　转变营销模式

企业从仅以产品为中心的营销方式中走了出来,开始重视消费者数据的收集与数据库的构建,分析消费者的购买行为,追踪消费者的需求变化,从而对消费者归类,量身定做促销工具,制定差别化的营销策略,精准投放广告,避免了传统大众投放方式的低效率,降低了成本,使促销方式更加灵活。

2.4　强化客户管理

企业通过用户的支付记录,可以自动把用户的微信号列为会员,不仅可以增加会员,还可以降低会员推广的成本,在此基础上建立会员管理制度,及时有效沟通,并把主要时间和精力放在可以带来最大回报的客户身上,实施差异化营销。这种与客户的联系一旦建立就成为企业的无形资产,对企业价值的提升有着重要作用。

2.5　与商家开展广泛合作

银泰百货、大众点评、当当网、易迅等线上、线下商家都推出了自己的微信支付促销活动。2014 年,王府井百货接入微信支付。广泛的商户参与提升微信支付的使用频率,构建了一个双赢的局面。

2.6　广泛参与舆论推广

当新的消费方式来临,最快的普及方式是用户的海量参与,最好的推广方式是舆论的口口相传。腾讯显然深谙其道,广泛的舆论推广不仅谋得广大消费者的青睐,也为腾讯旗下的微信打开了市场。

3. 微信支付的风险

在网络诈骗层出不穷的今天，用户对网络有着安全隐忧，微信支付在移动支付领域具有很大特殊性，它是在社交网络的基础上推出，在大部分用户的心中，社交网络充满着欺骗性，当它涉及金钱的时候这种感觉将会更加强烈，这都是源于网络的虚拟性，用户无法肯定对方是否真实存在还是虚构出来的，这些成为所有涉及网络支付不可回避的问题，解决这些问题不是一朝一夕的事，这是老百姓的观念，无法轻易改变，需要长时间的积累才能让用户真正信任。

微信支付作为第三方的支付平台缺少一个信用评价体系，这并不是微信支付所存在的问题，在我国内，信用机制发展较晚，国民在这方面意识也不强烈，也导致了国民对信用的不重视，这对于建立在虚拟网络的电子支付就更加明显，在交易的过程中即使存在第三方担保交易，不能完全放心，都是信用体系缺失的体现，国内信用体制在未来几年都将保持现状，在国内信用体制构建完成之前，这一现状将不会又太大的变化。

二、P2P 网贷

(一)P2P 网贷定义

P2P 网络贷款英文名称为 Peer-to-peer lending，即点对点信贷，网络信贷起源于英国，随后发展到美国、德国和其他国家，国内称之为"人人贷"。P2P 网络贷款是指个人或法人通过独立的第三方网络平台相互信贷，由 P2P 网贷平台作为中介平台，借款人在平台发放借款标，投资者进行竞标向借款人放贷的行为。

这种债务债权的形成不经过传统的金融机构，例如银行等，直接借钱给非相关人的行为，在网上通过网贷公司的平台完成的一个过程。

(二)P2P 网贷模式

根据目前我国 P2P 网贷公司相关借贷流程的不同，P2P 网贷可以分为纯平台模式和债权转让模式两种。

1. 纯平台模式

网络信贷的典型模式为：网络信贷公司提供平台，由借贷双方自由竞价，撮合成交。资金借出人获取利息收益，并承担风险；资金借入人到期偿还本金，网络信贷公司收取中介服务费。我国纯平台模式的典型代表为拍拍贷，其操作流程为：首先出借人和借款人在平台上填写相关信息注册，出借人将其出借资金充值到平台虚拟账户中，平台对出借人进行信用审核并给予评级；其次，经过审核的借款人填写借款信息，平台将其信息列入借款列表并展示在网站页面，出借人浏览借款列表并进行投标，最后由平台进行信息撮合并确定最后有交易资格的出借人，至此交易达成。整个过程，拍拍贷仅仅作为一个平台，进行信息匹配，不保证投资人的本金也不承担坏账风险。

2. 债权转让模式

债权转让模式不同于纯平台模式的借贷双方直接签订债权债务合同，而是通过第三方个人先行放款给资金需求者,再由第三方个人将债权转让给投资者,而P2P网贷平台则通过对第三方个人债权进行金额拆分和期限错配,打包成类似理财产品的债权包,提供给出借人选择,这种模式不再是纯平台的"一对一""一对多"或"多对一",而变成了"多对多",在这种模式下,P2P网贷平台也承担着借款人的信用审核以及贷后管理等相关职责,宜信便是此种模式的代表。首先宜信的创始人唐宁(或其他宜信公司高管)作为第一出借人,将其自有资金借给需要借款的用户,并签署《借款协议》,然后,宜信再把唐宁获得的债权进行拆分,打包成类似固定收益的组合产品,并以此销售给投资者,这一过程进行了金额拆分和期限拆分两个层面的拆分,因此一笔大额债权就划分为多笔小额、短期的债权。

三、大数据金融

(一)大数据定义

大数据技术(big data),又称巨量资料,指的是所涉及的资料数量规模巨大,不能用常规方式在合理时间内达到撷取、管理、处理并整理成为帮助企业经营决策更积极目的的资讯。它也可以说是在一种新处理模式下,具有更强的决策力、洞察发现力和流程优化能力的海量、高增长率和多样化的信息资产。

(二)大数据金融定义

大数据金融是指依托于海量、非结构化的数据,通过互联网、云计算等信息化方式对其数据进行专业化的挖掘和分析,并与传统金融服务相结合,创新性地开展相关资金融通工作的统称。

(三)大数据金融的两种模式

目前,大数据服务平台的运营模式可以分为以阿里小额信贷为代表的平台模式和京东、苏宁为代表的供应链金融模式。

阿里小额贷以"封闭流程+大数据"的方式开展金融服务,凭借电子化系统对贷款人的信用状况进行核定,发放无抵押的信用贷款及应收账款抵押贷款,单笔金额在5万元以内,与银行的信贷形成了非常好的互补。阿里金融目前只统计、使用自己的数据,并且会对数据进行真伪性识别、虚假信息判断。阿里金融通过其庞大的云计算能力及多种模型,为阿里集团的商户计算其信用额度及其应收账款数量,依托电商平台、支付宝和阿里云,实现客户、资金和信息的封闭运行,一方面有效降低了风险,同时保证了发放贷款的及时性。

京东商城、苏宁的供应链金融模式是以电商作为核心企业,以信息提供方或以担保方的方式,通过和银行等机构合作,对产业链条中的上下游进行融资。这一模式中,京东等龙头企业并没有在实质上对用户提供资金的融通,主要是为融资双方提供流量、数据或信息。

四、众筹金融

(一)众筹定义

众筹来自国外 crowd funding 一词,即大众筹资或群众筹资,是指项目发起者利用互联网和 SNS 传播的特性,让小企业、艺术家或个人对公众展示他们的创意,争取大家的关注和支持,进而获得所需要的资金援助。众筹具有低门槛、多样性、依靠大众力量、注重创意的特征,一般而言是透过网络上的平台连接赞助者与提案者。

现代众筹指通过互联网方式发布筹款项目并募集资金。相对于传统的融资方式,众筹金融更为开放,能否获得资金也不再是项目的唯一标准。只要是客户喜欢的项目,都可以通过众筹方式获得项目启动的第一笔资金,为更多小本经营或创作的人提供了可能。

(二)众筹运作流程

众筹商业模式包括项目发起人(筹资人)、公众(出资人)和中介机构(众筹平台)三方主体。其构建及流程如图 9-5 所示。

首先,项目发起人将项目策划交给众筹平台,项目发起人通常是需要解决资金问题的创意者或小微企业的创业者,而项目可以是制作专辑、出版图书,也可以是生产某种电子产品等。在经过相关审核后便可以在平台上建立属于自己的页面,将其创意和融资需求信息发布在虚拟空间里,然后,公众利用在线支付方式对自己感兴趣的创意项目进行小额投资。公众所投资的项目成功实现后,对于出资人的回报可以是一个产品样品,也可以是一场演唱会的门票或是一张唱片。

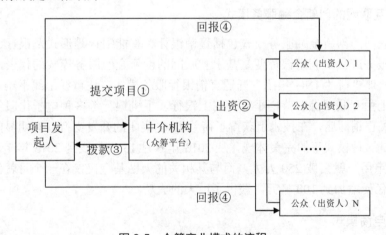

图 9-5 众筹商业模式的流程

五、信息化金融机构

(一)信息化金融机构定义

信息化金融机构,是指在互联网金融时代,通过广泛运用以互联网技术为代表的信息技术，对传统运营流程、服务产品进行改造或重构，实现经营、管理全面信息化的银行、证券和保险等金融机构。

(二)信息化金融机构模式

信息化金融机构的运营模式在互联网背景下发生了巨大的变化，目前信息化金融机构主要运营模式可大致分为三类：传统金融业电子化模式、基于互联网的创新金融服务模式、金融电商模式。

1. 传统金融业电子化模式

传统金融业电子化是指金融企业采用现代通信技术、计算机技术、网络技术等现代化技术手段，提高传统金融服务业的工作效率，降低经营成本，实现金融业务处理的自动化、业务管理的信息化和金融决策科学化，从而为客户提供更为快捷方便的服务，达到提升市场竞争力的目的。

纵观我国信息化发展历程，大体经历了三个阶段：第一个阶段是 20 世纪 70 年代末到 80 年代末以自动化建设为主的阶段，银行开始采用信息技术代替手工操作，实现银行后台业务和前台兑换业务处理的自动化金融机构的业务以计算机处理代替手工操作；第二阶段是 20 世纪 80 年代末到 90 年代中期，以连接业务为代表的全面电子化建设阶段，这一阶段电子化的应用从最初的试点试验逐渐扩展到全行业，实现了处理过程全过程的电子化；第三个阶段是从 20 世纪 90 年代末一直持续到今天的以业务系统整合、数据集中为主要特征的金融网络化新阶段，其主要标志就是实现全国范围的同行业内电脑互联，由城市网络建设到省域网络建设，再到全国性网络建设。

2. 基于互联网的创新金融服务模式

基于互联网的创新金融服务模式包括直销银行、智能银行等形式及银行、券商、保险等的创新型服务产品。北京银行便是基于互联网的创新金融服务模式的代表，最早与其境外战略合作伙伴"荷兰 ING 集团"开通直销银行服务模式，注重线上线下渠道服务的融合和互通，线上由互联网综合营销平台、网上银行、手机银行等多种电子化服务渠道构成，线下建设便民直销门店，在技术上获得了荷兰 ING 集团的开发支持，有明显的技术优势。余额宝也正是这种模式下的完美体现，从 2013 年 6 月 13 日上线到 2013 年 7 月 1 日，短短 18 天，余额宝用户就突破 250 万人，而与其相关的天弘基金仅仅在一个月就使得其资产规模从 136.47 亿元增加到 100 亿元，获得了巨大的成功。

3. 金融电商模式

在互联网时代的大背景下，传统金融机构必然与互联网金融相融合，这在金融机构电商化得到了充分的体现。金融电商模式主要表现为两种：自建电商平台或与其他拥有海量客户信息和渠道的互联网企业合作建设电商平台。就银行业来说，中国建设银行便是自建平台模式的代表，建行的"善融商务"面向广大企业和个人提供专业化的电子商务服务和金融支持服务。平台合作模式主要以招商银行为代表，2013 年，招商银行利用腾讯建立的微信平台推出了全新概念的"微信银行"，可以实现转账汇款等一系列服务。

六、互联网金融门户

互联网金融门户是指利用互联网提供金融产品、金融服务信息，汇聚、搜索比较金融产品，并为金融产品销售提供第三方服务的平台。

互联网金融门户大致可以分成第三方咨询平台、垂直搜索平台以及在线金融超市三大类。第三方资讯平台是指为客户提供含有金融数据以及行业资讯的门户网站，和讯网、网贷之家就是第三方资讯。垂直搜索平台是利用垂直搜索，对金融产品信息进行提取、整合并处理后反馈给客户，通过提供信息的双向选择，有效地降低信息不对称程度，典型代表有融360、好贷网。在线金融超市提供大量的金融产品，并给予在线导购及购买匹配，还提供与之相关的第三方专业中介服务，在一定程度上充当了金融中介的角色，典型代表有91金融超市、大童网。

第三节　互联网金融营销创新

一、互联网金融营销的定义

它是指通过非直接物理接触的电子方式，营造网上经营环境，创造并交换客户所需要的金融产品，构建、维护以及发展各个方面关系，从而获取利益的一种营销管理过程。

二、互联网金融营销的方略

(一)基于大数据的创新营销方式

1. 采取精准人群的营销策略

在目前的数字营销市场上，精准营销有两种流派，一种是精准媒体，另一种是精准人群。以人群为目标的精准营销，不按照男性、女性和年龄去定义人群，而是通过行为去辨别什么样的人群对所营销的产品有兴趣。而根据行为可以反推人群属性，如性别、年龄和收入等，并且不断用其他的方式来验证，对准确的量化指标进行确认。

专门做属性的传统数据公司也会对用户注册和使用等数据的产生与运算产生帮助，而互联网金融利用大数据技术可以将数据库的人群属性、维度丰富起来，与传统数据进行比对，更为精准、可靠。例如，将目标客户群的单纯数据资料以画像的形式展示出来。

2. 采取浏览行为定向和实时投放相结合的方式

互联网金融企业用非Cookie网民数据库，可以获取多家竞争理财网站的人群，以及去过理财内容网站、搜索过指定关键词的人群。基于目标人群定位，通过动态定向技术，调取短期特定时间段内访问过竞品网站或是理财类垂直网站和最近的搜索等行为，通过搜索词和浏览数据建立用户模型，并实时优化投放。投放中的特色之一就是"即搜即投"，即当用户在任何搜索引擎搜索过选定的关键词后，再访问相关广告位时，就可以展现此广告，而这个时间被缩短到24小时以内。

把搜索词和展示结合起来,已经被证明是有效的投放方式。而目前大多公司尚不具备这个能力,除非是在搜索引擎上进行广告投放,否则在展示广告上没有这样的机会。以浏览行为定向和投放为基础方法,再辅以时间、地域、人群属性等其他的定向方式,也就自然达成了良好的营销效果。

3. 进行实时动态优化,不断提升营销效果

之前广告公司进行优化都是通过传统调研方式,一旦要调整策略,往往也要等到上一波广告执行完成之后才能进行,调整方式都是人为的,耗时长、效率低,营销效果大打折扣。而互联网金融企业利用大数据可以迅速发现什么样的关键词捆绑和浏览定向在广告投放中带来的流量最多,人群质量最高,然后,通过画像还原这部分人群,调整重点投放,甚至调整广告创意,从而使营销效果大幅度提升。

4. 控制成本,同时提升效果和质量

在成本方面,与在主流搜索引擎上进行广告投放的方式相比,利用大数据带来用户的单位用户注册成本则大大降低。除此之外,利用大数据筛选之后得到的用户质量,整体比之前传统电商的数字营销公司带来的要高,得到的客户都是真实的用户,从而使得营销效果大幅上升。

(二)营销工具的创新应用

互联网的普及,使得金融企业愈发地重视互联网平台对于金融业务发展的巨大作用,例如基金公司的基金产品在有影响力的支付平台如支付宝进行销售。互联网金融企业的营销工具不断推陈出新,从原来将独立网站作为营销平台,利用各种形式的网络广告宣传到现在利用各大社交软件,如微博、微信来进行金融产品的营销,营销工具也越来越吸引眼球。

首先,金融市场同质化竞争日趋严重,而网站成为企业提高顾客忠诚度和满意度的有力武器,是互联网与金融服务完美结合,更是企业重要的营销平台。网站作为有效的品牌传播窗口,在金融组织推广自身业务与金融产品的过程中蕴含着重大价值,能激发更多潜在客户的消费和投资欲望。

其次,国内金融业的传播已经从传统媒介营销的竞争如平面、广播、电视等领域转移到了互联网,开始在网络广告进行投放,网络广告形式包括展示类广告、搜索排名广告、视频广告和文字链接广告等,大多数金融机构投放网络广告集中在门户网站和财经网站。例如,中国银行的网络推广选择了在阿里巴巴网站的首页投放其赞助奥运的品牌广告,使其赞助商品牌形象的美誉度得到最大程度的提升。

再次,微博、微信的兴起,使得各家金融组织纷纷在各门户网站开通自己的官方微博、微信公众号,各种网络流行语信手拈来,微博和微信等网络工具开始成为新的营销方式。光大银行领先业内首开微博,之后各家企业的官方微博如雨后春笋,经过几年的发展,各家机构的粉丝数最低都是数十万计,产品营销、活动介绍、财经信息等应有尽有。

最后,交互式营销成为竞争的常用工具。为了以人们乐于接受的方式推广传统的金融业务,各大金融网站不断推陈出新,充分利用互联网资源,与更多的企业跨行业运作,试图开创一种全新的网络合作营销模式。如中国民生银行与小熊在线携手,通过大型益智线

上游戏"创智大富翁"活动的运作，推广该行的网上银行业务，就是一个互利共赢、新型网络营销的成功范例。

【营销前沿】

创智大富翁——民生银行的互联网金融营销

中国民生银行于1996年1月12日在北京正式成立，是一家全国性股份制商业银行。2000年12月19日，中国民生银行A股股票(600016)在上海证券交易所挂牌上市。到了2005年10月26日，民生银行成功完成股权分置改革，成为国内首家完成股权分置改革的商业银行，为中国资本市场股权分置改革提供了成功范例。截至2013年，中国民生银行总资产规模3.2万亿元，实现净利润422.78亿元，存款总额2.14万亿元，贷款和垫款总额1.57万亿元。

互联网发展现状：

2014年7月21日，中国互联网络信息中心(CNNIC)在京发布第34次《中国互联网络发展状况统计报告》显示，截至2014年6月，中国网民规模达6.32亿，较2013年年底增加1442万人，互联网普及率为46.9%。互联网发展重心从"广泛"向"深入"转换，各项网络应用深刻改变网民生活。移动金融、移动医疗等新兴领域的移动应用多方位满足了用户上网需求，推动网民生活迈向全面"网络化"。如图9-6所示为2011—2014年我国网民人数及互联网普及率。

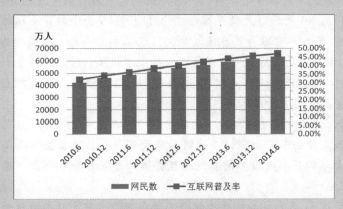

图9-6　2011—2014年我国网民人数及互联网普及率

在金融行业竞争日益激烈的环境下，民生银行推出了其互联网背景下营销的新方式——创智大富翁游戏营销。

创智大富翁游戏营销目标：

(1) 提高民生银行品牌知名度。

(2) 使老用户加深对民生银行产品的了解，推广其网上银行。互动不仅吸引了新的用户，也使老用户加深了对民生银行品牌和产品的了解。一个深度玩家连续近五个月时间参与这个游戏，那么必然对游戏中的设置、股票名称等了如指掌，这也正是民生银行所追求的目标。

(3) 节约了营销成本，在线游戏的主要成本是服务器和极少的维护成本，是传统营销无法比拟的。

(4) 推广其网上银行，获取游戏的使用权前提是开通中国民生银行的网上银行。

创智大富翁游戏的开发一般以18岁以上的年轻人居多，且大多数都喜欢上网冲浪，是科技产品、IT、快速消费品、金融等产品的相对主力购买者，引领着时尚消费潮流。

"创智大富翁"本质上是一个基于在线游戏的网络营销活动，并结合了现场营销——民生银行通过丰厚的奖励刺激其用户进入游戏，并在玩家玩游戏之前、之中和之后对其进行营销，推广民生银行的品牌和相关产品。在玩游戏之前：玩家玩"创智大富翁"之前需要一定的虚拟财产积累，而玩家要想获得原始的虚拟财产，必须和民生银行互动——注册民生银行网上银行账户，参加"民生财富课堂"问答，参加民生银行业务调查问答等，民生银行通过和玩家互动向其推广了民生银行的品牌和产品。在玩游戏之中："创智大富翁"中增加了很多民生银行的元素，玩家在玩游戏的过程中潜移默化地理解了民生银行的品牌和业务。在玩游戏之后："创智大富翁"是一个系列活动，根据赛程的安排，"终极10强PK赛"将在线下举办，10强选手需要通过知识问答及创智游戏等考验，角逐第一、二、三等奖。通过线下活动的形式，也推广了民生银行的品牌和产品。

在线游戏和线下活动类似的地方在于：都具备可复制性，因为基于在线游戏的网络营销活动也可定期举办，在线游戏经过简单的修改后还可以推广其他产品和服务。而在线游戏的效果相比线下活动的优势在于以下几种。

(1) 覆盖面广。线下活动受制于场地大小、活动场所人流量等因素，单次活动覆盖的人群有限。而网络游戏则不同，单台服务器可容纳的同时在线人数即可达到4000人左右。假如活动持续的时间为30天，每天服务器开放的时间为15个小时，平均每人在游戏中停留的时间为30小时，那么单台服务器在活动期间可以容纳的参与人数能达到6万人。

(2) 成本低。线下活动场地租金、设备、人员成本较高，对应到每个影响到的参与者的成本也很高。而对于民生银行这样的广告主而言，网络游戏运营的成本主要是服务器和带宽开销，单台服务器每月运营成本不过万余元。

(3) 互动性好，传播效果更佳。线下活动受制于参与时间的限制，可传播的品牌、产品或服务的种类以及深度都非常有限，而网络游戏则不一样，玩家长时间在游戏中，广告主可以向玩家传递大量的产品或服务信息，而且提供的交互界面多样化，互动性更强，从而传播效果更佳。

从网络整合营销4I原则来分析民生银行的游戏营销，首先就趣味原则来说，大富翁作为华语最经典的游戏之一，娇气可爱的孙小美，妩媚冷艳的钱夫人，憨态可掬的阿土伯，这就是民生银行携手小熊在线、大富翁游戏运营商寰宇之星推出的"创智大富翁"，增加了游戏乐趣，吸引玩家。在利益原则上，"创智大富翁"游戏一方面不仅给玩家带来了游戏上的乐趣，体验股市激情，另一方面，参与线下的玩家还有机会获得数万元的奖金，在游戏中不知不觉提高理财能力。就互动原则来说，"创智大富翁"游戏的互动性使得这一过程转变为用户主动参与的过程。玩家在游戏过程中，通过与其他玩家的互动，以及与民生银行的互动，将品牌或产品所要传达的信息传播开来，从而加深了玩家对品牌和产品内涵的理解，使品牌或产品的营销效果最大化延伸。正是在这种"游戏互动"的营销启示下，整个营销活动得以环环相扣、有序进行，并确保了营销效果的最大化，可以说该活动的举办是在网络营销领域的一次成功运用。最后在个性原则方面，随着金融行业的发展，竞争越来越白热化，而抓住目标客户群的喜好则是发展自己的一条途径，当代游戏发展迅速，网民人数急剧增加，民生银行"创智大富翁"游戏为银行推广自己品牌提供了一个平台，用"品牌战略测试"来决定谁将得到这份广告代理权。

(三)基于互联网思维的用户思维

互联网思维最早是由百度公司创始人李彦宏提出，是指在互联网、大数据、云计算等科技不断发展的背景下，对市场、对用户、对产品、对企业价值链乃至对整个商业生态进行重新审视的思考方式。从营销角度讲，互联网思维就是：以用户为中心，创造极致体验，深入到消费者内心以满足其需要；同时，以互联网为核心平台，对传统产业的组织架构、运营模式等进行整合重组的经营管理理念。

1. 以客户为中心的营销理念

在很长的一段时间里，金融资源是稀缺资源。券商、基金、保险、银行等金融机构在投资者面前都处于强势地位，金融机构将各自的产品陈列在网点之后便不再打理。至于产品是不是符合投资者的风险收益特征、收益能否让投资者满意、是否做到了细分化从而满足特定投资者的需求，金融机构都是不大考虑这些的，客户的体验也无从谈起。而互联网金融恰恰相反，互联网金融之所以得以迅速发展，追根溯源还是得益于用户的满意度。新金融模式凭借互联网平台的优势，针对客户快速变化的需求，有针对性地进行创新，把客户的体验置于第一位。以支付宝为例，公司非常注重用户体验，在组织架构中专门设立用户体验部，积极尝试将重力加速感应、虹膜等新技术应用到移动支付中，除此之外，为了满足客户不同的投资需求，支付宝平台推出了招财宝以及各式各样的基金等理财产品。此外，为了消除用户对资金安全的顾虑，支付宝还推出了保险，如果出现网络安全问题，账户余额被盗，用户将获得赔偿，并且在账户安全保障方面，支付宝也采取各种措施力保用户账户安全。

2. 开放包容的营销态度

传统金融模式由于历史原因，内部制度较为封闭，并且有自身一套严格的风险控制制度，这是由传统金融体系自身的特点所决定的。而互联网金融是开放的、包容的，在一个开放的平台上大家可以共同讨论，参与到研发中。

一种情况是按需定制，厂商提供满足用户个性化需求的产品即可，如海尔的定制化冰箱；另一种情况是在用户的参与中去优化产品，如淘品牌"七格格"，每次新品上市，都会把设计的款式放到其管理的粉丝群组里，让粉丝投票，这些粉丝决定了最终的潮流趋势，自然也会为这些产品买单。让用户参与品牌传播，便是粉丝经济。

3. 营销对象的巧妙定位

在传统的商业银行领域，"二八定律"被视作银行经营管理的"金科玉律"，而"长尾"客户往往被忽视。相反，互联网金融争取的更多是 80%的"长尾"小微客户，这些小微客户的金融需求既小额又个性化，之前往往不受到重视，而互联网金融在服务小微客户方面有着先天优势，代替传统金融体系满足用户的个性化需求。这种巧妙地将营销对象定位于未被重视而人数众多的"长尾"客户不仅满足了这些 80%的客户的个性化需求，也给企业自身打开了巨大的市场。从余额宝、百度理财到理财通，从微信支付到P2P，它立竿见影地改变着传统行业，从一定程度上满足了小微企业及个体工商户的融资需求和投资理财需求。这种营销对象的巧妙定位以用户为中心，满足消费者，从而使营销效果最大化地体现出来。

【情境案例解析】

"蚂蚁借贷"服务卖家[①]

一、蚂蚁借贷"何以走更远

在浦东软件园一期8号楼一楼内，居住着一个巨大的"蚁窝"，在那里，上百万的"蚂蚁"，进行着金融交易，金额不大，但生意兴隆，人气旺盛；这就是拍拍贷的新家。

2012年，拍拍贷从张江孵化器搬入了软件园的独立小楼，在获得首轮融资后，更是把服务器中心进行大扩容。在拍拍贷CEO张俊提供的一组数据中，可以看出拍拍贷的快速成长：截至2013年8月，拍拍贷注册用户已达160万，其中6万用户成功获得贷款，累计成交金额接近4亿元。同年6月最后的10天，中国金融业出现了亘古未见的景象，中国大大小小的银行同时出现了缺钱的状况，隔夜头寸拆借飞涨。为了渡过钱荒，"银行抢钱大战"新闻频现媒体，一向财大气粗的银行竟然也开始缺钱了。

钱荒潮不仅让银行业寝食难安，更打乱了很多中小企业的常规融资计划。很多银行的贷款额度已经见底，据称深圳的部分银行早早就已经停止了发放贷款。本来就贷款困难的企业想成功贷款更是难如登天。这时，不少"小老板"们将眼光瞄向了发展如日中天的P2P机构们。

用户huay(化名)稳定经营企业十多年，他要借款20万元，但银行借款无果，46岁的他最近开始尝试网贷，6个月的借款期，在短短几天内，就已经完成了77%的额度，总投标数达到836名。而办理贷款速度更让人惊喜，发布的借款表被网友投满之后一般三天之内就可审批完毕，相比之下银行则有可能需要一到两个月；只要能接上互联网就可以随时发起贷款标，即使你在天涯海角，只要点点鼠标就可以办理。据拍拍贷透露，今年仅6月一个月，成交金额就达到了8000万元。

二、和淘宝实现"跨界"合作

最近，24岁的小杨总算舒了一口气，他刚刚接到拍拍贷的客服电话，说在拍拍贷上借的10万资金已经审核通过，可以取现了。

小杨是淘宝所宣称的600万卖家中的典型代表，2008年就在淘宝网上开了一家销售土特产的小店。随着淘宝店生意越做越大，产品种类也就越来越多，随之就带来了资金的压力。小杨开始想到银行去借款，但是尝试了几次之后小杨打退堂鼓了。一是银行借贷的门槛太高，一般达到50万左右银行才乐意批，但是自己又不需要这么多钱。二是银行的还款时间比较长，而自己资金周转很快，需要小额度高频次的周转，银行借款不太符合需求。就在小杨一筹莫展之际，小杨想起了拍拍贷。于是小杨注册了拍拍贷，经过规定流程的各种信用认证，凭借自己淘宝店不错的信用和流水，第一笔为期6个月的10万元借款很快就批下来了，这让小杨大喜过望，进货的钱总算解决了。对小杨来说，这是他第一次接触P2P。

[①] 杨珍莹. 拍拍贷——"蚂蚁借贷"何以走更远[J]. 浦东开发，2013(8).

对拍拍贷来说，小杨只是众多在拍拍贷上借款的淘宝卖家之一，事实上拍拍贷已经服务过无数个淘宝卖家。今年年中，拍拍贷正式携手淘宝展开合作。拍拍贷成为淘宝系列活动首席合作伙伴。这是 P2P 行业和电商行业有史以来的第一次合作，在业界看来是互联网金融和电商结合的必然趋势。据拍拍贷透露，目前拍拍贷用户中，淘宝商家占到了总数的 15% 左右。

在应对网购买家的资金需求方面，拍拍贷在 2013 年还推出了满足网购人群需求的网购达人标，通过支付宝实名关联认证之后即可申请，额度提升更快。互联网金融和电商的"跨界"合作，不仅彰显了互联网金融已经深入主流人群的心中，得到了大众的认可，此外也标志着互联网金融进入崭新的发展时期。谁能抓住这一新的潮流，就能抢得新一轮竞争的先机，从这一角度来讲拍拍贷依然继续领先。

【案例讨论】

1. 相较于传统金融企业，作为一家互联网金融企业的拍拍贷，它的创新营销体现在何处？
2. 拍拍贷坚持纯线上模式，其盈利模式为平台本身不参与借款，只承担信息匹配、工具支持和服务等功能，这种模式的优势与劣势在哪些方面？

本 章 小 结

(1) 互联网金融是指利用互联网技术和移动通信技术等一系列现代信息科学技术实现资金融通的一种新兴金融服务模式。

(2) 互联网金融具有金融服务基于大数据的广泛应用、服务趋于长尾化、金融服务低成本和高效率的三大特征。

(3) 互联网金融六大模式包括第三方支付、P2P 网贷、大数据金融、众筹金融、信息化金融机构和互联网金融门户六大模式。

(4) 互联网金融营销是指通过非直接物理接触的电子方式，营造网上经营环境，创造并交换客户所需要的金融产品，构建、维护以及发展各个方面关系，从而获取利益的一种营销管理过程。

(5) 互联网金融营销创新包括基于大数据的创新营销方式、营销工具的创新应用和基于互联网思维的创新营销。

复习思考题

1. 什么是互联网金融？
2. 互联网金融的特征有哪些？
3. 互联网金融主要包括哪些方面？
4. 什么是互联网金融营销？
5. 互联网金融营销的创新包括哪些？
6. 互联网金融营销工具包括哪些？

第十章　移动金融与营销新趋势

【本章精粹】

◆　移动金融的含义与特点。

◆　移动金融的先导样态。

◆　移动金融营销 4I 模式。

【章前导读】

近年来，移动支付、微信支付、手机银行等移动金融业务逐渐进入了人们的视野，并在很大程度上改变了人们传统的消费方式和消费理念。移动金融时代的来临是社会经济发展的必然趋势，移动互联网技术与金融服务的迅速融合正对互联网金融领域产生着深刻的影响，并带来巨大的变化。互联网金融在持续发展的同时，伴随着通信技术的成熟，也逐步进入随时、随地、随身的移动金融服务的新阶段。各个金融机构、银行卡转接清算机构、第三方支付机构以及运营商都属于移动金融中的重要组成部分，它们发挥着自身的优势，彼此之间相互联结合作，促进着我国金融市场的稳定健康发展，并给人们带来更趋多元化的金融选择和更为便捷的金融服务，进而促使金融营销呈现出向"移动金融"发展的新趋势。

【关键词】

移动金融　　移动金融营销　　移动金融营销 4I 模式

第一节　移动金融与营销新理念

移动互联网的迅速发展使得许多传统行业的企业逐渐重视移动端的作用，并开始在移动端上为客户提供服务。最初的移动金融主要是金融机构借助移动通信技术为客户提供有关金融服务，它将金融服务与移动通信技术相结合，使人们在享受金融服务时不再受到时间、空间的约束。具体业务包括移动银行、移动证券、移动保险、移动商务、移动增值业务等。简言之，初期的移动金融即是对传统金融服务的移动化。

一、移动金融的定义

所谓移动金融是指使用移动智能终端及无线互联技术处理金融企业内部管理及对外产品服务的解决方案。其中，移动终端泛指以智能手机为代表的各类移动设备，其中智能手机、平板电脑和无线 POS 机目前应用范围较广。

随着移动智能终端的普及，特别是苹果公司的 iPad、iPhone 等产品的普及以及安卓开放系统的崛起颠覆了传统的移动终端市场格局。移动通信技术的进步带来了更智能化的操作和更出色的用户体验，极大地降低了移动渠道产品价值的传递成本，从而激发出大量的市场需求。金融信息化作为国内外广大金融企业建设的重中之重，提升内部效率、降低沟通成本、提供渠道便利以服务于金融客户是金融信息化建设的出发点与归宿，因此，移动金融既是移动互联网时代金融信息化的主导方向，也是金融营销的发展趋势。

二、移动金融的特点与形态

移动金融具有以下主要特点。第一，要使用移动智能终端来操作。这里的移动终端包括智能手机、平板电脑等各类移动设备。第二，要有金融解决方案。例如，用"余额宝"

购买理财产品，就是一种金融解决方案；将"余额宝"里面的钱转出来购物，也是一种金融解决方案。总之，移动金融是指使用移动智能终端(包括智能手机、平板电脑等)来处理金融业务的解决方案。

目前，移动银行是移动金融的代表性业态，即银行提供对外服务的移动产品，移动银行的核心价值在于增加银行的服务渠道，在提供更便利服务的同时，不但极大地降低了传统渠道的成本还可带来新的收益。另外，移动银行通过外部渠道还可以整合其他行业的资源，并通过移动智能终端极大地增强银行业务对于用户的随身性和便捷性。移动银行具体可分为以下两种形态。

(1) 网络移动银行，即以手机 APP 等为终端作为银行业务平台完成某些业务。简单地说就是以智能手机、平板电脑等移动终端作为银行业务平台中的客户端来完成某些银行业务。移动银行是典型的移动商务应用，其优势主要体现在以下四个方面。

① 功能便利。

② 使用区域广泛。

③ 安全性高。

④ 收费低廉。

现阶段移动银行的业务包括移动银行账户业务、移动经纪业务、移动支付业务等。

(2) 移动银行网点，即以移动银行车构建一个银行的平台来完成银行业务。移动银行网点作为可独立、流动地完成所有银行金融业务的流动服务网点，它能弥补电话银行、手机、网上银行不能实现客户与银行之间面对面交流的不足，能满足特殊客户对于金融服务的即时需要、即时入账等需求。它代表了银行业业务创新、服务创新的一个发展方向。移动银行车具有以下优势。

① 只需用较少投资，便可以方便迅速地实现营业网点和银行业务的延伸和扩展。

② 可以根据特殊用户的要求，实现"24 小时随叫随到"，为客户提供全方位的金融服务。

③ 具有明显的广告效益，提升银行的信誉度和知名度，树立更好的企业形象，提高市场竞争力。

④ 可在银行的某个网点遭遇突发性通信网络中断时，作为储蓄所、分理处的应急备份手段，保证该地区业务的可持续性。

⑤ 可灵活配置银行服务项目，进而降低运营成本，减少人员配置，提高服务效率，增加经济效益等。

三、移动金融的先导样态

近年来，移动支付(又称为"手机支付")作为移动金融的代表性先导样态，获得了迅猛发展。所谓移动支付，是指用户使用其移动终端(通常是手机)对所消费的商品或服务进行账务支付的一种服务方式。单位或个人通过移动设备、互联网或者近距离传感直接或间接地向银行等金融机构发送支付指令，产生货币支付与资金转移行为，从而实现移动支付功能。移动支付将终端设备、互联网、应用提供商以及金融机构相融合，为用户提供货币支付、缴费等金融业务。

关于移动支付的定义，国内外相关组织都给出了自己的定义，行业内较认可的为移动支付论坛(Mobile Payment Forum)所下的定义：移动支付(Mobile Payment)，也称之为"手机支付"，是指交易双方为了某种货物或者服务，使用移动终端设备为载体，通过移动通信网络实现的商业交易。移动支付所使用的移动终端可以是智能手机、平板电脑、移动PC等。

移动支付主要分为近场支付和远程支付两种，所谓近场支付是指通过具有近距离无线通信技术的移动终端实现信息交互、货币资金转移的支付方式，就是用手机刷卡的方式坐车、买东西等。远程支付是指通过移动网络，利用短信等空中接口，与后台支付系统建立连接，实现各种转账、消费等支付功能的支付方式，即通过发送支付指令(如网银、电话银行、手机支付等)或借助支付工具(如通过邮寄、汇款)进行的支付方式。

移动支付业务是由移动运营商、移动应用服务提供商和金融机构共同推出的、构建在移动运营支撑系统上的一种移动数据增值业务应用。移动支付系统将为每个移动用户建立一个与其手机号码关联的支付账户，其功能相当于电子钱包，为移动用户提供了一条通过手机进行交易支付和身份认证的途径。用户通过拨打电话、发送短信等功能接入移动支付系统，并通过移动支付系统通知用户，在用户确认后，付费方式可通过多种途径实现，如直接转入银行、用户电话账单或者实时在专用预付账户上借记，这些都将由移动支付系统来完成。

【营销前沿】

移动支付烽烟再起 银联抢夺线下支付

2016年12月12日，中国银联宣布推出"二维码支付标准"，这只是银联联合成员机构推广二维码支付的第一步。虽然时机已远落后于支付宝和微信的扫码支付略显尴尬，但后发优势是否能抢占部分先机，关键则在于参与各方对此投入的资源和力度大小。

银联发布统一的二维码支付意味着扫码支付市场迎来了巨头新玩家，市场也将由目前两家第三方支付机构的双寡头竞争的格局进入由银行、银联、多家第三方支付机构共同参与的多头竞争新阶段。

据相关数据显示，目前存在30多类专门危害移动支付软件的木马和病毒，移动支付已成为恶意程序攻击的新目标。近年来，在手机钱包越来越火、移动支付的市场蛋糕越做越大的同时，"支付宝被盗刷""二维码中毒""QQ群关系数据库泄露"等问题也随之显现，这不仅将移动支付的安全问题推向了风尖浪口，还让人们在心中产生一个疑问：移动支付为何不能"便捷"与"安全"两全？

1. 移动支付安全问题频发

中国青年报社会调查中心通过民意中国网和搜狐新闻客户端对7248人进行的一项调查也显示，在传统互联网交易支付模式中占主导地位的第三方支付，也是受访者在移动设备上最常使用的支付方式，74.1%受访者看好移动支付将成未来主要支付方式。

随着智能手机的出现和推广，如今人们出门消费时已不需要带钱包。现在，智能手机不仅具有通信的功能，更是替代了钱包的作用。最近支付宝很忙，人们津津乐道余额宝较高的收益率，也对其安全性越来越关注。有媒体爆出余额宝频遭盗刷，支付宝安全存在隐患。

"手机丢失？你的支付宝就完了！"这样一条帖子曾在微信朋友圈热转："如果手机丢了，任何人仅凭手机接收到的校验码就能找回支付宝密码，解除你的数字证书，盗空你的支付宝账户！"对此，支付宝官方微博在第一时间辟谣，称帖子内容纯属谣言。

2. 用户过度依赖手机埋安全隐患

盗刷移动支付例如支付宝，第一个步骤就是购买信息，即不法分子会通过网络购买大量的支付宝账号和密码，这在圈子内被称为找"料"。然而这些信息中绝大多数账号和密码并不是对应的，为了筛选出其中正确的信息，他们会通过专门的软件进行扫描。真是应了那句老话，"不怕贼偷，就怕贼惦记"。

有了这些信息，不法分子就可以登录相关支付宝账户，并用其中的余额在网络游戏中购买一些虚拟物品，再通过对外出售进行套现。这就是不法分子最初"洗宝"的模式，最高一天能收入四五百元，但先买后卖的方式毕竟有局限，因此现在他们用了一种更直接的套现方法。

在掌握了一些正确的支付宝账号和密码后，不法分子就会先登录到对方账户看看其支付宝里面是否有较多的余额。记录下几个存有大笔余额的账号后，不法分子会通过圈子里朋友的介绍找到"熟人"，这些人可以根据账号查到该用户的真实姓名、身份证号以及绑定的手机号。在得到这些信息后，不法分子又会找到另一些人，根据姓名以及身份证号查询到更详细的一些资料，这些资料是办理假身份证所必需的信息。等不法分子办理了假身份证，就能堂而皇之地去银行和手机营业厅办理与支付宝账户在同一人名下的银行卡和SIM卡。

如此一来，用户的手机卡就自动作废了，即使用户转出支付宝内余额时有短信提醒，也是提醒到了用户手里的SIM卡上。而不法分子便肆无忌惮地分次将支付宝中余额转到自己的银行卡上，再从容地进行套现。

3. 移动支付标准亟待统一

养成良好的个人支付习惯固然必要，但破解安全瓶颈更需移动支付改变国内移动支付"乱局"。万一手机丢失，如果手机号已经绑定了支付工具，建议用户尽快向支付服务提供方(支付宝、微信等)挂失，联系通信运营商挂失 SIM 卡，并向银行挂失和冻结已经绑定的银行卡。如果身份证、银行卡连同手机一并丢失，需要尽快报公安机关和银行挂失处理。

为了安全起见，在手机被盗之前关闭移动支付手机号登录功能。只要关闭了这个看着很有用、实际很危险的功能，不法分子得到手机也无法直接修改支付登录密码，同时无法进一步修改支付密码。确保密码与平常注册网站会员的密码不同，这样会避免由于一个网站被盗，所有的相关网站注册信息都被盗的情况，也增加了不法分子更改用户密码的难度。

此外，用户一旦发现手机中有木马，应第一时间修改账户密码，同时及时致电第三方支付平台客服，以保护账户资金安全。同时，在对手机进行备份之后，通过恢复出厂设置的方式清除木马。用户更换或者注销已绑定过手机金融服务业务的号码时，原有绑定并不会因更换或注销而消除，应及时申请解除绑定服务，防止被不法分子利用造成财产损失。还是不可以掉以轻心。

如果持卡人有长期不用的大额资金存在银行卡里，可以选择定期存款等方式固化。绝大多数银行都规定定期存款提前取现需持本人身份证原件(如代办则需要开户人及代办人双方身份证原件)到柜台办理。如此一来，即使不法分子复制了银行卡，也无法盗刷。

> 当然，各家银行、运营商和第三方支付平台的支付流程、安全技术手段也不尽相同。目前，由于这种移动支付方式上的"乱局"在一定程度上增加了用户的安全性问题，因而移动支付标准亟待统一。

第二节 移动金融与营销新环境

一、移动金融发展背景分析

进入 21 世纪以来，由于互联网和信息技术的飞速发展，人类已进入互联网时代和移动互联网时代。尤其当下智能手机大众化和普及，智能手机已大量取代电脑，或者说智能手机就是电脑，其融合了电脑上网、网上游戏、网上购物、网络理财等众多功能。今天我们已迈入移动互联网时代，所有行业都将移动互联网化，金融业也不会例外。因此，移动金融已成为互联网企业和传统金融机构等多方市场主体为了在移动互联时代生存和发展需要而必须抢夺的"制高点"。这是一场没有硝烟的"战争"，但其激烈和残酷的程度一点都不亚于有硝烟的战争。

(一)移动金融发展环境持续改善

社会外部环境不仅改变了机构与客户之间相互联系的方式，也改变了服务方的商业模式、产品营销方式和交易处理方式等，在以客户服务为核心的金融行业更不例外。

1. 政治环境(Political Factors)

2015 年央行印发了《关于推动移动金融技术创新健康发展的指导意见》，发挥移动金融普惠民生的作用；2016 年国务院发布了《推进普惠金融发展规划(2016—2020 年)》，推进普惠金融发展，提高金融服务的覆盖率、可得性和满意度。

2. 经济环境(Economic Factors)

2015 年中国移动互联网市场规模达到 3 万亿元，增长 129.2%，2018 年达到 76547 亿元。2016 年中国家庭户均资产达 103.4 万元，全国家庭可投资资产总规模达 147.5 万亿元。

3. 社会环境(Social and Cultural Factors)

互联网、移动互联网原住民逐渐成为新一代消费主力，用户结构发生明显变化；移动互联网基础设施不断成熟，用户信息获取、消费诉求呈现出的碎片化、即时性特征更加明显。

4. 技术环境(Technological Factors)

5G 网络技术蓬勃发展并扩大其应用范围；2016 年移动支付标记化技术规范落地，保障了用户的敏感数据安全。

(二)手机用户在移动金融领域渗透率不断提升

手机用户在移动金融领域渗透率不断提升。根据央行公布的《2018 年支付体系运行总体情况》和《2018 年第四季度支付体系运行总体情况》的资料显示，2018 年全年，全国银行业金融机构共办理非现金支付业务 2203.12 亿笔，金额 3768.67 万亿元，同比分别增长 36.94%和 0.23%。

截至 2018 年年末，国内手机网民达到 8.17 亿，手机端的用户群体绝对规模继续走高；另外，从最新各移动互联网领域活跃看，渗透率最高的领域为社交，其次为应用商店，在移动金融中移动支付是用户活跃的第一大类别。根据央行公布的《2018 年支付体系运行总体情况》显示，2018 年全年，全国银行业金融机构移动支付业务 605.31 亿笔，金额 277.39 万亿元，同比分别增长 61.19%和 36.69%，相较于 5 年前增长超 27 倍。

此外，经过 10 余年的建设，整体金融基础设施发展相对完善。随着移动互联网的普及化、移动支付技术的完善以及移动社交与消费的常态化，这一切促使金融消费衍生出新的诉求。

二、移动金融进入全面加速成长期

近年来，我国移动支付市场发展迅猛，而移动终端和移动电子商务的发展是移动支付迅速发展的重要前提。据前瞻网《2013—2017 年中国物联网行业发展前景与移动支付领域应用需求分析报告》调查数据显示，2011 年中国移动电子商务市场交易规模为 156.7 亿元，同比增长 609%；2012 年中国移动电子商务市场规模达到 251.5 亿元，2015 年达到 1046.7 亿元。随着移动终端的普及和移动电子商务的发展，业界一致看好移动支付市场的发展前景。

与此同时，随着移动支付行业竞争的不断加剧，大型移动支付企业并购整合与资本运作日趋频繁，国内优秀的移动支付品牌迅速崛起，正逐渐成为移动支付行业中的翘楚。

三、移动金融迈向标准竞争新阶段

中国现拥有超过 10 亿部手机，银联则拥有超过 20 亿张卡片，以及 1000 万家签约商家。由于移动支付的发展潜力巨大，所以移动支付产业链上群雄并起，电信运营商、互联网企业、支付厂商、银行等纷纷进军手机支付领域，推动产业发展壮大。移动互联网时代是以应用为王，在手机 APP 应用日益丰富的情况下，移动支付的功能亦不断推陈出新。例如，第三方支付、银行等争相推出手机支付客户端，二维码支付、无线支付、语音支付、指纹支付等应用，此外购物、理财、生活服务等交易类应用也在不断出现，大大丰富了移动支付的市场应用环境。

目前，移动支付涉及电信运营商、金融机构、第三方支付企业、应用开发商、设备制造商等多方利益群体。尽管我国移动智能终端数量上增势迅猛，致使移动付费的需求也快速增长，但移动支付领域的相关产业还将面临以下五大难题：①远程支付仍将继续，在未来相当一段时间内如何过渡、如何进行政策和标准引导？②可信服务平台该如何建以及由谁来建，可信服务平台的标准和规则在哪里？③商业受理环境建设，目前六千多万商户只有 300 万户有 POS 机，如何催生市场？④产业生态环境建设，硬件、芯片、制卡及设备制造等整个产业链急需打通盘活。⑤产业服务模式设计，包括整个商业模式、技术模式、安全模式以及监管模式等。

显然，上述五大难题的核心在于移动支付行业标准的缺失。因此，未来移动金融生态环境的建立，不可能仅靠一两家企业、一两个行业独立完成，所以必需要由政府牵头制定标准，通过跨行业合作方式，才能把整个产业做起来，最终达到互利共赢的局面。

【营销前沿】

京东金融——以数字科技创造美好信用生活

作为率先提出"金融科技"概念的京东金融，在其 APP 的产品和体验中全面贯彻"科技"理念。"去货架化"的内容个性推荐带来"千人千面"的用户体验；基于强大的用户洞察能力，做到了差异化定价，不同信用的人以不同的利率获得不同贷款，为用户提供智能化的金融解决方案。同时，京东金融还不断丰富其服务内容和场景，打造了财富、信贷、生活及互动平台等几大核心服务，同时为用户提供"生活+金融"的多元化场景服务，帮用户打造"会赚钱，懂生活"的生活方式。

京东金融集团于 2013 年 10 月开始独立运营，是京东数字科技集团旗下数字金融板块。京东金融为银行、保险、资管等各类金融机构提供数字化服务，助力金融机构能够更好地为企业和个人用户提供信贷、财富管理、保险保障、支付等科技服务，并支持实体经济发展，以数字科技创造美好信用生活。

京东金融以大数据、人工智能、物联网、区块链等前沿技术为核心，已完成在数字金融、数字化企业服务、数字城市三大领域的全面布局，在客户群体上实现了个人端、企业端、政府端的三端合一。具体如下：

(1) 在数字金融领域，京东金融先后推出白条、京东支付、京东小金库、产品众筹、小白卡、金条等创新产品或服务，全面涵盖消费金融、支付、财富管理、众筹、保险、证券等领域，为个人创造了可信赖的、普惠的数字金融体验。

(2) 在数字化企业服务领域，京东金融相继推出了京保贝、ABS 云平台、银行+、北斗七星零售信贷产品、信用卡数字化运营、智能巡检机器人等产品和服务，全面助力各类企业实现场景数字化、用户数字化、产品数字化、运营和管理数字化，进而提升企业效率、降低成本、增加收入。

(3) 在数字城市领域，京东金融利用大数据和人工智能技术，将城市中无处不在的感知系统与先进的时空数据管理方法、分析模型相结合，洞察城市的过去、掌控城市的现状，并预测和优化城市的未来，最终为城市信用、规划、交通、环境、能源、商业和安全等领域所面临的问题和挑战提供智能解决方案。

智能时代的到来，让我们可以轻松地在"手掌"上操控自己的生活，获取信息、沟通交流、洽谈业务、消费购物、生活娱乐等，掌上世界带给我们多姿多彩的生活，同时，掌上理财变成了人们生活中必不可少的一部分。京东金融作为致力于为用户提供更便捷金融服务的平台，也带着科技的力量让理财服务走进了我们的生活，满足了不同人的理财需求。

京东金融旗下的理财产品，针对不同类型用户，均有特色产品推出。其中，理财知识匮乏的小白用户，可选择"京东小白理财""京东小金库"、保险理财等入门产品；稳健型的用户，可配置股票型、债券型、混合型、指数型等公募基金或者黄金类产品，在市场中博取超额收益；风险偏好型的用户，则应以私募基金为主。同时，京东金融此前还上线了货币型基金、保险理财等互联网金融理财产品，前者针对短期理财，后者主打中长期理财。

此外，京东金融还意识到，随着生活水平的提升和视野的不断开阔，人们开发自己财商的欲望也愈发强烈。因此，京东金融积极向用户宣扬正确的理财观念，帮助他们培养财商意识，相互促进，共同进步。

有别于一般理财产品销售平台，京东金融的价值体现在安全、专业、科技服务的输出上。依托电商场景和外部的核心技术平台合作，京东金融建立起一套大数据风控体系，其载体是数据、征信和互联网化风控，以实现账户、风控与京东体系内外场景的连接，为用户资金保驾护航。

面对未来，京东金融表示，依托金融科技能力，将计划通过深化、优化综合服务，搭建专业化平台，让基金公司与用户之间沟通更顺畅，最终帮助用户获得财富增长。

第三节　移动金融与营销新模式

随着移动互联网的广泛普及，线上金融需求呈现快速增长趋势，这意味着移动金融不仅代表未来，更代表直接的生产力。如何在增势强劲、竞争激烈的金融领域做大市场规模？怎样通过移动金融这一新平台创造利润增长点？需要金融机构通过转变思维，通过新的交易方式、营销模式来实现。

一、移动金融营销的发展概述

移动互联网的快速发展和竞争的日趋深化，促使金融机构加快移动金融生态建设，致使银行业的产品、渠道、服务模式都发生了改变。在现阶段，商业银行的移动金融已进入全面加速成长期，未来将成为银行主流金融服务业态，是移动金融产业体系中极具竞争力的一方。商业银行的移动金融服务体系包含五大类，分别是：①移动银行，银行类移动金融的核心产品，如手机银行、直销银行等；②移动支付，发挥着串联各种金融、非金融应用场景的纽带作用；③移动生活，围绕用户日常生活提供缴费、优惠等服务；④移动商务，根据用户消费行为提供相关服务，如银行移动电商平台；⑤移动社交，它是与用户沟通交流，进行业务宣传推广的重要方式。

商业银行的移动金融服务模式主要是通过依托移动通信网，以智能手机为终端，发展以手机银行为主的移动金融服务。目前，商业银行的移动金融按照服务的用户群可分为：服务于内部员工的企业应用以及服务于外部客户的产品应用。常见的移动办公就属于典型的企业应用，该类应用的核心价值在于提高企业内部的工作效率、降低企业运营成本，提供更便利的业务流程，从而为企业员工带来更高的效益。目前，服务于银行内部员工的企业应用主要包括：移动办公、移动数据报表(管理驾驶舱)、移动信贷等。而服务于外部客户的产品应用则为移动金融营销，目前主要包括：移动银行、移动CRM(移动客户关系管理)、移动掌上生活、移动理财投资、移动支付等。

(一)移动金融营销的定义

所谓移动金融营销(mobile finance marketing)指面向移动终端(手机或平板电脑)用户，在移动终端上直接向目标受众定向和精确地传递个性化的即时金融信息，通过与金融消费者的信息互动达到营销目标的行为。移动金融营销是在强大的云端服务支持下，利用移动终端获取云端营销内容，实现把个性化即时金融信息精确有效地传递给目标消费者个人，以达到"一对一"的互动营销目的。移动金融营销是互联网金融营销的一部分，它基于网络经济中的"网络营销"(Online Marketing)和"数据库营销"(Database Marketing)理念，是金融营销理论及方法中极具潜力的发展前沿，但其理论体系的构建才刚刚起步。

事实上，对广大的金融企业而言，不管是什么样的金融企业，或大或小，也无论是在哪个时代，是以前的纸媒时代，还是今后的互联网时代，都离不开营销。随着智能移动端的不断普及以及无线网络的不断成熟，金融企业正迅速进入全新的移动互联网时代，移动金融营销亦进入企业的视线，成为金融企业的营销新宠。

(二)移动金融营销的基础

当前，移动金融营销的迅速发展源于金融服务营销三大核心能力的提升。随着"消费互联化+产业联网化+政务互联化"的时代来临，行业化、垂直化、场景化的金融服务营销模式越来越清晰，这促使金融服务营销的三大核心能力(即金融产品的创新能力、金融科技的运用能力、金融生态的构建能力)的重要性日益凸显。具体如下。

1. 金融产品的创新能力

金融产品创新包含"付、存、贷、汇、投"五个方面，以全方位满足客户线上金融服务需要。未来适合运用在交易金融服务的，首先是网络支付。以支付连接用户，结合运用金融科技会带来巨量的蓝海市场。具体包括以下几个方面。

(1) 支付能力是基础，以连接客户。即以结算账户和电子账户为基础，面向开放的全网用户，提供多种账户和介质，支持多样化的支付方式，建立开放、便捷、安全、高效的互联网支付业务体系。

(2) 理财能力是手段，以获取客户。即提供丰富、便捷的线上理财和投资交易服务，特别是基于账户的交易服务，兼顾收益和流动性，创新资产保值增值服务手段。

(3) 消费金融是根本，以争夺客户。即建立多维度、广覆盖的自动化客户评价和风险监测体系，以互联网大数据为决策基础，提供网络化融资服务，实现获客、调查、审批和贷后管理的批量化和自动化。

(4) 产业金融是抓手，以融入客户。即为产业链集群客户提供集多种形式的支付结算、网络融资、投资理财为一体的圈链式、综合化金融服务。

(5)"轻资产"是模式,以撮合客户。即构建"银行—客户—第三方服务商"三位一体的金融业务生态圈,形成互联网投融资撮合业务链。

2. 金融科技的运用能力

金融科技在所有平台互联过程中,需要大量使用新技术。比如,互联网、人工智能、虚拟现实、生物识别等能很好地应用于用户服务和应用界面;业务运营上需要云计算、物联网等技术支撑;大数据分析、人工智能等技术有助于构建良好的风控体系;区块链可运用于IT基础设施的建设。在上述平台的支撑下,金融机构可以开展普惠金融,并助推金融监管科技的发展。

3. 金融生态的构建能力

交易的生态圈是依托于特定的场景或者行业,即有效的切入交易、与开放的商业和技术达成联盟、提供行业解决方案等。与之相对应地,交易金融的生态圈应该是,商业银行作为金融产品和服务的提供者,与深耕于各行业的专业系统的客户拓展商、与提供专业技术和运维服务的技术服务商、与服务于各行业的金融科技公司携手合作,完成交易金融的生态链构建。

事实上,在实现交易金融的生态链构建过程中,银行业已突破了传统意义上的金融供给者或者金融服务者的身份定位,完成了其职能上的转变,既可以充当投资者,也可以成为借贷者。而银行业的最终目的,是要打造平台化、交易化、轻资产的全产业链新型财资管理和经营管理模式。

总之,上述金融服务营销的三大核心能力(即金融产品的创新能力、金融科技的运用能力、金融生态的构建能力)已成为移动金融营销的发展基础,其快速提升亦成为移动金融营销发展的强大助力。

(二)移动金融营销的特征

移动互联网时代的重要特征就是金融企业信息能被轻易查询,金融客户的查询行为也可被追踪,从而可使金融企业针对消费需求进行有效干预,并最终促成消费,这也是移动金融营销给我们描述的未来。移动金融营销的兴起,源于移动电话向移动数字终端的转变。

事实上,一旦移动金融信息变成为一种新的媒体形态,手机媒体特性即成为移动金融营销的基础性特征。手机媒体有两大特性,即随时随地的双向信息沟通,以及作为便携设备的信息量约束。这两点也是移动金融营销活动的基础。第一条决定了移动金融营销的价值,第二条限定了移动金融营销的应用范围。

其中,随时随地的双向信息沟通的重点在于"双向",即"企业信息能被轻易查询,客户的查询行为也可被追踪",这就意味着广告界那个著名的论断"我知道我的广告费有一半是浪费的,但我不知道是哪一半!"在移动金融营销领域并不成立。因此,移动金融营销是基于定量的市场调研深入地研究目标消费者,全面地制定营销战略,运用和整合多种营销手段,以实现金融产品的营销目标。

随着智能手机普及,移动互联网技术发展正促使互联网冲破PC枷锁,开始将网络营销从桌面固定位置转向不断变动的个人本身。移动金融营销的目的非常简单——提升金融品牌知名度；收集客户资料数据库；提升金融客户信任度以及增加金融企业收入。

(三)移动金融营销的平台

金融机构进行移动金融营销活动的核心是平台，而好的移动金融营销平台要具备三大价值要素：整合性、向导性和自助性。首先，需要一个一站式金融服务平台，将各种移动技术融合打通并彼此交互推广，形成关联式营销，进而让技术为营销所用。其次，降低使用门槛，所谓"360度情景式营销"让金融企业看到的不只是冰冷的移动技术平台，而是预置并支持用户自定义的一个个鲜活的营销情景，以使金融企业快速地掌握移动金融营销方式，以低成本获得新客户、维护老客户。

同时，这一平台应具有完善的自助性，围绕营销流程提供技术、创意的模块，金融企业可结合营销实际需求随意组合搭配，让金融企业的营销诉求有个性化的发挥空间，就像玩转魔方一样，进而支撑移动金融营销"百花齐放"式的二次创意和创新。例如，移动营销云平台将所有能够在移动终端(手机或平板电脑)上实现营销手段的工具集中到一个云平台上，金融机构基于这个云平台可以无地点、时间限制地进行多种营销工具的管理、数据的云存储、推广集中优化等一站式维护。简言之，金融机构将各种移动营销工具的管理、维护，集中到一个"云"里运行，即只需一个账号，便可在云端自由维护、管理多个营销工具。

二、移动金融营销 4I 模式

所谓移动金融营销 4I 模式分别为：Individual identification(分众识别)、Instant message(即时信息)、Interactive communication(互动沟通)和 I(我的个性化)。具体如下。

(1) Individual identification(分众识别)是指移动营销基于手机进行一对一的沟通。由于每一部手机及其使用者的身份都具有唯一对应的关系，并且可以利用技术手段进行识别，所以能与金融消费者建立确切的互动关系，能够确认金融消费者是谁、在哪里等问题。

(2) Instant message(即时信息)是指移动营销传递信息的即时性，为金融企业获得动态反馈和互动跟踪提供了可能。当金融企业对金融消费者的消费习惯有所觉察时，可以在金融消费者最有可能产生购买行为的时间发布金融产品信息。

(3) Interactive communication(互动沟通)是指移动金融营销"一对一"的互动特性，可以使金融企业与金融消费者形成一种互动、互求、互需的关系。这种互动特性可以甄别关系营销的深度和层次，针对不同需求识别出不同的分众，使金融企业的营销资源有的放矢。

(4) I(我的个性化) 是指智能手机的属性是个性化、私人化、功能复合化和时尚化，人们对于个性化的需求比以往任何时候都更加强烈。利用手机进行移动金融营销也具有强烈的个性化色彩，所传递的金融信息也具有鲜明的个性化特点。

三、移动金融营销的趋势

移动金融营销作为一个新生事物，其着眼于营销渠道的创新，并在可预见的未来会很快地成为金融企业连接客户的首要途径。这是因为人们已经逐渐对以智能手机为代表的移动通信方式日益熟悉并深度依赖。数据显示，2012 年全球手机用户达到 45 亿，普及率为

65.7%，远远超过固定电话用户，手机已经成为主要的通信工具。而中国手机用户数量已超10亿……而每个月 3500 亿条横跨全世界的信息中，有 15%与市场营销息息相关，更使得APP、微信、微博、论坛、贴吧等网络信息平台成为移动营销的主角。

随着新媒体技术的发展，智能手机、平板电脑等移动设备成为人们生活中重要的信息传递工具，成了人类的"影子媒体"，其传递信息的快捷性、便利性、准确性超越了以往的任何媒体，并实现了精确的分众化传播——直达每个受众点，同时，每个受众亦可以成为信息的传递者。当前，移动金融营销正进入移动应用快速且多样化发展的增长期。相关数据显示，中国已成为应用下载量增长最快的国家，这既代表着 APP 在移动互联网发展过程中举足轻重的位置，也从另一个层面显示着 APP 在移动金融营销中的重要价值。因为 APP 是移动互联网的活跃因子，既是移动互联网产业的新鲜血液，更是移动整合营销服务中的核心要素，因为整合了各种移动互联网先进技术和推广手段的移动营销方案，首先离不开的即是 APP 的牵线搭桥。

事实上，金融业作为服务性行业，业内竞争本质上就是服务的竞争，谁的服务质量好，谁的服务项目多，谁就能争取到更多的市场份额、更多的客户资源。面对越来越激烈的竞争，各个金融企业使出浑身解数，推出诸如透支、手续费返还等各种交易方式和手段来吸引客户。然而，这些都属于被动的服务方式，例如对于业余炒股的大多数中小户、散户来说，不可能每天花大量时间去及时了解股市的各种实时信息。证券公司主动为客户提供信息服务，这已成为金融企业树立形象，加强客户关系管理的一个重要手段。

以往，金融行业在传递信息时多采用设立呼叫中心系统或联系客户经理等方式，这些服务方式在交易活动中往往不能及时、迅速地把信息传递给客户，甚至无法为客户提供准确的信息，进而导致服务质量低下，影响了金融企业的形象。然而，在移动金融营销活动中，微信的使用可以极大地满足金融业务活动的需要。例如，证券公司既可以通过微信方式实现券商与客户之间的营销互动，这样不仅成本低，而且方便及时；也可以利用微信向不同行业发布信息，向客户发布产品信息、市场点评等公告信息；此外，还可以通过微信将股票价格、大盘走势等信息及时快速地发送到用户的手机上，并利用公司优势资源，为客户提供股票推荐、信息提醒等增值服务，不断提高服务质量，满足客户的个体需求，促使客户的满意度不断提高。

总之，在金融消费者参与的自媒体时代，消费者手机媒体化已成为金融企业"自媒体"的终极形式，因为金融企业所营销的就是企业本身；人们不再将金融营销与金融产品割裂开来，因为金融企业所营销的就是产品信息；人们不再将金融营销与线下或线上体验相割裂，因为金融企业所营销的就是客户体验。因此，金融企业应转型成为营销媒介，努力设计、建立、运行和更新消费者互动参与方式，将金融消费者卷入整个营销的过程之中，即金融消费者应作为金融营销一部分而整合于其中。这样，移动金融营销的 4I 模式才能够得到全面贯彻。

经典案例评析

【情境案例解析】

招商银行的"APP 时代"进化史

招商银行是最早切入移动端的商业银行，早在 2010 年，招商银行就开始了手机银行客户端的开发，上架 iPhone 手机银行客户端，又于 2011 年上架 Android 版手机银行终端，并在此后每年保持更新，目前，手机银行已经推出 7.0 版本，并相继推出掌上生活等其他 APP，丰富其"移动优先"策略。

2013 年 4 月，招商银行率先推出信用卡微信公众账号，以"小招"的亲民形象问世，获得好评；同年 7 月，招商银行再度宣布升级微信公众平台，推出了全新概念的首家"微信银行"；同年，招行还推出了互联网金融网贷平台"小企业 E 家"，被业内认为是银行参与 P2P 的典型案例。2015 年，"小企业 E 家"推出互联网金融开放账户，将金融服务嵌入高频交易场景。

2013 年，银行业面临着"经济增速下行""利率市场化""融资脱媒"以及"互联网金融兴起"这四大冲击，对商业银行形成了巨大的压力。为此，招商银行进行了战略转型。招商银行将战略转型目标定位为"轻型银行"，进一步将业务定位明确为："一体两翼"——以零售金融为"一体"，以公司金融、同业金融为"两翼"，加强零售"一体"对公司、同业的带动作用，加大公司、同业"两翼"对零售的支持作用，推进"一体两翼"协同共进，打造差异化竞争优势。

在 2016 年年报中，招商银行首次提到了金融科技(Fintech)一词，并设为专栏，指出要加快推进金融科技战略，推动公司向"网络化、数据化、智能化"的未来银行转变，并明确零售金融领域的"手机优先"策略、批发金融领域的"线上化"策略以及风险管理预警模型的研发策略。2017 年，招商银行高度重视金融科技的发展与应用，正式明确了"金融科技银行"的定位目标，将金融科技银行作为该行"轻型银行"战略目标的进一步发展与深化方向。2018 年，招商银行在"轻型银行"的转型战略上基本解决了"轻资产"和"轻资本"问题。

目前，平台型经济深入到生活、生产、商业过程，以及大量独角兽平台的产生，表明平台型经济已经崛起，并逐渐发展成为社会经济的重要组成部分。而自身具备商流、物流、资金流的经济平台已成为银行不容忽视的客群。相关研究数据显示，全球最大的 100 家企业，60%拥有自己的平台商业模式；全球 100 家独角兽企业，有 70%是利用平台模式助力企业商业模式快速转型和发展。可见，平台型经济的应用，已经形成一种新兴的经济发展模式。同时，经济平台的出现，也对银行传统的获客方式和营销模式提出了全新的挑战。

传统银行的金融产品，无论是销售渠道还是产品供给，都比较单一，而且就产品卖产品。对银行业来说，如果能产生对应的平台型经济，提供创新型产品服务，一定能衍生出更多的金融服务方案。一旦金融供给模式从单一化、产品化转变为多元化、场景化，实现由传统银行向"贸易融资+网络融资+现金管理"相结合的交易型银行转变，那么，与交易型银行相对应的"账户支付+场景金融+金融科技"这一"交易金融的轻资产运营模式"便诞生了。

银行业应以"交易+数据+场景"为核心,以"账户+支付+融资"为基础,打造闭环交易环节,构建产融结合的产业链金融服务体系,进而形成"交易金融的轻资产运营模式"。其发展历程以支付为例,银行卡支付、P2C 和 P2B 等商务支付被称为"生意+支付 1.0",属于"点"的范畴;围绕核心企业的熟人圈开展支付,被称为"生意+支付 2.0",属于"线"的范畴;电商平台通过自己的会员体系,构建全产业链支付收款的交易模式,被称为"生意+支付 3.0",属于"面"的范畴;通过产业中供应链平台的聚合,形成产业集群,则被称为"生意+支付 4.0",属于"圈"的范畴。

可见,上述支付方式逐步突破了传统银行的范畴。而在打造平台型交易账户体系的过程中,交易型银行应充分利用账户优势,建立平台自由会员体系、银行多级交易账户体系、其他银行账户体系三大交易账户之间的有效协同机制,进而以"资金+资产+撮合"为演进方向,打造贯穿全产业链的新金融生态体系。

此外,在零售业务领域,招商银行的成功秘诀是对金融科技的领先运用。招商银行在其零售端一直坚持"网络化、数据化、智能化"的发展战略,尤其是注重移动客户端的发展,坚持"移动优先"的战略。招商银行在零售端的核心金融科技产品是两款 APP,这两款 APP 每年都会在运用最新金融科技的基础上进行优化升级,推出全新版本,升级用户体验。2018 年,招商银行 APP 推出了 7.0 版本,在收支账本、城市服务、基金频道、社区升级、智能服务等方面均有重大更新,并有多达 149 项功能的优化,同时顺利上线以"打造品质生活"为核心目标的掌上生活 APP7.0 版本。

2018 年,招行提出以月活跃用户数(MAU)作为零售业务发展的核心指标,进而牵引整个招行零售业务的理念向数字化转型,践行"移动优先"的发展战略,重点聚焦大批量、低成本的获客能力以及数字化经营能力建设,充分挖掘客户和金融科技的潜在价值,打造未来增长的新动力。招商银行在零售端运用金融科技主要集中在以下三个方面:提升获客能力、精准客户体验、发展"无卡化"战略。

1. 金融科技、移动 APP 的使用提升了招行在零售端的获客能力。

截至 2018 年年底,公司零售客户数 12541.44 万户,同比增长 17.61%,管理零售客户总资产 68021.05 亿元,亦有 10.35%的增速,这充分得益于两大 APP 提升了用户体验,增加了获客的边际收益。2018 年,招商银行 APP 的交易笔数 13.82 亿,同比增长了 33.91%,交易金额 30.76 万亿元,同比增长了 72.13%。其中,掌上生活 APP 日活跃用户数峰值为 794.41 万户,年轻客群占比超过 70%。

目前,招商银行以金融科技全力打造智能微客服,引入全新交互形态和 AI 内核,通过布局声纹识别、语音大数据分析、智能服务机器人等方式以提升线上服务体验。

2. 金融科技的发展使客户体验精准化、客户方案专业化

在财富管理、私人银行业务方面,精准满足不同客户多样化的需求是招商银行核心竞争力所在。在财富管理业务领域,招商银行于 2016 年启用了基于人工智能的智能投顾产品——"摩羯智投",并在之后定期对其进行升级,现已积极引入人工智能、大数据、云计算技术,成为国内规模领先的银行智能化产品。2018 年,该产品累计销售规模已达到 122.33 亿元;在私人银行业务方面,招商银行借助金融科技精准识别客户需求,提供专业的金融方案。截至 2018 年年底,私人银行客户 72938 户,同比增长 8.19%,管理总资产 20392.90

亿元,同比增长 7.03%。这表明,目前招商银行正借助更专业的金融科技技术,通过提供更佳的客户体验,以吸引更多人选择招商银行的零售业务。

3. 金融科技带动招行信用卡业务快速发展,并打响"无卡化"战略

招商银行是金融行业内信用卡业务的领跑者。2014 年以后,面对金融科技对传统业务带来的冲击,招商银行借力打力,开启互联网转型道路,全方位布局信用卡流量入口,搭建覆盖信用卡生命周期的线上平台,实现信用卡从功能型向智能型的转变。

2018 年,招商银行在金融科技应用至手机客户端蓬勃发展的情况下提出了无卡化战略,其 App 已有 15 个月活跃用户数(MAU)超千万的自场景,初步搭建了包括地铁、公交、停车场等便民出行类场景的用户生态体系,通过金融科技构建金融生态体系,以逐步消除实体银行卡,促使招行早日成为无卡运营银行,同时在零售业务上实现轻运营。

【案例讨论】

1. 招商银行作为最早切入移动端的商业银行,为何将战略转型目标定位为"轻型银行"?

2. 招商银行面对"经济增速下行""利率市场化""融资脱媒"以及"互联网金融兴起"这四大冲击所形成的巨大压力,如何打造差异化竞争优势?

本 章 小 结

(1) 移动金融是指使用移动智能终端及无线互联技术处理金融企业内部管理及对外产品服务的解决方案。

(2) 移动金融具有以下主要特点。第一,要使用移动智能终端来操作。这里的移动终端包括智能手机、平板电脑等各类移动设备。第二,要有金融解决方案。例如,用"余额宝"购买理财产品,就是一种金融解决方案;将"余额宝"里面的钱转出来购物,也是一种金融解决方案。

(3) 移动银行具体可分为以下两种形态:网络移动银行和移动银行网点。

(4) 移动金融营销指面向移动终端(手机或平板电脑)用户,在移动终端上直接向分众目标受众定向和精确地传递个性化的即时金融信息,通过与金融消费者的信息互动达到市场营销目标的行为。

(5) 移动金融营销 4I 模式分别为:Individual identification(分众识别)、Instant message(即时信息)、Interactive communication(互动沟通)和 I(我的个性化)。

复习思考题

(1) 什么是移动金融?

(2) 试述移动金融具有以下主要特点。

(3) 移动银行具体可分为哪两种形态?

(4) 什么是移动金融营销?

(5) 试述移动金融营销的 4I 模式。

参 考 文 献

[1] 陆剑清. 金融营销管理[M]. 上海：立信会计出版社，2002.
[2] 陆剑清. 市场营销学[M]. 北京：北京大学出版社，2010.
[3] 陆剑清. 现代营销心理学[M]. 北京：首都经济贸易大学出版社，2010.
[4] 陆剑清. 行为营销学[M]. 上海：立信会计出版社，2009.
[5] 陆剑清. 市场营销理论与实务[M]. 上海：立信会计出版社，2001.
[6] 石文典，陆剑清，等. 市场营销心理学[M]. 大连：东北财经大学出版社，2000.
[7] 俞文钊，陆剑清，张章. 市场营销心理学[M]. 3 版. 大连：东北财经大学出版社，2014.
[8] 陆剑清. 市场营销的博弈探析[J]. 华东师范大学报，1999(7).
[9] 陆剑清. 市场经济与营销创新[J]. 上海商业，1999(4).
[10] 陆剑清，等. 知识经济时代的营销新模式[J]. 上海商业，1998(11).
[11] 陆剑清. 商品价格战的营销透析[J]. 上海商业，1999(11).
[12] 陆剑清，等. 关于我国推销人员心理素质的实证研究[J]. 心理科学，2001(4).
[13] 陆剑清. 中国入世环境下营销战略初探[J]. 上海商业，2002(7).
[14] 陆剑清. "免费午餐"的营销透析[J]. 上海商业，2002(11).
[15] 陆剑清. 营销：创新与变革[J]. 上海商业，2003(5).
[16] 陆剑清. 两种理念的碰撞：数字化时代营销思维变革[J]. 上海商业，2004(5).
[17] 陆剑清. 谁在主导市场[J]. 上海商业，2004(11).
[18] 陆剑清. 人员推销——营销新模式[J]. 上海商业 2005(11).
[19] 陆剑清. 后营销时代的金融产品营销思想与营销艺术[J]. 当代金融家，2006(4).
[20] 陆剑清. 金融营销需破壁求解[J]. 成功营销，2006(7).
[21] 陆剑清. 聚焦银行业终止"免费午餐"的背后——中国金融营销的事件评析[J]. 上海商业，2006(7).
[22] 陆剑清. 银行品牌与聚众效应——基于消费者态度视角的行为经济学研究[J]. 华东师范大学报，2007(2).
[23] 陆剑清. 通存通兑遭市场冷遇的背后[J]. 文汇报，2007-11-29.
[24] 陆剑清. 金融消费者的品牌效应及其心理影响机制研究[J]. 心理科学，2007(6).
[25] 陆剑清. 信用卡消费者透支行为的心理特征及其人群分类研究[J]. 心理科学，2008(2).
[26] 陆剑清. 金融营销由传统向现代的跨越[J]. 上海商业，2008(7).
[27] 陆剑清. 顾客满意——现代企业的生存之道[J]. 上海商业，2008(11).
[28] 陆剑清，汪竞. 金融服务绩效的消费者认知评估研究[J]. 心理科学，2009(1).
[29] 陆剑清. 关于理性人假设的质疑——市场营销理论发展的新思考[J]. 上海商业，2009(4).
[30] 陆剑清. "力量"与"速度"如何能够兼得——运用互联网思维推进银行业再造[J]，文汇报. 2014-4-3.
[31] 陆剑清. 品牌定位与营销创新[J]. 上海商业，2014(4).
[32] 陆剑清. 传统银行业遭遇互联网金融冲击的背后[J]. 上海商业，2014(6).
[33] [美]菲利普·科特勒. 营销管理：分析、计划、执行和控制[M]. 上海：上海人民出版社，1997.
[34] [美]里查德·黑斯，等. 市场营销原理与决策[M]. 北京：机械工业出版社，1983.
[35] [英]亚瑟·梅丹. 金融服务营销学[M]. 王松奇，译. 北京：中国金融出版社，2000.
[36] 唐汉良，等. 现代金融企业营销管理[M]. 北京：企业管理出版社，1998.
[37] 银联信息咨询中心. 中国银行业公司业务创新与营销专题研究报告[R]，2009.
[38] 朱旭强，林琦. 雷曼兄弟：金融业破产启示录[J]. 中国林业产业，2008(11).
[39] 工宁. 商业银行风险管理研究——由次贷危机引发的思考[J]. 特区经济，2010(1).
[40] 伍贻康，等. 世纪洪流：千年回合与经济全球化走向[M]. 上海：上海社会科学院出版社，2001.
[41] 荆炜. 全球化背景下的本土企业国际营销力创新[J]. 商业时代，2008(26).

[42] 蔡美珠. 浅析金融危机下我国企业的国际营销策略[J]. 金融观察，2009(4).

[43] 张云起. 营销风险管理[M]. 北京：高等教育出版社，2004.

[44] 贝政新，王志明. 金融营销学[M]. 北京：中国财政经济出版社，2004.

[45] 王方华，彭娟. 金融营销[M]. 上海：上海交通大学出版社，2005.

[46] 罗明雄，唐颖，刘勇. 互联网金融[M]. 北京：中国财政经济出版社，2013.

[47] 杜征征. 互联网金融营销的兴起与发展[J]. 银行家，2012(11).

[48] 赵大伟. 互联网思维"独孤九剑"[M]. 北京：机械工业出版社，2014.

[49] 李耀东，李钧. 互联网金融框架与实践[M]. 北京：电子工业出版社，2014.

[50] 姚文平. 互联网金融[M]. 北京：中信出版社，2014.

[51] 李健旋，赵林度. 基于数据融合的商业银行业务模式创新研究[J]. 现代经济探讨，2019(9).

[52] 彭静. 金融网络营销策略研究探析[J]. 商业经济，2019(09).

[53] 李青. 互联网金融时代商业银行移动金融发展对策研究[J]. 市场研究，2017(2).

[54] 韩志娟. 银行移动金融业务的发展与营销[J]. 现代营销，2016(6).

[55] 薛高. 我国移动金融发展现状及技术风险研究[J]. 金融科技时代，2016(1).

[56] 蔺霆钧. 移动金融服务深层次体验式营销初探[J]. 中国城市金融，2014(2).

[57] 龙军. 我国商业银行移动金融发展策略研究[J]. 农村金融研究，2013(10).

[58] 张茜. 我国移动金融发展趋势及需要关注的问题[J]. 时代金融，2013(12).

[59] 陈帅. 互联网金融、移动金融对货币资金管理的影响研究[J]. 经营与管理，2016(9).

[60] 崔建章. 金融营销的现状和发展策略研究[J]. 现代营销，2012(4).

[61] 孙爱双. 我国商业银行金融营销发展策略研究[J]. 中外企业家，2015(27).

[62] 吴晓求. 互联网金融的逻辑[J]. 中国金融，2014(3).

[63] 郑联盛. 中国互联网金融：模式、影响、本质与风险[J]. 国际经济评论，2014(5).

[64] 孙国茂. 互联网金融：本质、现状与趋势[J]. 理论学刊，2015(3).

[65] 翟大伟. 我国移动金融现状与发展策略研究[J]. 新金融，2011(9).

[66] 严圣阳. 互联网金融产业链问题及整合对策[J]. 金融经济，2014(10).

[67] 封思贤，臧肖杉. 我国移动金融创新中的突出问题及应对策略[J]. 经济纵横，2017(7).

[68] 韩志雄. 移动金融的产生、发展及前景探析[J]. 南方金融，2015(2).

[69] 许长智. 创新移动金融营销[J]. 金融电子化，2014(4).

[70] 徐云松，冯毅. 我国西部地区移动金融的发展思考与策略探索[J]. 金融发展研究，2015(10).

[71] 翟大伟. 我国移动金融现状与发展策略研究[J]. 新金融，2011(9).

[72] 常兆春. 移动金融发展趋势及其思考[J]. 前沿，2015(12).

[73] 王蓉晖. 移动金融业务发展中的问题与对策研究[J]. 知识经济，2018(1).

[74] 陈尚元. 关于发展移动金融服务的几点思考[J]. 农村金融研究，2015(1).

[75] 刘斌. 欠发达地区移动金融发展之路还长[J]. 银行家，2016(1).

[77] 钱峰. 商业银行移动金融创新研究[J]. 现代管理科学，2012(4).

[78] 袁绪. 移动金融试点探析与未来发展研究[J]. 中国金融电脑，2018，(2).

[79] 李麟，钱峰. 移动金融——创建移动互联网时代新金融模式[M]. 北京：清华大学出版社，2013.

[80] David Martin. Branding: Finding That One Thing[J]. New York: Journal of Consumer Marketing，1998.

[81] Susan Fournier. Consumers and Their Brand: Developing Relationship Theory in Consumer Research[J]. New York: Journal of Consumer Research, 1998(24).

[82] Christian Gronroos. The Value Concept and Relationship Marketing[J]. London: European Journal of Marketing, 1996.

[83] Gronroos, C.A Service Quality Model and Its Marketing Implications[J]. London: European Journal of Marketing, 1984(4).

[84] A parasuraman. Valarie Zeithaml and Leonard Berry. A Concept Model of Service Quality & Its Implications for Future Research[J]. Chicago: Journal of Marketing, 1985(49).

[85] Woodruff. Customer Value: the Next Source for Competitive Advantage[J]. New York: Journal of the Academy of Marketing Science, 1997.
[86] Zeithaml Valarie A. Consumer Perception of Price, Quality, and Value: A Means-End Model and Synthesis of Evidence[J]. Chicago: Journal of Marketing，1988.
[87] Plummer，Joseph T. Life Style Patterns and Commercial Bank Card Usage[J]. Chicago: Journal of Marketing, 1971(35).
[88] Willey, James B. and Richard, Lawrence M. Application of Discriminant Analysis In Formulating Promotional Strategy for Bank Credit Cards[J]. Chicago: Advances in Consumer Research.
[89] Awh, R. V and Waters, D. A Discriminant Analysis of Economic, Demographic, and Attitudinal Characteristics of Bank Charge –Card Holders: A Case Study[J]. New York: Journal of Finance, 1974.
[90] Adcock, William O., Hirschman, Elizabeth C. and Goldstucker , Ja. L. Bank Card Users: an Updated Profile[J]. Chicago: Paper Presented at the Association for Consumer Research Annual Conference, 1976.
[91] Charles W. Lamb, Jr. Essantials of Marketing[M]. London: International Thomson Publishing,1998.
[92] Berry，L. Emerging Perspectives on Services Marketing[M]. Chicago: American Marketing Association, 1983.
[93] Jackson B. Build Customer Relationships That Last[J]. Cambrige: Harvard Business Review，1985.
[94] Kin Cleland. Few Wed Marketing,Communications[J]. Chicago: Advertising Age, 1995.
[95] Hofstede, G. Cultures and Organizations:Software of the Mind [M]. London, Norfolk: McGraw-Hill Book Company (UK) Limited,1991.